PNR(Puritans and Reformed Publishing Company)
개혁주의신학사는 청도교 신학과 개혁 신학에 관한 기독교 서적을 출판하는 출판사이며, 자유주의 신학과 다원주의 신학을 배척하며 순수한 기독교 신앙을 보수하기 위하여 설립된 문서선교 기관이다. PNR KOREA(개혁주의신학사)는 CLC가 공동으로 운영하는 출판사이다.

『웨스트민스터 대요리문답 강해』 정오표 p. 387

74. 동등자들의 의무

> 문 131: 동등자들의 의무는 무엇인가?
> 답 131: 동등자들의 의무는 피차의 존엄과 가치를 존중하여 서로서로 경의를 표하며, 피차 받은바 은사 및 높아짐을 자기 자신의 것처럼 기뻐하는 것이다(벧전 2:17; 롬 12:10-16; 빌 2:3-4).
> Q 131: What are the duties of equals?
> A 131: The duties of equals are, to regard the dignity and worth of each other, in giving honor to go one before another; and to rejoice in each other's gifts and advancement, as their own.

1. 여기서 말하는 동등은 본질의 동등이 아니라 신분의 동등이다. 본질상 동등한 두 사람이 신분상으로는 동등하지 않을 수 있다. 부모와 자녀는 본질상 동질이지만, 신분상 부모가 윗사람이다. 인간 사회에서 사람들의 권위가 각각 다른 것은 필연적이다. 이 신분상의 동등하지 않음은 하나님이 정하신 규례이다.

2. 그 권위에 있어서 동등자라는 말은 권위에서 동등한 위치에 있고 다른 사람을 주관하지 않는 것을 의미한다. 예를 들면, 군대에서 장군은 사병을 다스릴 수 있지만, 두 사병은 동등하다.

3. 인간 사회에서 동등자들을 향한 일반적인 의무는 그들 역시 하나님의 형상으로 창조되었기에 그들을 존중해야 한다. 우리는 하나님을 공경하면서 그들의 존엄과 가치를 인정해야 한다.

4. 동등자에게 영광과 경의를 표함에 있어서 우리는 특별히 이기심과 교만의 죄를 피해야 한다. 모든 사람은 본성상 자신을 높이는 경향이 있다. 우리는 우리의 성취를 확대하고 타인의 것을 과소평가하는 경향이 있다. 우리는 타인의 결점과 실패는 비난하고 우리의 성공에는 지나치게 칭찬하는 경향이 있다. 이것들은 죄악 된 인간의 이기심과 교만에서 흘러나온다.

5. 로마서 12:15-16의 명령에서 그리스도인의 호의의 의무는 우리 이웃의 특별한 상황과 필요성과 관계된 관심과 복지에 관한 것이다. 우리는 기뻐하는 자들과 함께 기뻐하고 슬퍼하는 자와 함께 슬퍼해야 한다.

6. 우리가 다른 이의 성취와 은사에 기뻐해야 하는 것은 하나님께서 우리의 것이든지 다른 이의 것이든지 관계없이 그 성취와 은사를 기뻐하시기 때문이다. 우리는 우리 삶의 모든 것을 이기적인 관점에서가 아니라 하나님의 영광이라는 관점에서 다루어야 한다.

7. 다른 이들의 은사와 진급을 기뻐하는 일을 방해하는 특별한 죄는 다른 사람들이 이룬 성공과 명예를 즐거워하고 기뻐하지 못하게 하는 시기의 죄이다. 타인을 향한 참된 그리스도인의 사랑과 호의는 우리 삶에서 시기의 죄를 극복하게 해 줄 것이다.

> 문 132: 동등자들끼리의 죄는 무엇인가?
> 답 132: 동등자들끼리의 죄는 명령 받은 의무를 소홀히 하는 일 외에 피차의 가치를 과소평가하고, 피차의 은사를 질투하고, 피차의 높아짐과 번영함을 기뻐하지 않고, 다른 사람보다 우수해지고자 횡포 하는 것 등이다 (롬 13:8; 딤후 3:3; 행 7:9; 갈 5:26 등).
> Q 132: What are the sins of equals?
> A 132: The sins of equals are, besides the neglect of the duties required, the undervaluing of the worth, envying the gifts, grieving at the advancement of prosperity one of another; and usurping preeminence one over another.

1. 오늘날 그리스도인 상호 간의 사랑을 소홀히 하는 것은 그리스도인들 사이에 흔하게 발생하는 죄이다. 우리 구주께서는 "불법이 성하므로 많은 사람의 사랑이 식어지는 때"가 올 것을 말씀하셨다 (마 24:12). 믿음이 떨어지는 영적 침체와 불신앙과 배교의 시기에 그리스도인의 사랑과 동정심이 줄어들어 무관심과 냉정함이 그 자리를 대신 차지할 것이다.

2. 시기심 많은 사람의 질투하는 죄의 결과는 하나님의 계명을 위반하는 파멸적인 죄 이외에 그 사람에게 영적 심리적 파괴의 결과를 낳는다. 시기심 많은 사람은 그 자신이 바로 죄의 희생자가 된다 (잠 14:30). 질투는 그의 인격을 좀 먹는다. 이러한 자는 의심이 많고 성을 잘 내며 그의 친구와 동료들에게 문제 거리가 된다.

3. 다른 사람보다 높아지려는 횡포는 부모와 자식 관계나 군주와 백성과의 관계처럼 합법적으로 권위를 취득해서, 한 사람의 능력이 다른 사람의 능력보다 높음을 부정하는 것이 아니다. 오히려 이것은 자신에게 속해 있지 않은 권위와 권력을 탈취하는 것이다. 이러한 자는 서로 동등한 위치에 있는 자를 주관하고자 한다. 어떤 교인이 자기 멋대로 행동하여 나머지 교인들을 지시하고 주관하고자 하는 것이 바로 탁월한 능력을 찬탈하는 행위이다 (벧전 4:15).

> 문 133: 제5계명에 덧붙여, 이 계명을 더욱 준수하게 하는 이유는 무엇인가?
> 답 133: "너의 하나님 나 여호와가 네게 준 땅에서 네 생명이 길리라"는 말씀이 제5계명에 부가된 이유는 하나님의 영광과 그들 자신의 선을 이룰 수 있는 한에 있어서 이 계명을 지키는 모든 사람에게 주시려는 장수와 번영의 분명한 약속이다(출 20:12; 신 5:16; 왕상 8:25; 엡 6:2-3).
>
> Q 133: What is the reason annexed to the fifth commandment, the more to enforce it?
> A 133: The reason annexed to the fifth commandment, in these words, That thy days may be long upon the land which the Lord thy God giveth thee, is an express promise of long life and prosperity, as far as it shall serve for God's glory and their own good, to all such as keep this commandment.

1. 제5계명의 순종이 인간 사회에 가져올 결과는 이 계명을 순종하는 사회의 장수와 번영이다. 다른 한편으로 합법적인 권위에 대한 존경이 결핍된 곳에서는 인간 사회에 무질서와 무법이 판을 치고, 인생을 단축하고 번영을 방해하는 결과를 낳는다. 따라서 하나님의 섭리 가운데 제5계명의 순종은 사회에 생명과 번영의 일반적인 증진을 가져올 것이다.

2. 이 계명을 순종하는 개인이 항상 장수하고 물질적 풍요를 누리는 것은 아니다. 제5계명 순종이 장수와 번영을 가져온다는 것은 분명한 사실이지만 이러한 축복이 항상 임하지는 않는다. 특별한 경우 장수나 물질적 번영이 없을 때 이 계명을 더 잘 순종할 수 있다. 우리는 하나님의 모든 자녀가 장수와 물질적 번영보다 더욱 나은 것, 즉 그리스도와 함께 후사된 자이고 하나님 나라의 기업을 상속받은 자들임을 기억해야 한다.

3. 장수와 물질적 번영을 추구하고 그것을 위해 기도하는 것은 이러한 축복들이 우리의 제일 되는 목표가 아니라 하나님의 나라와 그의 의를 위한 것일 때, 그리고 우리가 하나님의 뜻에 대해 겸손히 복종하면서 그것들을 추구할 때 정당한 일이다. 장수와 번영이 마치 우리의 주요 목적인 것처럼 여기고 추구하는 것은 죄악이다. 이것은 지상에서의 축복을 멸시하는 것이 아니다. 다만 이것은 이생과 오는 세상과의 상대적인 중요성에 관계된 일이다.

■ 정정 안내 말씀

본서 p.387에 해당하는 제74장이 누락된 사실이 확인되어 본 정오표를 첨부합니다.
이에 따라 본문에서 제6계명의 의무가 74번으로 표기되어 있으나, 실제로는 75번에 해당하며, 이후 문답 번호가 하나씩 밀려 최종 문답도 108번이 아니라 109번이 됩니다.
누락된 제74장은 독자 여러분의 이해를 돕기 위해 별지로 첨부하였으니, 본문과 함께 참고해 주시기 바랍니다.
출간 과정에서 발생한 누락으로 불편을 끼쳐드린 점 깊이 사과드립니다.

추천사 1

고경태 박사
형람서원 대표

정규철 박사님의 저서 『웨스트민스터 대요리문답 강해』를 지지하며 추천한다. 믿음의 복된 선배의 작품에 참여하게 되어 매우 기쁘게 생각한다. 웨스트민스터 대요리문답 해설서는 우리나라가 선도적이라 생각하며 장대선 목사가 최초로 시도했다. '대요리', '대교리', '교리문답', '요리문답'인데, '요리'는 '요리'(料理)가 아니라 '요리'(要理)다. 교리를 요약 정리한 문답서, 즉 '교리요리문답'이 장황하지만, 정확할 것 같다.

요리문답은 Catechism으로 문답으로 훈련하는 교육 구도다. 대요리는 Large Catechism으로 웨스트민스터 신앙고백서라는 교리를 소요리문답보다 더 전문적이고 심도 있게 훈련하는 교재다. 서양에서도 소요리문답 해설서는 많이 있지만, 상대적으로 대요리문답 해설서는 많지 않다. 대요리문답이 대중적이지 못한 면이 있기 때문일 것이다. 그런데도 우리의 복된 신앙 자산이기 때문에 장로교회 사역자들이 함께 연구하고 해설하는 것은 매우 복된 일이다. 정규철 박사님이 교수 사역을 은퇴하시면서 꾸준하게 대요리문답 해설을 진행했고, 그 최종의 결실이 나오게 되어 매우 기쁘게 생각한다.

정규철 박사님은 슐라이어마허, 칼 바르트, 폴 틸리히 등 자유주의자와 현대신학자의 주장에 맞서 신학을 지키는 명확한 자세로 저술을 진행한 것은 저술을 읽는 독자들에게 분명한 신학적 성향을 드러낸 매우 좋은 모습이다. 좋은 저술은 좋은 문장의 감동이나 설득이 아니라 명료한 사상을 독자가 이해할 수 있도록 하는 것이다. 기독교 신앙은 영혼을 구원하여 영생에 이르도록 하는 것이다. 교리문답 해설은 그러한 구원 지식을 보다 체계적으로 양육하기 위한 원초적인 방식이다. 500여 년이 지난 지금도 그러한 교육 방법을 포기할 수 없는 것은 더 좋은 방법이 제안되지 않았기 때문이다.

혹자들은 한국 교회가 교리 때문에 문제라고 하지만, 교회마다 다양한 성경공부를 실시하고 있으면서도 교리교육을 하고 있는 곳은 찾아보기 어려울 뿐만 아니라 그나마 교리교육을 실시하는 몇몇 교회는 교리에서 탈선한 교리교육을 하고 있기도 하다. 그러나 정규철 박사님은 예수 그리스도를 명료하게 제시하는 사역자이기 때문에 이 책을 통한 교리교육은 예수 그리스도를 정금같이 믿는 믿음의 수준에 이르도록 할 것이다.

정규철 박사님의 대요리문답 해설서는 교회사, 신학 변증 그리고 현재 교회 문제가 함께 녹아있는 종합적인 구도다. 즉, 현재 서 있는 곳에서 자기의 모든 정념을 쏟아 만든 작품으로 보인다. 정 박사님께서 소요리문답과 웨스트민스터 신앙고백서 세 권을 모두 해설한다면 동일한 신학의 반복에서 현재 서 있는 곳에서 입장의 차이가 보일 것 같기도 하다. 정 박사님은 '하나님의 창조' 부분에서 당시 정설로 받았던 어셔의 창세기 해설 부분을 명료하게 정립하며 보다 성경에 가깝게 해석하며 해설을 진행했다.

교리문답이나 교육은 천천히 해야 한다고 생각하는데 정규철 박사님은 이 책을 매우 오랜 기간 동안 연구하고 집필했다. 독자는 집필자보다 좀 더 오래 숙고하며 읽으면서 훈련하여 교리를 익힌다면 이처럼 교리 해설서를 집필할 수 있지 않을까 생각한다. 하나님에 관한 학문은 좀 더 신중하게 교회의 유익과 영혼 구원의 복음의 정진을 위해서 수행한다. 정규철 박사님의 저서는 신중함과 교회를 사랑하며 복음 정진의 진심에 대해서 동참하며 적극 추천한다.

추천사 2

김 성 삼 박사
의정부 삼성교회 원로목사, 양주 선교교회 담임목사

오늘날 시대는 종교다원주의 시대이고 무신론 시대다. 종교다원주의는 예수님의 유일성을 인정하지 않고 무신론은 하나님의 존재를 인정하지 않는다. 이러한 세상 풍조가 교회 안까지 들어와 오늘날 현대신학은 종교다원주의 신학이고 믿는다고 하는 많은 신자가 하나님의 존재를 인정하지 않고 있다.

이러한 때 정규철 박사의 하나님 절대 주권에 기초한 개혁주의 정통신학으로 만들어진 『웨스트민스터 대요리문답 강해』가 출간된 것은 너무나 귀하고 복된 일이다. 웨스트민스터 대요리문답(Westminster Larger Catechism)은 1643년에서 시작해 1647년에 완성되었으며 요리문답 중에 가장 완성도가 높은 것으로 보수적인 장로교 등의 개혁주의를 따르는 교단에서 현재까지 사용되고 있다.

1643년 웨스트민스터 의회에서 모인 백여 명의 목회자와 장로 등이 스코틀랜드와 영국 교회의 교리적 일치를 위하여 신앙고백서와 요리문답을 작성했다. 이곳에 모인 목회자는 대부분 청교도라 불리는 성경의 대가였으며, 그들의 성경에 대한 지식과 신학은 당대에 가장 우수했다.

현재 전 세계적으로 개혁신학의 교리를 따르는 교단에서는 이 대요리문답을 가장 정확한 교리적 서술로 받아들이고 있으며, 체계적이고, 논리적인 구성과 성경적이고, 구체적인 내용으로 많은 이의 학습용뿐만 아니라, 예배 때 사용되고 있다. 윌리엄슨은 그의 저서에서 대요리문답의 가치는 금광석처럼 보물이 쌓여 있는 것과 같다고 평하였다.

  이 금광석의 보물인 대요리문답을 정규철 박사님은 아름답게 세공하여 면류관으로 만들었다. 그가 어려서부터 가지고 있었고 평생을 목회하면서 그리고 교수를 하면서 갈고 닦은 정통 보수 개혁신학으로 대요리문답 전체를 하나하나 빠지지 않고 강해했다. 그의 조심스럽고 실수가 없는 꼼꼼한 성격으로 꼭 설명해야 되는 것을 강해했다. 이 강해서는 지적으로도 은혜 면에서도 큰 도움이 되는 강해서다. 이 강해서로 능히 예수 그리스도의 유일성을 확신하고 살아계신 하나님의 존재를 확증하게 될 것이다. 이런 위대한 강해서를 존경하는 정규철 박사님이 저술했다.

  대요리문답 강해서를 읽고 이해한다면 평생 자기의 믿음을 지킬 수 있을 뿐 아니라 다른 사람들을 잘 가르칠 수 있을 것이다. 모든 목회자와 신자가 필히 일독을 해야 할 것이다.

웨스트민스터 대요리문답 강해
성경의 가르침

A Commentary on the Westminster Larger Catechism
Written by Kyu Chul Chung
All rights reserved.
Korean Edition Copyright ⓒ 2025 by Presbyterian and Reformed Publishing, Seoul, Korea.

웨스트민스터 대요리문답 강해
성경의 가르침

2025년 3월 10일 초판 발행

지 은 이	|	정규철
편 집	|	추미현
디 자 인	|	이보래, 박성준
펴 낸 곳	|	개혁주의신학사
등 록	|	제21-173호(1990. 7. 2.)
주 소	|	서울특별시 동대문구 천호대로71길 39
전 화	|	02-586-8761~3(본사) 031-942-8761(영업부)
팩 스	|	02-523-0131(본사) 031-942-8763(영업부)
이 메 일	|	clckor@gmail.com
홈페이지	|	www.clcbook.com
송금계좌	|	기업은행 073-085852-01-016 예금주: 개혁주의신학사
일련번호	|	2025-10

ISBN 978-89-7138-084-0 (94230)
ISBN 978-89-7138-044-4 (세트)

이 책의 출판권은 (사)개혁주의신학사가 소유합니다. 신저작권법에 의하여 한국 내에서 보호를 받는 저작물이므로 무단 전재와 무단 복제를 금합니다.

♠ *Westminster Assembly and the Reformed Faith Series 11* ♠
-An Exposition of the Westminster Confession of Faith: Standard Text of Presbyterian-

11
웨스트민스터 대요리문답 강해

성경의 가르침

정규철 지음

개혁주의신학사

 목차

추천사 1	고경태 박사 | 형람서원 대표	1
추천사 2	김성삼 박사 | 의정부 삼성교회 원로목사, 양주 선교교회 담임목사	3

웨스트민스터 대요리문답 강해를 시작하며   13

제1부   사람이 믿어야 할 것(1-90문)   17

제1장   성경(문 1-5)   18
       1. 사람의 첫째 목적   19
       2. 하나님의 존재   22
       3. 하나님의 말씀   26
       4. 성경의 자증   30
       5. 성경의 2대 교훈   34

제2장   하나님(문 6-20)   37
       6. 하나님에 관하여   38
       7. 하나님의 본성   42
       8. 하나님의 유일성   46
       9. 삼위일체 하나님   50
       10. 삼위의 고유성   54
       11. 삼위의 동등   58
       12. 하나님의 작정   62
       13. 선택과 유기   66
       14. 작정의 실행   70
       15. 하나님의 창조   72

	16. 천사의 기원	76
	17. 사람의 기원	80
	18. 하나님의 섭리	84
	19. 천사에 대한 섭리	88
	20. 사람에 대한 섭리	92

제3장	인간(문 21-30)	96
	21. 아담의 타락	97
	22. 아담의 언약	101
	23. 타락의 결과	105
	24. 죄의 정의	109
	25. 타락한 처지의 죄악성	113
	26. 원죄의 전가	117
	27. 본질상 진노의 자녀	121
	28. 현세의 형벌	124
	29. 내세의 형벌	128
	30. 첫 언약과 둘째 언약	132
	31. 은혜 언약의 내용	137
	32. 은혜 언약의 집행	141

제4장	그리스도(문 36-56)	148
	33. 그리스도의 성육신	149
	34. 그리스도의 신성과 인성	156
	35. 예수 그리스도	161
	36. 예수 그리스도의 삼중직	165
	37. 예수 그리스도의 탄생	172
	38. 예수 그리스도의 생애와 죽음	175
	39. 예수 그리스도의 장사와 부활	180
	40. 예수 그리스도의 승천과 보좌에 앉으심	186
	41. 예수 그리스도의 중보와 재림	193

제5장	구원(문 57-61)	200
	42. 성령의 구속 적용	201
	43. 복음 전파와 교회	206
제6장	교회(문 62-65)	214
	44. 교회의 특권	215
제7장	구원2(문 66-81)	221
	45. 유효한 부르심	222
	46. 의롭다 칭하심	230
	47. 믿음의 정의	238
	48. 양자와 성화	243
	49. 회개와 성화	249
	50. 구원의 확신	257
제8장	교회 2(문 82-83)	265
	51. 영광의 교통	266
제9장	종말(문 84-90)	270
	52. 사람의 죽음	271
	53. 부활	278
	54. 심판 날	284

제2부	**사람이 행해야 할 것(문 91-196)**	**291**
제1장	십계명(문 91-152)	292
	55. 사람의 의무	293
	56. 도덕법의 정의	297
	57. 도덕법의 소용	303

58. 도덕법과 십계명	308
59. 십계명의 이해	311
60. 십계명 서문	316
61. 제1계명	321
62. 제1계명의 금지	325
63. 제2계명의 의무	332
64. 제2계명의 금지	338
65. 제3계명의 요구	344
66. 제3계명의 금지	347
67. 제4계명의 요구	354
68. 주일성수	359
69. 제4계명의 금지	364
70. 부모공경	370
71. 부모와 윗사람	374
72. 윗사람 존경	377
73. 윗사람의 의무	381
74. 제6계명의 의무	387
75. 제6계명의 금지	392
76. 제7계명의 요구와 금지	396
77. 제8계명의 요구	400
78. 제8계명의 금지	404
79. 제9계명의 요구	408
80. 제9계명의 금지	412
81. 십계명의 요구와 금지	420
82. 율법준수의 불가능성	426
83. 죄의 악화	430

제2장	은혜의 수단 사용(문 153-185)	437
	84. 죄의 심각과 해결	438
	85. 성경의 유익	443

	86. 설교의 방법	451
	87. 성례의 유익	462
	88. 세례의 의미	470
	89. 성찬의 참여자	480
	90. 성찬 참여의 준비	487
	91. 수찬 자의 의무	493
	92. 세례와 성찬의 차이	498
	93. 기도의 정의	501
	94. 예수 이름으로 기도	507
	95. 성령의 기도 도움	513
	96. 누구를 위해 기도할까	515
	97. 무엇을 위해 기도할까?	518
	98. 어떻게 기도할까?	520
제3장	주기도문(문 186-196)	523
	99. 기도의 법칙	524
	100. 주기도문의 사용	526
	101. 주기도문의 서언	529
	102. 하나님의 이름 간구	533
	103. 하나님의 나라 간구	536
	104. 하나님의 뜻 간구	541
	105. 일용할 양식 간구	544
	106. 죄용서 간구	548
	107. 마귀 극복 간구	552
	108. 주기도문의 결론	559

웨스트민스터 대요리문답 강해를 마치며	562
후기: 어머님 장례를 마치고	565
색인	568

웨스트민스터 대요리문답 강해를 시작하며

성경은 전체가 복음이다. 구약도 복음이고 신약도 복음이다. 그 좋은 성경의 복음을 알기 쉽게 정리한다는 것은 생각보다 쉬운 일이 아니다. 다행히 우리 장로교회 신앙의 선배들이 성경 내용을 잘 정리해 놓은 것이 있다. 그것은 바로 웨스트민스터 신앙고백서와 대요리문답과 소요리문답이다. 그래서 누구든지 성경 66권을 바르게 알기 원한다면 이 표준문서들을 보면 잘 알 수 있을 것이다.

웨스트민스터 대요리문답(Westminster Larger Catechism)은 웨스트민스터 소요리문답에 비하여 상대적으로 많이 취급되지 못하고 있다. 목사, 강도사, 장로, 집사, 권사 등의 임직식에서 서약할 때나 언급될 뿐이고, 묻고 답하는 자들조차 임직식을 전후하여 웨스트민스터 대요리문답을 제대로 공부하는 일이 거의 없는 실정이다. 그래서 이러한 저서는 필요하다고 할 수 있다.

요즈음의 현대신학은 종교다원주의가 특징이다. 종교다원주의는 기독교와 예수 그리스도의 유일성을 인정하지 않는다. 이스라엘이 가나안 땅에서 추방된 이유가 바로 종교다원주의였다. 유동식 교수는 무속신앙을 무교라 하여 십계명 제1-2계명을 무시하였다. 정현경 교수는 신학자로서 무당춤을 추면서 종교혼합주의를 주장하였다.

이러한 추세에서 웨스트민스터 대요리문답을 강해하는 것은 시대를 역행하는 일이다. 그럴지라도 우리의 사명은 복음을 전하여 사람들이 복음으로 죄 사함과 영생에 이르는 것이다. 다니엘의 세 친구가 금 신상에 절하지 않았던 것처럼 우리는 이 세상의 유일한 소망인 성경의 진리와 복음을 전하지 않을 수 없다. 그래서 우리는 웨스트민스터 대요리문답에 귀를 기울이고자 한다.

웨스트민스터 대요리문답은 교리문답 중에서 가장 완성도가 높은 것으로 칼빈주의적 장로교회와 개혁교회에서 공적으로 수용하여 사용되고 있다. 이 대요리문답은 1643-1647년에 100여 명의 신학자들과 총회 대표들에 의하여 작성되었다.

장성한 신앙인들을 위한 대요리문답은 대교리문답이라고 해도 상관이 없다. 여기서 '요리'문답이라고 한 것은 일반적으로 그동안 많이 사용되었기 때문이다. 대한예수교장로회 합동측 총회의 헌법에 웨스트민스터 대요리문답을 성경 대요리문답이라 했고, 웨스트민스터 소요리문답을 성경 소요리문답이라 했으며, 웨스트민스터 신앙고백서를 부록으로 신도게요라 하였다. 신앙고백서의 논리적 문장에 비하면 문답 형식은 좀 더 친숙한 표현이다. 소요리문답은 대요리문답을 요약한 것이다. 대요리문답은 어떤 경우에 길고 장황한 문장이 등장한다. 그것은 성경의 진리를 다 담고자 하는 의도에서 비롯된 것임을 이해하면서 공부하는 자세로 읽으면 도움이 될 것이다.

우리나라의 감리교와 기장과 통합에서는 이미 새로운 신앙고백서를 각각 작성하여 발표했다. 필자의 견해로는 그 새로운 고백서들은 상당 부분 현대신학을 반영한 것으로 보인다. 각 교단의 신앙고백은 교회의 자유에 해당한다. 예장 합동 교단은 여전히 웨스트민스터 신앙고백서를 따르고 있다. 웨스트민스터 대소요리문답은 웨스트민스터 신앙고백서를 충실히 해설하였다.

웨스트민스터 신앙고백서와 웨스트민스터 대요리문답은 다음과 같은 특징이 있다.

1. 기독교 역사상 처음으로 인생의 목적을 명시했다.

    문답 1에서 인생의 제일되는 목적이 하나님을 영화롭게 하고 즐거워하는 것이라고 명시했다. 하이델베르크 요리문답과 루터교회 요리문답에는 없는 문장이다.

2. 하나님을 영화롭게 하는 방법을 명시했다.

    하나님께 영광 돌리는 비결은 믿음과 행위이다. 성경의 가르침에 따라 사람이 반드시 믿을 것(믿음)과 하나님 앞에서의 행할 의무(행위)가 하나님께 영광 돌리는 방법이다. 성경에서 말하는 믿음은 사도신경에 요약되어 있고, 행위는 십계명과 주기도문에 요약되어 있다. 그래서 성경 찬송의 앞뒤 후면에 사도신경과 십계명과 주기도문이 수록되어 있다.

3. 성경의 무오를 표현했다(제1장 5).

    현대는 'infallible'(무류)가 과학적 오류를 포함한 의미로 사용되고 있으나 17세기에는 현대의 'inerrancy'(무오)에 해당한다.

4. "성령은 성부와 성자에게서 영원적으로 나오신다"고 했다(제2장 3).

    이러한 고백은 요한복음 1:1과 10:30과 15:26 등에 근거를 둔 '성부와 성자의 동일본질'이라는 니케아 신조와 콘스탄티노플 신조를 반영하여 삼위일체 하나님을 명시하였다.

5. 복음의 핵심을 말하고 있다.

    예수 그리스도가 신성과 인성의 두 본성에 제 이위이신 성자의 한 인격임을 말하고 있고(제8장 2), 그의 구속 사역(제8장 6)을 명시하고 있다.

6. 구원이 전적으로 하나님의 무한하신 은혜의 사역임을 명시했다.

    유효적 소명(문 67), 칭의(문 70), 의롭게 하는 신앙(문 72), 양자(문 74), 성화(문 75), 생명에 이르는 회개(문 76)는 모두 하나님의 무한하신 은혜의 역사임을 밝혔다.

7. 무에서 창조를 말한다. 창세기 1:1이 전 창조의 제목이 아니라 바로

첫째 날의 하늘과 땅의 창조를 의미한다. 그렇지 않으면 하늘과 땅은 영원물질이 되고 만다.
8. 사도신경은 물론 니케아 신조와 콘스탄티노플 신조와 칼케돈 신조와 성경의 신적 권위와 이신칭의 그리고 칼빈주의가 포함되어 있다.
9. 제1부 사람이 믿어야 할 것(문 1-90)과 제2부 사람이 행해야 할 것(문 91-196)으로 구성되었다. 이러한 구조는 흔히 신앙적 보수주의자들이 믿음만 강조하고 행위는 등한히 한다는 비판을 무색하게 한다.
10. 김의환 박사가 편집한 『한눈에 보는 대조 설명판 개혁주의 신앙고백』에서 십계명과 주기도문은 구원론의 성화 부분에 배치된 것이 특이하다.
11. 본서에서 목차를 단순하게 하고 세부 목차로 보충한 것은 성경과 대요리문답이 복음인 것을 논리적으로 드러내기 위함이다.

본서와 관련하여 한 가지 밝혀야 할 것이 있다. 이 강해는 필자의 독창적인 강해라기보다는 이미 출간된 요하네스 보스(Johannes Geerhardus Vos)의 『웨스트민스터 대요리문답 강해』를 많이 참고했다는 사실이다. 그렇다고 그대로 반복하는 것이 아니라, 필자의 관점에서 첨삭하고 어떤 경우에는 요하네스 보스의 설명과는 다르게 해설하였다.

또한, 대요리문답의 본문은 예장 합동 헌법에 수록된 성경 대요리문답을 사용하였다. 혹시 더 나은 이해를 원하는 독자들을 위해 영문 문답을 제공하였다.

필자의 질그릇 같은 이 강해서가 최고라고 생각하지 않는다. 이보다 얼마든지 훌륭한 강해가 있을 수 있다. 비록 이 강해에 부족한 면이 있을지라도 성경의 진리와 복음이 전달되고 누군가 그 복음을 통해 구원을 얻고 하나님의 백성으로 살고자 한다면 그것으로 감사할 일이다.

제1부

사람이 믿어야 할 것(문 1-90)

1. 성경(문 1-5)

2. 하나님(문 6-20)

3. 인간(문 21-35)

4. 그리스도(문 36-56)

5. 구원(문 57-61)

6. 교회(문 62-65)

7. 구원2(문 66-81)

8. 교회2(문 82-83)

9. 종말(문 84-90)

제1장

성경(문 1-5)

1
사람의 첫째 목적

> 문 1: 사람의 첫째 되는 목적은 무엇인가?
> 답 1: 사람의 첫째 되는 목적은 하나님을 영화롭게 함과 영원토록 하나님을 온전히 즐거워함이라(롬 11:36; 고전 10:31; 시 73:24-28; 요 17:21-23).
> Q 1: What is the chief and highest end of man?
> A 1: Man's chief and highest end is to glorify God, and fully to enjoy him forever.

요리문답은 카테키즘의 번역이다. 카테키즘은 카타(κατά, 아래)와 에코(ἠχέω, 메아리)의 합성어다. 소리 낸 대로 들려오는 메아리는 문답의 의미를 나타낸다. 그래서 카테키즘의 문자적 실제적 번역은 성경의 중요한 가르침을 정리한 것(要理)을 묻고 답하는 '요리문답'이다. 신앙교육서는 카테키즘의 의역이다.

대요리문답 문 1은 다음과 같은 특징이 있다.

첫째, 시작이 반이라는 말이 있지만, 웨스트민스터 대요리문답 문 1은 시작이 전부다. 왜냐하면, 하나님 사랑과 이웃 사랑이 율법과 선지자의 대강령이듯이 문 1은 대요리문답의 대강령이라고 할 수 있기 때문이다. 대강령은 큰 줄거리를 뜻한다. 문 1 이하 모든 대요리문답은 문 1을 뒷받침하고 있다. 사실 대요리문답 전체는 하나님께 영광 돌리는 방법으로 믿음과 행위를 설명하고 있다. 이것은 성경 전체의 가르침이기도 하다. 이런 의미에서 문 1은 대요리문답의 대강령이다.

둘째, 문 1은 성경 안에서 창의적 연구와 묵상의 결과라고 할 수 있다.

문답 1은 인생 첫째 목적이 하나님을 영화롭게 하고 즐거워하는 것이라고 명시했다. 이것은 분명히 성경의 가르침인데 교회 역사상 처음으로 명시되었다. 문 1은 하이델베르크 요리문답과 루터교회 요리문답에도 없는 문장이다. 문 1은 12 신조에도 없지만, 12 신조의 제1조에 첫째 목적의 방법인 '신앙과 본분', 즉 믿음과 행위가 명시되었다.

셋째, 목적은 영어로 'end'이며, 어떤 것이 존재하는 용도를 의미한다. 사람이 존재하는 용도가 하나님께 영광을 돌리는 것이다. 사람의 목적과 궁극적 지향점이 하나님의 영광이다.

넷째, 진화론자는 사람의 첫째 목적(the chief and highest end)에 동의할 수 없다. 유신론적 진화론자들의 말처럼 진화는 창조의 한 방법이 아니다. 진화론자는 사람이 짐승에서 진화되었다고 믿기 때문에 인생의 목적이 하나님을 영화롭게 하고 영원토록 하나님을 온전히 즐거워함이라는 사실에 동의하지 못한다. 진화론자들은 인류가 인류 자체를 위해 존재한다고 믿는다. 하지만, 진화론이 과학적 증거로 밝혀진 것은 없다.

다섯째, 사람은 자신의 행복을 추구할 권리가 있다. 그렇지만 사람의 첫째 목적이 개인의 행복 추구라는 것은 성경적 하나님 신앙과 배치될 수 있다. 인간 자신만을 위한 행복 추구는 성경의 가르침이 아니기 때문이다. 개인의 행복 추구는 삶의 목적이 인간의 내부에 있다. 사람과 우주 만물은 하나님에 의하여 창조되었기 때문에 하나님은 우리 부모 중의 부모이다. 그래서 사람이 하나님의 영광을 위해 사는 것은 당연하다. 사람의 참된 행복은 창조주 하나님을 영화롭게 하고 그를 영원히 즐거워함에 있다.

여섯째, 사람의 첫째 목적이 만인의 행복 추구라는 것은 개인의 행복 추구보다는 훨씬 나은 목적이다. 만인의 행복 추구는 인간의 복지를 의미한다. 인간의 복지를 추구하는 것은 마땅히 할 일이다. 그러나 하나님의 영광은 전혀 생각하지 않고 오직 사람의 복지만을 추구하는 것은 인간들만을 위한 행복 추구라는 점에서 하나님을 영화롭게 해야 한다는 성경의 가르침을 배제하고 있다. 그런 면에서 만민의 행복 추구는 사실상 이교도적인 사상이다. 이것은 인간이 만물의 척도라는 세속적 이교 사상이다. 만물의 척도는 하나님의 말씀인 성경 66권이다.

일곱째, 하나님을 즐거워하는 것은 하나님을 영화롭게 하는 것에 종속되어 있다. 왜냐하면, 인간 목적의 가장 중요한 요소가 하나님을 영화롭게 하는 것이고, 하나님을 즐거워하는 것은 하나님을 영화롭게 하는 것에 종속되었기 때문이다. 하나님을 영화롭게 하는 자들은 이 세상과 오는 세상에서 하나님을 영원히 즐거워할 것이다. 하나님을 영화롭게 하지 않고 하나님을 즐거워하는 자들은 사람이 하나님을 위해 존재하는 것이 아니라 하나님이 사람을 위해 존재한다는 무속신앙에 빠질 수 있다.

여덟째, 모든 인류는 하나님을 영화롭게 하는 일을 떠나서는 참된 행복을 만날 수 없다. 참된 행복은 하나님을 영화롭게 하고 하나님을 즐거워하는 의식적 행동에 좌우된다. 바벨탑을 쌓는 것이 사람의 영광이 아니라 하나님의 영광을 추구하는 삶이 인간의 영광이다. 사람이 하나님의 영광을 추구하지 않으면 진정한 행복을 누리지 못할 것이다. 어거스틴의 말처럼 하나님이 우리의 창조주이시기 때문에 우리의 영혼은 하나님 안에서 안식을 얻기까지는 진정으로 안식할 수 없다.

아홉째, 그러나 사실상 사람은 타락했기 때문에 자기 능력으로 하나님께 영광을 돌릴 수 없는 영적 무능력자이다. 그래서 전능하신 하나님의 성육신인 예수 그리스도의 구속 사역이 필요하다. 하나님은 타락한 인간에게 회복될 수 있는 은총으로 예수 그리스도를 주셨다. 그래서 우리는 주 예수 그리스도를 믿는다. 주 예수 믿음 고백에 천국 영생이 있다. 예수 믿는 자만이 하나님께 영광을 돌릴 수 있다. 대요리문답은 성경 66권의 가르침에 따라 하나님께 영광 돌리는 방법을 말하고 있다. 그래서 성경은 복음이다. 대요리문답도 복음이다.

 **2**

하나님의 존재

> 문 2: 하나님의 존재는 어떻게 나타나 있는가?
> 답 2: 인간 안에 있는 본성의 참된 빛과 하나님의 사역은 하나님의 존재를 명백히 선포하고 있다. 그러나 하나님의 말씀과 성령만이 인생으로 하여금 구원에 이르게 하도록 하나님을 충족하고 유효하게 계시할 수 있다(롬 1:19-20; 시 19:1-3; 행 17:28; 고전 2:9-10; 딤후 3:15-17; 사 59:21).
>
> Q 2: How doth it appear that there is a God?
> A 2: The very light of nature in man, and the works of God, declare plainly that there is a God; but his word and Spirit only do sufficiently and effectually reveal him unto men for their salvation.

1. 칼빈은 신 존재를 증명하지 않았다. 그의 『기독교 강요』는 처음부터 창조주 하나님을 언급했으나 신 존재 증명을 거론하지 않았다. 성경의 첫 구절인 창세기 1:1에도 신 존재 증명은 없고 바로 하나님의 창조가 나온다. 신 존재 증명은 중세의 자연 이성을 중심으로 한 신학적 작업에서 제시되었다. 켄터베리의 안셀무스와 토마스 아퀴나스 등이 신 존재 증명을 강조했다. 그러나 자연신학은 아브라함과 이삭과 야곱의 하나님에 이르지 못한다. 2017년에 간행된 「월간중앙」 2월호에 따르면 한국은 중국(47%), 일본(31%), 체코(30%), 프랑스(29%)에 이어 15퍼센트로 무신론 국가 세계 5위다.

개신교, 불교, 가톨릭 등 국내 종교 신도를 모두 합해도 무종교자(56.1%)보다 적다. 이러한 상황에서 하나님의 존재에 관한 문제 제기는 적실성이 있다. 이미 사람의 첫째 목적이 하나님을 영화롭게 하는 것이라고 대요리문답 문 1이 제시했다. 문 2는 신존재 증명이 아니라 하나님의 존재를 전제하고 어떻게 나타났느냐 하는 것이다.

2. 인간 안에 있는 본성의 참된 빛은 인간의 지성과 마음에 존재하는 하나님의 자연계시를 의미한다. 성경을 모르는 이방인도 어느 정도 하나님에 대한 지식을 소유하고 어느 정도의 도덕법을 의식하고 있다(롬 2:14-15). 그리하여 어리석은 자만 하나님이 없다고 한다.

3. 하나님의 피조물들은 인간의 본성 외에 하나님의 존재와 사역을 나타낸다. 자연의 모든 영역이 하나님의 피조물이다. 큰 망원경으로 볼 수 있는 별들과 현미경으로 볼 수 있는 작은 입자까지 창조주 하나님의 존재와 사역을 나타낸다. 살아 있는 모든 생물체와 인간역사가 하나님의 창조와 통치와 보존 사역을 증거한다.

4. 인간 본성의 빛과 하나님의 피조물들이 인류에게 주는 메시지는 하나님의 존재와 영원하신 능력과 신성과 영광과 도덕적 계명을 알려 준다. 이러한 일반계시는 인류가 자신들의 죄와 하나님의 존재를 핑계하지 못하게 한다(롬 1:20).

5. 인간 본성의 참된 빛과 하나님의 피조물들은 인간의 영적 필요성에 불충분하다.
그 이유는 다음과 같다.

첫째, 인간이 타락하여 영적 필요가 바뀌었기 때문이다. 인간 본성의 빛과 하나님의 피조물은 죄로부터 구원에 대하여 어떤 해결책도 제시하지 못하기 때문이다.

둘째, 인간의 타락은 인간 본성의 참된 빛과 하나님의 피조물이 제시하는 메시지를 올바로 받아들일 능력에 치명적인 손상을 입혔기 때문이다. 인간의 지성과 마음이 죄로 말미암아 어두워졌다(롬 1:21-22). 타락한 인간은 피조물을 썩어질 우상으로 섬기는 거짓 종교를 양산하고 도덕적 타락을 야기했다(롬 1:23-32).

6. 그러나 우리는 감사하게도 이러한 일반계시 외에 하나님의 특별계시를 소유하고 있다. 오늘날 특별계시는 구약과 신약의 성경이 유일하다. 특별계시는 자연법에 따라 주어진 것이 아니라 성령 하나님의 특별한 사역을 통해 주어졌기 때문이다(벧후 1:21). 특별계시는 타락한 인간에게 구원의 길을 제시하기 때문에 특별한 계시이다.

7. 특별계시와 일반계시에는 다음과 같은 차이가 있다.

첫째, 일반계시는 모든 사람에게 주어졌고, 특별계시는 제한적으로 주어졌다.
둘째, 일반계시는 사람들이 핑계하지 못하게 하고 특별계시는 사람들에게 구원의 길을 제시한다.
셋째, 특별계시인 성경은 일반계시보다 더 명확하다.
넷째, 성경의 계시는 일반계시로 알 수 없는 하나님과 하나님의 뜻을 알게 해 준다. 하나님의 완전한 구원 계시와 뜻은 성경 66권에 있다.

8. 성경이 우리에게 구원의 지혜가 되려면 성경 외에 믿음이 필요하다(히 4:2). 구원에 이르는 믿음은 성령에 의하여 사람의 마음에 심어진 하나님의 선물이다(엡 2:8). 성령은 성경에 이미 계시된 진리의 말씀을 믿게 하신다.

9. 인간의 타락에도 불구하고 일반계시는 여전히 다음과 같은 효능이 있다.

첫째, 일반계시는 문화 활동의 기초가 된다.
둘째, 일반계시의 빛에 따라 선악을 분별하고 법질서로 사회생활이 가능하게 한다.
셋째, 일반계시는 하나님의 창조물을 탐구하여 과학과 학문을 발달하게 하고 생활에 적용한다.
넷째, 일반계시는 모든 종교의 기초가 된다. 하지만 일반계시에만 의존하는 종교는 우상 종교로 나타난다.
다섯째, 일반계시는 언어, 사상, 기술의 발달을 이루어 복음 전파의 길을 예비한다.

10. 정리하자면 하나님의 존재는 인간과 우주 만물과 성경을 통해 나타나 있다. 따라서 칼 마르크스, 블라디미르 레닌, 조지 오웰, 노엄 촘스키, 리처드 도킨스, 버트런드 러셀, 베니토 무솔리니, 스티븐 호킹, 존 레논, 프리드리히 니체 등 수많은 무신론자의 신 존재 부정에도 불구하고 하나님의 존재는 엄연한 사실이다.

3
하나님의 말씀

> 문 3: 하나님의 말씀은 무엇인가?
> 답 3: 신구약 성경이 하나님의 말씀이며 신앙과 행위의 유일한 규범이다(딤후 3:16; 벧후 1:19-21; 엡 2:20; 계 22:18-19; 사 8:20; 눅 16:29-31; 갈 1:8-9).
>
> Q 3: What is the word of God?
> A 3: The holy scriptures of the Old and New Testaments are the word of God, the only rule of faith and obedience.

1. 하나님의 말씀은 무엇인가?

신사도 운동의 예언 기도는 하나님의 말씀인가? 아니다.

무당의 예언은 하나님의 말씀인가? 아니다.

칼 바르트는 그의 『교회 교의학』 I/1권과 I/2권에서 "하나님의 말씀에 관한 교의"를 장황하게 서술하였다. 하지만, 그가 실제적으로는 하나님의 말씀으로서의 성경 66권을 부정하였다. 그는 성경이 고대 종교의 한 문서일 뿐이고 민담(saga)일 뿐이라고 주장하였다. 그에게 하나님의 말씀이나 계시는 인간의 말일 뿐이다.

이러한 신학을 신정통이라고 하는 것은 굉장한 예우로 보인다. 그의 『교회 교의학』 13권은 교회를 망치고 있다. 한국 교회는 그 때문에 교단이 분열되었다. 불트만과 틸리히의 성경관도 그와 다르지 않다.

이와 관련하여 웨스트민스터 대요리문답 문 3은 무엇을 말하는가?

2. 하나님의 말씀은 성경 66권이다. 성경은 문자적 의미에서 분명하고

명확한 하나님의 말씀이다. 성경이 거룩한 성경인 것은 성경이 하나님의 계시이고, 거룩한 교훈을 말하기 때문이다. 누구든지 성경을 진실한 믿음으로 받아들이면 거룩한 생명에 이른다. 그래서 성경은 하나님께서 주신 복음이다.

3. 성경 일부는 하나님의 말씀이고 일부는 인간의 말이라고 한다면 그것은 진리가 아니다. 성경은 전체가 하나님의 말씀이다. 성경에 사탄과 악인의 말도 있지만, 그것은 인용구이다. 예를 들어, '하나님이 없다'는 말은 틀린 말이지만, "어리석은 자는 하나님이 없다고 한다"는 말은 하나님의 말씀이다(시 53:1). 이처럼 성경 전체는 신적으로 영감 되고 무오한 하나님의 말씀이다.

4. 성경은 우리에게 구원에 이르는 신앙과 순종의 유일한 규칙이다. 이러한 대요리문답 문답 3은 교회사상 처음으로 등장했다. 웨스트민스터 표준문서 이전에는 이러한 표현이 없었다. 이것은 성경 안에서 창의적 연구가 가능함을 보여 준다. 하나님의 말씀으로서의 성경 외에 구원에 이르는 다른 신앙과 순종의 규범이 없다. 문 3은 우리가 무엇을 믿고 어떻게 행해야 할 것인지를 성경적으로 알려 주고 있다.

5. 양심은 신앙과 행위의 지침이 될 수 없다. 더구나 타락한 인간의 양심은 무엇이 옳고 무엇이 그른지를 말해 주지 못한다. 이것은 식인종의 풍습을 보아 알 수 있다.

6. 구약 39권과 신약 27권의 성경 66권 외에 다른 규범을 첨가한다면 성경은 두 번째 권위가 될 것이고 성경 외의 다른 것이 우리의 신앙과 생활의 실제적인 권위가 될 것이다. 어떤 분야에서 두 가지 최고 권위는 가능하지 않다.

7. 외경은 하나님의 말씀도 아니고 성경도 아니다. 외경이 하나님의 말씀이 아닌 것은 외경의 저자들이 하나님의 영감을 받지 않았기 때문이다. 외경은 신구약 중간기에 나라를 잃은 유대인들을 격려하고 희망을 주고자 저술되었다. 로마가톨릭과 성공회와 정교회는 외경을 포함하여 정경으로 삼고 있다. 그들은 외경을 포함하였기 때문에 성경 해석에 영향을 주어 성상과 성화 숭배를 교리화하였다. 그러나 성상과 성화 숭배는 제1계명과 제2계명의 위반이다(출 20:3-6). 종교개혁은 외경을 배격하였다.

8. 하나님의 말씀인 성경에는 오류가 없다. 오류가 없다는 말은 신앙의 영역에는 오류가 없으나 역사와 과학의 영역에는 오류가 있는 것을 의미하지 않는다. 성경의 무오는 신앙의 영역뿐만 아니라 과학과 역사에도 오류가 없는 것을 의미한다.[1]

9. 성경에 오류가 없는 것은 성령의 영감 때문이다. 성령은 성경의 원저자이다. 하지만, 성경 기록자는 대필자가 아니다. 성경 기록자의 교육과 인격과 문화적 배경이 활용되었으나 오류가 없도록 성령께서 역사하셨다. 성경의 사본이 아니라 원본이 무오하다.

10. 신약성경이 구약성경보다 더 완전한 하나님의 말씀이라고 할 수 없다. 예수님과 사도들은 구약을 하나님의 완전한 말씀으로 간주하였다. 구약과 신약은 동일한 하나님의 말씀이다. 예수님의 말씀이 성경의 다른 말씀보다 더 진정한 하나님의 말씀인 것은 아니다. 창세기부터 요한계시록까지 모든 성경이 다 하나님의 말씀이다. 구약은 예수 그리스도를 예언하

---

1 20세기 이전에는 Infallibility가 Inerrancy를 의미하였으나 현대에는 이 두 단어가 구분되고 있다. Infallibility(무류)는 과학과 역사에 오류가 있을지라도 신앙의 영역에 오류가 없음을 의미하고, Inerrancy(무오)는 신앙과 과학의 영역에도 오류가 없음을 의미한다. 따라서 오늘날 Infallibility를 정확무오라고 하는 것은 바른 번역이 아니다.

였고 신약은 예수 그리스도를 선포하였다.

11. 하나님의 말씀인 성경이 믿음과 순종의 유일한 규범이라는 원리는 모든 기독교 교리의 기초이다. 성경의 중심인 예수 그리스도는 교회의 기초이다. 대요리문답 문 3에서 말하는 하나님의 말씀으로서의 성경은 대리요문답 전체의 기초이다.

12. 이상과 같은 웨스트민스터 대요리문답 문 3은 대부분의 현대 신학자의 반성경적 주장과는 정반대로 성경 자체의 주장을 반복하고 있다. 우리가 성경 자체의 주장을 반복하여 강조하는 것은 하나님의 말씀으로서의 성경 66권 전체가 우리 인간에게 복음이기 때문이다. 그래서 성경은 우리의 신앙과 행위의 시금석이다. 성경은 하나님의 말씀이기에 하나님을 아는 지식의 원천이다.

성경을 통해 하나님을 아는 것은 끝없는 축복이다. 성경 밖에서 하나님을 오해하여 잘못 아는 것은 인간의 영원한 불행이다. 성경이 하나님의 말씀임을 부정하면 범죄한 인류를 위한 복음은 없게 된다. 그리하여 성경은 신앙과 신학의 심판관이다. 범죄한 인간에게 성경 외에 다른 복음은 없다. 성경은 타락한 인류를 영원한 생명으로 인도하는 빛이다.

4
성경의 자증

문 4: 성경이 하나님의 말씀이라는 것이 어떻게 나타나 있는가?

답 4: 성경 자체가 하나님의 말씀임은 다음과 같은 사실에 나타나 있다. 성경 자체의 존엄성과 순수성, 그 전체의 모든 부분과 범위의 일치에 나타나 있으니, 그것은 하나님께 모든 영광을 돌리기 위함이며, 죄인들을 확신시켜 개심케 하고 위로하며 육성하며 구원에 이르게 하는 그 빛과 능력에 나타나 있다. 그러나 사람의 마음속에서 성경과 더불어 증거하시는 하나님의 영만이 성경이 바로 하나님의 말씀임을 온전히 설득할 수 있다(호 8:12; 고전 2:6-7, 13; 시 119:18, 129 등).

Q 4: How doth it appear that the scriptures are the word of God?

A 4: The scriptures manifest themselves to be the word of God, by their majesty and purity; by the consent of all the parts, and the scope of the whole, which is to give all glory to God; by their light and power to convince and convert sinners, to comfort and build up believers unto salvation: but the Spirit of God bearing witness by and with the scriptures in the heart of man, is alone able fully to persuade it that they are the very word of God.

1. 하나님보다 높은 권위는 없다. 하나님은 영원 자존하신 창조주와 구속주이시기 때문이다. "하나님이 이르시되"라고 말씀하시면 그 말씀 자체가 최고의 신적 권위를 지닌다. 하나님으로서 사람이 되신 예수님께서 "내가 진실로 진실로 너희에게 이르노니"라고 말씀하신 것도 그 자체가 최고의 신적 권위를 지닌다. 성경은 하나님의 계시이고 하나님의 말씀이다.

성경을 하나님의 말씀으로 증명하기 위한 권위로써 인간의 이성이나, 논리 혹은 역사적 정확성이나 과학적 사실에 궁극적으로 의존한다면 우리는 그것이 하나님의 말씀보다 더 권위 있는 것이요 더 신빙성 있는 것임을 전제하는 오류를 범하게 된다는 웨인 그루뎀의 말은 타당하다. 성경이 하나님의 말씀인 것은 성경 스스로 나타낸다. 성경은 그 자체로 하나님의 말씀으로서 세상의 어느 것과도 비교될 수 없는 최고의 권위를 지닌다.

2. 성경 자체의 존엄성은 인간의 어떤 작품보다 더 높고 고결하고 존엄한 특성을 뜻한다. 성경에는 눈으로 보지 못하고 귀로도 듣지 못하며 마음으로도 감찰하지 못하고 하나님의 깊은 것까지 통찰하시는 성령으로 말미암은 계시들이다. 그리하여 성경은 존엄하다. 성경은 세상의 그 어떤 책보다 더 많은 언어로 번역되었다. 그 어떤 책보다 더 많이 인쇄되었다. 문학적으로도 성경은 세상에서 가장 위대한 책으로 인식되었다. 무엇보다도 성경은 그 가르침에서 독특하다. 세상의 수많은 종교의 경전 가운데 성경의 존엄함과 위대함에 비교될 만한 것은 없다.

3. 성경의 순수함은 하나님의 말씀으로서의 성격을 가리키고 모든 인간적 오류와 불결함에서 자유로운 것이다. 다른 책들은 성경의 순수함에 비교되지 못한다. 그 이유는 성경만이 성령 하나님의 초자연적인 사역의 산물이기 때문이다. 그래서 성경은 실수와 오류가 전혀 없다. 성경 자체가 오류에서 벗어났다고 선포한다. 만약, 성경 어느 부분에 오류가 있다고 증명된다면 성경의 진정성은 파괴될 것이다. 만약 성경에서 오류를 발견한다면 그것은 발견자의 문제일 뿐이다.

4. 성경의 모든 부분의 일치는 성경에 모순이 없다는 것과 성경의 유기적 조화와 통일성을 의미한다. 이것은 성경이 여러 다른 독립적 저작의

수집이 아님을 나타낸다. 성경의 여러 부분의 훌륭한 조화는 인간 기록자의 배후에 성령께서 인도하셨기 때문이다. 성경 66권은 40여 명의 다른 저자가 모세로부터 사도 요한까지 약 1,400년 동안 기록했다. 40여 명이 1,400년 동안 기록했는데 모순이 없다는 것은 성경의 일관성을 나타낸다. 성경의 일관성은 성경이 성령 하나님에 의하여 초자연적으로 영감된 하나님의 말씀임을 증거한다.

5. 성경 전체의 의도는 하나님께 영광을 돌리기 위함이다. 이것은 인간에게 영광을 돌리는 이방 종교와 다른 점이다. 성경은 모든 영광을 하나님께 돌린다. 악인은 하나님의 영광을 위한 책을 쓸 수 없다. 선인은 자신의 책이 하나님의 말씀이라고 거짓말할 수 없다. 마귀도 성경을 쓸 수 없다. 오직 하나님께서만 성경의 유일한 원저자가 되신다. 인간 기록자는 인간의 오류를 배제하는 성령의 유기적 영감을 받아서 기록했다.

6. 성경은 죄인들을 확신시켜 개심하게 하고 위로하며 육성하여 구원에 이르게 하는 그 빛과 능력을 나타낸다. 성경을 알고 믿는 곳에서 하나님의 나라가 확장되고 악과 범죄가 줄어들며 사람의 삶과 재산이 개선될뿐만 아니라 교육이 보급되고 병자들과 불행한 자들과 정신병자들을 돌보는 사랑과 자비의 기관들이 설립되며, 시민권이 존중된다.

성경이 알려지지 않는 곳에서 인간의 삶이 경시되고 불안하고 거짓이 팽배해진다. 성경이 없는 곳에는 사람이 미신의 노예와 두려움으로 살게 된다. 도덕적 부패와 타락은 더 심해진다. 성경의 결과와 열매들은 성경이 하나님의 말씀임을 증명한다.

7. 무엇보다 사람의 마음속에서 성경과 더불어 증거하시는 하나님의 영만이 성경이 바로 하나님의 말씀임을 온전히 설득할 수 있다. 성경이 하나님의 말씀이라는 확신에 이르도록 성령 하나님이 역사하신다.

> 육에 속한 사람은 하나님의 성령 일을 받지 못한다(고전 2:14).

고등교육을 많이 받고 지적 수준이 높은 사람일수록 성경이 하나님의 말씀이라는 것을 믿지 않는 것은 육에 속한 사람이기 때문이다. 영적인 소경은 영적 빛을 볼 수 없다. 지식과 교육으로 성경이 하나님의 말씀임을 믿기 어려운 것은 하나님에 대한 완고한 편견이 작용하기 때문이다. 인류는 타락하여 죄로 어두워져서 악한 편견이 작용하기 때문에 성령의 특별한 사역이 없이는 성경이 하나님의 말씀임을 믿기에 무능력하다.

8. 성령이 선물 중의 선물인 것은 예수님의 구속 사역으로 우리에게 오시기 때문이다. 예수님의 구속 사역 없이는 성령이 우리에게 오실 수 없을 뿐만 아니라 예수님의 구속 사역 없이 성령이 우리에게 오면 우리는 우리의 죄 때문에 즉사할 것이다. 죄의 값은 사망이기 때문이다. 우리는 예수님의 구속 사역 때문에 죽음에서 벗어났다.

예수님의 구속 사역을 통해 오신 성령은 성경의 원저자이시다. 그래서 성경은 최고의 권위를 지닌다. 성경을 하나님의 말씀으로 알게 하시는 이도 성령 하나님이시다. 하나님보다 더 큰 권위는 없기에 성령 하나님의 감동으로 기록된 성경이 하나님의 말씀인 것을 스스로 증거하여도 최고의 증거가 된다.

5
성경의 2대 교훈

> 문 5: 성경은 주로 무엇을 가르치는가?
> 답 5: 성경은 주로 사람이 하나님께 대하여 어떻게 믿을 것과 하나님께서 사람에 대하여 요구하시는 의무가 무엇임을 가르친다(딤후 1:13).
> Q 5: What do the scriptures principally teach?
> A 5: The scriptures principally teach, what man is to believe concerning God, and what duty God requires of man.[1]

1. 성경의 2대 교훈은 무엇인가?

성경의 가르침을 크게 두 가지로 나눈 것은 웨스트민스터 총회의 성과다. 그전에는 이 질문이 없었다. 웨스트민스터 총회는 쉽게 이루어지지 않았다. 웨스트민스터 총회(Westminster Assembly of Divines)는 영국의 종교개혁을 위해 1643년 7월 1일에서 1649년 2월 22일까지 신학자인 목사 121명과 장로 상원의원 11명과 장로 하원의원 20명 그리고 스코틀랜드 교회 대표 신학자인 목사 5명과 장로 3명이 웨스트민스터 성당에 모인 회의였다. 요리문답은 단번에 작성되지 않고 재차, 삼차의 까다로운 심사를 거쳤다.

루터와 칼빈과 우르시누스 등의 여러 요리문답과 비교하고 심혈을 기울여 5년 동안 타의 추종을 불허하는 노력과 헌신으로 작성되었다. 매일 기도로 시작과 끝을 알렸다. 최종의 결과를 얻지 못할 경우 하나님께 지혜를 아뢰어 기도 안에서 응답을 찾았다.

모든 토론의 최종적인 심판은 성경이었다. 절대적인 권위를 가진 성경이 보증하는 구절을 통해 결론을 내었다. 이리하여 대요리문답의 문 5는 문 1과 마찬가지로 단순하면서도 그동안 기독교 역사에 없었던 문장으로 출현하게 되었다. 내용으로는 성경과 이전의 요리문답에 있었지만, 문장은 성경 안에서의 창의적인 표현이다.

2. 성경이 가르치는 주요 내용은 두 가지다.

첫째, 믿어야 할 진리의 말씀에 관한 것
둘째, 순종해야 할 의무에 관한 것

믿음과 행위가 성경의 2대 교훈이다. 138년의 한국 교회 역사는 처음부터 이것을 배웠기 때문에 새삼스럽지 않다. 그러나 종교개혁이 지난 후 1643년 웨스트민스터 총회가 있기까지 이러한 교훈은 공식적으로 등장하지 않았다.

3. 믿음이 의무보다 먼저 언급된 것은 뿌리가 열매보다 먼저 있기 때문이다. '마음의 생각이 어떠하면 그의 사람됨도 그러한 법'이다. 믿음은 삶을 결정하는 뿌리와 같다. 그래서 믿어야 할 진리는 행해야 할 의무보다 먼저 언급되었다.

4. "기독교는 교리가 아니라 삶이다"라는 오늘날의 대중적 선전 문구는 성경의 근본 교리를 혐오하는 자들의 선입견이다. 기독교는 교리와 삶의 체계이다. 교리와 삶은 유기적으로 연관되어 있다. 삶은 교리 없이 존재하거나 성장할 수 없다. 뿌리 없는 나무는 죽은 것과 같다. 그리스도인의 삶에서 믿음과 행위 중 어느 것이 더 중요하다고 할 수 없다. 의심의 여지 없이 각기 고유의 목적이 있기에 다 중요하다.

5. 믿음과 행위는 하나님께 영광 돌리는 방법이다. 믿음이 없이 하나님

을 영화롭게 할 수 없고, 행함이 없이 하나님이 즐거워할 수 없다. 성경은 우리 인생의 목적이 하나님을 영화롭게 하는 것이라고 말씀한다. 성경은 또한 하나님께 영광 돌릴 수 있는 구체적인 방법을 제시했다. 그것은 바로 믿음과 행위다. 대요리문답 문 5는 하나님의 영광을 위해 어떻게 살아야 할 것인지를 고민하는 기독교인들에게 분명한 대답이다.

6. 성경에서 우리가 믿어야 할 내용은 사도신경에 요약되었고, 우리가 행해야 할 내용은 십계명과 주기도문에 요약되었다. 초신자들에게 사도신경과 십계명 그리고 주기도문을 암송하도록 한 것은 바로 이 때문이다. 사실상 거의 모든 요리문답은 믿음과 행위를 다루고 있다.

믿음과 행위는 성경 전체를 요약하는 것이 된다. 사도신경은 크게 삼위일체 하나님에 대한 신앙고백이다. 그중에 하나님의 아들 예수 그리스도에 관한 고백이 절반 이상을 차지하기 때문에 사도신경을 요약하면 주 예수에 대한 신앙고백이다.

주 예수에 대한 믿음을 고백한 자들은 구원을 받는다. 구원받은 자들은 십계명대로 행할 의무가 있다. 십계명은 율법의 핵심이다. 십계명의 특징은 하나님 사랑과 이웃 사랑이다. 따라서 십계명의 핵심은 사랑이며 율법의 핵심도 사랑이다. 사랑은 율법의 완성이다(롬 13:10). 문제는 우리가 율법과 십계명대로 온전히 사랑하며 살지 못한다.[1] 그 해결책으로 예수님께서 가르치신 주기도문대로 기도하여 죄를 용서받게 된다. 이것은 복음이다.

7. 성경의 2대 교훈은 믿음과 행위에 관한 것이다. 믿음에서 중요한 것은 예수님을 믿는 것이며 행위에서 중요한 것은 사랑이다.

---

1   율법과 율법주의는 다르다. 율법의 핵심은 사랑이고, 율법주의는 주로 남을 정죄한다. 율법에도 정죄의 기능이 있으나 그것은 그리스도께 인도하는 방편이다. 율법주의는 정죄하는 것으로 끝난다.

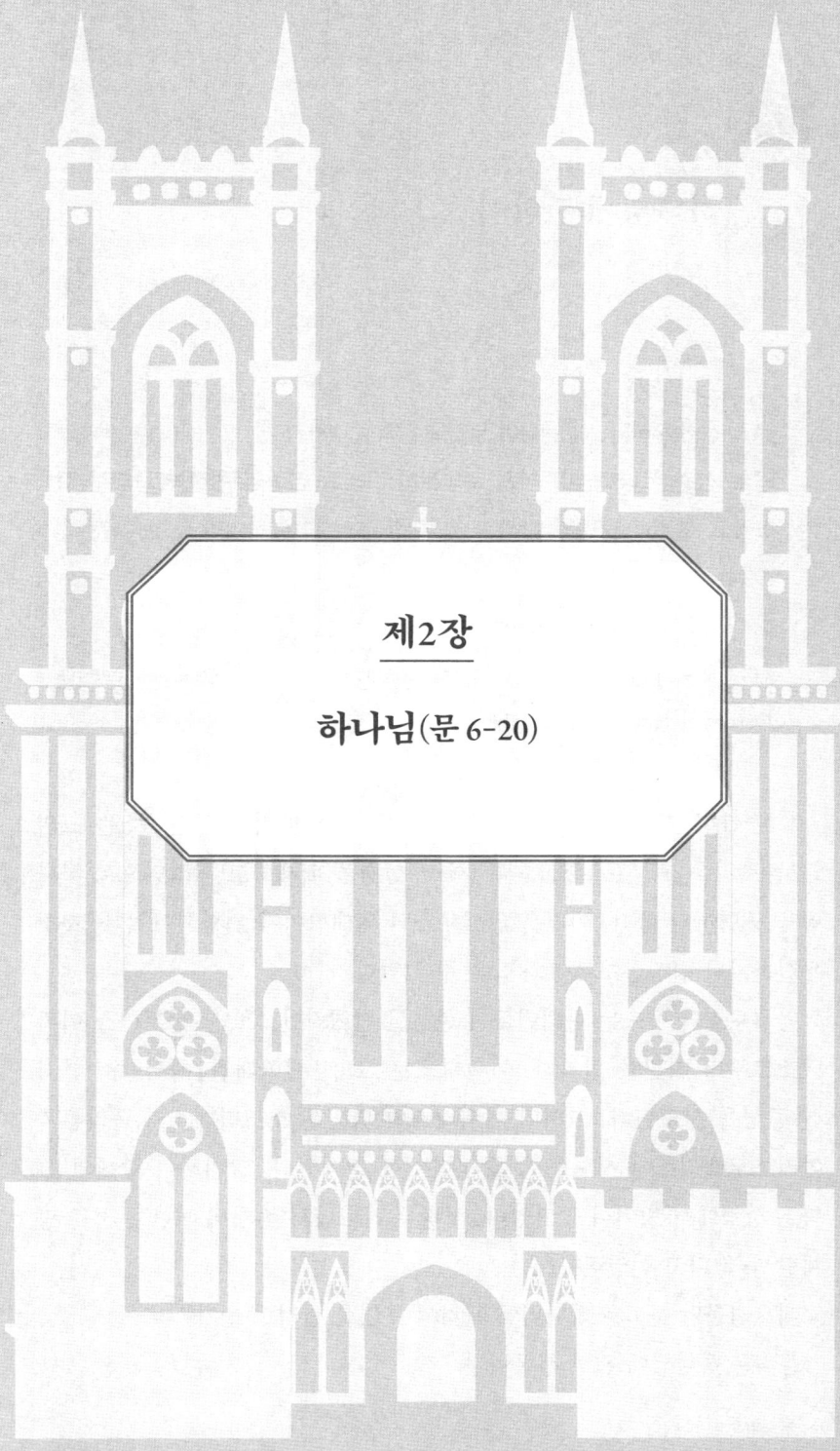

제2장

하나님(문 6-20)

6
하나님에 관하여

문 6: 성경은 하나님에 관하여 무엇을 알려 줍니까?
답 6: 성경은 하나님이 어떤 분이신지 그리고 신성의 위격과 그의 작정 그리고 작정의 실행에 관하여 알려 준다(히 11:6; 요일 5:7; 행 4:27-28; 15:14-15, 18).

Q 6: What do the scriptures make known of God?
A 6: The scriptures make known what God is the persons in the Godhead his decrees and the execution of his decrees.

1. 중세 스콜라 신학의 아버지라 불리는 켄터베리의 안셀무스는 그의 『모놀로기온』과 『프로솔로기온』에서 성경을 배제하고 이성만으로 하나님을 증명하려 했다. 이것은 안셀무스의 위대함이자 위험함이었다. 자칫 무신론자나 범신론자로 오해받을 수 있었다.

안셀무스의 시도는 현대인들이 환영할 만했지만 200년 후 토마스 아퀴나스로부터 비판을 받았다. 아퀴나스는 그의 『신학대전』에서 목적론적 신 증명을 시도했다. 그러나 아퀴나스의 방법은 소크라테스와 플라톤과 아리스토텔레스가 시도한 것을 응용했을 뿐이었다. 그리하여 중세의 신학은 성경에서 벗어나게 되었다. 성경은 하나님의 존재에 대한 무지를 핑계할 수 없다고 선언한다(롬 1:20).

대요리문답 문 6은 하나님에 관하여 무엇을 알려 주는가?

문 6은 하나님에 관한 서론이다.

2. 성경에 하나님에 관하여 계시한 것은 다음과 같이 네 가지 분야다.

첫째, 하나님의 존재
둘째, 성부와 성자와 성령의 삼위일체 하나님
셋째, 하나님의 작정
넷째, 하나님 작정의 실행

하나님의 작정과 그 실행은 죄를 범한 인간의 구원이 포함되었기 때문에 복음이다.

3. 이 같은 하나님에 관한 정보의 네 가지 분야는 두 부분으로 나눌 수 있다. 그것은 하나님의 자신에 관한 정보와 하나님의 사역에 관한 정보이다. 타락한 인간이 하나님의 존재와 사역에 관한 성경의 가르침을 안다는 것은 엄청난 복음이다. 하나님이 누구신지와 하나님의 사역이 무엇인지를 아는 것은 성경 전부를 아는 것과 마찬가지다. 그만큼 하나님을 아는 것은 쉬운 일이 아니다.

박형룡 박사는 그의 『교의 신학』에서 하나님이 누구이신지에 관한 부분을 '실유'라고 표현했다. '실유'는 중국 표현이어서 한국 사람에게 낯설다. 그래서 김길성 교수는 '실재'라고 개정하였다. 그렇지만 '실재'는 철학적 이미지를 나타내기 때문에 하나님이 누구신지에 관한 표현으로는 적절하지 않게 보인다.

서철원 박사는 『서철원 박사 교의신학 2: 하나님론』의 부제목으로 "삼위일체 하나님과 그의 사역"으로 표시했다. 그만큼 하나님이 누구신지에 관한 표현은 다양하다. 대요리문답 문 6에서는 하나님이 누구신지에 대하여 '3 persons'로 표기하였다. '3 persons'는 그동안 한국에서 삼위로 표기하였다. '위'라는 한자는 중국에서 보통 사람들보다 훨씬 존경할만한 사람을 가리킨다고 한다.

'하나님의 인격과 사역'이라고 하면 하나님에 관하여 전부를 나타내는 것이 된다. 그러나 인격은 그냥 사람을 가리키는 인상을 주기 때문에 위격 혹은 신격이라는 단어를 사용하기도 한다. 신격보다는 위격이 그동안 많이 사용되었다.

서철원 박사의 표현대로 하나님이 누구이신지에 관한 표현으로는 삼위일체 하나님이 적합하다고 할 수 있겠다. 하나님의 인격은 삼위일체이기 때문이다. 하나님께서 하시는 일에 관하여는 하나님의 사역이라고 자연스럽게 말할 수 있다. 하나님의 사역은 대요리문답 문 6의 표현대로 하나님의 작정과 그 실행이다.

4. 하나님 자신과 하나님의 사역에 관한 성경의 가르침은 신론에 해당한다. 우리의 죄 많은 인생이 하나님의 은혜를 받아서 성경에 계시된 대로 하나님을 알 수 있다는 것은 놀라운 축복이다. 한국에 교회와 목사 그리고 신학자가 많은 것과 선교사를 많이 파송하고 새벽기도와 금요기도회, 성경 공부를 많이 하는 것은 하나님의 은혜이면서 하나님의 은혜를 더불어 받을 수 있는 계기일 것이다. 왜냐하면, 성경에서 가르친 대로 하나님을 아는 것이 영생이기 때문이다(요 17:3).

성경에서 가르친 대로 하나님을 알지 못하면 천국의 영생을 누리지 못한다. 사실 세상에 하나님에 관한 지식이 없는 것이 아니다. 세상에는 온갖 신지식(神智識)이 있다. 로마의 유명한 판테온과 한국의 만신(萬神, 무녀)집은 수많은 신이 있음을 나타낸다. 그러나 성경이 가르친 하나님이 아닌 신지식은 참된 지식이 아니라 귀신의 거짓말들이라 할 수 있다. 귀신의 거짓말을 믿은 결과는 지속적인 타락과 지옥의 영원한 형벌이 될 것이다.

5. 성경에서 하나님의 존재를 증명하지 않은 것은 하나님께서 사람의 마음과 우주 만물 등의 일반계시를 통해 하나님의 존재를 계시하셨기 때문이다(시 19:1; 롬 1:20). 하나님께서는 일반계시 외에 하나님의 존재를 증

명하기 위해 아무런 시도도 하지 않으셨다. 칼빈이 신 존재 증명을 하지 않은 것은 이 때문이다. 그 대신 성경은 처음부터 하나님의 존재와 성품과 사역을 선포하고 있다. 인간의 마음과 자연에 나타난 하나님의 계시에 따라 하나님의 존재를 믿는 것은 당연하고 자연스러운 일이다.

하나님의 존재는 자연과 인간의 수많은 신비를 풀 수 있는 열쇠와 같다. 하나님의 존재가 없다고 가정한다면 우주와 인생에 대해 불가해한 흑암과 불가사의의 미궁에 빠지게 될 것이다. 무신론자들과 불가지론자들은 하나님의 창조 외에 인간과 우주의 기원에 대하여 더 나은 설명을 할 수 있다고 주장하지만 성공하지 못했다. 단 하나의 사실이라도 하나님의 존재보다 하나님의 존재 부정을 더 잘 설명하고 증명할 수 있는 것은 전혀 없다.

6. 무신론자에 대하여 성경은 어리석은 자라고 선언한다(시 53:1). 성경에서 '어리석다'는 단어는 도덕적 외고집과 지적 연약과 관계되어 있다. 한국 국민이 한국의 정부를 부정하고 한국 정부에 대한 아무 의무가 없다고 주장하는 사람이 있다면 일반상식이 부족한 사람으로 간주할 것이다. 그보다 더 어리석은 사람은 하나님으로부터 생명을 부여받았음에도 하나님의 존재를 부정하고 생활하는 사람이다.

7. 불행스럽게도 현대신학은 대체로 종교다원주의를 주장하고 있다. 이 일에 로마가톨릭과 세계교회협의회(WCC)가 앞장서고 있다. 현대 자유주의 신학은 불교와 이슬람교와 힌두교 심지어 각 종족의 무속신앙의 신들도 성경에서 가르친 하나님과 동일하다고 주장한다.

이러한 주장은 십계명 제1계명과 제2계명을 정면으로 무시한다. 이스라엘이 가나안 땅에서 종교다원주의적 신앙 때문에 나라가 멸망하고 다른 나라의 포로가 되었던 역사적 사실을 외면하는 주장이다. 현대신학은 종교다원주의로부터 성경에서 가르친 하나님 신앙으로 돌아와야 한다.

7
하나님의 본성

문 7: 하나님은 어떤 분인가?

답 7: 하나님은 영이시니 스스로 존재하심과 영광과 복되심과 완전하심과 자족하심과 영원하심과 불변하심과 신비로우심과 편재하심과 전능하심과 전지 하심과 가장 어지심과 거룩하심과 정의로우심과 은혜로우심과 오래 참으심과 선하고 진실됨의 풍성하심이 무한한 분이시다(요 4:24; 출 3:14, 34:6; 욥 11:7-9 등).

Q 7: What is God?

A 7: God is a Spirit in and of himself infinite in being glory blessedness and perfection all-sufficient eternal unchangeable incomprehensible everywhere present almighty knowing all things most wise most holy most just most merciful and gracious long-suffering and abundant in goodness and truth.

1. 우리 유한한 인간이 무한하신 하나님을 어찌 알 수 있을까?

더구나 타락하여 지렁이 같은 인간이 어찌 하나님을 표현할 수 있을까? 기본적으로 불가능한 일이다. 그러나 성경의 원저자이신 하나님께서 성경에 스스로 계시하셨기에 알리신 만큼은 이해하도록 노력하는 것이 인간의 도리일 것이다. 그러나 성경 자체가 지각에 뛰어나신 하나님의 말씀이어서 유한하고 타락한 인간이 이해하기가 쉽지 않다. 우리는 여기서 성경의 가르침을 요약한 웨스트민스터 대요리문답 문 7에 대한 이해를 시도할 뿐이다. 대요리문답 문 7은 하나님의 본성을 명시하였다.

2. 하나님은 영이시다. 하나님께서 물질적 몸을 가진 분이 아니시다. 이것이 하나님의 가장 특징적인 본성이다. 하나님께서 물질적 몸을 가지고 있다는 이단은 몰몬교(말일 성도 예수 그리스도의 교회)다.

하나님은 영이시기에 하나님을 물질적 형상이나 사진으로 만들어 섬기는 것은 제2계명을 어기는 것이다. 성상과 성화는 영이신 하나님에 관한 성경의 가르침에 역행한다.

러시아와 그리스 등의 정교회에서 성상과 성화를 숭배하는 것은 제2계명의 위반이다. 정교회 국가인 러시아는 2022년 2월 24일 우크라이나를 침공했다. 그리스는 헬라 철학과 헬라 신화의 본산지이고 바울의 유럽 최초 선교지였다. 바울은 성상과 성화를 반대했다.

> 하나님을 금이나 은이나 돌에다 사람의 기술과 고안으로 새긴 것들과 같이 여길 것이 아니니라(행 17:29).

3. 하나님은 무한하시다. 물질적 제한이나 경계가 없으시다. 하나님은 측량할 수 없다. 하나님께서 스스로 무한하신 네 가지 국면은 존재하심과 영광과 복되심과 완전하심이다. 대요리문답 문 7의 영어 원문에 따르면, 하나님께서 무한하신 국면은 네 가지뿐만 아니라 자족하심, 영원하심, 불변하심, 신비로우심, 편재하심, 전능하심, 전지하심, 가장 어지심, 거룩하심, 정의로우심, 은혜로우심, 오래 참으심, 선하고 진실함의 풍성하심이 있다.

하나님의 이러한 무한하심은 성경에 따른 표현이다. 하나님의 무한하심을 유한한 인간이 이해할 수 없다. 하나님을 완전히 알 수 없고 하나님에 관한 진리의 일부분도 완전히 알 수 없다. 우리가 만약 무한하신 하나님을 다 안다면 우리도 하나님과 동등한 무한한 존재가 될 것이다. 우리가 영으로서 스스로 무한하신 하나님에 관하여 성경을 따라 단편적으로 표현할 뿐이지 그 크기를 다 헤아릴 수는 없다.

4. 하나님께서는 영원하시다. 시작도 없고, 끝도 없으며, 과거와 현재와 미래를 초월하신다. 하나님께는 영원한 현재만 있다. 하나님에게는 하루가 천년 같고 천년이 하루 같을 뿐이다. 그래서 하나님의 나라 혹은 그리스도의 나라는 천년에 한정될 수 없다.

5. 하나님께서 시간을 초월하신다. 원으로 설명할 수 있다. 우리가 원의 주변을 세상 역사의 시간으로 간주한다면 원의 중심은 세상의 역사와 관계하시는 하나님의 위치를 뜻한다. 이같이 하나님께는 세상의 과거와 현재와 미래가 언제나 동일한 현재이다.

6. 하나님은 이해를 초월하는 분이다. "하늘과 하늘들의 하늘이라도 주를 용납하지 못한다"라는 말씀과 같이 피조 된 우주는 하나님을 완전히 이해할 수 없다(왕상 8:27). 하나님께서 결정을 바꾸시는 것처럼 보이는 요나서 3:10의 표현은 실제로 하나님께서 바꾸신 것이 아니라 니느웨 백성이 마음을 바꾼 것이다. 마음을 바꾸고 회개한 니느웨 백성을 하나님께서 용서하신 것이다.

7. 하나님께서 전능하시지만, 거짓말은 하실 수 없다(딛 1:2). 하나님은 하나님 자신을 부정할 수 없다(딤후 2:13). 하나님께서 모든 것을 다 아신다는 진리가 중요한 이유는 예언 성취의 근거가 되기 때문이다. 하나님께서 가장 거룩하시다는 것은 죄와 상관이 없으심을 의미한다. 이는 속죄의 필요성을 나타낸다. 하나님의 거룩하심은 하나님의 의로우심과 연관된다.

8. 하나님의 은혜는 받을 자격이 없는 자에게 베푸시는 호의적인 은총이다. 하나님의 자비는 받을 자격이 없을 뿐 아니라 사악한 자에게까지 베푸시는 하나님의 은총이다. 이것이 은혜와 자비의 차이다. 하나님께서

는 오래 참으신다. 하나님은 죄를 심판하심에 있어서 죄인에게 회개할 기회를 주시기 위해 그의 자비로 오래 인내하신다. 하나님의 선하심은 은혜와 자비보다 일반적으로 사용되는 용어다. 박애라고도 하는 하나님의 선하심은 모든 피조물의 일반적 복락을 공급하시는 것이다. 예를 들어, 추운 날씨에 인간을 따뜻하게 할 수 있는 석탄이 땅속에 묻혀 있는 것은 하나님의 선하심을 나타낸다.

9. 하나님의 진실함은 하나님의 지식과 지혜와 공의와 선하심에 영향을 끼치는 속성이다. 성경은 진실함의 속성을 다음과 같이 증거한다.

> 우리는 미쁨이 없을지라도 주는 항상 미쁘시니 자기를 부인하실 수 없으시리라 (딤후 2:13).

더욱이 하나님께서 인류에게 주신 신약과 구약성경의 모든 계시가 진리이고 진실하다. 그 약속과 언약들의 성취가 신뢰할만하다. 언약의 성취에는 하나님의 아들 예수 그리스도의 속죄 사역이 있다. 그래서 우리 인간이 성경에 계시된 하나님을 안다는 것은 최고의 복이다.

8
하나님의 유일성

> 문 8: 하나님과 같은 다른 신들이 있는가?
> 답 8: 오직 한 분뿐이시니 살아 계시고 참되신 하나님이시다(신 6:4; 고전 8:4; 렘 10:10).
>
> Q 8: Are there more Gods than one?
> A 8: There is but one only, the living and true God.

1. 오늘날 하나님의 유일성은 많은 반대를 받고 있다. 예수 그리스도의 유일성도 무시되고 복음의 유일성도 많은 비판을 받고 있다. 여기에는 종교다원주의가 한몫하고 있다. 종교다원주의는 하나님을 격하시키고 이방신들을 격상시켜서 하나님을 이방신같이 평준화시켰다. 이것은 하나님을 폄하하는 신성모독이다. 개신교는 이러한 잘못된 사상에 대하여 항의한다(protestant).

세상에는 거짓 신이 많다. 일본과 중국과 인도와 우리 한국에도 수많은 거짓 신이 있다. 로마의 판테온과 한국의 만신집이 그 증거다. 이러한 거짓 신들은 사탄의 졸개들이다. 거짓 신들을 섬기는 것은 귀신을 섬기는 것이다. 귀신이 하는 일은 도둑질하고, 죽이고, 파괴하는 것뿐이다(요 10:10).

마귀의 졸개인 귀신의 최대 특징은 거짓말이다. 어느 민족이라도 귀신과 무속의 거짓 신들을 섬기는 것은 최고의 불행이다. 구약 시대에 이스라엘 왕국은 종교다원주의 때문에 망했다. 오늘날 일반인뿐만 아니라 사업가들이나 정치인들이 무당을 찾는 것은 불행한 일이다.

2. 오직 한 하나님을 믿는 신앙의 체계가 유일신론이다. 천지만물을 창조하시고 생명의 근원이 되시며 인간의 생사화복을 주관하시는 전지전능하신 분은 오직 한 분이신 하나님밖에 없다.

3. 유일하신 하나님은 살아계신다. 성경은 하나님의 존재를 증명하지 않는다. 성경은 살아계신 삼위일체 하나님의 작정과 그 실행을 선포하고 있다. 하나님의 살아계심에 대하여 사람은 모른다고 핑계할 수 없다(롬 1:20). 하나님의 살아계심은 우주의 운행, 생명의 탄생, 성경 66권의 통일성, 하나님의 예언 성취, 예수 그리스도의 부활 등을 비롯하여 헤아릴 수 없이 많기 때문이다.

4. 유일하신 하나님은 참되시다.

> 사람은 다 거짓되되 오직 하나님은 참되시다(롬 3:4).

하나님께서는 진실하시고 숨김이 없으시다. 변하지 않으시고 확실하셔서 신뢰할 수 있고 믿을 수 있다. 대제사장들과 서기관들도 하나님께서 보내신 예수님의 참되심을 인정했다.
"선생님이여 우리가 아노니 당신은 참되십니다"(마 22:16; 막 12:14).
하나님의 참되심(ἀληθής)에서 진리(ἀλήθεια)가 나왔다. 진리는 예수 그리스도이시다. 예수 그리스도는 하나님의 성육신으로서 구원 사역을 하셨다. 그래서 예수 그리스도는 복음이다. 하나님의 참되심은 예수 그리스도로부터 드러났다.

5. 유일신론의 반대는 다신론이다. 다신교에서 나타나는 신들은 대체로 인간적인 면모를 보인다. 헬라 신화의 신들은 정욕을 갖고 있었다. 제우스가 인간보다 더 우월하고 높은 권위를 가졌다면서 인간이 자기 마음

에 안 드는 일을 할 때 바로 응징하고, 영웅이나 다른 신을 질투하여 싸움을 걸었다.

　인도와 네팔 등에 퍼져 있는 힌두교가 대표적인 다신교이며, 일본의 신토, 석가모니 이후의 불교, 아프리카의 민속신앙, 카리브의 부두교, 현대 중국의 도교 등이 다신교 사상이다. 한국의 무속신앙도 다신교에 해당한다. 북유럽 신화, 이집트 신화, 메소포타미아 신화 등도 다신론에 해당한다.

　6. 우상 숭배도 다신론에 속한다. 우상 숭배는 형상이나 그림을 수단으로 여러 신을 섬긴다. 로마가톨릭은 성상과 성화를 통해 마리아와 소위 성자들에게 신적인 영광과 명예를 돌리기 때문에 다신론자이고 우상 숭배자가 되었다. 제2차 세계 대전 중에 일본은 천황을 신으로 섬기고 태양의 여신을 섬기도록 탄압하였다. 심지어 예배당에서 예배 전에 신사를 참배하도록 핍박했다

　7. 범신론도 하나님의 유일성을 반대한다. 범신론은 우주의 모든 것이 신이라는 신앙이다. 모든 것은 신의 발현이며 그 속에 신을 포함한다는 세계관이다. 인도의 우파니샤드 사상이나 그리스 사상, 근대의 스피노자 사상, 이슬람교의 분파인 수피즘, 시크교 등이 그러하다. 한국과 일본을 포함한 아시아의 민속 종교나 샤머니즘도 범신론이라고 볼 수 있다. 한국의 동학과 천도교에서 '사람이 곧 하느님'(人乃天)이라고 주장했다. 이것은 사람들이 신이라는 범신론의 성격을 갖고 있다.

　뉴에이지 운동도 범신론 성향이다. 이런 범신론은 여러 신을 말하므로 다신론의 범주에 속한다. 대표적인 범신론자 가운데 서양 세계의 크세노파네스를 비롯하여 스토아학파, 게오르크 빌헬름 프리드리히 헤겔, 랄프 왈도 에머슨, 바뤼흐 스피노자, 요한 볼프강 폰 괴테, 장자, 최제우, 파르메니데스, 에리히 프롬, 알베르트 아인슈타인 등이 있다.

8. 진화론은 종교의 발전이 물활론(Animism)에서 시작하여 다신론으로 발전하고 결국 유일신에 도달한다고 주장한다. 그러나 이러한 진화론은 성경과 모순된다. 일반 역사에서도 유일신론이 먼저 있었고 나중에 다신론이 파생되었음을 밝히고 있다. 예를 들어, 중국에서 일신론이 먼저 있었고 오늘날 다신론 국가가 되었다.

9. 십계명 중 제1계명과 제2계명은 다신론을 정죄한다.

> 너는 내 앞에서 다른 신들을 있게 말지어다 너를 위하여 새긴 우상을 만들지 말고 또 위로 하늘에 있는 것이나 아래로 땅에 있는 것이나 땅 아래 물 속에 있는 것의 어떤 형상도 만들지 말며 그것들에게 절하지 말며 그것들을 섬기지 말라 나 네 하나님 여호와는 질투하는 하나님인즉 나를 미워하는 자의 죄를 갚되 아버지로부터 아들에게로 삼사 대까지 이르게 하거니와(출 20:3-5).

제2계명은 범신론도 정죄한다. 만물은 신이 아니라 하나님의 피조물이기 때문이다.

10. 성경은 무신론도 정죄한다.

> 어리석은 자는 그 마음에 이르기를 하나님이 없다 하도다 저희는 부패하며 가증한 악을 행함이여 선을 행하는 자가 없도다(시 14:1, 53:1).

> 악인은 그 교만한 얼굴로 말하기를 여호와께서 이를 감찰치 아니하신다 하며 그 모든 사상에 하나님이 없다 하나이다(시 10:4).

다신론과 무신론을 주장하는 자는 어리석고 악한 사람이다. 성경은 이러한 어리석음에서 벗어나 참되고 살아계신 하나님에게 돌아올 것을 요청한다.

9

삼위일체 하나님

문 9: 신성에는 몇 위가 있는가?
답 9: 신성에는 삼위가 계시니 성부 성자 성령이시며; 이 삼위는 홀로 참되신 영원한 하나님이시며, 실체는 하나이며 권능과 영광은 동등하시나 그들의 위적 특성에 있어서만 다르시다(요일 5:7; 마 3:16-17; 마 28:19; 고후 13:4; 요 10:30).
Q 9: How many persons are there in the Godhead?
A 9: There be three persons in the Godhead, the Father, the Son, and the Holy Ghost; and these three are one true, eternal God, the same in substance, equal in power and glory; although distinguished by their personal properties.

1. 삼위일체 하나님은 기독교의 핵심이다. 삼위일체 교리는 예수님이 하나님이고 성령도 하나님이라는 성경적 신학적 정립이다. 기독교는 예수교이다. 기독교는 예수님을 하나님으로 믿는다. 예수님은 그리스도이시다. 예수께서 스스로 하나님의 친아들이며 성부 하나님과 하나라고 직접 말씀하신 것이 삼위일체 하나님의 가장 중요한 내용이다. 예수님이 하나님이 아니라면 타락한 인간의 구원은 있을 수 없다. 하나님의 아들 예수 그리스도의 구속 사역을 적용하시는 성령이 하나님이심도 성경의 계시다.

2. 삼위일체 교리 이해의 출발점은 예수님이 하나님이라는 성경과 예수님의 자기주장이다. 예수께서 하나님이라고 말씀하지 않으셨다면 삼위일체 교리는 없었을 것이다. 특히, 구약과 유대교의 유일신 하나님 신앙은 예수님도 하나님이라는 신약의 주장을 이해하기가 쉽지 않았다.

그러나 예수님이 강력하고 반복적인 자기주장으로 하나님의 아들이심을 강조하셨기 때문에 교회는 예수님의 하나님이심의 주장을 받아들였다. 공식적으로는 325년 니케아 신조를 통해 예수님이 하나님과 동일본질임을 고백하게 되었다. 예수님과 하나님은 유사본질이 아니라 동일본질이라는 성경의 주장 정립에 아타나시우스의 공헌이 컸다.

3. 삼위일체 교리 이해의 두 번째 출발점은 성령도 하나님이시라는 예수의 주장이다(요 15:26). 예수가 하나님이고 성령도 하나님이라는 예수와 성경의 주장도 교회가 처음부터 받아들이기는 쉽지 않았다. 성령도 하나님이시라는 성경의 주장에 대하여 성령 훼방론자들(pneumatomachians)의 도전이 있었다.
그러나 갑바도기아의 세 신학자의 응전으로 성령 하나님도 성부 하나님과 동일본질임을 교회가 공식적으로 381년 콘스탄티노플 신조로 고백함으로써 삼위일체 교리가 정립되었다. 갑바도기아의 세 신학자는 대 바실, 닛사의 그레고리, 나지안주스의 그레고리이다. 삼위일체 교리는 인간의 창작이 아니라 성경의 내용을 공교회가 받아들인 것이다.

4. 하나님의 신성은 실체가 하나이다(the same in substance). 삼위 하나님의 본질은 동일하다. 하나님의 신성에 삼위(3 persons)가 계신다. 이것이 삼위일체 교리의 핵심이다. 이 교리는 신비다. 모순이 아니다. 삼위일체 교리는 기독교가 서기도 하고 넘어질 수 있을 정도로 중대하다.
삼위일체 하나님을 부인한다는 것은 예수가 하나님이심을 부인하는 것이고, 성령도 하나님이심을 부정하는 것이다. 삼위일체 하나님을 부인하면 기독교가 아니게 된다. 유대교는 성부 하나님만 믿고, 예수와 성령의 하나님이심을 믿지 않는다. 그래서 유대교는 기독교가 아니다.

5. 삼위일체 하나님에 대한 성경적 근거는 "말씀으로서의 예수님이 하

나님"이시라는 요한복음 1:1과 "예수와 성부 하나님이 하나"라는 요한복음 10:30 등이다. 그리고 요한복음 8:24, 28의 "에고 에이미"($εγω ειμι$)라는 예수의 선언은 문자적으로 '내가 여호와다'라는 선언이다. "에고 에이미"에 대한 "내가 그로라"는 한글 개정개역은 의역이다. 예수가 여호와라는 예수 자신의 주장이 삼위일체 이해의 실마리이다.

구약에서는 "우리 하나님 여호와는 오직 하나인 여호와시니"라는 신명기 6:4과 "우리가 우리의 형상을 따라 우리의 모양대로 사람을 만들자"라는 창세기 1:26 등이 삼위 하나님의 근거이다.

6. 삼위일체 하나님은 복음이다. 타락한 인간을 위해 성부는 구원을 계획하셨고, 성자는 객관적 구원을 성취하셨으며, 성령은 개별적으로 구원을 적용하시기 때문이다. 삼위일체 하나님에 의해서만 우리의 구원이 이루어진다. 따라서 삼위일체 하나님을 부인하면 우리의 구원의 가능성을 부정하는 것이 된다. 예수를 하나님으로 믿지 않는 유대교에는 복음이 없다.

7. 삼위일체 교리에 대해 동방교회와 서방교회의 불일치는 사실상 불일치가 아니다. "성령이 아버지에게서 나오신다"라는 동방교회와 "성령이 아버지와 아들로부터(filioque) 나오신다"라는 서방교회의 차이는 실제로 없다. 왜냐하면, 성부와 성자는 동일본질이라는 성경 자체의 주장 때문이다(요 10:30). 성부에게서 나오심은 성부와 동일본질인 성자에게서 나오심이다.

동방교회의 주장은 콘스탄티노플 신경의 표현을 반복하는 것이고, 서방교회의 주장은 콘스탄티노플 신경에 따라 어거스틴이 정립한 것이다. 한국 교회는 서방교회의 전통을 따른다. 삼위 하나님의 특성이 다른 점은 대요리문답 문 10에서 언급된다.

8. 삼위일체 교리가 많은 사람에게 거치는 돌이 되는 것은 인간의 이성으로 설명할 수 없는 신비함 때문이다. 사람들이 삼위일체 교리를 설명하는 것으로 물과 얼음과 증기, 불과 빛과 열을 예로 들기도 한다. 그러나 이것은 하나의 동일체를 설명하지만 구별된 세 인격을 설명하지 못한다. 삼위 하나님은 서로 대화하고 의논하신다(창 1:26).

그러나 물과 얼음과 수증기는 서로 말하거나 의논할 수 없다. 얼굴의 앞과 뒤와 옆 모습도 서로 대화하지 못한다. 삼위일체 하나님을 물의 다른 형태와 얼굴의 다른 모습으로 설명하면 1위 3양설이라는 사벨리우스 이단에 빠지게 된다. 이런 설명은 한 하나님을 해설하지만 각기 독자적 인격을 가지신 삼위 하나님을 무시하기 때문이다.

9. 이신론과 유니테리어니즘(Uniterianism)은 삼위일체 교리를 부인한다. 이신론과 유니테리어니즘에게는 성부만 하나님이다. 그들에게 성자와 성령은 하나님이 아니다. 루돌프 불트만은 요한복음이 하나님의 말씀임을 부정하면서 삼위일체 하나님을 믿지 않는다. 요한복음에서 삼위일체 하나님의 근거를 찾을 수 없다는 것은 불트만 주장의 반복이다.

이와 같은 현대 자유주의 신학은 대부분 삼위일체 하나님을 부인하여 기독교를 신학적으로 망가뜨리고 있다. 그렇다고 삼위 하나님의 존재와 진리가 없어지는 것은 아니다. 삼위일체 하나님을 부정하는 자는 오히려 삼위 하나님으로부터 부정당할 것이다.

10

삼위의 고유성

> 문 10: 삼위일체 하나님의 삼위의 고유한 속성은 무엇인가?
>
> 답 10: 영원부터 성부가 성자를 낳으심은 성부에게 고유하며, 성자가 성부 하나님에게 낳으신 바 되심은 성자에게 고유하고, 성령이 성부와 성자에게 나오심은 성령에게 고유한 것이다(히 1:5-6, 8; 요 1:14 18; 15:26; 갈 4:6).
>
> Q 10: What are the personal properties of the three persons in the Godhead?
>
> A 10: It is proper to the Father to beget the Son, and to the Son to be begotten of the Father, and to the Holy Ghost to proceed from the Father and the Son from all eternity.

1. 우리 인간이 어찌 하나님을 알 수 있을까?

삼위 하나님의 구별은 어떻게 이해할 것인가?

성경에 계시된 만큼도 이해하기는 쉽지 않다. 우리의 선배들이 이해한 것을 이해하는 것도 쉬운 일은 아니다. 그저 현재 우리의 상황에서 최선을 다해서 이해하려 할 뿐이다. 삼위일체 하나님에 관한 지식은 여전히 신비에 속한다.

2. 삼위의 고유성은 삼위의 고유한 속성(the personal properties)이다. 이는 삼위의 신성이(Godhead) 동일하면서도 삼위의 속성이 서로 구별됨을 의미한다. 삼위가 각각 고유한 속성이 있기에 삼위는 서로 구별된다. 삼위의 속성이 구별됨은 삼위의 사역이 구별됨과는 의미가 다르다.

3. 성부의 속성에서 '낳으심'은 성부와 성자의 관계를 설명하는 인간적 언어와 유사하다. 성자에 대해 성부가 '낳으심'이라고 표현하는 것은 성자가 성부와 동일한 하나님이심을 의미한다. 예를 들어, 사람은 사람을 낳지 짐승을 낳지 않는다. 짐승은 짐승을 낳지 사람을 낳지 않는다. 마찬가지로 하나님이 낳은 아들은 하나님이시다. 그래서 '낳으심'이 의미하는 것은 성자가 하나님이심을 나타낸다.

요한복음 3:16의 '독생자'를 '외아들'로 번역하더라도 '낳으심'의 의미가 담겨 있기에 성자가 하나님이심은 변하지 않는다. 이와 관련하여 성부께서 타락한 인간을 하나님의 자녀로 삼으심은 하나님의 양자가 되는 것이고 피조물로서의 인간임이 변하지 않는다. 그러나 성자는 영원부터 하나님이시다. 이것이 성자와 양자의 차이점이다.

4. 히브리서 1:5에서 '오늘'은 하나님의 아들이 사람으로 출생하신 날을 의미한다. 성자가 피조물이 아니고 영원부터 성부에 의하여 독생하셨다는 것은 성자가 시작이 없는 영원한 존재임을 의미한다. 성자는 없었던 때가 없었다. 성자는 피조되지 않았다. 히브리서 1:5의 '오늘날'은 성자가 성부와 마찬가지로 영원부터 영원토록 하나님이 사람이 되심을 나타낸다.

5. 성령이 성부와 성자에게서 '나오심' 역시 성령이 하나님이심을 현시한다(요 15:26). 성령은 단순한 에너지나 영향력이 아니다. 성령의 나오심은 플로티노스의 유출설과는 다르다. 유출설은 마치 샘물의 근원이 맑고 깨끗하지만, 물이 흘러 하류로 내려갈수록 더러워지는 것을 주장한다. 그러나 성령은 이름 자체부터 그 속성까지 하나님으로서 무한히 거룩하기에 유출설과는 전혀 다르다. 더구나 성령은 "말할 수 없는 탄식으로 우리를 위하여 친히 간구"하실 정도로 인격적인 하나님이시다(롬 8:26).

6. 삼위일체에서 항상 성부를 먼저 말하고 성자를 두 번째 말하고 성령을 세 번째 언급하는 것은 성경이 성부가 성자와 성령을 보내시고 성자와 성령을 통해 역사한다고 말하기 때문이다. 성경은 성부께서 성령을 보내시고 그를 통해 역사하심을 말한다. 성경에서 이러한 순서는 한 번도 바뀐 적이 없다. 성경은 단 한 번도 성자가 성부를 통해서 일하신다거나 성령이 성자를 보내서 일하신다고 말한 적이 없다. 이것은 삼위의 속성이 구별되기 때문이다.

7. 삼위일체의 진리에 대한 우리의 태도는 경외하는 태도로 인식해야 한다. 삼위일체 하나님은 우리의 지성으로 설명하거나 이해할 수 있는 능력을 초월하는 신비로운 신적 진리임을 우리가 인정해야 한다. 삼위일체에 대한 우리 인간의 인식은 처음부터 한계가 있음을 인정하지 않을 수 없다. 유한한 사람이 무한하신 하나님을 다 알 수는 없다. 인간 지성의 한계 때문에 하나님에 관한 우리의 지식은 여전히 부족하다고 할 수 있을뿐만 아니라 성경에 알려진 만큼 알기도 쉽지 않다.

성경에 알려진 하나님을 아는 것은 우리의 구원과 관련되기에 우리 인류에게 엄청난 복음이다. 하나님을 제대로 아는 것은 우리의 영생과 멸망에 관계된다. 따라서 우리는 마땅히 경외와 감사의 태도로 삼위일체 하나님을 배우도록 해야 한다.

8. 삼위를(the three persons) 번역하면서 문제가 없었던 것은 아니다. 필자도 '삼위'라는 용어를 사용하지만 '위'가 'person'의 번역이라는 것이 어감상 잘 이해되지 않는 면이 있다. 'person'은 인격을 의미하기 때문이다. 이미 통용되고 있는 삼위일체에 따라서 'person'을 '위격'이라고 번역하여 사용하고 있으나 '위격'은 중국식 용어로 'person'의 의미를 잘 드러내지 못하는 것처럼 보인다.

그렇다고 삼인일체나 삼신일체로 번역하면 의미가 달라진다. 따라서,

다른 용어가 없다면 '삼위일체'와 '위격'을 그냥 사용할 수밖에 없다. 중국에서 '위'(位)는 사람을 높이는 중국 어법의 양사(量詞, classifier)다. 한 분, 두 분, 세 분이라고 할 때 '분'에 해당한다.

 11

삼위의 동등

문 11: 성자와 성령이 성부와 동등한 하나님이심이 어떻게 나타나는가?
답 11: 성경은 오직 하나님께만 고유한 이름, 속성, 사역 및 예배를 성자와 성령에게 돌림으로써 성자와 성령이 성부와 동등하신 하나님이심을 나타낸다 (사 6:3, 5, 8; 요 12:41; 행 28:25 등).

Q 11: How doth it appear that the Son and the Holy Ghost are God equal with the Father?
A 11: The scriptures manifest that the Son and the Holy Ghost are God equal with the Father, ascribing unto them such names, attributes, works, and worship, as are proper to God only.

1. 삼위의 동등은 삼위일체 하나님에서 빼놓을 수 없는 진리다. 삼위 하나님은 동등하면서도(equal) 동일하신(the same) 하나님이시다. 니케아 신조와 콘스탄티노플 신조는 성경의 가르침에 따라 성부와 성자와 성령의 동일본질을 고백했다. 삼위의 동일본질은 동일과 동등을 다 의미한다. 이것은 신비에 속한 성경의 가르침이다.

2. 오직 하나님께만 해당되는 고유한 이름들이 성경에 나타난다. 성경에 기록된 하나님의 이름은 칭호 이상의 중요한 의미가 있다. 하나님의 이름에 대한 존경은 십계명 제3계명에서 망령되게 일컫지 말 것으로 규정되었다.

너는 네 하나님 여호와의 이름을 망령되게 부르지 말라 여호와는 그의 이름을 망령되게 부르는 자를 죄 없다 하지 아니하리라(출 20:7).

주기도문에서는 첫 번째 간구로 "하나님의 이름이 거룩히 여김을 받으시오며"라고 할 정도로 하나님의 이름이 고귀함을 나타내었다. 하나님의 이름 '엘'은 구약에서 217회 사용되었는데 참되신 하나님으로서 능력이 많으신 분을 의미한다. '엘로힘'은 구약에서 2,570회 사용되었는데 강하고 위엄 있으신 하나님을 가리킨다. '엘로아'는 57회 사용되었고 경외하는 하나님을 의미한다. 또한, 엘 엘리온, 아도나이, 엘 샤다이, 여호와, 만군의 여호와, 데오스, 주(Κύριος) 등이 삼위 하나님께 고유한 이름으로 사용되었다.

3. 오직 하나님만의 고유한 속성은 무한성, 영원성, 불변성, 자존성, 전지성, 편재성, 전능성, 통일성 등이다. 이러한 속성은 인간에게 없고 오직 하나님에게만 있는 속성이다. 삼위 하나님께 이러한 속성이 동등하게 있다. 영, 지혜, 능력, 거룩, 의, 선, 진실성은 피조물에게 어느 정도 나누어 주신 하나님의 공유적 속성이다.

4. 오직 하나님만의 고유한 사역 가운데 예정은 하나님의 뜻대로 하신 영원한 경륜이신데 이로 말미암아 자기의 영광을 위해 모든 되어가는 일을 미리 작정하신 것이다. 하나님은 창조와 섭리로 그 예정을 이루신다. 하나님께서 창조하신 일은 엿새 동안에 아무것도 없는 중에서 그 권능의 말씀으로서 만물을 지으신 일인데 모두 매우 좋았다. 하나님의 창조는 성부의 사역만이 아니라 성자와 성령의 사역이기도 하다(창 1:2; 요 1:3).

하나님께서 사람을 자기의 형상대로 남자와 여자로 지으셔서 모든 생물을 주관하시게 하셨다. 하나님의 섭리는 지극히 거룩함과 지혜와 권능으로서 모든 창조물과 그 모든 행동에 대한 보존과 통치다. 이와 더불어 하나님은 언약의 주님으로서 백성들과 언약을 맺음으로 하나님의 백성을 삼으셨다.

5. 오직 하나님께만 고유한 예배는(worship) 최상의 가치를(worth) 최고의 하나님께 올려 드리는(ship) 것이다. 헬라어에서 예배는(προσκυνέω) '절하다, 몸을 굽히다, 엎드리다'라는 의미다. 하나님을 만나 엎드려 절하고 입을 맞추는 것은 하나님께 대한 합당한 반응이다. 우리는 하나님의 종으로서 주인이신 그분을 섬긴다. 예배는 하나님을 두려워하고 그 위엄 앞에 한없는 존경의 마음을 올려 드리는 것이다.

바울은 예배자로서 자신의 삶을 거룩한 산 제물로 드릴 것을 명령했다(롬 12:1). 하나님으로부터 지음을 받고 구원받은 자는 하나님을 향한 예배가 그의 존재 목적이다. 오직 하나님께만 고유한 이름, 속성, 사역 및 예배를 성자와 성령에게 돌림으로써 성자와 성령이 성부와 동등하신 하나님이심을 나타낸다.

6. 성경에 의하면 오직 한 하나님만 계신다. 삼위일체 하나님에 관하여 성경으로부터 논리적으로 도출될 수 있는 유일한 결론은 각기 구별된 삼위로 존재하시는 오직 한 하나님만 계시고, 각각의 삼위는 진실로 하나님이시며, 다른 두 위격과 동등하시다는 것이다.

7. 삼위의 동등에 관한 대표적인 성경의 근거는 "아버지와 아들과 성령의 이름으로 세례를 주라"라는 마태복음 28:19과 "주 예수 그리스도의 은혜와 하나님의 사랑과 성령의 교통하심이 너희 무리와 함께 있을지어다"라는 고린도후서 13:13 등을 들 수 있다.

8. 다메섹 요한(670-750)은 페리코레시스(περιχώρησις) 개념을 도입하여 삼위일체론을 설명했다. 그는 요한복음 10:38; 14:9, 11; 17:21을 근거로

제시했다. 이 사상은 나지안주스의 그레고리에게서도 발견된다.

그러나 고경태 박사는 '안에 있다'는 표현에 상호 공재나 상호 침투의 의미가 없다고 하여 페리코레시스에 성경적 근거가 없음을 주장했다. 이러한 논쟁과는 별도로 팀 켈러는 페리코레시스를 흥미롭게 설명했다. '페리'는 둘레를 뜻하고 '코레시스'는 춤을 의미한다고 하여 '춤추는 하나님'이라고 설교했다.

요한복음 17장에 근거하여 삼위 하나님께서 동등한 입장에서 서로에게 영광을 영원토록 주면서 역동적으로 존재하신다는 것이다. 따라서 삼위일체 하나님은 지루하지 않고 언제나 역동성이 넘친다는 설명이다. 이것은 삼위 하나님께서 아무 활동도 안 하고 계시는 것이 아님을 표현하는 인간적 표현이라 할 수 있겠다. 성자께서는 그 백성에게도 영광을 주기 위해 성육신하셔서 십자가 죽음으로 대속 사역을 완수하셨다.

12

하나님의 작정

문 12: 하나님의 작정이란 무엇인가?
답 12: 하나님의 작정은 하나님의 뜻의 도모로 말미암은 지혜롭고 자유하며 거룩한 행위이신데 이로 말미암아 자기 영광을 위해 특히 천사와 사람에 대하여 무엇이든지 일어날 일을 변할 수 없도록 영원 전부터 선정하신 것이다 (엡 1:4, 11; 롬 9:14-15, 18, 22-23; 11:33; 시 33:11).
Q 12: What are the decrees of God?
A 12: God's decrees are the wise, free, and holy acts of the counsel of his will,[1] whereby, from all eternity, he hath, for his own glory, unchangeably foreordained: Whatsoever comes to pass in time,[2] especially concerning angels and men.

1. 앞서 강해한 웨스트민스터 대요리문답 문 6-11은 하나님의 신분, 즉 하나님은 어떤 분이신지에 대한 문답이었다. 지금부터 시작되는 문 12-20은 하나님의 사역에 관한 문답이다. 하나님께서 무슨 일을 하셨는지에 대한 문답이다. 하나님의 사역 가운데 하나님의 작정이 있다.

2. 하나님께서는 스스로 창조하신 우주에 대하여 총괄적이고 정확한 계획을 세우고 계신다. 하나님의 계획은 영원 전 세상이 창조되기 전에 수립되었다. 하나님의 계획은 하나님의 작정이다. 하나님의 작정은 하나님의 행위다. 하나님의 작정에는 예정 교리만 있는 것이 아니다. 창조 작정, 섭리 작정, 구원 작정과 구원에 대한 완성의 작정이 있다. 작정은 창조된

우주 안에서 발생하는 모든 일에 대한 하나님의 결정을 뜻하고, 예정은 천사와 인간의 영원한 운명에 대한 하나님의 결정을 뜻한다.

3. 하나님의 작정과 관련하여 생각해야 할 것은 하나님의 경륜이다. 하나님의 작정은 하나님께서 하실 일을 미리 계획하신 정하심이고, 하나님의 경륜은 하나님의 백성을 가지려는 삼위의 의논이다. 그래서 하나님의 작정과 경륜을 성경의 가르침에 따라 구분할 필요가 있다.

하나님의 경륜은 하나님께서 그의 백성을 가지시기 위해서 의논하심이다. 하나님께서는 자기의 백성을 가지시기 위해서 삼위 간에 의논하셨다(창 1:26-27). 하나님의 경륜은 반역한 백성을 돌이키는 구원 경륜을 포함한다. 하나님의 작정은 하나님의 경륜을 성취하기 위해 세우신 하나님의 구체적인 계획이다.

4. 하나님의 작정과 경륜에는 성경적 근거가 있다. 하나님은 그의 작정과 계획을 성경 계시로 그의 피조물에 알리셨다. 성경에는 하나님의 작정과 경륜이 하나님의 기쁘신 뜻, 그의 뜻, 원하심, 예정, 정하심, 모략 등으로 표현되었다. 마태복음 11:26에는 "옳소이다 이렇게 된 것이 아버지의 뜻이니이다"라고 하여 하나님의 작정을 하나님의 뜻으로 표현하였다. 에베소서 1:9에는 "그 뜻의 비밀을 우리에게 알리셨으니 곧 그 기쁘심을 따라 그리스도 안에서 때가 찬 경륜을 위하여 예정하신 것이니"라고 하여 하나님의 경륜을 직접 표현하였다. 에베소서 4:28에는 "하나님의 권능과 뜻대로 이루려고 예정하신 그것들을 행하시려고 이 성에 모였나이다"라고 하여 예정으로 하나님의 작정을 표현하였다. 이외도 수많은 성경의 근거가 있다.[1]

---

1 서철원, 「하나님론: 삼위일체 하나님과 그의 사역」, 서철원 박사 교의신학 2, 214-18.

5. 하나님의 작정은 하나님의 경륜을 이루기 위해 세우신 구체적 계획들이다. 하나님은 경륜을 이루기 위해 먼저 창조를 작정하셨다. 그리고 범죄가 들어와서 경륜의 성취가 낭패하게 되자 하나님은 구원 작정을 세우셨다. 하나님은 사람의 범죄로 인하여 하나님 백성의 범위를 정하시려고 선택을 작정하셨다.

창조 작정은 물리적 세계를 언약 백성의 거소로 마련하심이다. 하나님은 또한 영적 세계를 창조하셔서 하나님과 언약 백성을 섬기도록 하셨다. 창조주 하나님은 섭리를 작정하셔서 창조 전체가 스스로 움직이는 것이 아니라 창조주가 주신 성질과 법칙을 따라 움직이게 하셨다.

따라서 창조세계에 우연은 없다. 사람은 하나님의 형상대로 창조되었다. 이에 따라 사람은 인격체여서 자기 결정과 자기의식을 갖는다. 하나님은 자기 결정으로 반역한 인류를 구원하기로 작정하셨다. 하나님은 사람의 죗값을 대신 갚으시기로 작정하셨다. 하나님의 선택과 유기의 작정에는 사람의 자기 결정과 관련이 있어서 사람은 하나님을 원망할 수 없다. 하나님의 선택을 받은 자들은 하나님께 감사하고 찬양할 뿐이다.

6. 하나님의 작정은 독특성이 있다. 하나님의 작정이 지혜롭다는 것은 하나님의 완전한 지혜와 조화를 이룬다는 것이다. 하나님의 지혜는 바른 목적과 결과를 성취하기 위한 바른 권리다. 하나님의 작정이 자유롭다는 것은 하나님 외에 그 어떤 것으로부터 강요를 당하거나 영향을 받지 않았음을 의미한다. 하나님의 작정이 거룩하다는 것은 하나님의 완전하신 거룩함과 완전한 조화를 이룬다는 것을 의미한다.

그래서 하나님의 작정은 죄로부터 자유롭다. 하나님 작정의 본질은 불변하시다는 것이다. 따라서 하나님의 작정은 결코 변할 수 없고 반드시 성취될 것이다(시 33:11). 박형룡 박사도 신적 작정은 신적 지혜에 기초하고 자유적 고의적이고, 영원적이고, 불변적이고, 효과적이고, 절대적 무조건적이

고, 보편적이며 전 포괄적이고 죄에 관하여는 허용적이라고 서술하였다.[2]

    7. 하나님의 작정이 우발적이거나 우연히 발생하는 일들까지 포함한다는 성경 구절은 잠언 16:33; 요나 1:7; 사무엘상 1:24, 26; 열왕기상 22:28, 34; 마가복음 14:30 등이다. 하나님의 작정은 성경에서 증명하듯이 인간의 죄악된 행동도 포함한다. 그러나 하나님은 죄의 조성자이거나 죄에 대한 인간의 죄책이 없다는 것이 아니다. 성경은 하나님의 작정과 인간의 책임을 모두 가르치기 때문이다.
    우리는 이 두 가지를 조화시키는 것에 관하여 어려움을 겪을 수 있다. 이것은 사람의 거룩한 무지라고 할 수 있다. 이 부분에 있어서 우리는 성경의 교훈을 그대로 받아들이는 것이 지혜로운 일일 것이다.

---

[2] 박형룡, 『박형룡 박사 조직신학 2 – 신론』 (서울: 개혁주의출판사, 2017), 11.

13

선택과 유기

문 13: 천사와 사람에 대하여 하나님께서 특별히 작정하신 것은 무엇인가?

답 13: 하나님께서는 오로지 그의 순수한 사랑으로 인하여 영원 불변한 작정으로 말미암아 때가 차면 나타날 그의 영광스러운 은혜를 찬송케 하시려고 어떤 천사들을 영광을 위해 택하시고 그리스도 안에서 어떤 사람들을 택하셔서 영생과 그것을 얻는 방편을 주셨다.

또한, 그의 주권과 측량할 수 없는 신비한 도모(그것에 의하여 하나님께서 그 기쁘신 대로 은총을 주시기도 하시고 거두시기도 하시는)에 따라서 자기의 공의의 영광을 찬송케 하시려고 남은 사람들을 지나가시고 치욕과 진노 아래 그들의 죗값으로 벌을 받도록 선정하셨다(딤전 5:21; 엡 1:4-6; 살후 2:13-14 등).

Q 13: What has God especially decreed concerning angels and men?

A 13: God, by an eternal and immutable decree, out of his mere love, for the praise of his glorious grace, to be manifested in due time, has elected some angels to glory; and in Christ has chosen some men to eternal life, and the means thereof: and also, according to his sovereign power, and the unsearchable counsel of his own will(whereby he extends or withholds favor as he pleases), has passed by and foreordained the rest to dishonor and wrath, to be for their sin inflicted, to the praise of the glory of his justice.

1. 어쩌다 우리 그리스도인을 곤혹스럽게 하는 질문은 선택과 유기에 관한 문제다. 선택과 유기는 하나님의 작정으로 하나님의 사역 가운데 우리 사람이 참으로 이해하기 어려운 부분이다. 그렇지만 그리스도인들은

성경의 가르침을 따라서 대답해야 할 의무가 있다. 성경의 가르침을 따라 웨스트민스터 대요리문답 문 13은 선택과 유기에 관하여 이처럼 표현했다.

  2. 선택과 유기는 천사와 사람의 죄 때문에 하나님께서 작정하신 것이다. 죄가 없었다면 선택과 유기도 없었을 것이다. 선택이란 말 자체가 유기를 포함하고 있다. 하나님의 유기 작정은 죄에 대한 책벌과 주 예수 그리스도를 믿지 않음을 그 조건으로 한다.
  반면에 범죄한 사람을 하나님의 백성으로 선택하여 구원에 이르도록 하신 것은 전적으로 하나님의 은혜와 사랑이다. 하나님의 아들 예수님이 범죄한 백성을 구원하는 구주로 세워졌기에 하나님은 구원하시기로 한 백성을 하나님의 아들에게 주셨다(요 17:2, 24).

  3. 하나님께서 천사의 일부를 선택하신 이유는 하나님의 순수한 사랑 때문이다. 순수한 선택이란 하나님께서 어떤 천사라도 선택해야 하는 책임이나 의무가 전혀 없었음을 의미한다. 일부 천사를 선택하신 것은 오직 하나님의 사랑에 기인한 자비다. 이러한 하나님의 선택은 변하지 않으실 뿐만 아니라 하나님께서 일부 천사를 선택하신 것은 하나님의 영광스러운 은총을 찬양하기 위함이다.

  4. 천사와 사람에 관한 하나님의 선택의 차이는 그리스도의 유무다. 사람에 관해서는 그리스도 안에서 그리스도의 구속 사역으로 그리스도의 의의 옷을 입히기 위한 선택이고, 천사에 관해서는 그리스도와 무관한 영광의 선택이다. 하나님께서 그리스도 안에서 사람을 선택하셨다는 것은 그 사람이 주 예수 그리스도의 인격과 구원 사역을 믿어 구원에 이르도록 택정하셨음이다.
  그리스도 안에서의 선택은 오직 주 예수를 믿어 구원되도록 하나님께서 정하셨음이다. 그리스도께서 구원을 이루셨기 때문에 선택은 그리스도 안에서 그리스도로 말미암아 정해졌다(엡 1:4). 하나님께서는 그리스도 안에서 택정을 받은 자들만이 주 예수 그리스도의 구속 사역으로 말미암아 하나님의 백성이 되도록 정하셨다.

5. 인간이 영원한 생명을 얻도록 선택하신 것 이외에 하나님은 그 방편도 선택하셨다. 영생을 위해 선택받은 자는 영생을 얻는 방편까지 받도록 선택받았다. 하나님께서 어떤 사람이 영생 얻도록 선택하셨다면 그 사람이 복음을 듣고 죄를 회개하고 주 예수 그리스도를 믿어 실패 없이 영생을 얻도록 하신다.

하나님은 구원의 방편을 배제하신 채로 영생을 선택하지 않으셨다. 예수 그리스도를 믿는지 안 믿든지 영생을 얻는 것은 아니다. 선택받은 자는 그가 예수 그리스도를 자신의 구주로 믿는 것까지 예정되었다.

6. 하나님의 주권적인 능력은 하나님께서 가장 높으시고 전능하신 분이심을 뜻한다. 하나님보다 더 높은 권위나 법은 없다. 따라서 그 어떤 인간도 "하나님께서 왜 그렇게 하시는가?"라고 말할 권리가 없다. 하나님께서 어떤 사람들을 영생으로 선택하지 않으시고 지나치신 이유에 관하여 성경은 하나님의 주권에 속한 일이라고 설명한다.

그렇다고 하나님께서 그들을 지나치실 만한 이유가 없다는 것은 아니다. 그것은 우리에게 알려지지 않은 하나님의 비밀한 뜻에 기인한 것이지만 범죄한 인간은 하나님의 지나치심에 불평한 근거는 아무 것도 없다. 죄의 값은 사망이기 때문이다(롬 6:23). 죄에 대한 징벌은 하나님의 공의로우신 속성이기도 하다.

7. 작정은 삼위의 사역이다. 성부께서 선택을 작정하시고, 성자께서 그 선택을 집행하시며, 성령께서 그 선택을 인치셨다. 성부께서 그리스도 안

에서 선택하셨으니까 성자께서 선택을 수행하시고, 성령께서는 그리스도의 구속으로 인치셔서 선택을 확실하게 하신다(엡 1:13). 성부의 선택 작정을 성자가 수행하시는 것은 성자가 택자들을 위해서 구속 사역을 이루셨기 때문이다.

8. 하나님께서 유기하셨다면 아무리 예수 잘 믿어도 소용없을 것이라는 상상은 인간의 추측일 뿐이다. 인간에게는 자유 의지가 있기 때문이다. 진정으로 예수 그리스도를 믿는 믿음은 선택 받은 자의 표시다. 그럴지라도 하나님께서 어떤 사람은 선택하시고 어떤 사람은 지나치시는 것이 불공평하신 것이 아님은 하나님은 우리 인간을 선택해야 할 어떤 의무도 없고 인간의 자기판단에 대한 어떤 책임도 없기 때문이다.

하나님은 인간을 위해 의식주를 주시고 우주 만물을 관리하도록 하셨고 인간이 반역했을 때조차 구원받을 수 있는 길까지도 다 주셨기에 인간의 자기 결정에 대하여 하나님은 조금도 책임이 없고 불의도 없다.

성경은 하나님의 작정과 인간의 자유 의지를 다 말하고 있다. 이것을 인간의 이성으로 이해하기는 쉽지 않다. 성경에서 선택을 말하는 것은 우리 구원의 확신을 위함이고 어떤 공포를 조성하기 위함이 아니다. 웨스트민스터 대요리문답은 성경의 가르침을 따라 장성한 그리스도인들을 위해 작성되었다.

14

작정의 실행

> 문 14: 하나님은 어떻게 그의 작정을 실행하시는가?
> 답 14: 하나님은 그의 작정을 그의 오류가 없는 예지와 그 자신의 의지의 자유롭고 변하지 않는 경륜에 따라서 창조와 섭리의 사역으로 실행하신다 (엡 1:11).
>
> Q 14: How doth God execute his decrees?
> A 14: God executeth his decrees in the works of creation and providence, according to his infallible foreknowledge, and the free and immutable counsel of his own will.

1. 하나님은 만물에 대하여 오류가 없으신 예지를 소유하신다. 하나님의 예지는 전 포괄적이고 정확하며 상세하다. 예지는 미리 안다는 문자적 의미가 있다. 그러나 성경에서 말하는 예지는 단순히 미리 안다는 의미보다 더 함축적인 의미가 있다. 성경에서 예지는 어떤 이를 사랑의 관심으로 안다는 의미가 있다. 혹은 어떤 이를 사랑과 관심의 대상으로 알고 선택적 사랑의 대상으로 안다는 의미도 있다.

그래서 예지는 사랑과 선택 개념을 포함한다(창 18:19; 암 3:2; 호 13:5). 하나님의 미리 아심은 하나님께서 미리 관심을 가지고 사랑하시고 선택하신다는 의미도 있다. 하나님께서 미리 사랑하심은 하나님의 작정과 예정의 근거이다. 이와 같은 하나님의 예지는 오류가 없다.

2. 하나님의 경륜이 자유롭다는 것은 하나님께서 외부의 어떤 강요나

영향이 없이 홀로 행하심이다. 하나님의 경륜은 하나님께서 백성을 가지시기 위해서 의논하심이다. 하나님의 백성을 가지시기 위한 삼위 하나님의 의논이 하나님의 경륜이다. 창세 전에 전능하신 하나님의 경륜은 외부의 어떤 영향이나 간섭이 없었다. 그래서 하나님의 경륜은 하나님의 자유로운 경륜이다.

3. 하나님의 경륜이 불변한다는 것은 하나님의 목적이 '우연'이 아니라는 것이고 그의 피조물에 의하여 변경될 수 없음이다. 하나님의 경륜은 유일하고 단순하며 영원하다. 하나님의 경륜은 창조를 포함한다. 하나님의 창조 경륜은 사람 창조가 포함된다. 하나님의 경륜은 하나님께서 그의 백성을 가지시기 위한 의논이다. 하나님은 사람을 그의 형상으로 창조하시고 언약을 체결하여 자기 백성 삼기로 의논하셨다.

4. 사람은 하나님과의 언약 체결 후에 그 언약을 어기고 하나님께 반역하는 범죄자가 되었다. 그래도 하나님은 창조 경륜을 이루고자 반역한 백성을 돌이키기 위해 삼위 간에 의논하셨다. 이것이 구원 경륜이다. 하나님의 창조 경륜은 하나님께서 그의 백성을 가지시기 위한 삼위의 의논하심이다. 그리하여 구원 경륜은 창조 경륜을 이룬다.

하나님의 경륜은 하나님께서 자기 백성을 가지심이 핵심이다. 하나님의 창조 경륜과 하나님의 구원 경륜은 다 같이 하나님께서 그의 백성을 가지시기 위한 의논이다. 이 의논에는 그리스도의 구속이 포함되어 있다.

5. 하나님께서는 하나님의 경륜을 따라서 작정하시고 그 작정을 실행하시되 창조와 섭리로 하신다. 창조와 섭리에 대하여는 대요리문답 문 16-17에서 다룰 것이다.

15

하나님의 창조

문 15: 창조의 사역은 무엇인가?
답 15: 창조의 사역은 하나님이 자기를 위해 태초에 그 권능의 말씀으로 아무것도 없는 가운데서 엿새 동안에 세상과 만물을 지으신 일인데 그 지으신 만물이 다 선하셨다(창 1장; 히 11:3; 잠 16:4).
Q 15: What is the work of creation?
A 15: The work of creation is that wherein God did in the beginning, by the word of his power, make of nothing the world, and all things therein, for himself, within the space of six days, and all very good.

1. 창세기 1:1의 '태초'는 세상과 우주가 영원하지 않다는 것을 암시한다. 우주는 항상 존재했던 것이 아니다. 우주는 시작이 있지만, 하나님은 영원하시다. 하나님은 항상 존재하시고 시작이 없으시다. 창세기 1:1의 태초는 우주가 스스로 존재하는 것이 아님을 의미한다. 우주의 근원은 하나님이시다. 그래서 우주는 하나님께 의존적이다.

2. 창세기 1:1은 창조 첫날이다. 창세기 1:1은 창조의 제목이 아니다 (최의원, 김희보). 창세기 1:1이 창조 첫날이 아니라면 다음과 같은 문제가 있게 된다.

첫째, 하늘과 땅의 창조를 성경에서 찾을 수 없게 된다.
둘째, 하늘과 땅은 영원물질이 된다.

셋째, 무로부터의 창조(creatio ex nihilo)가 부정된다.
넷째, 천사들의 창조도 성경에서 찾을 수 없기 때문이다.

3. 창세기 1:1의 '하늘들'은 보이지 않은 것의 창조를 포함한다.

> 만물이 그에게 창조되되 하늘과 땅에서 보이는 것들과 보이지 않는 것들과 혹은 보좌들이나 주관들이나 정사들이나 권세들이나 만물이 다 그로 말미암고 그를 위하여 창조되었다(골 1:16).

여기서 "보이지 않는 것들과 혹은 보좌들이나 주관들이나 정사들이나 권세들"은 천사들을 가리킨다(박윤선, 이상근). 창세기 1:1의 하늘들은 창조된(בָּרָא) 천체 하늘이고, 창세기 1:7-8의 궁창 하늘은 창세기 1:1에서 이미 창조된 것으로 만들어진(עָשָׂה) 대기권 하늘이다. 하늘의 별들과 은하계들과 하늘의 천군 천사들은 창조주간 첫날 첫 순간에 다 창조되었다(서철원). 그리하여 하늘들과 땅 그리고 천사들은 창세기 1:1의 창조 첫날에 창조되었다.

4. '엿새 동안'은 24시간을 하루로 하는 6일이다.

주께는 하루가 천년 같고 천년이 하루 같다는 베드로후서 3:8에 근거하여 하루를 긴 기간으로 해석하는 경향도 있다. 그러나 엿새 동안 반복된 "저녁이 되고 아침이 되니"는 하루가 긴 기간이 아니고 24시간임을 나타낸다.

5. 하나님께서 6일 동안 창조하신 결과는 하나님께서 "보시기에 매우 좋았다"(창 1:31).

이 말씀은 엿새 동안에 사람의 타락은 물론 천사의 타락도 없었다는 것을 드러낸다. 사람의 타락은 창세기 3장에 나타난다. 그렇다면 일부 천사가 타락한 시기는 창조 6일 후 사람이 타락하기 전일 것이다. 타락한 일부 천사들은 마귀가 되고 귀신들 혹은 악한 영들이 되었다.

6. 세상이 주전 4004년에 창조되었다는 주장은 어서(Usher) 감독의 견해일 뿐이다. 성경은 정확한 창조의 날짜와 인류의 연대를 말하지 않았다. 그 이유는 우리가 절실하게 알아야 할 문제가 아니기 때문이다. 성경은 우리의 호기심을 채워 주기 위해 기록된 것이 아니라 우리의 구원을 위해 기록되었다.

7. 하나님의 창조 사역은 하나님께서 세상과 독립적인 분이시고 초자연적으로 전능하신 분이심을 나타낸다. 하나님께서 창조하실 때 그냥 목적 없이 하신 것이 아니다. 하나님의 창조 사역은 하나님의 경륜 가운데 하나님의 영광을 드러내기 위함이다.

8. 하나님은 하나님의 경륜에 따라서 세상 만물과 사람을 창조하셨다. 하나님의 경륜은 하나님께서 자기 백성을 가지시기 위한 삼위 하나님의 의논이다. 사람은 하나님의 형상대로 창조되었다. 사람이 하나님의 형상대로 창조되었다는 것은 사람의 엄청난 특권이다. 하나님의 형상은 단순하게 의와 지식과 거룩이 아니다. 하나님의 형상은 하나님의 인격이다. 그래서 하나님의 형상대로 창조된 사람은 자기 결정권이 있다.

하나님의 예정은 하나님의 백성이 되는 사람의 결정을 부정하지 않는다. 그것은 신비함이다. 하나님은 사람이 자기 자신의 자유 의지로 언약하여 하나님의 백성이 되는 것을 기뻐하신다. 사람은 하나님께서 말씀하신 선악과 계명을 지키기로 하면서 하나님의 백성이 되기로 언약하였다. 이것이 첫 언약이다.

9. 창조는 하나님을 드러내신 첫 사역이고 가장 큰 사역이다. 하나님은 만물을 창조하심으로써 자기를 계시하셨다. 그래서 창조는 하나님의 첫 계시이다. 하나님은 온 세상을 창조하심으로 자신이 무한하고 전능한 신적 존재자임을 드러내셨다. 성경의 전체적인 내용은 하나님의 창조로 시

작하여(창 1:1) 창조의 완성인 새 창조로 마친다(계 21:1-22:5). 새 창조는 예수 그리스도의 구속 사역으로 말미암은 죄인의 구원이 포함된다.

10. 성경 66권에 계시된 하나님의 창조를 아는 것은 우리 인생의 참된 지식 중의 하나다. 나아가 성경에 계시된 하나님과 그의 사역을 아는 것은 인생의 가장 큰 복이다. 성경에 계시된 하나님을 아는 지식으로 우리 인생은 구원과 영생에 이르기 때문이다.

11. 고대의 여러 창조 신화와 근대의 진화론은(theory of evolution) 성경에 계시된 하나님에 관한 지식이 아니다. 성경 66권에 계시되지 않은 온갖 하나님에 관한 지식은 결과적으로 사람을 귀신 섬기는 자로 만들어서 영적 사망과 지옥의 고통에 이르게 한다.

12. 하나님의 창조를 부정하는 현대 신학자들이 있다. 근대신학의 아버지라 불리는 슐라이어마허는 창세기의 창조가 역사적이 아니고 그냥 설화일 뿐이라 하였다. 칼 바르트는 성경의 창조 역사가 신앙문장으로서 비사실적 역사라 하였다.
로마가톨릭 신학자 칼 라너는 창조란 과거의 한 시점에서 일어난 사건이 아니라 현재의 지속적인 과정일 뿐이라고 주장하였다. 그러나 이처럼 기독교에서 창조를 부정하면 전통적 기독교가 무너진다. 우리는 성경의 창조를 부정하는 신학을 마땅히 배격해야 한다.

 **16**

천사의 기원

문 16: 하나님께서 천사를 어떻게 지으셨는가?

답 16: 하나님께서는 천사를 영으로 지으셨다. 이는 불멸의 영이며, 거룩하며, 지식에 탁월하며, 능력이 강대하며 하나님의 계명을 지키고 그 성호를 찬송케 하셨으나 변할 수 있게 지으셨다(골 1:16; 시 103:20-21; 106:4; 마 22:30-31; 24:36 등).

Q 16: How did God create angels?

A 16: God created all the angels, spirits, immortal, holy, excelling in knowledge, mighty in power, to execute his commandments, and to praise his name, yet subject to change.

1. 창세기 1:1의 '천'은 하늘들(שָׁמַיִם)이다. '하늘들'은 보이지 않은 것들을 포함한다.

> 만물이 그에게 창조되되 하늘과 땅에서 보이는 것들과 보이지 않는 것들과 혹은 보좌들이나 주관들이나 정사들이나 권세들이나 만물이 다 그로 말미암고 그를 위하여 창조되었다(골 1:16).

여기서 "보이지 않는 것들과 혹은 보좌들이나 주관들이나 정사들이나 권세들"은 천사들과 영들을 가리킨다(박윤선, 이상근). 창세기 1:1의 '하늘들'은 창조된(בָּרָא) '천체 하늘들'이고, 창세기 1:7-8의 '궁창 하늘'은 창세기 1:1에서 이미 창조된 것으로 만들어진(עָשָׂה) '대기권 하늘'이다. 하늘의 별들과 은하계들과 하늘의 천군 천사들은 창조주간 첫날 첫 순간에 다 창조되었다. 그리하여 하늘들과 땅 그리고 천사들은 창세기 1:1의 창조 첫날에 창조되었다(어거스틴).

2. 창세기 1:1에서 계시한 대로 천사들은 하나님에 의하여 창조되었다. 천사들이 하나님에 의해 창조되지 않았다면, 천사 창조에 관한 기록을 성경에서 찾을 수 없다. 그러면 천사들은 신적일 수 있고 하나님처럼 영원 전부터 존재했으리라고 사람들이 오해할 수 있다. 천사에 관한 이런 오해들은 오래전부터 천사 숭배라는 헛된 일을 하기에 이르렀다(골 2:18).

3. 천사들과 영들이 영원부터 있었다고 하는 주장은 플라톤에게서 시작되었다. 하늘에서 영이 타락하여 그 벌로 땅에 보내져 육체에 갇혔다고 하는 플라톤의 가르침이(Politeia) 오리겐을 통해 기독교에 들어와서 악영향을 끼쳤다. 그러나 이것은 성경의 가르침이 아니다.

성경은 천사나 영들이 영원 존재가 아니라 하나님께서 처음 물리적 세계를 창조하실 때 영들도 함께 창조하셨음을 선포한다(창 1:1). 천사들은 무에서 창조주간 첫날 첫 순간에 하나님의 전능과 지혜로 창조되었다(골 1:16).

4. 창세기 1:1의 '태초'는 하나님께서 창조하신 첫날 첫 순간이다. 하나님께서는 태초에 하늘들과 땅을 창조하셨다. 하늘들에 천사가 포함되었다. 그렇다면 천사의 기원은 태초이다.

5. 천사와 인간은 서로 다르다. 천사들은 육체가 없는 영으로 구성된 존재이고 인간은 육체와 영혼으로 구성된 복합적 존재이다. 인간은 육체와 영혼이 신비하게 결합된 단일 인격이다.

6. 천사들은 서로 관련이 없고 한 조상에서 태어나지 않은 개인적 존재들이다. 그러나 인류는 한 조상 곧 아담의 후손들이기에 유기적인 단일성을 지니고 있고, 인류의 모든 구성원이 상호 긴밀하게 연관되어 있다.

7. 천사들은 육체가 없는 순수한 영적 존재들이지만 성경에서 몇 차례 인간적인 형태로 출현하였다. 하나님께서 특별한 경우에 그들을 사람들에게 보내셨을 때 사람의 모양으로 일시적으로 나타났다. 사명을 수행한 후에는 육체의 모양을 버렸다.

8. 천사들은 사람의 영혼처럼 인격적 존재여서 지성과 도덕성과 자유의지를 가졌다. 그리고 사람보다 뛰어난 능력을 가졌다. 한 천사가 18만 5천의 군사를 죽일 수 있을 정도였다(대하 32:21; 왕하 19:35). 요한계시록 20:1-3을 보면 한 천사가 큰 쇠사슬로 마귀를 잡아 무저갱에 가둘 정도로 막강한 능력을 갖췄다. 그 무저갱 열쇠와 큰 쇠사슬은 예수 그리스도의 십자가 피와 권세를 표현한다.

9. 바울은 천사들의 직임과 등급을 따라 보좌들, 주관들, 정사들, 권세들로 분류하였다(골 1:16). 보좌들은 하나님의 보좌에 제일 가까이서 하나님을 찬양하고 경배하는 그룹들이다(겔 9:3). 주관들은 보좌 다음 자리에서 예수 그리스도의 구속 사역 이후에 하나님의 백성들을 지키고 인도하고 죽은 성도들의 영혼을 하나님의 보좌 앞으로 인도한다(창 32:1-2; 눅 16:22; 행 5:19).

정사들이나 권세들은 가장 낮은 하늘의 영역 곧 공중에서 일한다. 이외에 스랍들은 여호와 앞에서 여호와를 모신다(사 6:2, 6). 가브리엘은 하나님의 전령으로 일한 천사장이다(단 8:16). 미가엘은 하나님의 백성을 위해 싸우는 천사장이다(단 10:13; 유 1:9; 계 12:7).

10. 하나님께서 6일 동안 창조하신 후 하나님께서는 "보시기에 매우 좋았다"(창 1:31)라고 말씀하셨다. 이 말씀은 엿새 동안에 천사의 타락이 없었다는 것을 나타낸다. 사람의 타락은 창세기 3장에 나타난다. 그렇다면 일부 천사가 타락한 시기는 창조 6일 후 사람이 타락하기 전일 것이다. 타락한 일부 천사들은 마귀가 되고 귀신들 혹은 악한 영들이 되었다.

11. 근대신학의 아버지라고 불리는 슐라이어마허는(Friedrich Schleiermacher, 1768-1834) 하나님의 천지창조를 부정하였다(『기독교 신앙』, §43, 1-2). 그는 성경에 나타난 천사들이 시(詩)에 속할 뿐이라고 주장하여 하나님의 천사 창조도 부정하였다(§47, 1). 이것은 성경을 역사적이고 사실적인 하나님의 말씀으로 믿지 않은 결과일 뿐이다. 그러나 그가 하나님의 천사 창조를 부정한다고 해서 성경의 진리가 부정되는 것은 아니다. 창세기 1:1이 보도하는 천사의 기원은 여전히 역사적 사실이다.

17

사람의 기원

문 17: 하나님께서는 사람을 어떻게 지으셨는가?

답 17: 하나님께서 모든 다른 피조물을 만드신 후에 사람을 남녀로 지으셨는데 남자의 몸은 흙으로, 여자는 남자의 갈비뼈로 지으시고 그들에게 생적, 이성적, 불사의 영혼을 주셨으며, 하나님의 형상대로 지식과 공의와 거룩함으로 지으시고 그들의 마음속에 하나님의 법을 기록하시고 피조물의 통제권과 함께 하나님의 법을 지킬 수 있는 능력을 주셨으나 타락할 수도 있게 지으셨다 (창 1:27-28; 2:7, 22; 3:6; 욥 35:11; 전 7:29; 12:7 등).

Q 17: How did God create man?

A 17: After God had made all other creatures, he created man male and female; formed the body of the man of the dust of the ground, and the woman of the rib of the man, endued them with living, reasonable, and immortal souls; made them after his own image, in knowledge, righteousness, and holiness; having the law of God written in their hearts, and power to fulfil it, and dominion over the creatures; yet subject to fall.

1. 인류의 기원에 관한 문제는 '닭이 먼저냐, 달걀이 먼저냐'라는 질문과 같다. 이 질문에 대하여 진화론은 달걀을 말하고 창조론은 닭을 말한다. '흙이 먼저냐, 사람이 먼저냐'라는 질문에는 창조론과 진화론이 흙이 먼저임을 말한다. 그러나 진화론은 진화의 과정에서 흙이 먼저임을 말하고 창조론은 흙이 먼저 하나님에 의해 창조 첫날에 창조되고(창 1:1) 사람은 창조 6일에 하나님에 의해 창조되었음을 말한다(창 1:27). 찰스 다윈

(1809-1882)의 진화론에 따르면 인류는 자연선택 혹은 자연도태에 따른 진화의 결과다.

이러한 진화론은 사실인가?

하나님의 말씀인 성경 66권을 요약한 웨스트민스터 대요리문답은 인류의 기원에 대하여 이렇게 말했다.

2. 인간은 하나님의 창조물이다. 아담의 육체가 땅의 흙으로 만들어졌다는 사실이 중요한 이유는 우리 육체가 땅의 흙과 같은 화학적 요소로 구성되었고 화학적 분석을 통해 증명될 수 있기 때문이다. 하나님은 땅의 티끌로 창조하셨다. 땅의 티끌은 흙의 모든 요소다(창 2:7). 그리고 땅을 사람의 거처로 삼으셨다. 또한, 땅에서 나는 것들을 먹고 살게 하셨다.

3. 하나님은 흙으로 사람의 몸을 만드시고 영혼을 창조하셨다. 하나님은 사람 몸에 숨을 불어넣으심으로 영혼을 창조하셨다(어거스틴, 『하나님의 도성』, XII, 24). 하나님께서 코에 생기를 불어넣으신 것은 영혼을 창조하셔서 사람 속에 넣으신 것이다(창 2:7). 영혼은 지성적, 도덕적 성품을 가진 영적 실체이다. 영혼은 사람의 인격 자리이고 인격의 주체이다.

4. 하나님께서 하와를 땅의 흙이 아니라 아담의 갈비뼈로 만드신 이유는 인류의 유기적인 연합 때문이다. 인류의 모든 족속이 한 혈통인 것은 하와가 아담의 갈비뼈로 만들어졌기 때문이다. 하나님은 많은 백성을 원하셨다. 그래서 하나님은 남자와 여자를 만드심으로 많은 백성이 생산되어 창조주 하나님을 찬양하게 하셨다. 모든 백성이 온 마음으로 하나님을 섬겨 하나님 찬양이 우주에 가득하기를 바라셨다.

5. 사람은 그냥 몸이 아니다. 창조된 영혼과 결합하여 한 인격을 이루게 하셨다. 그리하여 몸과 영혼이 하나가 되게 하셨다. 인류가 창조 시에

불멸의 영혼을 부여받았다는 사실이 중요한 이유 중의 하나는 죽음이 존재의 마지막이라고 하여 지옥의 존재를 부인하지 못하도록 하기 때문이다. 불멸의 영혼에 대한 부정은 영원한 천국과 지옥의 실재적 존재를 부인하는 비성경적 주장이다.

6. 하나님의 형상은 의와 지식과 거룩함이 포함된 하나님의 인격이다(골 3:10; 엡 4:2). 인간 안에 있는 하나님의 형상은 하나님의 인격으로서 인간의 이성적 본성과 도덕적 본성 그리고 영적 본성을 포함한다. 하나님의 인격을 지닌 인간은 마음과 양심을 소유하고 하나님을 알고 사랑하고 거부도 할 수 있는 자유 의지와 자기 결정권을 지니고 있다.

인간의 타락 이후 인간에게 있는 하나님의 형상이 훼손되었으나 완전히 없어진 것이 아니라 이지러진 채로 남아 있다. 하나님의 형상에 관한 오류는 인간이 육체적으로 하나님을 닮았다는 생각이다. 이것은 몰몬교의 이단적 가르침이다. 하나님께서는 완전한 영이시고 육체가 없으시다.

7. 창세기 1:28의 문화 명령은 인간의 과학기술과 창작과 예술의 발전을 포함한다. 인간이 정복하고 다스리는 하나님의 피조물은 동물이나 새나 물고기만이 아니라 인간의 통제를 받는 모든 것이다.

8. 하나님은 아담과 선악과나무로 언약을 맺으셨다(창 2:17). 선은 창조주 하나님을 섬기는 것이다. 악은 창조주 하나님 섬기기를 거부하는 것이다. 악의 결과는 죽음이다. 선악과 계명은 하나님과 사람의 첫 언약이다. 하나님은 자기 백성을 가지시길 원하셨고 사람은 하나님의 백성이 되기로 언약했다.

9. 인간은 창조될 때 타락할 가능성이 있었다. 그것은 하나님의 형상에 따른 자유 의지의 올바른 사용 여부 때문이다. 인간의 타락 가능성은 하

나님의 창조에 있어서 신비함이다. 그만큼 하나님께서는 인간에게 특권을 주셨다. 하나님에게 반역할 수 있는 자유까지도 인간은 누릴 수 있었다. 그러나 그러기에 인간의 그 자유는 책임을 회피할 수 없다.

10. 창조에 관한 오류는 오늘날의 진화론이다. 진화론자들은 단 한 가지의 진화 증명도 제시하지 못했다. 진화론은 하나의 가설일 뿐이고 결정적인 증거와 효용성이 결핍된 학설이다. 진화론은 양심을 무감각하게 하고 도덕적 책임감을 약화한다. 이것은 하나님의 말씀인 성경 66권을 신앙과 생활의 표준임을 거부한 결과다.

진화론의 영향을 받은 칼 마르크스의 주장에 따라 독일의 나치당과 러시아와 중국의 공산주의를 초래할 정도로 단순히 생물학적 이론이 아니라 정치와 삶의 철학에 막대한 영향을 끼쳤고 지금도 끼치고 있다.

18
하나님의 섭리

> 문 18: 하나님께서 섭리하시는 일이란 어떠한 것인가?
> 답 18: 하나님께서 섭리하시는 일은 가장 거룩하고 지혜롭고 능력 있게 만물을 보존하시고 통치하시는 것이며 자기의 영광을 위해 피조물과 그 행위를 정리하시는 것이다(시 103:19; 104:24; 145:17; 사 28:2; 63:14; 히 1:3; 마 10:29-31; 창 14:7; 롬 11:36).
>
> Q 18: What are God's works of providence?
> A 18: God's works of providence are his most holy, wise, and powerful preserving and governing all his creatures; ordering them, and all their actions, to his own glory.

1. 섭리는 하나님의 창조 이후에 이어지는 하나님의 사역이다. 섭리(providence)의 어원은 미리(pro) 보는 것(video)이다. 하나님께서는 미래를 미리 보실 수 있기에 섭리하실 수 있다. 하나님께서는 피조물과 그 행위를 미리 보시고 정리하여(ordering) 섭리하신다.

2. 섭리의 핵심은 하나님의 거룩함과 지혜와 능력으로 그의 모든 피조물을 보존하시고 통치하심이다. 하나님께서 만물의 성질과 법칙대로 보존하시는 사역은 하나님의 일반 섭리다. 하나님의 특별 섭리는 죄를 범한 백성을 돌이키심이다.

하나님께서는 죄악에도 불구하고 예수 그리스도의 구속 사역을 통해 하나님 나라 백성을 궁극적으로 보존하신다. 하나님의 통치는 하나님 나라의 백성을 보존하기 위해 죄와 사탄과 죽음을 다스리신다.

3. 만일 하나님의 섭리가 단 1분이라도 철회되거나 중지된다면 창조된 모든 우주와 인류는 즉시 생존하지 못하게 될 것이다. 하나님의 섭리는 모든 순간마다 창조된 모든 우주가 생존하고 유지하게 하심이다. 섭리의 '섭'자는 '당길 섭'(攝)이다. 굳게 지키고 유지한다는 뜻이 담겨 있어서 적절한 번역이다.

4. 하나님의 섭리는 '우연적'으로 발생하는 사건까지 포함하고 있다. 예수님의 말씀에 따르면 하나님의 섭리는 복음이다.

> 참새 두 마리가 한 앗사리온에 팔리는 것이 아니냐 그러나 너희 아버지께서 허락하지 아니하시면 그 하나라도 땅에 떨어지지 아니하리라 너희에게는 머리털까지 다 세신 바 되었나니 두려워하지 말라 너희는 많은 참새보다 귀하니라(마 10:29-31).

5. 우주의 운행과 인간의 자유로운 행동들도 모두 하나님의 섭리 아래 있다(창 45:8). 인간의 죄악 된 행동(행 2:23), 물리적 세계(욥 37:10, 15; 마 5:45), 동물계(시 104:21, 28; 마 6:26), 국가의 일(욥 12:23; 행 17:26), 인간의 출생과 삶(삼상 16:1; 갈 1:15-16), 인간의 성공과 실패(시 75:6-7; 눅 1:52), 의인 보호(시 4:8; 롬 8:28), 하나님 백성의 필요를 채워 주심(창 22:8, 14; 빌 4:19), 기도 응답(삼상 1:19; 마 7:7; 눅 18:7-8), 악한 자 처벌(시 7:12-13; 시 11:6) 등이 다 하나님의 섭리에 포함된다. 이러한 섭리의 목적은 하나님 자신의 영광을 드러내시는 것이다.

6. 하나님의 섭리는 인간의 자유 의지를 침해하지 않는다. 왜냐하면, 하나님은 사람들의 행위를 그들의 의지와 반하여 강제로 제어하시지 않기 때문이다. 오히려 하나님은 그들 삶의 환경과 사실을 섭리하시고 그들

마음의 도덕적 상태를 통치하심으로 그들의 의지에 따라서 스스로 정확히 하나님께서 예정하신 대로 행하게 하신다.

7. 하나님은 죄의 조성자가 아니다. 인간이 죄를 범하는 것은 그 자신의 의지에 따른 것이기에 그의 책임이다. 사람이 그의 자유 의지로 죄를 범할 때 하나님은 허용하고 막지 않으신다. 그러나 하나님은 무한하신 지혜로 사람의 죄악을 통해서도 하나님의 뜻을 이루신다. 요셉의 형제들이 요셉을 애굽에 팔았을 때도 정확히 하나님의 계획하신 일이 성취되었다. 사람의 죄악을 통해서 하나님의 선하심이 드러나고, 사람의 회개를 통해 하나님의 영광이 드러난다.

8. 이신론(Deism)은 하나님의 섭리를 부정한다. 이신론에 의하면 우주는 시계와 같다. 우주는 하나님의 통치나 제어 없이 자연법칙에 의해서 움직인다는 것이다. 이신론이 심각한 오류인 것은 오늘날 우리가 살아가는 이 세상과 하나님은 아무런 관계가 없다고 가르치기 때문이다. 이신론에 의하면, 하나님과 세상은 이미 오래전에 결별했으며, 하나님과 접촉할 수 없다. 하나님은 우리의 기도를 들으실 수 없으며, 우리가 하나님과 교통할 수도 없다.

9. 오늘날 이신론 사상에 기초해서 조직된 중대하고도 대중적인 기구는 하나님을 위대한 우주의 건축가라고 말하는 프리메이슨(Freemasons)과 같은 조직이다. 이 단체는 많은 부분에 있어서 이신론적 신관을 가지고 있다. 그리스도인들이 이러한 단체와 동행하지 않는 것은 이 단체가 거짓된 이신론적 신관에 기초해서 조직을 결성했기 때문이다.

10. 17세기에 일어난 이신론이 하나님의 창조를 하나님의 손에서 분리하였기에 일부 신학자들은 하나님의 섭리에 협력을 추가하였다. 그러나

협력은 인간의 타락과 범죄에 협동하는 것이 되어 하나님을 죄의 조성자로 만드는 성향이 농후하다. 따라서 협력을 하나님의 섭리적 요소에 추가하는 것은 부당하다.

11. 오늘날 '민주적인 하나님'의 개념이다.

첫째, 성경의 신론과 반대된다.
둘째, 하나님을 인간의 형상으로 낮추기 때문에 우상 숭배다.
셋째, 하나님의 영광이 일반적으로 피조물의 복지도 포함한다는 사실을 간과한다. 인류를 포함한 피조물의 복지는 하나님의 영광이 생산하는 부수적인 결과다.

19

천사에 대한 섭리

문 19: 천사에 대한 하나님의 섭리는 무엇인가?

답 19: 하나님께서는 그 섭리로 어떤 천사들을 고의로 만회할 수 없게 죄악으로 타락하여 영벌을 받게 허용하셨는데 그것과 그들의 모든 죄를 제재하며 정리하시어 하나님께 영광이 돌아가게 하셨으며 남은 천사들은 성결하고 행복하게 세우시어 그 기쁘신 대로 사용하심으로 그의 권능과 긍휼과 공의의 집행에 수종들게 하셨다 (유 6; 벧후 2:4; 히 2:16; 요 8:44; 욥 1:12 등).

Q 19: What is God's providence towards the angels?

A 19: God by his providence permitted some of the angels, wilfully and irrecoverably, to fall into sin and damnation, limiting and ordering that, and all their sins, to his own glory; and established the rest in holiness and happiness; employing them all, at his pleasure, in the administrations of his power, mercy, and justice.

1. 천사는 하나님의 섭리 아래 있다. 천사는 하나님의 피조물이다(창 1:1). 천사는 지성, 감성, 자유 의지를 가지고 있다(단 9:21; 욥 38:7; 사 14:12-15). 하나님의 섭리는 천사들의 자유 의지를 방해하지 않는다. 인류는 한 혈통이어서 한 사람의 범죄가 모든 사람의 범죄를 몰고 왔다(롬 5:12). 천사는 서로 유기체가 아니라 서로 분리된 존재여서 개별적으로 책임을 진다.

2. 천사는 육체가 없어도 인격적 존재여서 하나님을 섬기거나 거역할

수 있는 자유 의지가 있다. 자유 의지를 가진 천사가 죽지 않는 존재로 창조된 것은 하나님의 은사다. 일부 천사는 자기의 자유 의지를 사용하여 하나님을 반역하는 죄를 범했다(벧후 2:4; 유 6).

 죄를 범한 천사들의 우두머리는 사탄, 루시퍼, 마귀, 큰 용, 악한 자다(계 12:7-10). 마귀는 구세주의 지상 사역을 가장 크게 방해하였다. 많은 이의 인격을 빼앗고 악한 일들을 행하였다(마 8:31). 하나님을 반역한 천사들은 하나님의 영원한 형벌을 피할 수 없게 되었다.

 3. 하나님을 계속 섬기는 거룩한 천사들은 섬기는 영으로서 하나님의 백성들을 섬긴다(히 1:14). 천사들은 본래 하나님을 섬기도록 지어진 존재들이지만 예수 그리스도의 구속을 믿어 하나님의 자녀가 되었거나 될 자들까지 섬기도록 지음을 받았다.

 4. 천사들은 보좌에 앉거나 경배받을 수 있는 존재가 아니다. 천사들은 하나님의 우편에 앉을 수 없다. 천사들은 아무리 높아도 구원 얻은 백성을 섬기는 영이다. 따라서 천사 숭배는 그릇된 사상이다. 유대인은 천사를 통해서 율법이 주어졌다고 보기에 천사들을 높이 본다. 그런 천사도 다 성부 성자 성령 하나님의 피조물이다. 유대인처럼 부당하게 천사들을 높이는 것은 그리스도의 구속 사역에서 생각조차 할 수 없는 일이다.

 5. 천사들은 단지 하나님의 종이고 그리스도는 하나님의 아들이시다. 천사들은 하나님의 피조물이지만 그리스도는 신적인 창조주이시다. 그리스도께서 세상에 오셨을 때, 천사들은 그를 경배했다.

 6. 하나님의 아들 예수 그리스도의 더 아름다운 이름은 구속 사역을 이루심으로 받았다. 하나님의 아들이 피조물을 구원하기 위해서 사람이 되었다. 예수 그리스도는 성육신으로 구원을 이루셨다. 구속주의 이름은 섬

기는 영으로서의 천사들이 갖는 이름과 비교될 수 없다.

   7. 하나님의 아들은 아버지 하나님과 구별되지만, 실체에 있어서 참 하나님이시다. 하나님은 아들을 친히 낳으셨다. 성부는 성자를 향하여 너는 내 아들이라고 선언하셨다. 하나님의 아들이 하나님 아버지와 동일한 하나님이신 것은 성부가 의지로 성자를 낳으신 것이 아니라 실체를 따라 낳으셨기 때문이다.

  하나님의 아들이 사람으로 출생하셨어도 하나님의 아들이시기에 하나님의 아들로서 출생하신 것이다. "너는 내 아들이라 오늘 내가 너를 낳았다"(히 1:5)라고 선포하신 것은 하나님의 아들이 사람으로 출생하신 것을 지시한다.

   8. 하나님은 어느 천사에게도 "내가 너를 낳았다"라고 말씀하지 않으셨다. 천사는 아들의 피조물이어도 하나님의 형상이 아니다. 천사는 육체가 없어서 성육신하신 예수 그리스도의 구속 대상도 아니다. 하나님의 아들 예수 그리스도는 육체를 가진 하나님의 백성을 구원하기 위해 성육신하셨다. 하나님의 아들이 사람의 아들이 되신 것은 사람들과 같은 피에 동참하심이다. 성육신하신 예수 그리스도는 그의 구속 사역을 통해 많은 형제를 갖게 되었다(히 2:13-14).

   9. 천사들은 하나님 아들의 피조물이기에 하나님의 아들 예수 그리스도를 경배해야 한다. 하나님의 아들은 천사들의 경배를 받으시는 하나님이시다. 하나님의 아들은 사람의 형상으로 세상에 오셨어도 하나님으로서 경배받으실 권세를 전혀 잃지 않으셨다. 사람 모양으로 세상에 오셨어도 하나님이시므로 천지만물과 하나님의 보좌를 호위한 천사들도 하나님의 아들을 경배한다. 예수 그리스도께서 광야에 계실 때 천사들이 섬겼다(마 4:11; 막 1:13). 십자가를 지기 직전에도 천사가 하늘에서 내려와 예수

그리스도를 섬겼다(눅 22:43).

10. 천사 숭배가 무엇이냐에 관하여 논란이 있을 수 있다. 골로새서 2:18의 '천사 숭배'를 '천사들의 예배'로 번역해야 한다는 주장이 문자적 번역으로 가능하기 때문이다. 그렇더라도 바울이 천사 숭배를 금하였다는 결론은 달라지지 않는다.

천사들의 예배를 신비하게 직접 보거나 경험해야 한다거나, 인간이 직접 하나님과 교제할 수 없으니까 천사의 중보가 필요하다는 것이 바울 당시의 거짓 교사들의 주장이다. 거짓 교사들이 천사들을 거론하면서 예수 그리스도께서 참 하나님과 참사람으로서 하나님과 인간의 유일한 중보자이심을 부정하였기에 바울은 천사 숭배를 금하였다.

20
사람에 대한 섭리

문 20: 창조된 상태의 사람에 대한 하나님의 섭리는 어떠하였는가?

답 20: 창조된 상태의 사람에 대한 하나님의 섭리는 사람을 낙원에 두시고 그가 낙원을 가꾸게 하시어 땅의 과실을 마음대로 먹게 하셨다. 또한, 다른 피조물을 사람의 통치하에 두시고 그를 돕기 위해 결혼도 하게 하셨다. 사람이 하나님 자신과 교통할 수 있게 하시고, 안식일을 제정하셨으며, 인격적이고, 온전하고, 영속적인 복종을 조건으로 하여 사람과 더불어 생명의 언약을 맺으셨으니 이것의 보증은 생명나무 열매이며, 선악을 알게 하는 나무를 먹는 것을 죽음의 고통의 벌로써 금하셨다(창 1:26-29; 2:3, 8-9, 15-17; 2:18; 30:8; 갈 3:12; 롬 10:5).

Q 20: What was the providence of God toward man in the estate in which he was created?

A 20: The providence of God toward man in the estate in which he was created, was the placing him in paradise, appointing him to dress it, giving him liberty to eat of the fruit of the earth; putting the creatures under his dominion, and ordaining marriage for his help; affording him communion with himself; instituting the sabbath; entering into a covenant of life with him, upon condition of personal, perfect, and perpetual obedience, of which the tree of life was a pledge; and forbidding to eat of the tree of the knowledge of good and evil, upon the pain of death.

1. 하나님의 섭리로 사람이 최초로 살았던 에덴동산의 정확한 지점을 현재로서는 알 수 없다. 다만, 그곳은 티그리스강과 유프라테스강의 수원인 아르메니아 지역으로 추측될 뿐이다.

2. 창세기 2:10-14에 언급된 에덴동산의 네 개의 강 가운데 오늘날 동일한 이름으로 알려진 강은 유프라테스강이다. '힛데겔강'은 티그리스강과 동일한 이름이다. 다른 두 강은 노아 시대의 엄청난 홍수로 인해 당시 지역의 상당 부분이 바뀌어서 지금으로서는 알 수 없다.

3. 처음 사람의 창조된 상태는 타락 이전이다. 하나님께서는 타락 이전에 인간의 육체적 복지를 위해 에덴동산이라는 거주지와 이 동산에서 일할 수 있는 많은 일거리와 적절한 식량을 제공하셨다. 인간의 사회적 복지를 위해서는 결혼을 제정하셨다. 그리고 하나님은 모든 피조물을 인간의 통치하에 두셨다.

4. 하나님은 타락 이전에 인간의 영적 복지를 위해 하나님과의 교제를 제공하시고, 안식일을 제정하셨다. 안식일 제정으로 인류의 엿새 노동과 하루 안식의 틀이 제정되었다. 하나님께서 인류와의 첫 언약을 제정하신 것도 인류의 영적 복지를 위함이었다.

5. 첫 언약이 종종 행위 언약이라고 불리는 것은 하나님의 뜻에 대한 완전한 순종을 통해 생명을 얻을 수 있다는 것이 아니라, 선악과 계명에 반역하면 주어진 생명을 상실한다는 하나님 뜻의 표현이다.

> 선악을 알게 하는 나무의 실과는 먹지 말라 네가 먹는 날에는 정녕 죽으리라 (창 2:17).

6. 첫 언약의 당사자는 언약을 수립하셨던 하나님과 인류의 대표자인 아담이다. 아담과 하와가 선악을 알게 하는 나무의 실과를 먹기 전까지 얼마나 오래 에덴동산에서 살았는지는 성경에 언급이 없어서 알 수 없다. 단지 참고할 수 있는 것은 아담이 셋을 낳았을 때 130세였다는 사실이다(창 5:3).

7. 첫 언약의 형벌이 사망인 것은 육체적 죽음뿐만 아니라 영적 죽음까지도 포함하는 완전하고도 광범위한 사망을 의미한다. 이 사망은 하나님과의 분리와 영원한 죽음이다. 그것은 성경이 말하는 대로 지옥 혹은 둘째 사망이다.

8. 만일 아담과 하와가 하나님께 반역하여 첫 언약을 위반하지 않았다면, 그들과 그들의 후손은 죽지 않고 영원히 살았을 것이다. 이것은 로마서 5:12이 증거한다. 에덴동산의 '생명나무'는 하나님이 생명의 근원임을 기억하라는 경고였다(칼빈). '생명나무를 먹는 것'은 하나님과 교제함이다. 하나님은 반역자와 교제할 수 없도록 조치하셨다(창 3:22).

9. 하나님께서 아담을 인류의 대표자로 정하신 것은 공명하지 않다고 말하는 사람들에 대해 우리는 로마서 9:20에서 유사한 질문을 받은 바울과 같이 말할 수 있다.

> 이 사람아 네가 뉘기에 감히 하나님을 힐문하느뇨 지음을 받은 물건이 지은 자에게 어찌 나를 이같이 만들었느냐 말하겠느뇨(롬 9:20).

하나님께 반역한 인간은 공평과 불공평을 결정할 권리가 없다. 하나님은 인류의 창조주로서 그의 모든 피조물에 대해 그가 기뻐하시는 대로 행하실 주권적 권리가 있으시다.

10. 우리는 첫 언약을 행위 언약이라고 호칭하는 것을 용납할 수 있다. 그러나 행위 언약을 설명하면서 하나님의 뜻에 대한 완전한 순종을 통해 생명을 얻을 수 있다고 한 것은 성경이 표현하지 않은 인간의 사변으로 보인다. 이것은 회중파 청교도의 영향이라는 설이 있다. 이러한 설명은 웨스트민스터 표준문서에 기록된 옥의 티일 것이다. 생명은 이미 주어졌기 때문이다.

> 여호와 하나님이 흙으로 사람을 지으시고 생기를 그 코에 불어 넣으시니 사람이 생령이 된지라(창 2:7).

첫 언약은 하나님의 선악과 계명에 반역하면 주어진 생명을 상실한다는 하나님의 뜻을 표명할 뿐이다.

> 네가 먹는 날에는 정녕 죽으리라(창 2:17).

11. 대요리문답 문 20과 관련하여 불행히도 사람은 에덴의 축복을 상실했다. 하나님은 사람의 반역에 대하여 해결책을 마련하셨다. 첫째 아담은 죄와 사망을 가져왔다. 둘째 아담인 예수 그리스도께서는 사람에게 의와 영생을 가져왔다. 아담은 인류의 대표자였다. 그리고 예수 그리스도는 새 인류의 대표자이시다. 예수 그리스도는 새 언약 체결자이면서 새 언약 성취자이시다(눅 22:20; 요 19:30).

첫 언약과 새 언약은 서로 대비된다. 첫 언약의 결과는 죽음이었고 새 언약의 결과는 천국 백성 얻음이다. 천국은 에덴보다 훨씬 좋다. 오늘날 사람이 하나님 나라의 백성이 되는 길은 성경 66권에 따라서 하나님의 성육신인 예수 그리스도를 믿는다는 고백이다.

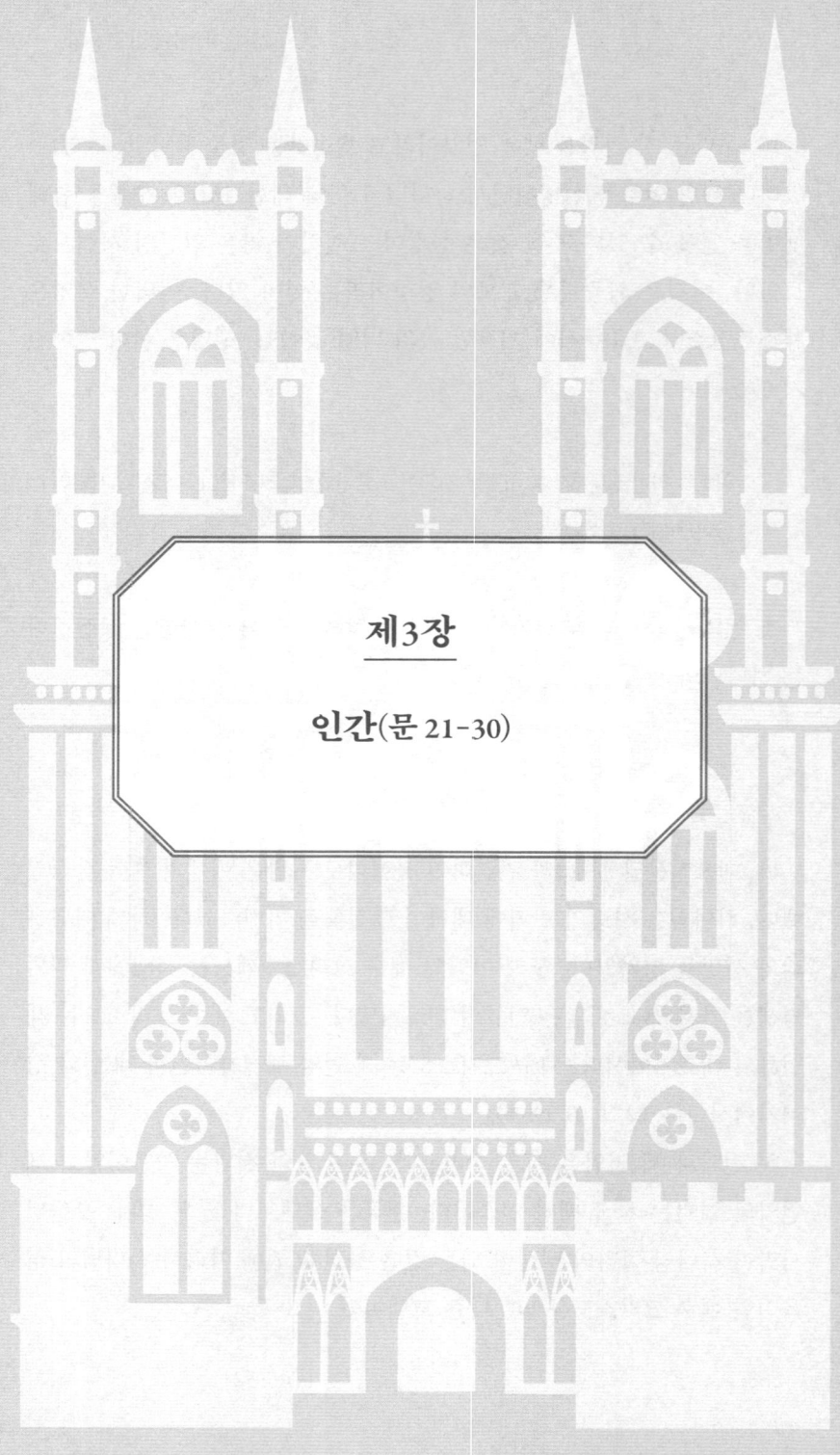

제3장

인간(문 21-30)

21

아담의 타락

문 21: 인간은 하나님께서 처음에 창조하신 그 상태에 계속 있었는가?

답 21: 인류의 첫 부모는 자신의 자유 의지에 맡겨진 상태에서 사탄의 유혹을 받아 금하신 실과를 먹음으로써 하나님의 계명을 범하였다. 그리하여 창조함을 받은 무죄의 상태에서 타락하였다(창 3:6-8; 전 7:29; 고후 11:3).

Q 21: Did man continue in that estate wherein God at first created him?

A 21: Our first parents being left to the freedom of their own will, through the temptation of Satan, transgressed the commandment of God in eating the forbidden fruit; and thereby fell from the estate of innocency wherein they were created.

1. 아담과 하와는 하나님께 반역하는 죄를 범하였다. 하나님께서는 인간에게 자유 의지를 주시고 그것을 제한하지 않으셨다. 아담과 하와는 자유 의지를 활용하여 범죄를 선택하였다. 따라서 인간의 타락은 인간의 책임 사항이며 하나님의 책임이 아니다.

2. 유혹자는 뱀의 형태로 하와에게 접근하여 선악과 계명을 시비하였다. 유혹자는 사탄이고 마귀이며 거짓의 아비였다. 사탄은 하나님의 조치가 협소하다고 불평하여 하와의 마음에 의혹을 일으켰다. 하나님이 선악과를 먹지 못하게 하신 것은 하나님과 같이 되는 것을 막기 위함이라는 거짓말로 사탄이 하와를 유혹하였다.

3. 유혹자는 하와에게 의문을 제기하였다.

왜 하나님만이 선악을 결정해야 하는가?
왜 사람이 하나님의 계명을 선악의 기준으로 삼아야 하는가?
그것은 사람을 노예로 삼는 것이 아닌가?
하나님은 사람을 노예처럼 묶어 놓고 자유로운 결정을 못하게 하는 것이 아닌가?

4. 하와는 사탄의 유혹에 속아서 죄를 범했다. 그러나 아담은 속지 않았음에도 하나님의 말씀에 불순종하였다. 아담은 선악과 계명을 어기는 것이 죄임을 알고도 범죄했다. 속임을 당하여 죄를 범한 하와보다 속임을 당하지 않고도 죄를 범한 아담이 더 나빴다.

5. 아담의 범죄는 하나님에 대한 반역이었다. 아담은 하나님을 섬기기로 한 첫 언약을 파기하였다. 아담은 하나님의 백성 됨을 거부하였다. 아담과 하와는 공동체로 하나님으로부터의 독립을 실행하였다. 아담의 범죄는 선악과 계명의 진실성 여부를 자기의 경험과 이성으로 판단한 결과이다. 아담은 반역을 통해 하나님의 말씀이 진리이고 유혹자의 말이 거짓임을 경험으로 알았다.

6. 하나님은 죄의 원인이 아니고, 죄의 조성자도 아니시다. 하나님은 죄를 미워하시기 때문이다. 죄를 미워하신 하나님이 죄를 작정하실 수 없다. 하나님은 아담의 인격적 자발적 범죄를 허용하고 막지 않으셨다. 하나님은 인격체를 인격체로 대하셨다.

7. 죄는 인간의 인격에서 기원한다. 아담과 하와는 자기 결정과 자기판단으로 선악을 선택하였다. 아담과 하와가 유혹자의 유혹을 받았어도 결

정은 스스로 하였다. 그리하여 죄의 기원은 인간 자신에게 있다. 결정은 인간이 했기에 죄의 책임도 전적으로 인간에게 있다.

8. 인간은 하나님의 형상으로서 반역죄만 범하지 않았으면 영생할 수 있었다. 반역했기 때문에 죽음이 도입되었다. 사형을 즉시 집행하지 않으신 하나님은 일정 기간의 삶을 인간에게 허용하셨다. 그렇다고 죽음이 면제된 것은 아니다. 과학의 발달이 죽음을 극복하지 못하고 있다.

9. 타락의 결과로 하나님의 형상이 이지러졌다. 하나님의 형상이 없어진 것은 아니다. 하나님의 형상으로서의 인격이 방향을 상실했다. 타락한 사람은 삶의 표준을 하나님이 아닌 피조물에게서 구하면서 자기 결정과 행동을 책임지지 않으려 한다.

10. 창세기 3장이 역사적 사실인 이유는 예수께서 사실로 인정하셨기 때문이다(마 19:4-6). 바울도 사실로 인정하였다(롬 5:12-21). 아담의 타락이 역사적인 사실임은 인류의 죽음이 웅변한다.

11. 고대 이교들은 타락을 인간의 타락을 부정한다. 불교에는 창조가 없어서 타락도 없고 구원도 없다. 무로 돌아가는 열반을 말할 뿐이다. 유교는 창조를 말할 수 없어서 자연의 음양 작용으로 사람이 생겨난 것으로 보기에 타락을 말하지 못한다. 힌두교는 다신교로서 3억 3천만의 신들을 섬긴다. 사람이 물에서 나왔고 그 사람이 신들과 우주를 만들었다. 그러기에 인간의 타락이 불가능하다.

12. 근대신학과 현대신학이 인간의 타락을 부정한다. 이미 슐라이어마허는 그의 『기독교 신앙』에서 기독교 신앙 자체를 감정으로 치부하면서 아담 타락의 역사적 사실성을 부정하였다. 알브레히트 리츨은 그의 『칭

의와 화해에 대한 기독교 교리』에서 아담의 타락이 성경의 의견일 뿐이라 하여 부정하였다.

칼 바르트는 그의 『교회교의학』에서 성경의 모든 내용을 부정하는 논술을 진행하면서 아담의 타락을 역사적 사실이 아닌 신화적 민담으로 폄하하였다. 폴 틸리히는 그의 『조직신학』에서 창조와 타락을 시간적 과거 사건이 아니라 하였다.

13. 사람들이 아담의 타락을 부정한다고 하여 인간 범죄가 부정되지 않는다. 성경의 메시지가 여러 사람의 도전을 받는 것은 새삼스럽지 않다. 그냥 학술적 이론적 도전이 아니다. 유대인들은 예수님을 십자가에 죽게 했다. 베드로와 요한과 바울을 비롯한 사도들은 목숨의 위협을 당하였다. 그래도 성경은 생명력이 있어서 계속 전파되었다. 타락한 인간에게 유일한 복음은 이미 해설한 삼위일체 교리와 앞으로 해설할 주제 중 하나인 예수 그리스도의 성육신이다.

22

아담의 언약

> **문 22**: 전 인류는 그 첫 범죄에서 함께 타락하였는가?
> **답 22**: 전 인류의 대표로서의 아담과 맺은 언약은 저만 위한 것이 아니고 그 후손까지 위한 것이므로 그로부터 보통 생육법으로 출생하는 인류는 모두 아담 안에서 함께 범죄하여 그의 첫 범죄 때에 그와 함께 타락하였다(행 17:26; 창 2:16-17; 롬 5:12-20; 고전 15:21-22).
>
> **Q 22**: Did all mankind fall in that first transgression?
> **A 22**: The covenant being made with Adam as a public person, not for himself only, but for his posterity, all mankind descending from him by ordinary generation, sinned in him, and fell with him in that first transgression.

1. 성경은 구약과 신약으로 구성된 언약이다. 그렇지만 그동안 언약의 정의가 확립되지 않아서 언약의 개념이 다양하고 이에 대한 정리가 요청되었다. 대요리문답 문 22는 아담의 타락이 언약과 관련되어 있음을 말하고 있다.

2. 인류의 첫 사람인 아담은 인류의 대표다. 이 사실을 가장 잘 증명하는 성경 구절은 로마서 5:12이다.

> 한 사람으로 말미암아 죄가 세상에 들어오고 죄로 말미암아 사망이 들어왔나니 이와 같이 모든 사람이 죄를 지었으므로 사망이 모든 사람에게 이르렀느니라(롬 5:12).

3. '보통 생육법으로 출생하는 모든 인류'는 예수 그리스도를 제외한 모든 인류를 의미한다. 예수님은 보통 생육법으로 출생하지 않고 동정녀 마리아에게 성령으로 잉태되어 출생하셨다. 그래서 예수님에게는 육신의 혈통적 아버지가 없고 죄도 없다.

4. 아담의 첫 범죄가 성경에 기록된 것은 하나님의 선악과 계명과 관련되었기 때문이다. 선악과 계명은 하나님과 인류의 첫 언약이다. 인류의 대표자로서 아담의 첫 범죄는 첫 언약에 대한 반역이었다.

5. 대표자의 결정은 구속력이 있어서 사람들에게 영향을 끼친다.

첫째, 러시아의 우크라이나와의 전쟁 결정은 러시아의 푸틴 대통령이 결정했어도 러시아 국민 전체가 영향을 받게 된다. 러시아 군인들은 전쟁에 참전해야 하고 국민은 군수 물자를 지원해야 한다.
둘째, 아버지의 성씨는 그의 자녀들이 그대로 받는다.

6. 팔머 로벗슨(O. Palmer Robertson)은 언약이란 "주권적으로 사역되는 피로 맺은 약정"이라 하였다.[1] 로벗슨의 이러한 언약 정의는 단지 언약의 단어 풀이로 보인다. 언약으로 번역된 히브리어 베리트(ברית)의 사전적 의미가 '자르다, 쪼개다, 죽이다'이기 때문이다. 베리트를 헬라어로 번역한 디아데케(διαθήκη)는 '사이에'(δια)와 '세우다'(τίθημι)의 합성어다.[2]
특히, 히브리어 베리트는 언약을 어기면 어기는 당사자가 쪼개어질 것이라는 벌칙이 포함되어 있다. 언약은 성경에 기록된 용어이고 언약을 어

---

1 팔머 로벗슨, 『계약신학과 그리스도』, 김의원 옮김 (서울: CLC, 2002), 23.
2 언약은 '계약'과 '유언'으로 번역되기도 한다. 영어로는 'covenant'와 'testament'로 번역되었다.

긴 당사자가 죽임을 당한 경우가 성경에 많기에 로벗슨의 언약 정의가 잘못되었다고는 할 수 없다. 그러나 로벗슨의 언약 정의는 고대로부터 나라와 나라, 종족과 종족 사이에 있었던 언약의 일반적 개념을 표현할 뿐 성경의 독특한 내용을 반영하지 못하고 있다.

7. 언약이란 무엇인가?

성경적 의미로 언약이란, '하나님의 백성이 되기로 한 약정'이다(서철원). 로벗슨의 정의에는 이 내용이 빠져 있다. 하나님은 언약을 통해서 사람을 하나님의 백성으로 삼으셨다. 하나님께서 사람을 창조하셨다고 해서 사람이 저절로 하나님의 백성이 되는 것은 아니다. 사람은 자발적으로 하나님과 언약을 체결해야 하나님의 백성이 된다. 하나님은 사람을 하나님의 형상으로 창조하시고 사람에게 인격과 자기 결정의 자유 의지를 주셨고 그 자유를 침해하지 않으셨다.

8. 하나님은 아담과 언약을 체결하셨다. 이것이 첫 언약이다. 언약 체결로 하나님은 아담과 그의 후손을 자기의 백성으로 삼으셨다. 하나님께서 명령만 하셨어도 쌍방의 언약이다. 아담은 하나님의 명령을 받아서 하나님의 백성이 되는 것을 잘 알았다.

9. 언약은 하나님의 백성이 되기로 한 약정이라는 성경의 증거가 많다. 우선, 아담과의 첫 언약은 선악과 계명을 통해 체결되었다. 아담은 인류의 대표로서 선악과 계명 준수와 더불어 하나님의 백성이 되기로 하나님과 언약하였다(창 2:17).

하나님은 노아와 그의 아들들에게 너희는 생육하고 번성하여 땅에 충만하라고 명령하셨다(창 9:1). 하나님은 노아에게 무지개를 언약의 표로 삼아 모든 생명체의 보존을 언약하셨다. 하나님은 타락한 인류 중에서 자기 백성의 보존을 밝히셨다.

하나님은 이 언약이 그리스도를 통해 최종적으로 성취될 것을 예표하셨다. 하나님은 아브라함과 언약을 맺으심으로 그와 그의 후손을 하나님의 백성으로 삼기로 하셨다(창 12:1-2). 아브라함의 씨는 구속주를 지칭한다. 하나님은 구속주를 통해 하나님의 백성으로 삼으실 것을 언약하셨다.

시내산 언약(출 19:1-24:11), 여호수아 언약(수 24:1-28), 다윗의 언약(삼하 7:14-16), 여호야다의 언약(왕하 11:17-18), 요시야의 언약(대하 34:30-32), 새 언약의 약속(렘 31:31-34), 새 언약 체결(눅 22:20) 등은 언약의 핵심 개념이 하나님의 백성 됨을 증거한다.

10. 문제는 인류의 대표로서 첫 언약의 당사자인 아담이 하나님과의 그 첫 언약을 파기했다는 사실이다. 첫 언약을 파기한 결과는 이미 죽음으로 경고되었다(창 2:17). 그래서 보통 생육법으로 출생하는 인류는 모두 아담 안에서 함께 범죄하여 그의 첫 범죄 때에 그와 함께 타락했다.

23

타락의 결과

> 문 23: 타락은 인류를 어떠한 상태에 이르게 하였는가?
> 답 23: 타락은 인류를 죄와 비참의 상태에 이르게 하였다(롬 3:23; 5:12).
> Q 23: Into what estate did the fall bring mankind?
> A 23: The fall brought mankind into an estate of sin and misery.[1]

1. 인간의 타락 이전의 상태는 무죄 상태였다. 무죄한 상태는 원의(Original Righteousness)다.

2. 인간의 타락은 인류의 첫 부모가 자신의 자유 의지에 맡겨진 상태에서 사탄의 유혹을 받아 금하신 실과를 먹음으로써 하나님의 계명을 범하였고, 그로 인해 창조함을 받은 무죄 상태에서 타락하였음이라고 이미 대요리문답 문 21에서 밝혔다.

3. 인류가 처한 타락의 상태를 묘사하기 전에 죄를 먼저 언급하는 이유는 죄가 먼저 왔고 죄의 결과로 비참히 왔기 때문이다. 죄는 비참의 원인이고 비참은 죄의 결과다.

4. 그리스도인을 제외한 세상 사람들은 자신들의 죄보다는 그 결과로서의 비참한 상태에 더 큰 신경을 쓴다. 그리스도인 가운데 자신의 죄보다도 자신들의 환경에 영향을 미치는 비참에 더 신경을 쓰는 자들이 있다.

5. 세상의 개선을 위한 불신자들의 종교와 철학과 인간적 계획의 기본적인 오류는 모두 고통의 근원인 죄에 대한 무관심이다. 그래서 진정한 구원의 길을 제공하지 못하고 인류의 고통과 고난을 경감시키기 위해 노력할 뿐이다. 예수 그리스도의 구속에 기초하지 않는 개선을 위한 모든 인간적 계획은 궁극적으로 실패할 뿐이다. 문제의 원인을 무시한 증상 치료만으로는 인간의 비참을 해결할 수 없다.

6. 오늘날 죄와 비참의 실상을 외면하는 대중적인 그릇된 종교는 크리스천사이언스(Christian Science)라 불리는 에디즘(Eddyism)이다. 크리스천사이언스는 메리 에디(Mary Baker Eddy)가 1879년 설립했다. 그녀는 죄와 질병과 죽음이 마음먹기에 따라 생기고 없어진다고 믿었다. 그러면서 에디는 인간이 신과 같다고 보고 과학이 발달하면 인간이 신이 된다고 주장하였다.

7. 인류의 상태에 대한 현대 과학자들의 견해의 오류는 오늘날 인간이 정상적이며 어떤 문제든지 육체적이든 심리적이든 정상적으로 결정할 수 있다고 주장함이다. 정상적인 건강, 정상적인 지성, 정상적인 성장 등이 가능하다고 과학자들은 주장한다. 오늘날의 인류를 '정상'이라고 규정짓는 태도는 죄와 비참으로 타락한 인류에 대한 성경적 교훈과 정면으로 모순된다.

성경에 의하면 에덴동산에서의 아담과 하와는 하나님의 피조물로서 정상적이었다. 그러나 죄로 타락한 인간은 비정상이 되었으며, 오늘날의 모든 인류 가운데 정상적인 개인은 단 한 사람도 없다. 오늘날의 모든 인류는 그 어떤 특정한 문제에서도 비정상적이며, 하나님의 창조 당시의 완전함으로부터 타락했다. 현대 과학은 연로한 것과 죽음을 정상적인 인간의 경험으로 간주하지만, 성경적 관점에서 늙어가는 것과 죽어가는 것은 정상이 아니다.

8. 타락한 상태에서 인류의 죄는 본질에서 하나님에 대한 반역이다. 반역의 결과가 하나님의 법을 어김으로 나타났다. 하나님의 법을 어김이 의의 결핍이고 선의 결핍이다. 죄는 창조주를 하나님으로 섬기지 않기로 한 반역이다. 사람이 하나님의 자리에 이르기로 한 찬탈 행위다. 아담의 후손들은 반역자의 신분에서 하나님의 법을 어기는 죄의 생활을 계속하고 있다.

9. 비참(misery)은 '불행한 느낌'(unhappy feeling) 혹은 '큰 불행'(great unhappiness)이다. 타락으로 인한 비참은 큰 불행이다. 하이델베르크 요리문답에서 비참(elend: 독일어)은 에덴에서 쫓겨났다는 의미로 사용되었다.

10. 죄의 결과로서 인간의 비참한 상태는 다음과 같다.

첫째, 죄에 대한 형벌이다. 사람은 죄의 상해가 가해지지 않았으면 영구히 살 수 있었다(아브라함 카이퍼). 사람이 죽게 된 것은 죄의 형벌이다.
둘째, 영적 죽음은 아담이 반역하여 하나님과 단절되었을 때부터 시작되었다. 영적 죽음은 영적 무능력을 가져왔다. 영적 죽음으로 인간의 자유가 없어지지는 않았다. 인간의 자유는 일반 은총의 영역에서 시민 윤리를 행할 수 있으나 하나님을 사랑하는 선을 행할 수 없게 되었다. 인간의 자유 의지가 자기 구원에는 무능력하게 되었다.
셋째, 육체적 죽음이다. 죽음은 사람이 만나는 가장 큰 비참이다. 사람의 죽음은 피조물을 다스림이 끝나고 육체적 영광과 행복도 매장되고 잊히는 비참이다.
넷째, 인간이 영적이지 못하고 죄로 인하여 육신이 되었다. 타락하기 전에 인간은 '생령'이었다(창 2:7). 생령은 육체에 생명의 혼을 가진 정도가 아니라 영의 방식으로 사는 존재여서 육체가 죄와 죽음과 상관없는 영적 존재였다. 그러나 타락 후 사람은 죄짓는 것을 삶의 방식으로 삼는 육신이 되었다(창 6:3). 육신적 삶의 최고 목표가 육적 쾌락과 만족이 되었다. 육신의 삶은 우상 숭배를 일삼으면서 범죄를 일상화하게 되었다. 범죄를 일삼는 육신의 생각은 사망이다(롬 8:6).

11. 빅토르 위고(Victor-Marie Hugo, 1802-1885)의 장편 소설 『레미제라블』(*Les Misérables*)은 프랑스어로 '비참한 사람들'이다. 빅토르 위고는 비참에 대하여 인류가 경험하는 공통적인 현상으로 인상 깊게 묘사하였지만 비참의 원인을 제시하지 못했다.

24
죄의 정의

> **문 24**: 죄는 무엇인가?
> **답 24**: 죄는 이성적인 피조물에게 법칙으로 주신 하나님의 율법에 순복함에 부족한 것이나 이를 범하는 것이다(요일 3:4; 갈 3:10, 12).
>
> **Q 24**: What is sin?
> **A 24**: Sin is any want of conformity unto, or transgression of, any law of God, given as a rule to the reasonable creature.

1. 죄에 대해 공식적인 정의를 내리는 성경 구절은 요한일서 3:4이다. 죄는 불법이다.

2. 엄밀히 말하자면 죄(sin)는 하나님의 계명을 위반한 것이다. 반면에 범죄(crime)는 국가의 법을 위반한 행위다. 이것은 성경적 범죄 개념과 국가적 범죄 개념이 동일하지 않음을 나타낸다. 동일한 행동이 동시에 성경적 개념의 죄가 될 수 있고 국가적 차원의 범죄가 될 수도 있다. 예를 들면, 살인, 도적질, 위증 같은 것이다.

3. 어떤 행동은 하나님 앞에서는 죄이지만, 국가적 범죄행위가 아닐 수 있다. 예를 들면, 어떤 형제를 미워하고 혐오하는 것은 하나님의 계명을 거역하는 죄이지만 국가의 법률을 위반하는 것은 아니다. 국가의 법률은 인간의 생각에 대한 사법권을 행사하지 않기 때문이다.

4. 어떤 행위가 국가적 범죄행위이기는 하지만, 하나님 앞에서 죄는 아닐 수 있다. 예를 들면, 일제 강점기에 신사참배를 반대했다는 죄목으로 감옥에 갇히고 사형을 당하기도 했다. 이것은 불의한 국가의 법률을 위반한 행위이지만, 하나님의 계명을 위반한 것은 아니다.

5. 하나님은 율법을 이성적인 존재에게 주셨다. 이성적 존재는 천사와 인간이다. 천사는 육체가 없는 영으로 구성된 존재이고 인간은 육체와 영혼으로 구성된 존재이다. 인간은 육체와 영혼이 신비하게 결합된 단일 인격이다. 천사는 서로 관련이 없고 한 조상에서 태어나지 않은 개인적 존재이다. 인류는 한 조상 곧 아담의 후손이기에 유기적인 단일성을 지니고 있고, 인류의 구성원이 상호 긴밀하게 연관되어 있다. 아담에게 율법(מִצְוָה)은 선악과 계명이었다.

6. 성경은 두 가지 죄를 특별히 언급하고 있다. 적극적인 죄와 소극적인 죄다. 소극적인 죄는 '하라'라는 하나님의 계명을 준행하지 않은 죄이고, 적극적인 죄는 '하지 말라'라는 하나님의 계명을 위반한 죄다. 십계명 중에 여덟 개의 계명이 '하지 말지니라'다(출 20:1-17). 다른 신 섬김, 우상 숭배, 여호와의 이름을 망령되게 일컫는 것, 살인, 간음, 도적질, 탐심, 거짓 증거 등을 하나님께서 계명으로 금하셨다.

이렇게 금하는 것을 행하는 것은 적극적 죄다. 소극적인 죄는 하나님께서 하라는 것을 하지 않는 죄다. 예컨대, 십계명 중 안식일을 거룩하게 지키는 것과 부모 공경을 하지 않는 죄다.

7. 사람이 어떤 일을 행동해야 죄인이 되는 것은 아니다. 아무런 행동을 하지 않는 사람이 있다고 하더라도 그가 여전히 죄인인 것은 하나님의 계명을 적극적으로 준행하지 않기 때문이다.

8. 십계명의 요약은 율법 전체의 요약이다. 십계명은 하나님 사랑과 이웃 사랑으로 요약되고 '사랑'으로 축약된다. 그래서 율법의 핵심은 사랑이다.

> 예수께서 가라사대 네 마음을 다하고 목숨을 다하고 뜻을 다하여 주 너의 하나님을 사랑하라 하셨으니 이것이 크고 첫째 되는 계명이요 둘째는 그와 같으니 네 이웃을 네 몸과 같이 사랑하라 하셨으니 이 두 계명이 온 율법과 선지자의 강령이니라 (마 22:37-39).

율법을 행해야 의롭게 된다는 율법주의가 잘못된 것이지 율법 자체는 거룩하고 선한 하나님의 뜻이다.

9. 인간의 생애 가운데 완전한 성화가 가능하다고 주장하는 사람들은 종종 죄를 '알려진 율법에 대한 계획적인 위반'이라고 정의한다. 이러한 죄의 정의가 부적절한 이유는 두 가지 종류의 죄를 간과하기 때문이다.

첫째, 인간의 원죄, 즉 인간이 태어날 때 타고나는 본성적인 죄를 간과한다.
둘째, 하나님의 요구에 대한 준행의 결핍, 즉 소극적인 죄를 간과한다.

10. 죄는 불법이고 죄의 본질은 하나님에 대한 반역이다. 사람이 하나님처럼 될 것이라는 유혹을 받아들였기 때문이다. 반역의 결과가 불법으로 나타났다. 그래서 하나님의 율법을 어김은 근원적으로 하나님에 대한 반역이다. 하나님의 법을 어김은 의의 결핍이고 선의 결핍이다.

11. 왜 사람은 하나님의 법을 어기는가?
사람이 하나님의 자리에 이를 수 있다는 유혹 때문이다. 사람이 받는 유혹 중 가장 큰 유혹은 사람이 신이 될 수 있다는 유혹이다. 이것은 사탄의 유혹이다. 사탄의 유혹과 그 유혹에 미혹됨은 지금도 계속되고 있다. 그리하여 아담의 후손들은 반역자의 신분에서 하나님의 법을 어기는 죄의 생활을 계속하고 있다.

헬라 신화에 등장하는 올림포스 12신은 제우스, 헤라, 포세이돈, 데메테르, 아테나, 아폴론, 아르테미스, 아레스, 아프로디테, 헤르메스, 헤파이스토스, 디오니소스 등인데 사람이 만들어서 실체가 없는 거짓 신이다. 이런 신들을 꾸며낸 것은 하나님처럼 되려는 유혹 때문이다.

12. 고대 중국인들이 상상했던 신은 위계에 따라 부엌 신, 토지신, 성황신, 귀와 신과 조상 등의 신이 있는데 이 신들도 실체가 없는 거짓 신들이고 미신이다. 동서양에서 이처럼 헛되고 거짓된 신들을 위해 거대한 신전들을 건축한 것은 영적 무지라고 할 수 있다. 오늘날 사용되는 용어 가운데 신의 직장, 신의 한 수, 미의 여신 등은 사람이 신이 되고 싶은 헛되고 죄악 된 욕망의 발현으로 보인다.

25

타락한 처지의 죄악성

문 25: 사람이 타락한 그 처지의 죄악성은 무엇으로 구성되었는가?

답 25: 사람이 타락한 처지의 죄악성은 아담의 첫 범죄의 죄책과 그가 창조함을 받았을 때의 의가 없음과 그의 본성의 부패로 구성되었다. 이로 인하여 그는 영적으로 선한 모든 것에 대해서 전혀 싫증나며 불능하며 악에만 전적으로 또는 계속 기울어지게 되었는데 이를 보통 원죄라 일컬으며, 이에서 모든 실제적인 범죄가 나온다(롬 2:1-3, 5:12, 19; 3:10-19 등).

Q 25: Wherein consists the sinfulness of that estate whereinto man fell?

A 25: The sinfulness of that estate whereinto man fell, consisteth in the guilt of Adam's first sin, the want of that righteousness wherein he was created, and the corruption of his nature, whereby he is utterly indisposed, disabled, and made opposite unto all that is spiritually good, and wholly inclined to all evil, and that continually; which is commonly called Original Sin, and from which do proceed all actual transgressions.

1. 아담의 첫 번째 범죄가 그의 후손에게 전가된 것은 아담이 첫 언약을 위반할 때 우리의 대표자였기 때문이다. 그래서 아담의 반역은 그의 후손들을 다 반역자로 만들었다. 아담의 첫 범죄는 인류를 타락에 빠뜨렸다. 모든 인류가 죄인으로 출생하게 되었다. 이것은 아담의 범죄가 그의 후손들에게 전가되어 있음을 나타낸다.

2. 사람의 원죄는 아담의 첫 범죄로서 죄책과 원의 상실과 인간 본성의

부패를 초래하였다. 그 결과로 모든 선한 것에 대해 싫증을 느낄 뿐만 아니라 불능하고 악한 것에만 전적으로 계속 기울어지게 되었다. 사람의 모든 실제적인 범죄가 여기서 나온다. 그래서 사람의 가장 중요한 두 가지 죄는 태어날 때 본성적으로 지니는 원죄와 실제로 행하는 자범죄다.

첫째, 사람이 타락한 처지의 죄악성의 첫 번째는 죄책이다. 죄책은 죄에 대한 책임이다. 죄에 대한 책임은 하나님의 형벌을 받는 것이다. 사람의 타락은 하나님의 진노(엡 2:3), 율법의 저주(갈 3:10), 필연적인 죽음(롬 6:23), 온갖 질병과 고통, 현세의 불행과 내세의 영벌 등을 초래했다.
둘째, 사람이 타락한 처지의 죄악성의 두 번째는 아담이 창조되었을 때 지녔던 원의(original righteousness)의 상실이다. 원의는 아담이 죄없이 창조되어 선악과를 먹는 죄를 짓기 전까지 누렸던 의다.
아담의 원죄는 원의와 여러 은사와 은혜를 제거하고 육욕을 도입하였다. 육욕은 저급한 충동을 유발한다. 사람은 타락한 처지에서 저급한 욕구를 선한 영적 욕망보다 우선하게 되었다. 육욕은 하나님을 대항하고 반대하고 미워하고 싫어하는 태도를 갖게 하였다.
셋째, 사람이 타락한 처지의 죄악성의 세 번째는 사람의 본성이 부패하여 죄를 사랑하게 된 것이다. 사람의 본성이 타락한 범위는 전인적이고 포괄적이다. 아담이 창조되었을 때 하나님으로부터 받았던 순정성과 탁월성과 고상함이 다 썩어 버렸다.
아담 이후 사람에게 진실성이 없어지고 악을 더 좋아하고 악을 생산하고 이웃을 사랑하기보다 미워하기를 더 좋아하게 되었다. 이렇게 인간의 본성이 부패한 것이 인간의 전적 타락이다.

3. 사람의 전적 타락은 중생 받지 못한 사람이 아무런 선행도 할 수 없다는 것을 의미하지는 않는다. 구원받지 못한 인간은 하나님의 일반 은총으로 말미암아 사회와 인간 생활에서 선한 일을 할 수 있다. 예를 들면, 구원

받지 못한 사람이 강물에 빠져 익사해 가는 사람의 생명을 구해낼 수 있다.

그러나 중생 받지 못한 사람은 영적으로 선한 일은 전혀 할 수 없고, 하나님 보시기에 진정으로 선한 일을 전혀 할 수 없다. 그들은 그들 보기에 선한 일을 할 수는 있으나 하나님을 사랑하고 섬기며 기쁘시게 하려는 올바른 동기로는 하지 못한다. 따라서 구원받지 못한 자의 선한 행위는 죄로 말미암아 손상되고 부패하기 마련이다.

4. 사람의 외면적인 죄는 내면적인 마음에서 흘러나온다. 마음의 영적 청결이 선행되지 않고는 외면적인 생활의 개혁이 없고 참된 선한 생활을 할 수 없다.

5. 성경은 사람의 본성을 바꾸는 것이 사람의 능력 밖에 있는 일임을 선포한다(렘 13:23). 왜냐하면, 사람은 중한 병자일 뿐만 아니라 죄와 허물로 죽은 자이기 때문이다. 사람은 영적으로 비참한 자이고, 자력으로 구원할 수 없는 자이다. 사람은 자신의 외면적인 삶을 어느 정도 개선할 수 있지만, 새로운 마음을 소유하지는 못한다. 사람은 어느 정도 자신의 행위를 변화시킬 수 있지만, 영적으로 죽어 버린 죄에서 다시 살릴 수는 없다(엡 2:1-10).

6. 실제적인 범죄 가운데 성령 훼방 죄가 있다. 성령 훼방 죄는 성령을 직접 욕하는 죄라기보다는 예수 그리스도의 복음을 끝까지 무시하고 배척하는 죄다. 성령의 직임은 예수 그리스도의 구주 되심을 증거하는 것이다. 성령은 예수님이 하나님의 성육신이심과 그의 죽음과 부활을 통한 구속 사역을 증거한다. 성령은 이러한 복음의 증거와 구속 사역의 적용을 위해 오셨다.

성령 훼방 죄는 악의적으로 복음을 배척하고 박멸하려 한다. 이런 죄악도 회개하고 주 예수를 믿으면 용서받는다. 가룟 유다는 뉘우치기는 했으나 회개를 하지 않았다. 신의 죽음을 주장한 프리드리히 니체는 은혜를 경험했으나 끝까지 예수 그리스도의 복음을 부정하였다.

   7. 사람이 전적으로 타락한 처지의 죄악성에 대해 현대인들은 비웃고 조롱한다. 현대인들은 대부분 '현대적인' 정신의 자부심으로 성경에 기록된 하나님 말씀의 진리를 무시하고 업신여긴다. 현대 정신은 인본주의적 사고방식이다. 인본주의는 신본주의와 비교된다. 하나님이 세상을 다스리는 것이 아니라 사람이 모든 일의 결정권자라는 가치관이다.

   오늘날 현대인들은 돈과 같은 하급 가치를 두고 만인이 만인을 상대로 치열하게 경쟁하고, 경쟁에 패한 사람들과 나라들은 과거 어느 때보다 더 불행하게 되었다. 그러므로 현대 사회는 더욱 기독교 정신을 필요로 한다. 기독교는 인간의 존엄성과 평등과 구원을 세상에 선물로 제공했다.

 **26**

원죄의 전가

문 26: 원죄는 어떻게 우리 시조로부터 그 후손에게 전해지는가?
답 26: 원죄는 우리 시조로부터 그 후손에게 자연 생육법으로 전해지므로 우리 시조에게서 그와 같이 나오는 모든 후손은 죄 중에 잉태되어 출생하게 된다 (시 51:5; 욥 14:4; 15:14).

Q 26: How is original sin conveyed from our first parents unto their posterity?
A 26: Original sin is conveyed from our first parents unto their posterity by natural generation, so as all that proceed from them in that way are conceived and born in sin.

1. 아담은 첫 언약에서 우리를 대표하는 우리의 첫 번째 조상이다. 원죄는 아담의 첫 언약 파기다. 아담의 언약 파기는 선악과를 먹음으로써 드러났다.

2. 하나님은 언약 체결을 통해 아담과 그의 후손들을 하나님의 백성이 되게 하셨다. 언약 백성은 창조주를 하나님으로 섬길 의무를 지녔다. 언약 백성이 하나님을 섬기는 방법은 성경의 가르침을 따르는 것이다. 성경의 가르침은 크게 두 가지다. 하나님 백성의 믿음과 의무다. 믿음의 내용은 사도신경으로 요약되었고, 의무의 지침은 십계명과 주기도문이다.

3. 하나님과 아담의 언약관계로 인하여 아담의 첫 범죄가 그의 모든 후손에게 전가되었다. 아담의 범죄는 예수 그리스도를 제외한 모든 인류에

게 전가되었다. 죄가 후손에게 전가되는 근거는 하나님이 인류의 대표자 아담과 맺은 언약이다. 언약 체결은 언약 준수의 책임과 언약 파기의 책임이 언약 당사자와 그 후손들에게 타당하게 한다. 언약에 근거하여 죄책과 죄의 오염이 후손들에게 전가되었다.

4. 아담의 첫 번째 범죄는 첫 언약을 위반했기에 사법적인 형벌을 초래했다. 하나님께서는 첫 언약을 위반한 아담으로부터 생명을 주시는 성령의 영향을 거두셨다. 그 결과 도덕적이며 육체적 사망이 그에게 임하였다. 아담이 금지된 선악과를 먹은 순간에 죄와 허물로 죽은 자가 되었다. 이와 동시에 흙으로 돌아가야 하는 사망의 원리가 그의 육체에 작용하였다.

5. 아담의 첫 번째 범죄가 그의 후손들에게 끼친 결과는 모든 인류가 아담의 첫 번째 범죄를 전가 받고 세상에 태어난다. 아담이 첫 언약을 어긴 결과로 모든 인류는 도덕적으로나 영적으로 사망에 이르게 되었다. 왜냐하면, 생명을 주시는 성령께서 그들을 떠나셨기 때문이다. 인류는 출생하자마자 흙으로 돌아가는 사망의 지배를 받게 되었다. 인류는 하나님의 일반 은총으로 생존 기간이 연장될 수 있지만, 결국 사망을 막을 수는 없게 되었다.

6. 도덕적으로나 영적으로 죽은 인류에게는 출생 때부터 부패하고 죄악 된 본성을 가지고 각 개인의 실제적인 범죄가 전 생애를 따른다. 다윗은 원죄를 고백했다. 우리는 다윗의 어머니가 누구인지 모른다. 성경에 그 이름이 없기 때문이다. 하지만 다윗이 고백한 것은 잉태될 때부터 그의 죄가 시작되었다는 것이다.

내가 죄악 중에서 출생하였음이여 어머니가 죄 중에서 나를 잉태하였나이다 (시 51:5).

7. 우리가 태어날 때 우리의 시조인 아담과의 관계 때문에 죄악 된 본성을 가지고 출생한다. 우리가 갈색 머리나 큰 키를 물려받는 것처럼 아담으로부터 죄악 된 본성을 유전 받는 것은 아니다. 죄악 된 본성은 생물학적 유전을 통해 옮겨오는 것이 아니다. 만일 원죄가 생물학적 유전을 통해 부모로부터 자녀에게 옮겨온다면 중생 된 부모의 자녀는 중생 된 상태로 세상에 태어나야 한다. 그러나 사실상 신자의 자녀들도 모두 죄인의 상태로 출생한다.

따라서 우리는 다음과 같은 결론을 내릴 수 있다.

첫째, 우리의 죄악 된 본성은 아담의 후손이라는 관계 때문에 우리에게 옮겨온다.
둘째, 그것은 우리를 낳은 부모로부터가 아니라 아담으로부터 우리에게 온다.
셋째, 사람이 그의 부모로부터 파란 눈이나 갈색 머리를 유전 받는 것이나 아버지나 할아버지로부터 돈이나 재산을 상속받는 것처럼 사람은 '아담으로부터' 죄악 된 본성을 유전 받는다.

8. 성경의 교훈인 원죄를 부정하는 교리 체계가 있었다. 4세기 무렵 영국 수도사였던 펠라기우스의 가르침에 기초한 펠라기우스주의이다. 펠라기우스는 우리가 죄악 된 본성을 가지고 출생한다는 것을 부정했다. 갓난아이는 죄 없이 출생하지만 다른 사람의 죄를 흉내 내기 때문에 죄인이 된다고 주장했다.

9. 펠라기우스 이단을 배격하기 위해 원죄 교리를 수호한 사람은 어거스틴이었다. 오랜 논쟁 끝에 펠라기우스주의는 교회 때문에 거짓된 교리로 판명되었고, 성경의 원죄 교리가 재확인되었다.

10. 중세에 펠라기우스주의는 반(semi)펠라기우스주의로 수정되어 확산하였다. 반펠라기우스주의는 아우구스티누스의 원죄론과 은총론을 받았지만, 구원을 향한 노력에 하나님의 은총이 더해짐으로 마침내 구원에 이르게 된다는 주장이다. 반펠라기우스주의는 사람의 원죄를 인정했어도 전적 타락을 부인했다. 종교개혁 당시 소시너스가 원죄의 전가를 반대했다. 19세기 슐라이어마허는 죄가 신 의식의 결핍이라 하여 원죄의 전가를 부정했다.

20세기 폴 틸리히는 죄란 사람이 있어야 할 자리에 있지 못하고 현재대로 있는 것이라고 하여 원죄의 전가를 부정하였다. 틸리히는 그의 『조직신학』서두에서 성경 중심의 신학 정립을 '악마적'이라고 힐난했다. 그는 신학을 철학 강의로 변조했다. 그러나 이들의 주장으로 원죄의 전가가 없어진 것이 아니다. 원죄의 전가 문제를 해결하기 위해 주 예수 그리스도께서 오셨다. 예수 그리스도의 성육신 인격과 그의 구원 사역은 인류의 원죄 문제를 해결했다.

27

본질상 진노의 자녀

> 문 27: 타락은 인류에게 어떠한 비참을 가져왔는가?
>
> 답 27: 타락은 하나님과의 절교를 가져왔고, 또 그의 진노와 저주를 인류에게 가져와서 우리는 본질상 진노의 자식이 되고 사탄에게 매인 종이 되었기 때문에 현세와 내세의 모든 형벌을 받아 마땅하다(창 3:8, 10, 24, 2:17; 엡 2:2-3; 딤후 2:26 등).
>
> Q 27: What misery did the fall bring upon mankind?
>
> A 27: The fall brought upon mankind the loss of communion with God, his displeasure and curse; so as we are by nature children of wrath, bond slaves to Satan, and justly liable to all punishments in this world, and that which is to come.

1. 타락이 인류에게 가져온 첫 번째 비참은 하나님과의 교제 상실이다. 타락한 아담과 하와의 하나님과의 교제 상실은 에덴에서의 추방으로 귀결되었다.

2. 아담과 하와가 죄를 짓고 나서 '즉시' 하나님과의 교제를 상실했다. 타락 후 하나님과의 교제가 단절되고 적대관계가 되었다. 그들은 하나님의 얼굴 앞에서 더 이상 살 수 없었다. 타락으로 말미암은 하나님과의 교제 상실은 처음 약속된 영생의 소망이 사라지게 하고 죽음을 초래했다.

3. 하나님과의 교제를 상실당했음을 아담과 하와는 어떻게 알았을까?

죄로 말미암아 더러워진 그들의 양심이 그들과 하나님 사이에 장애물이 놓였음을 깨닫게 했다(창 3:7).

4. 오늘날 구원받지 못한 자는 하나님과 교제할 수 없다. 하나님과의 교제를 회복하기 위해서는 오직 그리스도의 화해 사역을 통해서만 하나님과 인간 사이에 죄악의 막힌 담이 허물어질 수 있다.

5. 타락이 인류에게 가져온 두 번째 비참은 하나님의 진노와 저주이다. 하나님은 아담에게 그 육체가 흙으로 돌아갈 때까지 생존하기 위해 전 생애 동안 수고하고 노동하게 하셨다. 하나님은 하와에게 그녀의 삶이 고통으로 가득 찰 것이라고 말씀하셨다. 하나님은 아담과 하와가 생명나무의 실과를 먹고 사망 가운데서 영생하지 못하도록 그들을 에덴동산에서 쫓아내셨고 사탄과 그의 왕국과 영구한 갈등을 일으키게 하셨다(창 3:15-20, 22-24).

6. 아담과 하와가 죄를 범한 것과 우리의 경험은 유사하다. 그들은 하나님과의 교제를 상실했다. 우리 역시 하나님을 멀리 떠난 채 이 세상에 출생했다. 아담과 하와에게 선고된 저주는 여전히 인류에게 공감되는 저주이다. 그들은 생명나무에 가까이 있었으면서도 그 생명나무에 출입하는 길을 상실했다.

우리 역시 생명나무와는 단절된 채 이 세상에 출생한다. 예수 그리스도를 통하지 않고서는 그 어떤 인류도 영생을 얻을 수 없다. 그들은 자신들과 사탄 사이의 영구한 적대감을 가진다. 우리 역시 사탄과 그의 동맹인 세상과 육체와 전 생애 동안 전투하고 있다.

7. 우리가 본질상 진노의 자녀라는 말은 우리가 이 세상에 죄악의 본성을 가지고 태어났으며, 따라서 하나님의 진노, 즉 죄를 미워하시는 의로우신 하나님의 진노 대상이 된다는 것을 의미한다(엡 2:3).

8. 구원받지 못한 자들이 사탄의 종노릇하는 것은 하나님께서 사탄이 구원받지 못한 자를 주관하도록 공의롭게 허용하셨음을 의미한다. 그들은 영적으로 자유롭지 못하고 그들의 영혼과 육체를 잔혹하고 고통스럽게 하는 죄와 사탄의 속박 아래 갇히게 되었다. 그러나 사탄의 활동은 하나님에 의해 엄격하게 제한되어 있다. 그리스도 안에 있는 신자는 사탄의 영향과 유혹을 받기도 하지만, 하나님의 아들로 말미암아 해방되었기 때문에 사탄의 종이 아니다(요 8:34-36).

9. 죄인들은 이 세상에서 형벌을 받으며 오는 세상에서도 형벌을 받는다. 죄인은 반드시 형벌을 받는 것 때문에 죄가 죄의식과 관련 있다. 따라서 죄는 단순히 하나님의 동정을 바라는 불행이나 재앙이 아니다. 더욱이 죄는 치료가 필요한 질병은 더더욱 아니다. 죄는 세척이 필요한 도덕적 오염도 아니다. 오히려 죄는 마땅히 형벌을 받아야 하고, 반드시 용서가 필요한 범죄다.

10. 오늘날의 자유주의자들은 인류의 타락으로 인한 비참을 부정한다. 현대 자유주의 신학은 모든 사람이 본성상 하나님의 자녀라고 가르친다. 따라서 그들은 단순히 자신이 하나님의 자녀임을 깨달음으로 하나님과의 교제를 소유할 수 있다고 믿는다. 현대 자유주의 신학은 오직 하나님의 사랑만 말하며, 죄에 대한 하나님의 진노와 저주는 아예 언급하지 않는다. 현대 자유주의 신학은 펠라기우스를 추종하며, 우리가 그 죄악성 때문에 신적 진노의 대상으로 출생한다는 사실을 부정한다.

현대 자유주의 신학은 인격적인 마귀를 믿지 않기에 우리가 출생부터 사탄의 종노릇 한다는 사실을 인정하지 않는다. 현대 자유주의 신학은 죄를 인간의 사회적인 개념으로 정의한다. 그러나 그들이 죄가 하나님 앞에서 신적인 형벌을 받을 범죄임을 부정하는 것은 성경의 가르침이 아니다.

28

현세의 형벌

문 28: 현세에서 받는 죄의 형벌이란 무엇인가?

답 28: 현세에서 받는 죄의 형벌이란 내적으로 마음의 굳어짐, 타락한 지각, 강한 유혹, 마음의 고집, 양심의 공포와 부끄러운 정욕 같은 것이나 외적으로는 우리 때문에 하나님께서 만물을 저주하신 일, 우리의 몸, 이름, 지위, 관계, 직업 등에 생긴 다른 모든 재난과 더불어 사망에 이르게 되는 것이다 (엡 4:18; 롬 1:26, 28; 2:5; 6:21, 23; 살후 2:11 등).

Q 28: What are the punishments of sin in this world?

A 28: The punishments of sin in this world are either inward, as blindness of mind, a reprobate sense, strong delusions, hardness of heart, horror of conscience, and vile affections; or outward, as the curse of God upon the creatures for our sakes, and all other evils that befall us in our bodies, names, estates, relations, and employments; together with death itself.

1. 죄와 벌은 사람들이 별로 듣고 싶지 않은 주제다. 그런데도 성경은 사람의 죄에 대한 언급을 피하지 않았다. 죄와 벌은 성경에 기록된 사실이기에 성경의 가르침에서 빠질 수 없다. 죄가 있으면 형벌도 있다. 현세에서 받는 형벌도 있고 내세에서 받는 형벌도 있다. 문 28문은 현세에서 받는 형벌에 대한 문답이다.

2. 마음의 굳어짐은 구원받지 못한 자들의 영적 상태다. 마음의 굳어짐은 영적 사망이다. 마음의 굳어짐 그 자체가 자기 죄의 형벌이다.

3. 타락한 지각은 상실한 마음으로서 죄를 향한 자발적 방종이다.

4. 강한 유혹은 진리가 아닌 거짓에 대한 확신 넘치는 신념이다. 예를 들면, 진화론에 대한 현대인의 자신만만한 신념과 같은 것이다. 그러나 진화론은 인류의 기원에 대한 강력한 유혹이며 거짓이다. 제2차 세계 대전 중에 독일인들이야말로 가장 우수한 인종이라는 나치의 신념과 같은 것이다. 다른 모든 인종보다 그들이 더 본성적으로 우월하다는 것은 강한 유혹과 거짓이다.

5. "하나님이 미혹의 역사를 그들에게 보내사 거짓 것을 믿게 하심은" 정당한가?(살후 2:11)

성경은 종종 하나님 자신이 하시지 않고 사람들이 행한 일을 하나님이 하시는 일이라고 묘사한다. 예를 들면, 바로는 스스로 하나님을 향해서 마음을 강퍅하게 했다. 그런데 성경은 하나님이 바로왕에게서 그의 은혜를 거두셨고, 하나님께서 바로의 마음을 강퍅하게 하셨다고 말한다.

하나님께서는 친히 그 누구도 악으로 시험하지 않으시며 사람이 시험을 받는 것은 자기 욕심에 끌려 미혹되는 것이라고 교훈하신다(약 1:13-14). 하나님은 사람들을 미혹하시지 않는다. 사람은 스스로 죄를 선택한다. 성경은 하나님께서 죄인들이 더 큰 죄를 짓는 것을 막지 않으심으로 죄를 벌하시는 분이심을 강조한다.

6. 마음의 굳어짐은 양심이 능동적인 기능을 하지 않는 영적 무관심이다. 따라서 이러한 사람들은 복음의 초청에 아무런 반응을 나타내지 않는다. 성령의 역사를 거절하는 것은 가장 극단적인 마음의 굳어짐의 표본이다. 마음의 굳어짐을 보인 사람들을 성경에서 찾을 수 있다.

첫째, 바로왕이다(출 14:4 등).

둘째, 사울왕이다(삼상 16:14 등).
셋째, 가룟 유다다(요 13:26-27).

7. 양심의 공포는 마음이 강퍅해진 사람들이 스스로 저지른 죄를 만족스럽게 여기고 즐거워하면서 한편으로 죄의 형벌을 매우 무서워하는 것이다. 사람들은 범죄에 대해 불안하지 않지만, 하나님의 심판에 대해서는 두려워한다. 그들은 임종 시 당할 지옥의 공포를 두려워한다.

8. 이 세상의 부끄러운 욕심과 더러운 죄는 사람들이 자기의 죄 된 본성에 따르는 것이다(롬 1:28). 그것은 '그 마음에 하나님 두기를 싫어함'이다.

9. 오늘날 자연 만물의 현재 상태는 창세기 3:17-19에 나타난 대로 하나님의 저주 아래 놓여 있다. 홍수와 모래 강풍과 온갖 종류의 재앙들뿐만 아니라 나쁜 기후와 극단적인 기상 이변과 가시와 엉겅퀴는 다 하나님의 저주다. 하나님에 의해 피조 된 세상은 오늘날 우리가 알고 있는 세상과 사뭇 다르다.

우리는 현재 비정상적인 세상에 살고 있으며, 죄로 말미암아 황폐하고 저주받은 세상에 살고 있다. 성경의 증언 이외에도 현대 과학의 연구 역시 한때 알래스카 북쪽과 더 북쪽에 있는 지역도 따뜻했었음을 증명한다. 그렇기에 알래스카 북부 지역의 바위에서 종려나무와 다른 종류의 식물 화석이 발견되었다.

10. 세상에 임한 저주가 죄에 대한 형벌이다. 구원받지 못한 죄인들의 경우 자연에 임한 저주는 죄에 대한 엄격한 형벌이다. 그리스도인들의 경우 자연에 임한 저주는 죄에 대한 형벌이 아니다. 왜냐하면, 그들은 그리스도의 속죄 사역을 통해 구원받았기 때문이다. 오히려 이러한 경우에 그

리스도인에게 있어서 자연에 임한 저주는 죄에 따른 당연한 결과이지만, 또한 우리에게 영생을 수여하시려는 하나님 우리 아버지의 부성적 훈련이라고 할 수 있다.

11. 육체적 죽음은 죄의 형벌이다. 죽음은 '죄의 삯'이기 때문이다 (롬 6:23). 삯은 '우리가 번 것'이나 '우리가 대우받을 만한 것'이다. 구원받지 못한 사람의 경우, 죽음은 당연히 사법적 형벌로서의 죄의 값이다. 그러나 그리스도인의 경우에는 그리스도께서 그를 대신하여 돌아가셨다.

물론, 그리스도인 역시 죽지만 그리스도인의 죽음은 더 이상 형벌로서의 죽음이 아니다. 죽음은 그리스도인의 적이지만 사법적 형벌은 아니다. 오히려 그리스도인에게 있어서 죽음은 하나님께서 그를 완전히 거룩한 상태로 바꾸시는 변화다. 따라서 그리스도인에게 육체적 죽음은 죄와의 단절이다.

29

내세의 형벌

문 29: 내세에서 받을 죄의 형벌은 무엇인가?
답 29: 내세에서 받을 죄의 형벌은 하나님의 평안한 목전으로부터 영원한 분리와 영원한 지옥 불에서 쉼 없이 받는 영혼과 육체의 가장 괴로운 고통이다 (살후 1:9; 막 9:43-48; 눅 16:24; 계 14:9-12).

Q 29: What are the punishments of sin in the world to come?
A 29: The punishments of sin in the world to come, are everlasting separation from the comfortable presence of God, and most grievous torments in soul and body, without intermission, in hell fire forever.

1. 내세는 종말이다. 내세는 성경의 표현으로 '오는 세상'이다(눅 18:30; 엡 1:21). 신약성경에서 '오는 세상'은 예수 그리스도의 초림과 함께 임하였다. 이 세상은 예수님의 재림으로 끝난다. 오는 세상은 영원한 하나님의 나라이다. '내세에서 받을 형벌은' 각 개인의 죽음 이후 즉시 받는 형벌이다. 그것은 부자와 나사로에 관한 예수님의 말씀이 증거한다 (눅 16:19-31).

> 이에 그 거지가 죽어 천사들에게 받들려 아브라함의 품에 들어가고 부자도 죽어 장사되매 저가 음부에서 고통 중에 눈을 들어 멀리 아브라함과 그의 품에 있는 나사로를 보고(눅 16:22-23).

아브라함의 품과 음부의 분기점은 예수님을 믿는다는 고백에 있다.

2. 죄에 대한 영원한 형벌 교리를 부정하는 세 가지 이단이 있다.

첫째, 구원받지 못한 자들의 경우 사망 자체가 존재의 마지막이라고 가르치는 영혼 멸절설이다. 그들은 지상에서 일정 기간 죄에 대해 형벌은 받은 후에는 더 존재하지 않는다고 주장한다.
둘째, 모든 인류는 궁극적으로 구원받을 것이라는 만인구원론이다.
셋째, 죽음 이후에 악인들이 구원을 받을 수 있는 두 번째 기회를 얻는다는 연옥설이다.

3. 신약성경에 있는 '영원'이 오랜 기간을 의미하기에 영원한 형벌이 실제로 영원하지 않다는 주장은 합당하지 않다. 마태복음 25:46의 '영원'은 오랜 기간의 '영구한'(everlasting)만이 아니라 시간의 제약을 넘어선 '영원한'(eternal)을 의미하기 때문이다.

4. 의심의 여지 없이 다가올 세상에서의 죄에 대한 주요한 형벌은 하나님으로부터의 영원한 단절이다. 하나님의 임재는 천국 복락의 상징이지만 하나님과의 단절은 지옥을 그야말로 저주와 비통과 고통의 장소로 만들 것이다.

5. 지상에서의 삶의 기억이 지옥에서도 계속될 것을 증명하는 성경 구절은 부자와 나사로에 관한 기록이다(눅 16:19-31). 특별히 25절이 그러하다.

> 아브라함이 가로되 얘 너는 살았을 때에 네 좋은 것을 받았고 나사로는 고난을 받았으니 이것을 기억하라 이제 저는 여기서 위로를 받고 너는 고민을 받느니라(눅 16:25).

6. 지옥의 형벌이 영혼뿐만 아니라 육체까지도 포함하는 고통이라는 것

은 다음의 성경 구절이 증명한다.

> 네 백체 중 하나가 없어지고 온몸이 지옥에 던지우지 않는 것이 유익하니라 (마 5:29-30).

> 바다가 그 가운데서 죽은 자들을 내어주고 또 사망과 음부도 그 가운데서 죽은 자들을 내어주매 각 사람이 자기의 행위대로 심판을 받고 사망과 음부도 불 못에 던지우니 이것을 둘째 사망 곧 불못이라 누구든지 생명책에 기록되지 못한 자는 불못에 던지우니라(계 20:13-15).

> 몸은 죽여도 영혼은 능히 죽이지 못하는 자들을 두려워하지 말고 오직 몸과 영혼을 능히 지옥에 멸하시는지를 두려워하라(마 10:28).

7. 하나님께서 너무나 사랑이 넘치시기 때문에 자신의 피조물을 지옥에 보내실 수 없다는 주장은 타당하지 않다. 하나님께서는 선하시고 사랑이 넘치기만 하시며, 의로움과 분노는 없다고 우리가 단정할 수 없기 때문이다. 하나님의 선하심에 대해 우리가 알 수 있는 유일한 길은 기록된 하나님의 말씀인 성경뿐이다. 성경에 의하면, 사랑은 하나님의 여러 가지 속성 가운데 하나다. 성경은 또한 하나님께서 완전히 공의로우신 분이심을 교훈한다.

8. 지옥 교리가 '그리스도의 정신'과 배치된다고 말하는 사람들에 대해서 우리는 우리 기호를 따라 우리 생각대로, 우리 마음대로 '그리스도의 정신'을 정의할 권리가 없음을 인정해야 한다. 우리가 그리스도께서 하신 교훈을 알 수 있는 유일한 길 역시 신약성경에 기록된 그리스도께서 하신 말씀만을 통해서다.

예수께서는 사랑에 관해 말하는 것보다 더 많이 지옥에 대해 교훈하셨다. 지옥 교리가 '그리스도의 정신'과 배치된다고 말하는 것은 그리스도께서 하신 말씀을 표준으로 삼지 않겠다고 말하는 것과 같다. 우리는 그리스도께서 하신 말씀 가운데 우리는 마음에 드는 것만 골라서 사용하며 나머지는 무시하거나 누락시킬 수 없다.

9. 오늘날 많은 거짓 종교가 공통으로 지니는 특징은 지옥이 없다고 주장하는 것이다. 사탄이 사람들에게 지옥이 없다고 주장하는 것만큼 매력적인 것도 없을 것이다.

10. 그리스도를 그들의 구세주로 믿게 하기 위한 동기로 지옥의 공포를 사용하는 것은 그리스도인이 되기 위한 유일한 동기가 아니며 가장 고상한 동기도 아니다. 그러나 성경은 특별히 예수 그리스도 자신을 통해서 이 동기를 계속해서 반복적으로 사용한다. 이 동기는 그만큼 가치 있는 동기다.

물론, "사랑 안에 두려움이 없고 온전한 사랑이 두려움을 내어 쫓나니 두려움에는 형벌이 있음이라 두려워하는 자는 사랑 안에서 온전히 이루지 못하였느니라"(요일 4:18)라는 말씀은 진리다. 그리스도인의 경험에는 두려움의 동기가 한 자리를 차지하고 있다. 성령께서는 구원받지 못한 자들을 그리스도께 인도하시기 위해 이러한 동기를 사용하기도 하신다.

30

첫 언약과 둘째 언약

문 30: 하나님께서 모든 인류를 죄와 비참한 자리에서 멸망하게 버려두셨는가?

답 30: 하나님께서는 모든 사람을 흔히 행위 언약이라 칭하는 첫 언약을 위반하여 타락한 죄와 비참한 상태에서 멸망하게 버려두지 않으시고 단순히 사랑하심과 자비하심으로 은혜 언약이라 칭하는 둘째 언약으로 그 가운데 택한 자를 구출하셔서 그들로 하여금 구원의 자리에 이르게 하셨다 (살전 5:9; 갈 3:10, 12, 21; 딛 3:4-7; 롬 3:20-22).

Q 30: Doth God leave all mankind to perish in the estate of sin and misery?

A 30: God doth not leave all men to perish in the estate of sin and misery, into which they fell by the breach of the first covenant, commonly called the Covenant of Works; but of his mere love and mercy delivereth his elect out of it, and bringeth them into an estate of salvation by the second covenant, commonly called the Covenant of Grace.

1. 언약은 무엇인가?

언약은 성경적으로 '하나님의 백성이 되기로 한 약정'이다. 하나님은 언약을 통해서 사람을 하나님의 백성으로 삼으신다. 하나님은 사람을 하나님의 형상으로 창조하시고 자유 의지를 주셨다. 그 자유를 침해하지 않으셨다. 사람은 저절로 하나님의 백성이 되지 않는다. 사람은 하나님의 은혜를 받았어도 자발적으로 하나님과 언약을 체결해야 하나님의 백성이 된다. 그리스도인들이 세례받을 때의 서약은 하나님의 백성이 되기로 한 공적 언약이라고 할 수 있다.

2. 하나님께서 인류와 맺으신 '첫 언약'을 '행위 언약'이라고 한 것은 웨스트민스터 신앙고백서와 대요리문답에 처음으로 등장한 용어에 기인한다. 첫 언약의 본문은 창세기 2:16-17이다.

> 여호와 하나님이 그 사람에게 명하여 이르시되 동산 각종 나무의 열매는 네가 임의로 먹되 선악을 알게 하는 나무의 열매는 먹지 말라 네가 먹는 날에는 반드시 죽으리라 하시니라(창 2:16-17).

이 구절은 선악과를 먹으면 '생명을 잃을 것'을 말한다. 이 구절에 '생명을 얻을 것'이라는 개념은 없다. 그런 개념은 사변적 추측이고 17세기 회중파 청교도의 영향으로 보인다. 하나님께서 아담에게 선악과를 먹지 말라고 하신 것은 하나님의 백성으로서 하나님을 섬기며 살아야 한다는 언약의 말씀이다. 그런데 아담이 선악과를 먹은 것은 하나님의 백성으로 살기를 거부한 반역이었다.

3. 아담이 하나님과의 첫 언약을 어긴 결과 모든 인류는 죄와 비참의 상태로 떨어졌다. 아담은 인류의 대표였기 때문이다. 죄와 비참의 상태는 첫 언약에서 경고된 죽음의 상태다. 이런 상태는 사람이 하나님의 백성으로 살기를 거부한 결과다.

4. 창조주 하나님은 하나님의 백성으로 살기를 거부한 인류를 구원할 어떤 의무와 책임도 없으시다. 그러나 하나님께서는 멸망할 인류 중에서 헤아릴 수 없이 많은 사람을 선택하여 하나님의 백성으로 회복하기로 계획하셨다. 하나님께서 모든 사람이 죄와 비참에 빠져 멸망하게 내버려 두지 않으신 이유는 하나님의 순수한 사랑과 자비 때문이었다. 이것이 하나

님께서 인류와 은혜 언약을 맺으신 동기다. 은혜 언약은 구속 언약이다. 하나님께서 창세 전에 인간의 구원을 계획하셨다는 것은 신비한 일이다.

5. 하나님께서 오직 자신의 택한 백성들만 구원하시고 나머지 인류는 그냥 지나치시는 것은 불의하거나 불공평하지 않다. 왜냐하면, 하나님께서는 그 누구에게나 은혜와 사랑만 베푸시고 어느 면에서도 빚진 일이 없기 때문이다. 사람은 스스로 하나님께 반역하여 죄를 범하고 죽음을 자초했다. 하나님께서는 첫 언약에 따라 하나님 백성 되기를 거부한 인류를 심판하시는 것이 마땅하다. 하나님의 선택적 구원은 의무가 전혀 아니라 오직 사랑과 은혜의 선물이다.

6. 누가 하나님의 선택받은 백성인지를 알 수 있는 지름길은 없다. 하나님의 신비하신 계획과 목적을 알 수 있는 유일한 길은 사람이 구세주 예수 그리스도를 믿고 죄를 회개하며 하나님께서 지정하신 은혜의 방편들을 사용하는 것뿐이다. 이러한 사람들은 하나님의 선택된 백성 가운데 있다는 확신에 이를 수 있다.

7. 첫 언약을 배반한 인류 중 선택하여 구원하는 은혜 언약은 둘째 언약이면서 구속 언약이다. 둘째 언약이 '더 좋은 언약'인 것은 구속의 언약이기 때문이다(히 8:6). 좀 더 구체적으로 둘째 언약이 새 언약으로서 더 좋은 언약인 이유는 대제사장 예수 그리스도께서 새 언약의 설립자요(눅 22:20) 완성자이시기(요 19:30) 때문이다. 첫 언약에는 흠이 있었다.

저 첫 언약이 무흠하였더라면 둘째 것을 요구할 일이 없었으려니와(히 8:7).

첫 언약은 아담과 맺은 언약일 뿐만 아니라 모세를 통해서 세워진 율법 언약을 포함한다고 할 수 있다. 모세를 통해 세워진 율법 언약은 흠이 있고 언약의 기능을 다 할 수 없었다. 하나님의 율법은 하나님 나라 백성의 삶의 지침이다. 그러나 백성이 율법대로 살지 못하였다. 더구나 모세의 언약은 속죄를 이룰 수 없었다. 이것이 결정적인 흠이다. 율법 언약은 예수 그리스도의 속죄 제사의 그림자일 뿐이다. 죄인들이 짐승의 피와 살로 바친 제사로는 죄를 결코 속량할 수 없었다. 그래서 둘째 언약인 새 언약이 필요했다.

8. 새 언약이 더 나은 언약인 것은 그리스도 자신의 피로 세우셨기 때문이다. 하나님은 새 언약으로 죄인들을 완전히 구속하시어 하나님의 백성으로 삼으시기로 하셨다. 그러므로 새 언약은 완전한 구원 언약이다. 다른 언약들은 새 언약의 예비조치일 뿐이다. 그리하여 새 언약은 은혜 언약이다.

9. 사람이 죄를 용서받아 하늘의 영생에 이르는 길은 오직 새 언약을 통해서다. 그래서 이것보다 더 좋은 언약은 없다. 예수 그리스도께서 새 언약의 중보자이시면서 새 언약의 설립자이시고 새 언약의 보증이시다. 그가 자기의 피로 언약을 확증하고 성취하셨기 때문이다. 예수 그리스도가 아니면 죄 용서와 영생과 하나님의 백성으로서 돌아가는 것이 불가능하다. 그래서 새 언약은 복음이다. 새 언약의 내용은 예레미야 31:31-34에 예언되었다.

> 나 여호와가 말하노라 보라 날이 이르리니 내가 이스라엘 집과 유다 집에 새 언약을 세우리라 나 여호와가 말하노라 이 언약은 내가 그들의 열조의 손을 잡고 애굽 땅에서 인도하여 내던 날에 세운 것과 같지 아니할 것은 내가 그들의 남편이 되었어도 그들이 내 언약을 파하였음이니라 나 여호와가 말하노라 그러나 그 날 후에 내가 이스라엘 집에 세울 언약은 이러하니 곧 내가 나의 법을 그들의 속에 두며 그 마음에 기록하여 나는 그들의 하나님이 되고 그들은 내 백성이 될 것이라 그들이

다시는 각기 이웃과 형제를 가리켜 이르기를 너는 여호와를 알라 하지 아니하리니 이는 작은 자로부터 큰 자까지 다 나를 앎이니라 내가 그들의 죄악을 사하고 다시는 그 죄를 기억지 아니하리라 여호와의 말이니라(렘 31:31-34).

31

은혜 언약의 내용

> 문 31: 은혜 언약은 누구와 맺으셨는가?
>
> 답 31: 은혜 언약은 둘째 아담이신 그리스도와 맺으시고 그 안에서 그 후손인 모든 택한 자와 맺으셨다(갈 3:16; 롬 5:15-21; 사 53:10-11).
>
> Q 31: With whom was the covenant of grace made?
>
> A 31: The covenant of grace was made with Christ as the second Adam, and in him with all the elect as his seed.

1. 성경에서 언약의 당사자는 하나님과 인간이다. 은혜 언약은 타락 후에 죄인을 구원하기 위해 하나님과 인간이 맺은 구속 언약이다. 그러나 이미 하나님께서는 창세 전에 구원할 자들을 선택하셨다(엡 1:4). 이것은 하나님과 인간의 '언약'이 아니기에 삼위 하나님 간의 '구원협약'이라 할 수 있다(pactum salutis). 하나님의 은혜로 말미암는 구속 언약은 창세기 3:15의 '여인의 후손'에 처음으로 명시되었다.

2. 둘째 아담이신 그리스도는 성자 하나님의 성육신이신 예수 그리스도이시다. 둘째 아담이신 그리스도의 후손인 모든 택한 자는 신약뿐만 아니라 구약 백성까지 포함한다고 할 수 있다.

3. 예수 그리스도를 둘째 아담이라고 한 것은 아담이 실패한 첫 언약을 그 아담의 자리에서 성취하기 때문이다.

4. 그리스도께서 모든 인류를 대표하신다고 말하는 것이 잘못된 표현인 것은 다음과 같이 그리스도께서 친히 하신 말씀에 배치되기 때문이다.

> 내가 저희를 위하여 비옵나니 내가 비옵는 것은 세상을 위함이 아니요 내게 주신 자들을 위함이니이다 저희는 아버지의 것이로소이다(요 17:9).

> 하나님이 세상을 이처럼 사랑하사 독생자를 주셨으니 이는 저를 믿는 자마다 멸망치 않고 영생을 얻게 하려 하심이니라(요 3:16).

문 32: 하나님의 은혜가 둘째 언약에 어떻게 나타나 있는가?

답 32: 하나님의 은혜가 둘째 언약에 명백하게 나타났으니, 곧 죄인들에게 중보자와 그에 의한 생명과 구원을 값없이 예비하시고 제공하시며, 그들이 중보자와 관계를 맺게 될 조건으로서 믿음을 요구하시고, 그의 모든 택한 자에게 성령을 약속하시고 보내 주심으로써 다른 모든 구원하는 은혜와 함께 그들 안에서 믿음을 일으키셨다. 하나님께 대한 그들의 믿음과 감사에 대한 참된 증거로써 또는 하나님께서 그들을 구원하기 위해 작정하신 방법으로써 모든 일에 거룩한 순종을 할 수 있게 하심에 나타나 있다(창 3:15; 사 42:6; 사 26:27; 요일 5:11-12 등).

Q 32: How is the grace of God manifested in the second covenant?

A 32: The grace of God is manifested in the second covenant, in that he freely provideth and offereth to sinners a Mediator, and life and salvation by him; and requiring faith as the condition to interest them in him, promiseth and giveth his Holy Spirit to all his elect, to work in them that faith, with all other saving graces; and to enable them unto all holy obedience, as the evidence of the truth of their faith and thankfulness to God, and as the way which he hath appointed them to salvation.

1. 첫째 언약에 실패한 사람에게 둘째 언약이 필요했다. 둘째 언약에서 중보자가 약속되었다. 죄인이 구원받기 위해 중보자가 필요한 이유는 타락한 죄인 스스로 하나님과 화목할 수 있는 능력이 없기 때문이다. 중보자는 서로 적대적인 관계에 있는 양자를 화해시킨다.

2. 둘째 언약에 따라 죄인들에게 제공된 중보자는 예수 그리스도이시다. 예수 그리스도는 하나님과 인간의 유일한 중보자로서 인간을 하나님과 화해시켜 하나님의 백성으로 삼으신다. 이것은 사람에게 특별한 은혜다.

3. 둘째 언약의 조건은 예수 그리스도를 믿는 것이다. 그러나 전적으로 부패한 사람은 예수를 그리스도로 믿을 수 있는 능력이 없다. 예수 그리스도를 믿는 구원의 믿음은 하나님의 선물이다. 그래서 예수 믿음은 특별 은혜에 속한다.

하나님은 우리 마음속에 성령의 특별한 역사를 통해 예수 그리스도를 믿는 믿음을 선물로 주신다. 그럴지라도 우리는 여전히 그리스도를 믿어야 하고, 예수 믿음은 우리의 의무다. 만일 우리가 진정으로 그리스도를 믿기 원한다면 그것이 바로 하나님께서 우리에게 믿음을 선물로 주신 표지다.

4. 특별 은혜가 없어도 일반 은혜에 따른 선행과 문화 발전은 얼마든지 가능하다. 일반 은혜는 적극적으로 사람을 하나님에게 인도하지는 않는다. 하지만, 일반 은혜는 우주의 정상적인 운행과 인간의 생활을 유지하고 복음 전파의 길을 예비하였다. 그리하여 사람은 창조주 하나님을 모른다는 핑계를 할 수 없게 되었다.

5. 둘째 언약에 나타난 하나님의 또 다른 은혜는 성령의 약속(구약)과

오심(신약)이다. 성령의 오심은 은혜 언약에 따른 하나님의 선물이다. 성령은 삼위일체 하나님으로서 하나님에게가 아니라 인간에게 오신다. 죄인에게 성령이 임하면 그 죄인은 그의 죄 때문에 즉사한다. 그래서 예수 그리스도의 십자가 죽음과 부활의 구속 사역이 필요하고 그의 구속 사역 이후에 사람에게 성령 오심이 가능하게 되었다. 우리 인간에게 성령의 오심은 예수 그리스도의 구속 사역의 결과다. 베드로가 오순절 성령 강림에 대하여 그렇게 설교했다(행 2:31-33).

6. '모든 구원의 은혜'는 성령의 역사다. 성령의 역사가 없으면 그리스도의 구속 사역이 사람에게 적용되지 않는다. 그러니까 성령의 오심과 역사는 우리의 구원에 필수 불가결하다.

7. 우리 마음속에 역사하시는 성령 사역의 결과는 우리의 죄악 된 본성으로 할 수 없는 하나님의 말씀에 순종함이다. 그리스도인이 하나님의 계명을 순종해야 하는 이유는 그리스도인의 믿음과 하나님께 감사하는 증거와 표식이기 때문이다.

8. 그리스도인이 하나님의 말씀에 순종해야 하는 다른 이유는 바로 그것이 하나님께서 제정하신 길이기 때문이다. 그러나 하나님의 율법을 지키는 것이 우리 구원의 근거가 된다는 것은 아니다. 그리스도인은 이미 하나님의 무한하신 은혜로 구원을 받은 자이기 때문이다.

하나님께서 구원을 받았고, 받고 있으며 받을 자들에게 삶의 방식으로서 하나님의 계명에 순종할 것을 지시하셨다. 하나님의 전적인 은혜로 구원받은 자가 하나님의 계명에 순종하는 것은 하나님의 백성으로서의 표시와 의무다.

32

은혜 언약의 집행

문 33: 은혜 언약은 항상 같은 양식으로 집행되는가?

답 33: 은혜 언약은 항상 같은 양식으로 집행되지 않았으니 구약 시대의 집행은 신약 시대의 집행과 다른 것이었다(고후 3:6-9).

Q 33: Was the covenant of grace always administered after one and the same manner?

A 33: The covenant of grace was not always administered after the same manner, but the administrations of it under the Old Testament were different from those under the New.

1. 죄인이 영생을 얻을 수 있는 수단으로서 은혜 언약은 타락 직후 즉시 체결되었다(창 3:15).

2. 은혜 언약이 그리스도께서 십자가에서 돌아가셨을 때 시작되었다고 말하는 것이 잘못된 이유는 성경에서 하나님의 백성이 구약과 신약의 모든 세대에 은혜로 구원을 받았으며, 다른 방법으로는 구원받지 않았음을 교훈하기 때문이다.

3. 유대인들은 행위로 구원을 받으며, 그리스도인들은 은혜로 구원을 받는다는 오류를 막기 위해 대요리문답은 하나의 은혜 언약에 관한 구약과 신약의 통일성을 가르친다. 아담의 타락 이후에 구원의 방도는 오직

은혜 언약에만 있다.

4. 구약과 신약에서 하나의 동일한 구원의 길인 은혜 언약은 시대에 따라 다르게 집행되었다.

> 문 34: 구약 시대의 은혜 언약은 어떻게 집행되었는가?
> 답 34: 구약 시대의 은혜 언약은 약속, 예언, 제사, 할례, 유월절과 기타 예표와 규례로 집행되었으니 이것들은 장차 오실 그리스도를 예시했으며 그 당시에는 택한 자로 하여금 약속하신 메시아를 굳게 믿게 하기에 충분했으며, 이 메시아로 말미암아 완전히 죄 사함도 받고 영원한 구원도 받게 된 것이었다(롬 4:11; 15:8; 행 3:20, 24; 히 8:9-11; 10:1 등).
>
> Q 34: How was the covenant of grace administered under the Old Testament?
> A 34: The covenant of grace was administered under the Old Testament, by promises, prophecies, sacrifices, circumcision, the passover, and other types and ordinances, which did all foresignify Christ then to come, and were for that time sufficient to build up the elect in faith in the promised Messiah, by whom they then had full remission of sin, and eternal salvation

1. 구약에서 구속자의 약속이 처음으로 기록된 곳은 창세기 3:15이다.

2. 유월절과 다른 희생 제사는 구속자의 피 흘림이 없으면 죄 사함이 없다는 것을 백성에게 교훈한다. 이것은 오실 구속자가 죄인의 대속자로서 많은 고난을 당하고 죽으실 것을 가리킨다.

3. 표상이란 미리 보여 주는 표본이다. 다윗은 정복의 왕이신 그리스도를 표상한다. 표본과 표상은 예표다. 솔로몬은 영원한 평강 가운데 통치

하시는 그리스도를, 멜기세덱은 대제사장 되신 그리스도를, 모세는 선지자적 왕으로서 그리스도를 예표한다.

4. 상징은 다른 것으로 나타내는 표지다. 구약의 기름 부음에서 기름은 성령을 상징한다. 주의 만찬 때 빵과 포도주는 그리스도의 몸과 피를 상징한다. 상징에는 유사성이 별로 없다. 성령의 상징인 기름과 실제 성령에는 명백한 유사성이 없다. 반면에 표상에는 원형(type)과 대형(antitype)에 유사성이 있다. 멜기세덱과 그리스도의 신비한 제사장직과 모세와 그리스도의 왕적 리더십 사이에는 유사성이 있다.

5. 구약에 기록된 희생 제사와 신탁의 목적은 오실 구속자이신 그리스도를 지시하기 위함이다. 그것이 그리스도 자신은 아니다. 오히려 모든 종류의 표상과 신탁은 그리스도를 통한 구원의 일면을 지시한다.

6. 구약의 약속과 예언과 표상과 희생제물과 다른 신탁의 효용성은 그 당시에 약속된 구속자에 대한 택자의 믿음을 강화하기에 충분한 것이었다. 구약 시대에 하나님의 백성은 어린아이처럼 다루어졌다. 왜냐하면, 그것이 그들의 영적 수준이었기 때문이다. 하나님은 구속의 진리를 반복적인 희생 제사와 신탁과 상징을 통해 그들 눈앞에 그려 주셨다. 그러한 그림의 실체이신 구속자가 오심으로 구약의 그림이 필요 없게 되었다.

7. 구약 시대의 신자는 시간을 역행하여 결국 그리스도로부터 죄의 완전한 사면과 영생을 수여 받았다. 구약 시대의 성도가 그리스도께서 십자가에서 돌아가시기 전까지는 완전한 죄의 사면을 수여 받지 못했다고 가르치는 것은 잘못이다.

구약과 신약의 성도는 예수님 재림의 마지막 날에 그들의 몸이 부활 될 때까지 기다려야 한다. 그러나 죄의 사면에 관한 한, 그들은 더 이상 기다려야 할 필요가 없다. 그들은 믿는 그 순간 완전한 죄의 사면을 받았다. 이는 그들이 신약 시대의 신자와 같은 확신을 받았다는 것을 의미하지는 않는다. 하나님 앞에서의 죄 사면과 신자의 마음에 역사하는 죄 사면의 확신은 별개의 문제이기 때문이다.

8. 구약 시대 은혜 언약의 집행과 관련하여 팔머 로벗슨은 탁월한 해설을 시도하였다(『계약신학과 그리스도』, 김의원 옮김, CLC, 2004). 팔머 로벗슨은 은혜 언약을 구속 언약으로 해석하고, 구속 언약이 구약 시대에 다양하게 시행되었음을 제시하였다. 그는 아담 언약에서 구속 언약이 시작되어 '시작의 언약'이라 하고, 노아의 언약은 구속 언약이 유지되어서 '유지의 언약'이라 하였다.

아브라함의 언약은 자손과 땅과 축복으로 구속 언약이 약속되어서 '약속의 언약'이라 하였고, 모세의 언약은 하나님 나라의 법을 제시했기에 '율법의 언약'이라 하였다. 다윗의 언약은 하나님 나라의 왕을 예표하였기에 '왕국의 언약'이라 하였고, 예레미야에 의해 예언된 새 언약은 그리스도에 의해 완성될 '완성의 언약'이라 하였다. 그리하여 구약이 전체적으로 구속 언약을 예고하였음을 주장하였다. 이러한 주장은 성경의 근거가 있다.

문 35: 신약 시대의 은혜 언약은 어떻게 집행되는가?
답 35: 실상 곧 그리스도가 나타나신 신약 시대에는 이 같은 은혜 언약이 그 당시나 오늘도 여전히 말씀을 전함과 세례와 성찬의 성례를 거행함으로 집행된다. 이 성례에서 은혜와 구원이 만백성에게 더욱더 온전하고 명료하게 그리고 효과 있게 표시된다(마 28:19-20; 막 16:15; 고전 11:13-25; 고후 3:6-18; 히 8:6, 10-11).

Q 35: How is the covenant of grace administered under the New Testament?

> A 35: Under the New Testament, when Christ the substance was exhibited, the same covenant of grace was and still is to be administered in the preaching of the word, and the administration of the sacraments of Baptism and the Lord's Supper; in which grace and salvation are held forth in more fulness, evidence, and efficacy, to all nations.

1. '신약'은 '새 언약'이다. 상황에 따라 신약 또는 새 언약으로 표현할 수 있다.

2. '신약'이라는 문구는 그리스도의 새 언약 체결과 구속 사역을 통한 새 언약의 성취를 의미한다. 소위 최후의 만찬은 그리스도와 제자의 새 언약 체결식이다(눅 22:20). 새 언약의 당사자인 그리스도는 하나님의 아들이시고 제자는 교회의 대표다.

3. 그리스도를 실체(substance)라고 말하는 이유는 구약 시대에 그리스도와 그의 구원이 예시된 약속과 예언, 표상 그리고 신탁과 대조하기 위함이다. 구약의 표상과 희생 제사 등은 그리스도의 그림자이고, 그리스도는 그런 그림자의 실제이기 때문이다.

4. 신약의 신탁과 구약의 신탁 사이에 중요한 차이점이 있다.

첫째, 신약의 신탁은 구약의 그것보다 숫자적으로 훨씬 적다. 신약의 신탁은 단순히 하나님 말씀의 설교와 세례와 성찬이다. 그러나 구약의 신탁은 아주 다양하다.
둘째, 신약의 신탁은 그 본질상 구약의 신탁보다 단순하다. 세례와 성찬과 말씀 선포는 그 본질상 매우 단순하고, 구약의 신탁은 복잡하고 신약의 그것보다 훨씬 준수하기 어려운 것이다. 유월절의 정교한 의식,

대속죄일의 복잡하고 번거로운 의식, 부정과 음식과 희생제물과 제사 등에 관한 상세한 의식법이 그렇다. 하나님께서는 신약 시대에 은혜 언약의 시행을 대단히 단순하게 만드셨다.

셋째, 신약의 신탁은 구약의 그것보다 더욱 영적이다. 구약 시대에는 시각과 청각과 심지어 번제를 드릴 때 나는 향내로 인한 후각에 많이 호소한다. 성막과 성전은 장엄하고 영광스러운 건축물로서 우리의 감각에 호소한다. 이 모든 외면적인 모습은 바로 그 시대에 어린아이와 같은 영적 상태에 있던 백성에게 적당한 것이었다.

구약 시대에 영적인 면에서 이스라엘 백성은 어린아이와 같았다. 그러나 신약 시대에 하나님께서는 은혜 언약을 좀 더 영적으로 시행하셨다. 이것은 마치 예수께서 수가 성 우물곁에 있던 사마리아 여자에게 말씀하신 것과 같다.

> 여자여 내 말을 믿으라 이 산에서도 말고 예루살렘에서도 말고 너희가 아버지께 예배할 때가 이르리라 … 아버지께 참으로 예배하는 자들은 신령과 진정으로 예배할 때가 오나니 곧 이때라 아버지께서는 이렇게 자기에게 예배하는 자를 찾으시느니라(요 4:21, 23).

넷째, 신약의 신탁은 구약의 그것들보다 더 효과적이다. 물론 구약의 신탁과 의식 역시 믿음을 가진 자에게 효과적이었다. 그러나 신약의 신탁은 "그 안에는 은혜와 구원이 더 충만하고 효력 있게 제시되어 있으므로" 훨씬 더 효과적이다.

다섯째, 신약의 신탁은 구약의 그것들보다 더 우주적이다. 구약의 신탁은 대부분 이스라엘 나라에 한정되었다. 그러나 신약 시대에 복음 선포와 은혜 언약은 나라와 족속의 경계를 넘어서 모든 인류에게 선포되고 있다.

5. 구약과 신약의 초점은 하나의 동일한 은혜 언약의 시행이다. 구약과 신약은 하나님의 백성됨을 위한 언약이라는 점에서 동일하다. 시대와 형식만 다를 뿐이다. 구약과 신약에서 하나님의 은혜 언약의 집행은 범죄한 인간에게 영원한 구원을 제공한다는 면에서 전무후무한 복음이다.

제4장

그리스도 (문 36-56)

33

그리스도의 성육신

> **문 36**: 은혜 언약의 중보는 누구신가?
> **답 36**: 은혜 언약의 유일한 중보는 주 예수 그리스도시니 그는 하나님의 영원한 아들이시며 성부 하나님과 한 실체이시요, 동등이시며 때가 차매 사람이 되셨으나 계속하여 영원히 전연 판이한 양성을 가지신 한 인격의 하나님이시요, 사람이시다(딤전 2:5; 요 1:1, 14; 10:30 등).
>
> **Q 36**: Who is the Mediator of the covenant of grace?
> **A 36**: The only Mediator of the covenant of grace is the Lord Jesus Christ, who, being the eternal Son of God, of one substance and equal with the Father, in the fulness of time became man, and so was and continues to be God and man, in two entire distinct natures, and one person, forever.

1. 예수 그리스도는 범죄한 인간의 유일한 구주이시다. 예수 그리스도는 하나님과 사람 사이에 유일한 중보자로서 범죄한 인간을 하나님과 유일하게 화해시키는 사역을 하신다.

2. 로마가톨릭이 마리아와 성인(聖人, saint)을 중보자로 간주하고 그들에게 기도하며 죄인들을 대신한 그들의 중보가 하나님께 상달된다고 가르치고 실행하는 것은 예수 그리스도의 유일한 중보자이심을 부인하는 비성경적 가르침이다.

3. 그리스도께서 하나님의 영원한 아들이심을 선언하는 것은 삼위일체

하나님 가운데 성자 하나님으로서 영원 전부터 항상 하나님의 아들이심을 의미한다. 그리스도는 사람의 몸을 입고 세상에 오셨을 때 하나님의 아들이 되신 것이 아니라 창세 이전부터 언제나 하나님의 아들이셨다.

4. 그리스도께서 하나님 아버지와 본질상 동일하다는 것은 오직 한 분 하나님만 계시다는 것을 의미한다. 성부 하나님은 예수 그리스도와 한 하나님이시다. 우리는 그리스도인으로서 성경의 가르침을 따라서 삼신론을 믿지 않으며, 성부와 성자와 성령이 세 위격으로(3 persons) 존재하시는 한 하나님이심을(1 essence) 믿는다. 따라서 예수 그리스도는 하나님이시며, 유일하신 하나님이시다. 그분 안에는 신성의 모든 충만히 육체로 거하신다(골 2:9).

5. 그리스도께서 성부 하나님과 동등이심을 선언하는 것은 그리스도께서 어떤 이유에서든지 성부 하나님께 종속적인 존재임을 의미하지 않는다. 그리스도께서 지상에 사실 동안 스스로 자기를 비하하셔서 종의 형제를 가져 성부 하나님께 순종하셨다. 그러나 본질상 지금뿐 아니라 지상에서 육체로 거하실 동안 그리스도는 언제나 성부 하나님과 동일하신 분이시다.

6. 오늘날 그리스도의 신성 교리는 다음과 같이 부정되고 있다.

첫째, 그리스도의 신성 교리는 모든 인류가 신성하기에 그리스도께서도 신성하시다는 것이다. 그러나 만일 모든 사람이 신성하다면, 그리스도의 신성은 평범한 인간 그 이상 아무것도 아니다.

둘째, 그리스도의 신성 교리는 그리스도를 '하나님의 아들'이라고 인정하면서도 성부 하나님과는 동등하지 않으며 동일한 본질도 아니라고 말하는 자를 통해 부인되고 있다. 이러한 사람에게는 예수 그리스도께 예배하는 것이 죄가 된다.

셋째, 그리스도의 신성 교리는 그의 신성을 오직 '제한적 개념'에서만 인정함으로 부인된다. '제한적 개념'으로서의 그리스도의 신성 개념은 역사적인 정통 기독교의 신성과 매우 다르다. 그리스도의 신성은 성자 하나님으로서 제한되지 않기 때문이다.

7. 영원하신 하나님의 아들이 사람이 되셨을 때는 역사의 한 시점이었다. '때가 차매'는 영원 전의 계획에 따라 하나님에 의해 지정된 시간에 그리스도의 성육신이 완성되었다.

8. 하나님의 아들이 사람이 되시는 기간은 영원토록 신-인으로 존재하실 것이다. 그리스도께서는 오직 지상에 사실 동안만 사람이셨다는 사상은 성경의 교훈과 정면으로 배치된다. 요한계시록 5:6은 그리스도의 인성뿐만 아니라 그의 십자가 죽음의 증거가 천국에서도 계속됨을 증거한다. 히브리서 5:1-5; 7:25은 그리스도의 천상적 대제사장 사역이 그의 참된 인성으로 수행됨을 가르친다.

9. 예수 그리스도의 신성과 인성은 결핍이 없는 완전한 본성이다. 그의 인성에 관한 한, 그리스도는 신성 이외에 인간의 육체와 영혼을 소유하셨다. 사람들은 이것을 종종 간과하면서 그리스도를 신성과 육체의 결합으로 그릇되게 제시하곤 한다.

그리스도는 완전히 사람일 수가 없다. 그리스도는 완전하신 하나님보다 약간 덜 충만한 하나님이실 수 없다. 왜냐하면, 그리스도는 완전한 신성을 소유하신 분이시기 때문이다. 그리스도께서 스스로 자기를 낮추셔서 종의 형제를 입으신 것 외에는 그 어떤 의미에서도 하나님께 종속적이지 않다.

10. 성경은 예수 그리스도의 신성과 인성이 진실함을 교훈한다. 예수 그리스도의 이러한 두 본성이 신비하게 연합되어 있음은 혼합되거나 섞

이거나 혼동되지 않음을 성경이 가르친다. 두 본성은 독특하고 구별된 정체성을 지니고 있다. 그리스도의 신성은 언제나 신성이고, 그의 인성은 언제나 인성으로 있다. 이 두 본성은 어떠한 이유에서건 섞일 수 없다.

그리스도는 언제나 참 하나님이시자 참사람이신 한 인격이다. "아브라함이 있기 전 내가 있었노라"는 예수님의 말씀은 그의 신성을 빛내고 있다. "내가 목마르다"는 예수님의 말씀은 그의 인성을 증거한다. 그런데 이 두 본성은 어떤 경우에도 혼합되거나 혼동되지 않고 한 인격을 이루었다.

11. 예수 그리스도께서 '한 인격'이라는 진술이 중요하다. '위격'의 '위'는 중국어에서 어떤 사람을 높이는 칭호다. 한글의 '~분'에 해당할 수 있다. 그래서 성부와 성자와 성령의 '세 인격'을 '세 위격'이라 한 것으로 보인다. 단지 그리스도의 두 본성을 두 인격으로 오해하지 않아야 한다. 그리스도의 두 본성을 두 인격으로 이해하면 네스토리우스의 이단에 빠지게 된다.

예수 그리스도는 두 본성이어도 인격은 하나이시다. 예수 그리스도의 두 본성에 한 인격은 합리적으로 설명이 잘 되는 큰 신비이지만 성경의 가르침이다.

문 37: 그리스도는 어떻게 하나님의 아들로서 사람이 되셨는가?

답 37: 그리스도는 하나님의 아들이 참 몸과 지각 있는 영혼을 자신에 취하시어 사람이 되셨으니, 성령의 권능으로 동정녀 마리아의 몸에 잉태되어 그의 실질로 그녀에게서 나셨으나 죄는 없으시다(요 1:14, 마 26:38, 눅 1:27, 31, 35, 42, 갈 4:4, 히 4:15, 7:26).

Q 37: How did Christ, being the Son of God, become man?

A 37: Christ the Son of God became man, by taking to himself a true body, and a reasonable soul, being conceived by the power of the Holy Ghost in the womb of the virgin Mary, of her substance, and born of her, yet without sin.

1. 우리가 소유한 인성은 육체와 영혼의 두 가지 요소로 구성되어 있다. 우리 몸은 물체, 즉 산소와 수소와 칼슘과 탄소 등의 화학적 요소로 구성되어 있다. 이에 비하여 영혼은 물질로 만들어지지 않았기 때문에 전혀 육체와 다르다. 영혼과 육체는 한 인격 안에 신비하게 결합하였다.

그리스도의 몸은 육체와 영혼으로 구성된 인성이다. 그러나 그리스도는 인성만 있지 않고 그리스도의 신성과 신비하게 결합하여서 보통 사람의 육신과는 다르게 죄가 없다.

2. 그리스도의 육신에 대해 성경은 그 육신이 환영이거나 거짓이 아닌 참된 것이고, 우리의 몸과 같이 물질로 구성된 실제적 몸이라고 교훈한다.

3. 그리스도의 육신에 대해 고대의 그릇된 견해는 그리스도의 몸이 실제가 아니라 상상적이거나 환영이라고 생각한 것이다. 그들은 그리스도께서 육체를 가지신 것처럼 보였을 뿐이라고 생각함으로 그리스도께서 참된 육신을 가지신 것을 부인했다.

4. 그리스도는 인간적 영혼 이외에 신성을 가지셨다. 그리스도는 삼위일체 하나님의 제2위 하나님으로서의 신성을 지니셨다.

5. 그리스도의 탄생이 인간의 보통 출생법과 다른 이유는 인간적 부친이 없기 때문이다. 그는 성령의 능력으로 신비하게 동정녀 마리아에게 잉태되셨다. 그리스도는 성령의 초자연적인 사역으로 자연법을 초월하여 인간 부친이 없이 처녀에게서 탄생하셨다.

6. 오늘날 유행하는 그리스도의 탄생에 대한 그릇된 믿음은 요셉이 예수님의 실제 부친이라는 생각이다.

7. 요셉이 예수님의 아버지라고 말하는 것은 신성 모독죄에 해당한다. 왜냐하면, 이것은 마리아가 음란한 사람임을 암시하기 때문이다. 성경이 보도하는 예수 그리스도의 동정녀 탄생을 그릇된 것으로 만들고, 하나님의 말씀인 성경을 신뢰할 수 없게 함은 거짓이다.

8. 그리스도의 동정녀 탄생은 사복음서 중에 오직 두 복음서에서만 가르치고 있기에 우리가 그것을 믿을 필요가 없다고 말하는 것은 타당하지 않다.

첫째, 하나의 복음서에서 단 한 절만 가르친다고 해도 우리는 그것을 권위 있는 하나님의 말씀으로 믿어야 할 의무가 있다.
둘째, 그리스도의 탄생 소식을 기록한 마태와 누가는 예수께서 동정녀에서 나셨다고 단언한다. 마가와 요한이 예수님의 탄생과 유아 시절을 전혀 기록하지 않은 것에 대해 우리는 그들이 예수님이 동정녀 마리아에게서 나셨다는 것을 반드시 기록해야 한다고 말할 권리가 없다.

9. 그리스도께서 육체와 영혼으로 구성된 우리와 같은 인성을 취하셨는데 그의 인성과 우리 인성의 확연한 차이는 우리 인성에 죄가 있고 그리스도의 인성에 죄가 없다는 점이다.
우리는 죄와 허물로 죽은 가운데 출생했으며 죄악 된 마음과 죄를 짓는 경향을 지니고 태어났다. 그러나 예수님은 성령의 능력으로 잉태되셔서 죄 없는 인성을 취하셨다(눅 1:35). 그리스도는 성령의 역사로 원죄가 없이 탄생하셨고 실제로 죄를 범하지 않으셨다.

10. 마리아가 다른 사람과 마찬가지로 죄인인데 예수님이 그녀에게서 죄 없는 인성을 가지고 탄생할 수 있었던 것은 전능하신 하나님의 능력이다. 마리아가 본성상 죄악 된 마음을 지녔어도 하나님의 초자연적인 능력으로 아기 예수님이 무죄하게 출생할 수 있었다.

11. 그리스도의 성육신에서 예수님의 동정녀 탄생은 필수적이다. 그리스도의 성육신은 복음에서 빠질 수 없다. 우리는 이 교리에 대해 조롱과 비웃음을 배격하고 감사와 찬양을 올림이 마땅하다.

12 그리스도의 성육신에 관하여 안셀무스의 『왜 하나님은 사람이 되었는가?』(*Cur Deus Homo*)라는 저서가 유명하다. 한글 번역은 『인간이 되신 하나님』(이은재 옮김, 한들출판사, 2007)이 있다. 메이첸의 『그리스도의 동정녀 탄생』(정규철 옮김, CLC, 2018)도 그리스도의 성육신에 관하여 학적으로 유명한 저서다.

34

그리스도의 신성과 인성

문 38: 왜 중보자가 하나님이어야 했는가?

답 38: 중보자가 하나님이실 것이 필요하였으니 이는 그 인성을 유지하시고 지키셔서 하나님의 무한한 진노와 사망의 권세 아래 몰락되지 않게 하시며, 그의 고난과 순종과 중보에 가치와 효력을 부여하시며, 하나님의 공의를 만족시키시고 그의 총애를 획득하셔서 특별한 백성을 사시고 성령을 그들에게 주시며 그들의 모든 적을 정복하시고 그들에게 영원한 구원을 주기 위함이었다 (행 2:24-25; 롬 1:4; 4:25 등).

Q 38: Why was it requisite that the Mediator should be God?

A 38: It was requisite that the Mediator should be God, that he might sustain and keep the human nature from sinking under the infinite wrath of God, and the power of death; give worth and efficacy to his sufferings, obedience, and intercession; and to satisfy God's justice, procure his favor, purchase a peculiar people, give his Spirit to them, conquer all their enemies, and bring them to everlasting salvation.

1. 그리스도의 신성과 인성은 복음의 핵심적 요소다. 그리스도의 신성과 인성이라는 두 본성이 없으면 복음은 성립되지 않는다.

과연 예수 그리스도의 신성과 인성은 무엇이고 서로 무슨 관계가 있는가?

웨스트민스터 대요리문답은 이에 대하여 명확히 진술하였다.

2. 모세나 다윗이나 바울과 같은 사람이 중보자의 일을 할 수 없는 것은 그들이 죄인이어서 다른 사람을 죄로부터 구원하기에 부적합하기 때문이다. 구원이 필요한 자가 다른 이의 구원을 성취할 수는 없다.

3. 타락 이전의 아담과 같이 죄 없는 사람이라 할지라도 단순히 유한한 사람이라면, 죄인에 대한 하나님의 크신 진노와 저주를 감당하지 못한다. 그래서 중보자는 하나님이셔야 했다.

4. 오직 한 분이셨던 예수 그리스도께서 많은 사람의 죄의 형벌을 받으실 수 있었던 것은 그가 하나님이셨기 때문이다. 만일 예수 그리스도께서 단순히 사람이셨다면, 죄 없는 사람일지라도 단 한 사람의 대속 자만 될 수 있었을 것이다. 그러나 예수 그리스도께서는 참사람이시면서 참 하나님이셨기에 '그의 생명을 많은 사람의 대속물로 주시는 것'이 가능했고 (막 10:45), 하나님의 백성을 위한 대속 자가 되실 수 있었다.

5. 예수께서 마귀에게 시험을 당하실 때, 그는 사람이면서 하나님이셨기에 실제로 죄를 범할 수 없었다.

6. 중보자이신 예수 그리스도께서 참된 하나님이시라는 사실이 구원 계획의 성공을 보장한다. 만일 예수께서 오직 사람이셨다면, 유혹에 빠지고 죄를 범하여 구원 사역에 실패할 수 있었다. 그러나 예수께서는 사람이시면서 진실로 하나님이셨기에 전능하셔서 실패하실 수 없었다.

문 39: 왜 중보자가 사람이어야 했는가?
답 39: 중보자가 반드시 사람이어야 했던 이유는 그가 우리의 성질을 승진시키고, 율법에 순종하고, 우리의 성질로 우리를 위해 고난받으셨으며,

> 대언하시고, 우리의 연약을 체휼하시기 위함이었다. 그리하여 우리가 양자의 명분을 받고 위로를 받으며 은혜의 보좌에 담대히 나아갈 수 있도록 하기 위함이었다(히 2:16; 갈 4:4-5; 히 2:14; 4:15-16; 7:24-25).
>
> Q 39: Why was it requisite that the Mediator should be man?
>
> A 39: It was requisite that the Mediator should be man, that he might advance our nature, perform obedience to the law, suffer and make intercession for us in our nature, have a fellow feeling of our infirmities; that we might receive the adoption of sons, and have comfort and access with boldness unto the throne of grace.

1. 인류를 죄에서 구원하기 위해 천사들이 중보자가 될 수 없는 것은 천사가 인류의 구성원이 아니기 때문이다. 천사들은 인성을 소유하고 있지 않아서 인류의 중보자가 될 수 없었다.

2. 중보자가 '혈과 육'의 인성을 취한 이유는 인류를 구원해야 했기 때문이다. 그리스도께서 인류의 구성원이 되지 않고서는 인류의 구속자가 될 수 없었다. 죄와 타락이 인간으로 말미암았기 때문에 구속 역시 인간을 통해서 와야 했다.

> 사망이 사람으로 말미암았으니 죽은 자의 부활도 사람으로 말미암는도다 (고전 15:21).

3. 중보자가 율법의 요구에 순종한 것은 아담과 그의 모든 후손이 하나님의 율법을 범하며 살았기 때문이다. 하나님은 율법 아래 있지 않다. 그러나 예수 그리스도는 하나님의 아들로서 인류 구원을 위해 사람이 되셔서 그 백성의 죄에 대한 형벌을 받으심으로 율법의 요구를 성취하셨다.

4. 중보자가 우리의 대제사장이 되기 위해서 진정으로 사람이 된 이유는 제사장이 사람 가운데 선택되어야 하고 인류의 고난과 고통을 체휼해야 했기 때문이다. 그리스도는 친히 고난과 고통을 경험하셨다(히 5:1-2).

  5. 하나님께서는 인간의 모든 고난을 아시고 불쌍히 여기신다. 하나님께서는 무한하신 분이기 때문에 유한성을 암시하는 고난을 받으실 수 없다. 하나님께서는 신성으로 사람의 고난을 경험하신 것이 아니라 그가 취하신 인성으로 경험하셨다.

> 문 40: 왜 중보자가 하나님의 신성과 인간의 인성을 다 가지고 있어야 하는가?
> 답 40: 하나님과 인간을 화해시켜야 하는 중보자는 그 자신이 하나님이면서 인간으로서의 인성을 가져야 했던 이유는 신인 양성의 고유한 사역이 한 인격의 사역으로 하나님에 의해 수용되고 인간이 그것을 의존할 수 있어야 하기 때문이다(마 1:21, 23; 3:17; 히 9:14; 벧전 2:6).
> Q 40: Why was it requisite that the Mediator should be God and man in one person?
> A 40: It was requisite that the Mediator, who was to reconcile God and man, should himself be both God and man, and this in one person, that the proper works of each nature might be accepted of God for us, and relied on by us, as the works of the whole person.

  1. 신성과 인성의 각 사역의 관계는 한 중보자 안에서의 연합을 요구한다. 신성의 중보자는 인성을 통하지 않고서는 괴로움이나 고난을 경험할 수 없다. 인성의 중보자는 신성을 통하지 않고서는 마땅히 행해야 할 고난을 감당해 낼 수 없다. 따라서 중보자로서 그리스도는 반드시 하나님이

실 뿐 아니라 사람이어야 했다. 그래서 중보자로서 그리스도의 신성과 인성은 그의 사역의 통일성을 위해 한 인격 안에서 연합되었다.

2. 우리 구원을 성취하는 일부분으로서 그리스도 신성의 사역을 언급하는 구절은 히브리서 9:14이다. 그리스도께서 우리 죄를 위해 하나님께 자신을 희생제물로 드려진 것은 그의 신성을 통해서다. 그의 신성이 그의 인성의 희생제물을 가치 있고 효과 있게 하였다.

3. 그리스도의 신성과 인성이 모두 언급된 성경 본문들은 그리스도 인격의 통일성을 나타낸다. 사도행전 20:28에서 그리스도 인성의 한 부분인 그의 피가 그의 신성에 속하는 하나님의 피로 언급되었다. 요한복음 6:62에서 '인자의 이전 있던 곳'은 그리스도의 인성과 신성이 통일되어 있음을 보여 준다.

4. 그리스도의 '인격'은 그리스도의 '위격'으로 번역될 수 있다. '인격'은 '위격'과 의미가 동일하다(person). 그리스도의 신성은 영원 전부터 하나님이신 성부 성자 성령의 삼위일체 하나님(3 persons=1 essence)의 성자 하나님(3 person의 1 person)이다. 이러한 그리스도의 신성에 인성이 신비하게 연합되어서 '한 인격'을 이룬다.

5. 451년 칼케돈 신조는 그리스도의 신성과 인성의 연합에 관하여 '혼합 없이, 변화 없이, 분할 없이, 분리 없이, 한 인격에 연합' 되었음을 기독교의 정통 신앙으로 공식화했다. 그래서 기독론의 공식은 '두 본성에 한 인격'(2 natures=1 person)이다.

# 35

예수 그리스도

문 41: 어찌하여 우리의 중보자를 예수라 하는가?

답 41: 우리의 중보자를 예수라 한 까닭은 그가 자기 백성을 저희 죄에서 구원하셨기 때문이었다(마 1:21).

Q 41: Why was our Mediator called Jesus?

A 41: Our Mediator was called Jesus, because he saveth his people from their sins.

예수 그리스도는 성경과 복음의 핵심이다. 따라서 예수 그리스도에 관한 설명과 해설은 아무리 많이 하고 강조해도 지나치지 않을 것이다. 단지 여기서는 왜 '예수'이고 왜 '그리스도'인지에 관한 웨스트민스터 대요리문답을 간략하게 소개하고자 한다.

1. '예수'라는 이름은 히브리어 이름인 호세아 또는 여호수아의 상응어인 헬라어로서 '여호와는 구원이시다'라는 뜻이다.

2. 하나님께서 우리 구세주를 '예수'라고 불러야 한다고 정하셨다. 이는 하나님께서 요셉의 꿈속에 나타난 여호와의 천사를 통해 알려 주셨다.

3. '예수'의 뜻으로서 "저가 자기 백성을 저희 죄에서 구원하실 것"이라는(마 1:21) 진술에는 우리 믿음의 위대한 진리가 있다.

첫째, 죄로부터의 구원은 우리 스스로 어떤 일을 해서가 아니라 신적으로 제공된 구속자에 의해 성취된다.

둘째, 우리 구속자는 실제로 자기 백성을 저희 죄에서 구원하신다. 그는 그들에게 단순히 구원의 '제안'이나 '기회'를 제공하신 것이 아니다. 실제로 그들을 구원하시며 그들이 반드시 구원받을 것을 보장하셨다.

셋째, 예수 그리스도는 모든 사람을 구원하시기 위해 이 세상에 오신 것이 아니라 '자기 백성'을 구원하기 위해 오셨다. 우리의 구속자는 인류 가운데 특정한 숫자, 즉 하나님의 택자를 구원하신다.

4. 여호수아가 가나안을 정복하고 분배한 것처럼 같은 이름인 예수님은 죄와 사탄을 정복하고 하나님의 나라를 유업으로 주신다. 호세아가 음란한 여인과 결혼한 것처럼 동일한 이름인 예수님은 죄인을 구원하여 그의 몸으로 삼으셨다. 대제사장 여호수아가 속죄 제사를 바친 것처럼(슥 3:1) 같은 이름인 예수님은 자기 몸을 속죄 제물로 드려 우리를 구원하신 '큰 대제사장'이시다.

문 42: 왜 우리의 중보자를 그리스도라 하였는가?
답 42: 우리의 중보자를 그리스도라 한 것은 낮아지고 높아지신 그의 신분에서 그의 교회의 선지자와 제사장과 왕의 직분을 행하게 하시려고 한량없이 성령으로 기름 부으심을 받고 성별 되시어 모든 권세와 능력을 충만히 받으셨기 때문이었다(요 3:34; 6:27; 시 2:6; 45:7 등).

Q 42: Why was our Mediator called Christ?
A 42: Our Mediator was called Christ, because he was anointed with the Holy Ghost above measure; and so set apart, and fully furnished with all authority and ability, to execute the offices of prophet, priest, and king of his church, in

the estate both of his humiliation and exaltation.

1. '그리스도'는 개인적 이름인 '예수'와 함께 사용된 것으로 이름이 아니라 직분이다. 이 직분은 마태복음 16:16에 나타나는 바와 같이 정관사와 함께 사용되기도 한다(the Christ).

2. 그리스도는 '기름 부음 받은 자'를 의미하는 헬라어 '크리스토스'의 (*Christos*) 음역이다. 따라서 우리가 그리스도를 '메시아' 또는 '기름 부음 받은 자'라고 말하는 것은 단순히 언어의 문제이지 의미의 문제가 아니다. 이 호칭은 모두 의미가 동일하다. 그래서 시편 2:2의 '기름 부음 받은 자'라는 히브리어는 그리스도라고 번역할 수 있다.

3. 구약 시대 왕과 선지자 그리고 제사장은 그 직무를 맡기 위해 감람 기름의 부음을 받아 구별되었다. 이 기름 부음은 그들의 마음에 좌정하셔서 그들의 의무를 잘 감당할 수 있도록 지혜와 능력을 주시는 성령의 상징이 되었다. 따라서 구약의 기름 부음은 특별한 사역의 사람을 구별시키기 위한 것이었다. 그것은 사실 구약 시대의 왕과 제사장과 선지자가 참되신 최종적 왕과 선지자와 제사장이 되시는 예수 그리스도를 가리키는 표상과 그림자였다.

예수 그리스도는 우리의 선지자와 제사장과 왕이 되기 위해 그의 육체에 성령으로 충만하게 기름 부음을 받았다. 그리스도는 감람유로 기름 부음 받기보다 비둘기같이 임하신 성령을 한량없이 그 육체에 받으셨다(마 3: 16). 그런 면에서 그리스도는 성령 담지자다.

4. 왜 예수님은 비둘기가 임하는 것처럼 성령을 받으셨는가?
이 질문에 대해 확실한 답은 없다. 그러나 비둘기의 모습은 성령의 완전성을 나타내 준다. 예수 그리스도께서는 그의 육체에 성령을 한량없이 받으셨다. 오순절에 신자들은 물건을 서로 나누고 공유한 것처럼 불의 혀가 갈라지는 것 같은 성령을 받았다. 비둘기 같은 성령의 형태는 완전성과 불분리성 또는 불가분성을 의미할 수 있다(창 15:10).

5. 우리의 구주가 되시는 그리스도께서는 낮아지심과(그의 지상 생애 동안의 상태) 높아지심의 상태에서(그의 부활 이후 특별히 천국에서의 영광스러운 상태) 선지자와 제사장과 왕의 직분을 수행하신다. 이는 그리스도께서 지상에 계시는 동안 선지자이시며, 제사장이시며, 왕이셨고, 오늘날도 여전히 천국에서 선지자이시며, 제사장이시며, 왕이심을 의미한다.

6. 그리스도는 인성으로 '성령의 기름 부음을 받은 자'이고 또한 인성과 신성으로 '성령의 기름을 부어 주는 자'다. 오순절 성령 강림은 그리스도께서 구속 사역을 하신 후 하나님 우편에서 성령을 부어 주신 결과다(행 2:33). 성령은 예수 그리스도의 구속 사역 때문에 우리에게 오신다. 그렇더라도 누구든지 예수 그리스도의 구속 사역을 믿는다고 고백해야 성령을 받을 수 있다. 성령의 사역이 없이 사람의 구원은 이루어지지 않는다. 그러니 성령은 우리에게 얼마나 놀라운 선물인가!

7. 그리스도는 승천하여 그의 구속 사역을 성부에게 보고하고 성부로부터 성령을 받아 그의 백성에게 주셨다(행 2:33). 그래서 그리스도는 성령 파송자다. 이와 관련하여 "성령은 성부와 성자로부터 나온다"는 성경의 가르침은 진리다. 어거스틴이 그의 『삼위일체론』에서 이 진리를 확증하였다.

36
예수 그리스도의 삼중직

문 43: 그리스도께서 어떻게 선지자의 직분을 행하시는가?
답 43: 그리스도께서 선지자의 직분을 행하시는 것은 구원에 관한 모든 일에 있어서 여러 가지 방법으로 하나님의 온전하신 뜻을 나타내심에 있으니 곧 그의 성령과 말씀으로 만대의 교회에게 계시하심이다(요 1:18; 벧전 1:10-12; 히 1:1-2; 행 20:32; 엡 4:11-13; 요 20:31).

Q 43: How doth Christ execute the office of a prophet?
A 43: Christ executeth the office of a prophet, in his revealing to the church, in all ages, by his Spirit and word, in divers ways of administration, the whole will of God, in all things concerning their edification and salvation.

예수 그리스도께서는 선지자 직분과 제사장 직분 그리고 왕의 직분이라는 삼중직이 있다. 예수께서 이 삼중직을 어떻게 수행하셨고 우리의 구원과 어떤 관계가 있는가에 대하여 대요리문답은 다음과 같이 정리하였다.

1. 선지자와 예언자는 동일 직분의 다른 표현이다. 선지자와 예언자는 사람들에게 하나님의 말씀을 전달하는 자였다. 선지자들의 최고 메시지는 복음을 예언한 것이다.

2. 우리가 보통 선지자를 미래의 일을 미리 말하는 자라고 생각하는 것은 구약의 선지자들이 하나님으로부터 미래 사건의 예언을 받았기 때문이다. 우리가 구약 '선지자'를 '미래의 예언자'라고 생각할 만큼 많은 선

지자의 메시지에는 예언이 담겨 있었다. 그러나 선지자 직분의 참되고 실제적인 의미는 미래의 사건을 미리 말해 주는 것보다 하나님으로부터 받은 메시지를 백성에게 전달해 주는 것이었다.

3. 구약 시대에 그리스도는 그의 영으로 다양한 선지자와 시인과 다른 구약의 성경 기록자에게 진리를 계시하심으로 선지자 직을 수행하셨다.

4. 그리스도는 그의 지상 사역에서 다음과 같은 선지자 직무를 감당하셨다.

첫째, 유대 백성에게 복음을 선포하셨다.
둘째, 그를 믿었던 백성과 12사도에게 복음을 교훈하셨다.
셋째, 그리스도의 승천 이후 12사도를 통해 교훈하심으로 선지자 직무를 수행하셨다.

5. 그리스도는 오늘날 기록된 말씀인 성경을 통해서 그리고 그가 보내신 성령을 통해서 성경에 계시된 진리를 이해하고 수용하도록 우리 마음과 지성을 조명하여 선지자 직무를 수행하신다.

6. 그리스도는 하나님 자신으로서 하나님의 말씀을 전달하였기에 최고의 선지자이시다.

문 44: 그리스도께서 어떻게 제사장의 직분을 행하시는가?
답 44: 그리스도께서 제사장의 직분을 행하시는 것은 단 한 번에 자기를 흠 없는 제물로 하나님께 드려 그 백성의 죄 대신 화목 제물이 되시고 또 저희를 위해 항상 간구하심이다 (히 9:14, 28; 2:17; 7:25).

> Q 44: How doth Christ execute the office of a priest?
> A 44: Christ executeth the office of a priest, in his once offering himself a sacrifice without spot to God, to be a reconciliation for the sins of his people; and in making continual intercession for them.

1. 선지자는 사람들에게 말씀하시는 하나님의 대표자이고, 제사장은 하나님께 가까이 가는 사람의 대표자다.

2. 제사장의 자격은 히브리서 5:1-2에 나타나 있다. 제사장은 반드시 인류의 한 구성원이어야 한다. 천사는 인류의 구성원이 아니기에 하나님께 가까이 가는 사람의 대표자가 될 수 없었다. 제사장은 스스로 연약을 체휼하고 사람의 무지와 실수를 동정할 수 있어야 한다. 제사장은 아론이 그러했던 것처럼 스스로가 아니라 하나님에 의해 부르심을 받아야 한다(히 5:4).

3. 제사장 직무 역시 히브리서 5:1-4에 나타나 있다. 제사장은 하나님께 속한 것에 대해 사람을 대표해야 한다. 제사장은 죄를 위해 반드시 제물과 제사를 드려야 한다. 제사장은 백성을 위해 중보해야 한다(히 7:25).

4. 그리스도의 제사장직을 가장 상세하게 논하고 있는 성경은 히브리서이다. 시편 110:4은 그리스도의 제사장 직무에 관한 가장 직접적인 진술이다.

5. 그리스도는 다음과 같이 제사장 직무의 자격을 소유하셨다. 그리스도는 그의 성육신을 통해 인성을 취하심으로 사람이 되셨다. 그리스도는 인류의 구성원이 됨으로 제사장 직무를 위한 자격을 취득하셨다. 그는 우

리 '연약을 체휼하시는 분'으로서 '슬픔과 질고를 지고' 사람의 비참과 고난을 경험하셨다. 이를 통해 그리스도는 무지하고 실수하는 사람들을 동정할 수 있게 되었다. 그는 스스로 제사장직을 취하신 것이 아니라 아론이 그랬던 것처럼 하나님에 의해 부르심을 받았다(히 5:4-5).

6. 그리스도는 다음과 같이 제사장 직무의 기능을 행사하신다. 둘째 아담으로서 은혜 언약의 중보자이신 그리스도는 하나님께서 택하신 모든 자의 대표자이시다. 따라서 그리스도는 하나님 앞에서 사람들의 대표자로 행동하신다.

그리스도는 그의 백성의 죄를 위한 희생 제사로서 갈보리 십자가에서 죽으셨다. 따라서 그는 제사장 직무를 위한 희생 제사의 기능을 성취하셨다. 그는 지상에 계실 동안 여전히 그의 백성을 위해 중보하시고(요 17장), 지금은 하늘에 계신 하나님 아버지의 우편에서 그의 백성을 위해 계속 중보하신다.

7. 그리스도의 제사장 직무의 상대적인 중요성은 선지자와 제사장과 왕 가운데 가장 중심적이고 중대한 직무다. 그리스도의 구원 사역이 통일되어 있고 그 가운데 단 하나라도 본질적이지 않은 것이 없을지라도 그의 제사장직은 그의 속죄 사역 때문에 그리스도의 가장 중심적인 사역이다.

8. 그리스도의 삼중직에 대한 현대 '자유주의'의 오류는 그리스도의 왕직에 관한 교리만 존속시키고 그의 제사장직을 포기하거나 변질시킨 것이다. 따라서 잘 알려진 자유주의 교사들은 그리스도의 대속적 속죄 사역을 부인하거나 교묘히 왜곡하지만 '하나님의 나라'에 대해 말하는 것을 지루해 하지 않는다.

물론, 자유주의자가 말하는 '하나님의 나라'에 대해 그들만의 개념으로 의미를 부여한다. 그들의 개념은 역사적인 정통 기독교가 항상 의미했던 개념과는 다르다. 그러나 그리스도의 세 가지 직분 가운데 그 어떤 직분도 나머지 두 직분과 분리해서 논할 수 없다. 성경이 말씀하고 있는 그리스도는 선지자이면서, 왕이시고, 제사장이시다.

문 45: 그리스도께서 어떻게 왕의 직분을 행하시는가?
답 45: 그리스도께서 왕의 직분을 행하시는 것은 한 백성을 세상으로부터 자기에게 불러내시고 저희에게 교직자들과 율법과 권능을 두시고 그로 말미암아 그들을 유형적으로 다스리심으로 왕의 직분을 행하심이다. 따라서 택하신 자에게 구원의 은혜를 주시고 순종하면 상을 주시고 범죄하면 징계하신다. 모든 시험과 고난 중에서 그들을 보존하시고 지켜주실 뿐 아니라 그들의 모든 적을 물리쳐 정복하심으로 모든 것은 자신의 영광과 그들의 선을 위해 권세로 처리하심이며, 또한 하나님을 모르고 복음을 순종하지 않는 나머지 사람들에게 원수를 갚으심이다(행 5:31; 15:14-16; 사 55:4-5; 33:22; 63: 9 등).
Q 45: How doth Christ execute the office of a king?
A 45: Christ executeth the office of a king, in calling out of the world a people to himself, and giving them officers, laws, and censures, by which he visibly governs them; in bestowing saving grace upon his elect, rewarding their obedience, and correcting them for their sins, preserving and supporting them under all their temptations and sufferings, restraining and overcoming all their enemies, and powerfully ordering all things for his own glory, and their good;[and also in taking vengeance on the rest, who know not God, and obey not the gospel.

1. 그리스도의 왕직 행사의 세 가지 영역은 유형적 교회와 무형적 교회 그리고 세상이다.

2. 그리스도의 왕직이 수행되는 세 가지 영역 중 가장 중요한 것은 무형적 교회이다. 무형적 교회는 택자들이다. 그리스도께서 왕직을 행사하시는 이유는 무형 교회를 위함이다.

3. 유형 교회에서 그리스도의 왕직은 유형적 교회의 구성원이 될 사람을 세상에서 불러내시고, 그들에게 성경에 기록된 대로 사역자들을 임명하여 실제 생활에서 그리스도의 왕직이 실현되게 하시며, 그들에게 계명과 교회의 정치와 권징을 주심으로 유형적 교회를 통치하심이다.

4. 무형적 교회에서 그리스도의 왕직이 수행하는 요소는 다음과 같다.

첫째, 택자들의 마음과 삶 속에 성령의 역사로 그들을 효과적으로 소명하시고 그리스도와 연합하게 하셔서 구원적 은혜를 베푸신다.
둘째, 현재 하나님의 섭리를 통해 그리고 심판의 날에 그의 초자연적 역사를 통해 자기 백성의 순종에 상급을 베푸신다. 또한, 이생에서의 삶에 그의 섭리적 권징을 통해 그들의 죄를 고치신다.
셋째, 택자들이 모든 어려움에 압도당하지 않고 절망에 빠지지 않게 하시기 위해 그들을 모든 유혹에서 보호하시고 모든 고난을 인내하게 하신다.

5. 세상에서 그리스도의 왕직이 수행하는 요소는 다음과 같다.

첫째, 그의 택함 받은 자들의 대적들을 제한하고 싸워 승리하게 하신다.
둘째, 그의 영광을 위해 그리고 택자의 유익을 위해 모든 것을 통치하신다. 심지어 악인들의 악한 행위조차도 택자에 유익이 되게 하신다.
셋째, 하나님과 복음에 순종치 않는 악인들에게 보수하신다. 이 보수는 부분적으로 그리스도의 섭리적 역사를 통해 이생에서 진행되며, 세상 마지막 심판 날에 궁극적으로 성취된다. 그리스도는 왕으로서 세상 모든 사람에게도 악을 억제하고 생이 유지되도록 의식주 등의 일반적 은혜를 내리신다.

6. 그리스도는 확실히 오늘날에도 왕이시다. 성경은 그가 세상에 계셨을 때도 왕이셨으며 승천 후 오늘날에도 왕이시고 영원토록 왕이심을 교훈한다.

7. 오늘날 세상 나라가 그리스도를 대적할지라도 그리스도는 왕으로서 여전히 그들을 다스리고, 그들의 무시와 대적에도 불구하고 그의 목적을 성취하신다.

8. 그리스도 왕직의 첫 행사는 승천 후 그의 백성에게 성령을 보내심이다. 예수 그리스도는 대속적 죽음과 육체 부활과 승천으로 구속 사역을 성취하여 그의 백성에게 성령을 보낼 수 있는 여건을 마련하여 성부로부터 성령을 받아 오순절에 보내셨다. 그래서 그리스도는 성령 파송자이시다.

9. 그리스도는 만왕의 왕으로서 그의 구속 사역으로 말미암아 죄와 죽음과 사탄을 정복하셨다.

10. 이상과 같은 그리스도의 삼중직이 없었다면 우리의 구원은 이루어질 수 없었다. 그래서 예수 그리스도의 삼중직은 우리에게 복음이다.

37
예수 그리스도의 탄생

> 문 46: 그리스도의 낮아지심의 신분은 무엇이었는가?
> 답 46: 그리스도의 낮아지심의 신분은 우리를 위해 자기의 영광을 내버리시고 종의 형상을 취하시어 성령으로 잉태되어 동정녀 마리아에게 나시고 지상에서 사시다가 십자가에 못박혀 죽으시고 죽으신 후 부활하기까지의 낮은 상태였다(빌 2:6-8; 눅 1:31; 고후 8:9; 행 2:24).
>
> Q 46: What was the estate of Christ's humiliation?
> A 46: The estate of Christ's humiliation was that low condition, wherein he for our sakes, emptying himself of his glory, took upon him the form of a servant, in his conception and birth, life, death, and after his death, until his resurrection.

1. 그리스도께서 구원 계획을 실행하실 때 낮은 신분을 취하셨다.

2. 그리스도께서 스스로 낮아지신 것은 우리의 구원을 위함이다.

3. 그리스도께서 이 세상에 오시기 전의 상태는 영원하신 신적 영광의 풍요로운 상태였다.

4. 빌립보서 2:7의 "자기를 비워"는 '아무런 명예를 가지지 않는 것'을 의미한다.

5. 그리스도께서 사람이 되셨을 때 하늘 영광을 비우셨다.

6. 그리스도께서 자기를 비우심은 그의 신성을 비우심이 아니다. 신약의 여러 구절은 그리스도께서 지상 생활에서도 완전한 하나님이셨음을 나타낸다. 그리스도의 비우심은 하늘 영광의 즐거움을 포기하시고 종의 형제를 가지셨음이다. 그래도 그의 신성과 인성의 두 본성은 유지되었다.

7. 구약 이사야 53장은 구속자가 '여호와의 종'으로 오실 것이라고 예언하였다. 이사야 53장은 그리스도의 비하 상태를 알려 준다. 특히, 11절은 그리스도를 '나의 의로운 종'이라고 표현하였다.

> 문 47: 그리스도께서 잉태되어 나실 때에 어떻게 자기를 낮추셨는가?
> 답 47: 그리스도께서 잉태되시고 나심에 자기를 낮추신 것은 아버지 하나님의 아들이시지만, 때가 차매 낮은 신분의 여자에게서 잉태되시고 나시어 인자가 되심으로 여러 가지 정상에서 보통 이상으로 낮아지심에서이었다(요 1:14, 18; 갈 4:4; 롬 2:7).
>
> Q 47: How did Christ humble himself in his conception and birth?
> A 47: Christ humbled himself in his conception and birth, in that, being from all eternity the Son of God, in the bosom of the Father, he was pleased in the fulness of time to become the son of man, made of a woman of low estate, and to be born of her; with divers circumstances of more than ordinary abasement.

1. 그리스도는 영원부터 하나님의 아들이셨다.

2. 그리스도께서 '성부의 품속에 있는'이라는 표현은 그리스도께서 하나님의 영원한 아들로서 성부와 함께 계셨음을 의미한다. 성부와 성자는 삼위일체 가운데 구별되는 인격일지라도 영원히 그 본질상 하나이시다.

3. 그리스도께서 '기꺼이' 사람의 아들이 되셨음은 강요가 아니라 자원적으로 사람이 되셨음이다.

4. 그리스도께서 '때가 차매' 사람이 되신 것은(갈 4:4) 하나님께서 그리스도의 성육신 시기를 지정해 놓으셨음을 의미한다.

5. 성령으로 그리스도를 잉태한 마리아는 '낮은 신분의 여자'로 묘사되었다(눅 1:48). 이는 마리아 자신의 말로서 그녀의 인격이 아니라 당시 유대 사회에서 사회적 경제적인 신분을 의미한다.

6. 예수 그리스도의 탄생과 유아 시절 '일반적인 비천 이하의 환경'은 마구간 출생과 이집트 피난과 나사렛 정착 등이었다.

7. 예수 그리스도의 탄생으로 인류 역사는 주전(BC: Before Christ)과 주후(AD: Anno Domini, 주님의 해)로 구별되었다. 그리스도는 세상의 구주이기 때문이다.

8. 예수 그리스도의 탄생과 관련하여 존 그레샴 메이천의 저서 『그리스도의 동정녀 탄생』(정규철 옮김, CLC, 2018)이 유명하다. 메이천은 이 책에서 누가복음과 마태복음에 묘사된 예수 그리스도의 동정녀 탄생에 관하여 비평한 학자들의 주장을 학술적으로 논박하여 복음을 옹호하였다.

9. 누가복음 1:28의 "평안할지어다"는 마리아에 대한 천사의 인사말이지 찬양(Ave Maria)이 아니다. 가톨릭과 성공회와 정교회가 마리아를 찬양하고 가톨릭과 성공회가 마리아에게 기도하는 것은 비성경적 행위다.

38
예수 그리스도의 생애와 죽음

> 문 48: 그리스도께서 그의 지상생활에서 어떻게 자기를 낮추셨는가?
> 답 48: 인간 본성에 공통적인 것이든, 특별히 그의 낮아지심에 수반된 것이든 간에, 세상의 모욕, 사탄의 시험, 그의 육신이 연약함을 겪으심으로 자기를 지상 생활에서 낮추셨다(갈 4:4 2; 마 5:17; 롬 5:19 등).
>
> Q 48: How did Christ humble himself in his life?
> A 48: Christ humbled himself in his life, by subjecting himself to the law, which he perfectly fulfilled; and by conflicting with the indignities of the world, temptations of Satan, and infirmities in his flesh, whether common to the nature of man, or particularly accompanying that his low condition.

1. 우리 구주께서 하나님의 율법 아래 처하심으로 낮아지셨다. 그것은 우리의 대표자로서 아담이 첫 언약에서 실패했기 때문이다. 제2 아담으로서의 그리스도는 그의 의를 우리에게 전가하기 위해 율법의 요구를 수용해야 했다. 우리 구주께서는 세상의 기초가 생기기 영원 전부터 하나님 아버지와 맺으신 구원협약에 따라 자원적으로 사람이 되심으로 하나님의 율법 아래 처하셨다.

2. 그리스도께서는 하나님의 율법을 완전히 성취하셨다. 그는 모든 긍정적이며 부정적인 율법에 대해 순종하셨다. 그는 율법의 그 어떤 계명도 위반한 적이 없고 죄의 삯은 죽음이라는 율법의 요구에 응하셨다. 율법 아래 처하시는 것이 그리스도께서 자신을 비우시는 것이 되는 것은 그가

본질상 하나님으로서 율법 위에 계시기 때문이다. 그는 본질상 율법의 주인이시다. 사람이 되심에 있어서 그는 하늘 영광을 버리시고 종의 형체를 지니셨으며 율법 아래 처하셨다.

3. 우리 구세주를 향한 모욕과 조롱이 그리스도의 비하가 되는 것은 세상의 무례가 구세주의 본질과 배치되며 그것이 평화와 질서와 그가 오신 천국의 거룩함과 배치되기 때문이다. 사탄의 유혹이 우리 구주께 비하가 된 것은 사악할 뿐만 아니라 하나님의 권위에 도전하는 사탄에 의해 유혹을 받는 것이 구주의 거룩하신 성품을 모욕하기 때문이다. 영광의 주께서 우주에서 가장 불법하고 사악한 자에 의해 시험을 당하셨다.

4. 우리 구주께서 세상에 계실 때 당하신 '육체의 연약'은 지침, 배고픔, 목마름, 빈궁, 머리 둘 곳이 없으심, 가까운 사람들에게 오해를 받으시고 배척을 당하심 등이다. 따라서 우리 구주께서 지상 생애 동안 자기를 비우신 것에 대한 우리의 태도는 우리를 위해 그러한 고통을 당하신 그에게 가장 깊은 감사를 드려야 한다.

우리가 지상에서 삶을 살면서 고통과 어려움에 직면할 때 우리 구주 되시는 영광의 주께서 우리를 향한 크신 사랑 때문에 당한 처절한 고통과 고난을 기억하며 우리를 낙심케 하고 절망하게 만드는 유혹을 반드시 물리쳐야 한다.

문 49: 그리스도께서 그의 죽음에서 어떻게 자기를 낮추셨는가?
답 49: 그리스도께서 그의 죽음에서 자기를 낮추신 것은 가룟 유다에게 배반당하시고, 그 제자들에게도 버림 받으시고, 세상의 조롱과 배척을 받으시고, 빌라도에게 정죄 받으신 후 핍박하는 자들에게 고난을 받으시고, 죽음의 공포와 흑암의 권세와 싸우시며 하나님의 무서운 진노를 느끼시고,

이를 견디시고 자기 생명을 속죄 제물로 내놓으시고 고통과 수욕과 저주된 십자가의 죽음을 참으심에서였다(마 27:4, 25, 50; 26:56; 사 53:2-3, 10; 요 19:34 등).

Q 49: How did Christ humble himself in his death?

A 49: Christ humbled himself in his death, in that having been betrayed by Judas, forsaken by his disciples, scorned and rejected by the world, condemned by Pilate, and tormented by his persecutors; having also conflicted with the terrors of death, and the powers of darkness, felt and borne the weight of God's wrath, he laid down his life an offering for sin, enduring the painful, shameful, and cursed death of the cross.

1. 우리 구주께서 유다에게 배신을 당하신 것이 특별한 슬픔이 되는 것은 유다가 낯선 사람이나 적개심을 품은 대적자가 아니었기 때문이다. 그는 오히려 특권을 받은 자였고 예수님과 우정을 나누었던 열두 제자 가운데 한 사람이었기 때문이다(시 41:9; 55:12-14).

예수께서 제자들에게 버림받으신 것이 감당하기 고통스러운 일인 것은 당시 제자들이 보여 주었던 행동 때문이다. 그들은 자신들의 주님보다 그들 자신의 개인적인 안전을 더 신경 썼다. 그들의 마음에는 그리스도를 사랑하는 것보다 개인적인 두려움이 더 강력하게 자리 잡았다.

2. 세상의 조롱과 배척이 그리스도께 수치가 되는 것은 그리스도께서 세상의 창조주요 주인이시기에 세상이 그를 경외와 즐거움으로 영접해야 했기 때문이다.

자기 땅에 오매 자기 백성이 영접지 아니하였다(요 1:11).

그리스도께서 빌라도에게 정죄를 당하신 것이 특별한 수치가 되는 것은 빌라도의 정죄가 정의와 배치되었기 때문이다. 공의를 행할 자로 임명된 로마의 총독 빌라도가 세상 나라인 국가에서 하나님 나라의 공적인 대표자이신 그리스도를 불의하게 정죄하고 재판을 했기 때문이다.

3. 그리스도께서 대적자들에게 고통을 당하신 것은 마태복음 27:26-50에 기록되어 있다. 그리스도께서는 십자가에 달리시기 전날 밤에 겟세마네 동산에서 사망의 공포와 어두움의 권세와 더불어 싸우셨다. 예수 그리스도께서는 그의 전 지상 생애에서 인간의 죄를 대적하시는 하나님의 진노를 느끼셨다. 특별히 그의 생애 마지막 겟세마네 동산에서와 십자가에 달리신 6시부터 9시까지 3시간 동안 계속된 어두움 속에서 사망의 공포를 느끼셨다. 그는 십자가에서 외치셨다.
"나의 하나님 나의 하나님 어찌하여 나를 버리시나이까?"

4. 우리 구세주의 죽음의 성격은 우리 인간의 죄를 속하시기 위해 자신을 하나님께 드리신 희생제물이다. 따라서 그의 죽음은 다른 이들의 죽음과 달리 특별하다. 예수님은 병이나 노약이나 사고로 돌아가신 것이 아니다. 그는 불의나 압제의 희생양이 아니다. 그는 위대한 순교자로 돌아가신 것도 아니다. 그는 죄인들을 위한 구속자로서 죄의 희생제물로 죽으셨다.
십자가를 통한 죽음이 특별히 신랄한 죽음인 것은 십자가 죽음이 고통스럽고 수치스러우며 저주의 죽음이었기 때문이다. 십자가 죽음이 고통스러운 죽음인 것은 종종 십자가에서 수 시간 동안 심지어 며칠 동안이나 죽지 않고 고통을 당하면서 피를 흘리고 태양열 때문에 극도로 기진맥진하여 갈증을 느끼기 때문이다.

5. 십자가 죽음이 수치스럽고 저주스러운 죽음인 것은 로마 제국에서 십자가 죽음이란 노예나 아주 비천한 죄수가 당하는 형벌이었기 때문이다. 더욱 중대한 사실은 하나님의 말씀이 이러한 저주의 죽음을 선언하셨

기 때문이다.

> 나무에 달린 자마다 하나님의 저주 아래 있는 자라(신 21:23; 갈 3:13).

6. 예수께서는 십자가상에서 6시간 정도 달리신 후 돌아가셨다. 같이 십자가에 달렸던 두 강도는 그 시간까지 살아 있었다. 우리 구주께서는 하나님께서 정하신 시간에 돌아가셨다.

> 예수께서 다시 크게 소리 지르시고 영혼이 떠나가셨다(마 27:50).

> 신 포도주를 받으신 후 가라사대 다 이루었다 하시고 머리를 숙이시고 영혼이 돌아가셨다(요 19:30).

7. 예수님의 죽음은 우리 그리스도인의 죄에 대한 형벌로 대신 죽으심이다. 그래서 예수 그리스도의 죽음은 성경의 중심이요, 세상 역사의 초점이요, 복음 메시지의 핵심 진리요, 영생과 소망의 근거다.

39

예수 그리스도의 장사와 부활

> 문 50: 그리스도께서 죽으신 후 그의 낮아지심은 무엇으로 구성되었는가?
> 답 50: 그리스도께서 죽으신 후 그의 낮아지심은 장사됨과 죽은 자의 상태를 계속하심과 제삼일까지 사망의 권세 아래 계신 것으로 구성되는데, "그가 음부에 내려가셨다"는 말로 표현되었다(고전 15:3-4; 시 16:10; 행 2:24-27, 31; 롬 6:9; 마 12:20).
>
> Q 50: Wherein consisted Christ's humiliation after his death?
> A 50: Christ's humiliation after his death consisted in his being buried, and continuing in the state of the dead, and under the power of death till the third day; which hath been otherwise expressed in these words, he descended into hell.

1. 예수 그리스도께서 십자가에서 죽으신 후 그의 육신은 무덤에 있었다. 예수 그리스도의 장사는 그의 죽음이 확실하다는 것을 증거한다. 예수 그리스도의 죽음은 로마 군병이 확인했다.

> 군인들이 가서 예수와 함께 못 박힌 첫째 사람과 또 그 다른 사람의 다리를 꺾고 예수께 이르러서는 이미 죽으신 것을 보고 다리를 꺾지 아니하고 그중 한 군인이 창으로 옆구리를 찌르니 곧 피와 물이 나오더라(요 19:32-34).

로마 군병들은 예수님의 죽음을 이중으로 확인했다. 그들은 예수님의 죽음을 눈으로 확인하고도 창으로 옆구리를 찔러 피와 물이 나오는 것을 본 것은 예수 그리스도의 육체적 죽음에 대한 확실한 증거이다.

2. 예수 그리스도의 죽음과 장사는 그 백성의 죗값이다. 예수 그리스도의 죽음과 장사로 그 백성의 죄에 대한 형벌이 완료되었다. 그러므로 누구든지 예수 그리스도를 믿는 자들은 그들의 죄에 대한 형벌을 받지 않게 되었다. 그리스도는 거룩하신 하나님이셨다. 그에게는 죄가 없었고 따라서 우리의 죄를 대신 짊어지지 않는 한 사망의 권세가 그에게 미칠 수 없었다.

그는 우리 죄를 대신 지고 우리 죄의 대속자로서 돌아가셨다. 그의 장사 지냄이 죄의 값의 일부분이기에 우리 주님의 비하의 한 요소가 된다. 그리스도의 육신이 장사 지낸 바 되시고 사망의 권세에 잠시 놓인 것이 수치와 비하가 되는 것은 '죄의 값은 사망'이기 때문이다(롬 6:23).

3. 그리스도의 육신이 잠시 사망의 권세 아래 놓이게 된 것은 죄에 따른 형벌의 값을 완전히 치르셔서 그의 백성의 범죄가 완전히 속해졌기 때문이다. 만일 그리스도의 육신이 무덤에 영원히 갇혀 있었다면, 죄에 따른 형벌이 완전하지 않았을 것이다. 예수 그리스도의 장사 기간에 그의 영혼은 누가복음 23:43에 기록된 대로 천국 또는 낙원에 있었다.

4. 사도신경에 나타난 '그가 음부에 내려 가셨다'는 표현은(한글 번역에는 없음) 여러 가지로 해석되었다. 어떤 이들은 그리스도께서 문자적으로 음부, 즉 마귀와 악한 천사들이 거하는 지옥이 아니라 구약의 성도들이 기다리고 있는 음부에 내려가셨다고 주장한다. 그들은 거기서 그리스도께서 구약의 영들에 설교하셨고 천국에 들어갈 길을 열어 놓으셨다고 주장한다.

가톨릭과 일부 개신교가 견지하고 있는 이러한 해석은 불건전한 해석이며, 베드로전서 3:18-20의 그릇된 해석에 기초한다. 어떤 개신교인들은 '그가 음부에 내려가사'가 십자가에서의 그리스도의 고통을 의미한다고 말한다. 이러한 해석은 역사적으로는 증거가 불충분하다. 대요리문답은 '그가 음부로 내려가사'가 그리스도의 장사 지냄과 잠시 사망의 권세 아래 처함을 의미한다. 따라서 여기 음부는 '사망의 권세가 미치는 영역'으로 이해해야 한다.

> **문 51**: 그리스도의 높아지신 신분은 무엇이었는가?
> **답 51**: 그리스도의 높아지신 신분은 그의 부활, 승천, 성부의 우편에 앉으심과 세상을 심판하기 위해 다시 오심을 포함한다(고전 15:4; 막 16:19; 엡 1:20; 행 1:11; 17:31).
> Q 51: What was the estate of Christ's exaltation?
> A 51: The estate of Christ's exaltation comprehendeth his resurrection, ascension, sitting at the right hand of the Father, and his coming again to judge the world.

1. 그리스도의 승귀 상태가 포함하는 네 가지 요소는 다음과 같다.

첫째, 그의 부활하심
둘째, 그의 승천하심
셋째, 그의 하나님 보좌 우편에 앉으심
넷째, 세상을 심판하기 위해 다시 오심

2. 이 네 가지 요소 가운데 두 가지 요소인 그리스도의 부활과 승천이 과거에 발생했고, 하나님 아버지 보좌 우편에 앉으심은 현재이며, 세상을 심판하시기 위해 다시 오심은 미래에 이루어질 일이다.

문 52: 그리스도께서 그의 부활에서 어떻게 높아지셨는가?

답 52: 그리스도께서 그의 부활에서 높아지심은 그가 사망에 매여 있을 수 없어 사망 중에 썩음을 보지 않으신 것과 고난받으신 바로 그 몸이 본질적 특성을 그대로 가지고 사망과 기타 현세에 속하는 공통적 연약성 없이 그의 영혼과 실지로 연합되어 그의 권능으로 사흘 만에 죽은 자 가운데서 다시 살아나심을 말한다. 이로써 하나님의 아들이심과 하나님의 공의를 만족시키고 사망과 사망의 권세 잡은 자를 정복하신 것과 산 자와 죽은 자의 주가 되심을 친히 선포하셨다.

그가 공적 인물로서 자기 교회의 머리로서 하신 모든 것은 믿는 자들을 칭의하시고 은혜로 새 생명을 주시고 원수들에 대항하여 이기게 하시고 마지막 날에 그들을 죽은 자 가운데서 다시 살리실 것을 그들에게 확신시키시기 위한 것이었다(눅 24:39; 요 10:18; 행 2:24; 시 16:10 등).

Q 52: How was Christ exalted in his resurrection?

A 52: Christ was exalted in his resurrection, in that, not having seen corruption in death(of which it was not possible for him to be held), and having the very same body in which he suffered, with the essential properties thereof(but without mortality, and other common infirmities belonging to this life), really united to his soul, he rose again from the dead the third day by his own power; whereby he declared himself to be the Son of God, to have satisfied divine justice, to have vanquished death, and him that had the power of it, and to be Lord of quick and dead: all which he did as a public person, the head of his church, for their justification, quickening in grace, support against enemies, and to assure them of their resurrection from the dead at the last day.

1. 그리스도의 육신이 사흘 동안 무덤에서 썩지 않았음을 우리는 시편 16:10을 사도행전 2:27과 비교하여 알 수 있다. 그리스도께서 영원히 사망의 권세 아래 처하는 것이 불가능했다. 그 이유는 그의 신성 때문이다.

하나님의 아들로서 그리스도는 사망의 권세 아래 머물러 있을 수 없었다. 죄의 형벌이 완전히 치러졌다. 따라서 사망이 더는 그리스도를 붙잡고 있을 수 없게 되었다. 그래서 사흘 만에 부활하신 그리스도의 육신은 고난을 받으시던 동일한 몸으로서 영광스럽게 변화된 몸이었다.

2. 그리스도의 본질적 속성이 의미하는 바는 그리스도의 참된 육신을 가리킨다(눅 24:39). 그리스도의 영광스러운 몸과 십자가에 달리시기 전의 몸에는 어떤 차이가 있다. 부활하신 예수 그리스도의 영광스러운 몸은 사망이 없는 몸이고, 이생에 속한 여러 가지 연약이 없는 몸이다.

3. 그리스도의 부활과 요한복음 11장에 기록된바 예수께서 죽은 나사로를 살리신 사건 사이에는 차이가 있다. 예수 그리스도는 죄의 형벌을 받아 죄의 값을 치름으로 이제는 더 이상 죽음 아래 있을 근거가 없어져서 다시 살아나셨지만, 나사로는 단순히 그리스도의 권능으로 살아났다. 그리스도는 십자가에서 율법의 요구인 죄의 형벌에 따른 죽음으로 다시는 죽지 않을 몸으로 부활했지만, 그렇지 않은 나사로는 다시 살게 되었으나 다시 죽었다.

4. 그리스도의 부활에 나타난 다섯 가지 위대한 진리는 그가 하나님의 아들이시다는 사실이다. 그는 자기 백성의 죄를 위해 하나님의 의를 만족시켰다. 그는 사망을 정복하셨다. 그는 사탄과 마귀를 이기셨다. 그는 산 자와 죽은 자의 주님이 되셨다.

5. '공적 인물'이란 표현은 자기 자신을 위해 사적으로 행동하는 사람이 아니라 일련의 무리를 대표하는 공식적인 대표자를 가리킨다. 이는 개인이나 사적인 시민과 반대되는 단어다. 그리스도의 위대한 구속 사역은 공적인 본질을 지니고 있다. 공적 인물로서 그리스도는 자기가 머리가 되

시는 자기 백성과 교회를 대표한다.

6. 그리스도의 부활을 통해 교회가 얻는 유익은 다음과 같다.

첫째, 칭의다.
둘째, 은혜 안에서 소생하는 것이다.
셋째, 대적과의 전투를 지원하는 것이다.
넷째, 마지막 날 우리 몸도 부활할 것을 확신하는 것이다.

 **40**

예수 그리스도의 승천과 보좌에 앉으심

문 53: 그리스도께서 그의 승천에서 어떻게 높아지셨는가?

답 53: 그리스도께서 그의 승천에서 높아지신 것은 부활하신 후 그의 사도들에게 자주 나타나 담화하시며, 그들에게 하나님의 나라에 관한 일들을 말씀하셨다. 모든 나라에 복음을 전하라는 사명을 주시고, 부활 후 사십 일이 되는 날 우리의 본성과 우리의 머리로서 원수들을 이기시고 눈에 보이는 가장 높은 하늘로 올라가사 사람들을 위한 선물을 받고 우리의 애정을 거기로 일으키시며 우리를 위한 처소를 예비하셨다. 그곳은 곧 주님이 계시는 곳이요 세상 끝날에 재림하실 때까지 계실 곳이다(행 1:2-3; 마 28:19-20; 히 6:20; 엡 4:8; 행 1:9-11 등).

Q 53: How was Christ exalted in his ascension?

A 53: Christ was exalted in his ascension, in that having after his resurrection often appeared unto and conversed with his apostles, speaking to them of the things pertaining to the kingdom of God, and giving them commission to preach the gospel to all nations, forty days after his resurrection, he, in our nature, and as our head, triumphing over enemies, visibly went up into the highest heavens, there to receive gifts for men, to raise up our affections thither, and to prepare a place for us, where himself is, and shall continue till his second coming at the end of the world.

1. 그리스도의 부활과 그의 승천 사이의 기간은 40일이다. 그리스도는 이 기간에 그의 제자들과 항상 함께 다니시지 않지만, 그들에게 반복

적으로 나타나셨다. 이 기간에 그리스도께서 그의 백성에게 주신 위대한 명령은 모든 족속에게 복음을 선포하라는 것이다(마 28:18-20; 막 16:15-18; 눅 24:47; 행 1:8).

2. 그리스도께서는 '우리의 본성을 가지고' 승천하셨다. 이는 그리스도께서 하나님으로서만 아니라 인간의 육체와 영을 가지고 승천하셨기 때문이다. 우리의 본성을 가지고 '우리의 머리로서' 그리스도께서 승천하신 것은 예수 그리스도께서 우리의 둘째 아담과 인류 구속자의 대표, 즉 우리의 대표자로서의 공식적 행위이다.

현재 예수 그리스도께서는 천국에서 하나님 백성의 대표자요 머리이시다. 이것은 놀라운 복음이다. 왜냐하면, 우리의 머리로서 그리스도께서 이미 천국에 가 계시기에 그의 몸인 우리가 지금 천국에 있는 셈이기 때문이다.

3. 그리스도의 승천은 신인 위격으로서 하늘로 장소 이동을 하신 것이다. 신-인이 완전한 신적 영광으로 복귀하신 것이 승천이다. 그리스도께서는 그의 인성과 함께 승천하셨다. 승천으로 그리스도께서 가신 곳은 구원자들과 천사들이 있는 곳이고, 하나님의 보좌 자체다.

4. 승천은 속죄 제사의 완성이다. 그리스도의 승천은 히브리서 9:24의 말씀대로다.

> 그리스도께서는 참 것의 그림자인 손으로 만든 성소에 들어가지 아니하시고 오직 참 하늘에 들어가사 이제 우리를 위하여 하나님 앞에 나타나셨다(히 9:24).

그리스도께서 하나님 얼굴 앞에 나타나셔서 피 흘려 이루신 속죄 사역을 성부 하나님께 보고하셨다. 파송 받은 자의 임무는 보낸 자에게 임무

완수를 보고해야 그의 임무가 완료된다. 성자 예수 그리스도의 임무가 구속 사역인데 구속 사역 완수를 성부에게 보고하셨다. 그리하여 예수 그리스도의 구속 사역이 절차상 완료되었다.

5. 현대 자유주의는 그리스도의 육체적 부활을 믿지 않기 때문에 육체적 승천 역시 믿지 않는다. 현대주의는 이 위대한 복음의 사실을 믿지 않고 그것을 신화나 전설로 취급한다. 그러나 우리 구주께서 눈에 보이게 승천하셨다는 사실은 사도행전 1:9-11에 나타나 있다.

> 이 말씀을 마치시고 저희 보는 데서 올리워 가시니 구름이 저를 가리워 보이지 않게 하더라(행 1:9-11).

눈에 볼 수 있게 승천하신 그리스도의 승천은 환영이나 환상이나 영적 승천이 아님을 증거한다. 제자들은 모두 맑은 정신을 가지고 예수 그리스도의 육신이 이 세상을 떠나서 하늘로 올라가신 것을 보았다. 이렇게 예수 그리스도께서는 승천을 통해 대적자들의 증오와 적대에도 불구하고 죄와 사망과 사탄을 정복하여 왕 중의 왕이요 만군의 주님이심을 확증하셨다.

6. 이 세상에서 인간의 몸을 가지고 그리스도께서 하늘로 올라가신 것을 믿는 것은 우리가 어떤 그리스도를 믿느냐에 달려 있다. 만일 예수 그리스도께서 단순히 인간이었다면, 그가 정말 하늘로 올라갔는지를 믿는 것은 대단히 어려운 일이 될 것이다.

그러나 우리가 성경에 기록된 대로 먼저 하늘에서 내려오셔서 하늘로 올라가신 그리스도를 믿는다면, 그가 지상 사역을 성취하시고 다시 하늘로 올라가셨음을 믿는 것은 전혀 어려운 일이 아니다. 따라서 우리는 그리스도의 승천에 관한 성경적 선포가 전적으로 합당하고, 신뢰할만한 것으로 결론지을 수 있다.

7. 그리스도께서 '사람들을 위한 선물을 받기 위하여'라는 표현은 시편 68:18에서 차용했고, 에베소서 4:8에도 인용되어 있다. 이 선물의 내용과 종류는 에베소서 4:11-12에서 발견할 수 있다. 그것은 사도와 선지자와 복음 전하는 자와 목사와 교사와 같이 교회 안에서의 여러 종류의 공적인 기능을 가리킨다. 이러한 선물로서의 은사의 목적이 12절에 기록되어 있다.

> 이는 성도를 온전케 하며 봉사의 일을 하게 하며 그리스도의 몸을 세우려 하심이다(엡 4:12).

8. 그리스도의 승천이 우리의 마음을 자극하는 것은 우리 구주께서 하늘에 계시다는 사실이 우리가 천국을 생각하게 하고 그것을 세상에 있는 그 무엇보다 더 귀중하게 여기게 한다. 보물이 있는 곳에 마음도 있기 때문이다(마 6:21).

문 54: 그리스도께서 하나님 우편에 앉으심으로 어떻게 높아지셨는가?
답 54: 그리스도께서 하나님 우편에 앉으심으로 높아지신 것은 신인(神人)으로서 성부 하나님의 지고한 총애를 얻으시고, 기쁨과 영광과 천지만물을 다스리는 권세를 충만히 가지시고, 그의 교회를 모으시고 수호하시며, 그들의 원수를 제압하시며, 그의 사역자와 백성에게 은사와 은혜를 주시고 그들을 위해 중보하심에서다(빌 2:9; 행 2:28; 시 16:11; 요 17:5 등).

Q 54: How is Christ exalted in his sitting at the right hand of God?
A 54: Christ is exalted in his sitting at the right hand of God, in that as God-man he is advanced to the highest favor with God the Father, with all fulness of

> joy, glory, and power over all things in heaven and earth; and doth gather and defend his church, and subdue their enemies; furnisheth his ministers and people with gifts and graces, and maketh intercession for them.

1. 그리스도께서 하나님 보좌 오른편에 좌정하심은 비유적인 언어다. 하나님은 영이시고 신체를 갖고 계시지 않기 때문에 문자적 오른편이 없다. 이는 중보자와 신-인으로서의 그리스도께서 성부 하나님 곁에 좌정하심으로 천국에서 가장 높은 권세를 소유하신 분이심을 나타낸다.

2. 그리스도께서 하나님 보좌 우편에 앉으신 것은 그의 권세와 통치권 행사를 나타낸다. '하늘과 땅의 모든 권세'를 행사하심과(마 28:18). '만물을 저의 발아래 두시는' 권세를 행하심이다(고전 15:27). 하나님은 그리스도를 죽은 자 가운데서 다시 살리시고 하늘에서 자기의 오른편에 앉히사 모든 정사와 권세와 능력과 주관하는 자와 이 세상뿐 아니라 오는 세상에 일컫는 모든 이름 위에 뛰어나게 하시고 또 만물을 그 발아래 복종하게 하셨다(엡 1:20-22). 그리스도의 권세는 우주적 권세이며, 창조하신 모든 피조 세계를 다 다스리는 권세이시다.

3. 하나님의 우편 보좌는 그냥 앉아 계시는 자리가 아니라, 하늘과 땅의 모든 권세를 가지고 통치하는 자리다. 예수 그리스도께서 하나님의 우편에 앉으셔서 맨 처음 하신 일은 성령을 아버지 하나님으로부터 받아 보내신 사역이다. 그리스도의 성령 파송은 구속자로서만 하실 수 있는 일이다. 죄인에게 성령 하나님이 오시면 그 죄인은 자기의 죄로 인하여 죽을 수밖에 없다. 하나님의 거룩하심과 죄는 같이 있을 수 없기 때문이다.

먼저, 죄 문제가 해결되어야 성령 하나님이 오셔도 죽지 않는다. 예수 그리스도께서는 십자가 죽음으로 죄 문제를 해결하셨다. 그래서 오순절 성령 강림이 가능했다. 그의 구속 사역 없이 성령의 내주는 불가능하다.

그러나 드디어 그리스도의 구속 사역으로 성령의 내주가 가능하게 되었다. 성령의 내주는 구원의 확실함이고 복음이다.

4. 지금 그리스도께서 하늘에서 하시는 일은 그의 백성을 위해 중보 기도하시고, 영원한 처소를 예비하시는 일이다(요 14:1-3). 이것은 천국이 단순히 영적 상태나 상황이 아닌 장소라는 사실을 표현한다. 예수 그리스도의 육신이 바로 거기 계시기 때문이다. 우리는 천국이 어디 있는지 모르지만, 천국이 실재하는 장소임은 분명하다. 그리스도의 육체적 부활 교리는 천국이 장소임을 암시한다.

5. 전 우주를 향한 그리스도의 통치는 계속될 것이다.

> 저가 모든 원수를 그 발아래 둘 때까지 불가불 왕 노릇 하시리니 맨 나중에 멸망 받을 원수는 사망이니라(고전 15:25-26).

> 그 후에는 나중이니 저가 모든 정사와 모든 권세와 능력을 멸하시고(고전 15:24).

예수 그리스도께서 인류의 구속자로서 그의 왕적 사역은 결코 멈추지 않을 것이다. 왜냐하면, 그는 "영원히 야곱의 집에 왕 노릇 하실 것이며 그 나라가 무궁할 것"(눅 1:33)이기 때문이다.

6. 전 우주를 다스리시는 예수 그리스도의 통치 목적은 에베소서 1:22에 기록된 대로 그의 교회의 유익을 위해서이다.

> 또 만물을 그 발아래 복종하게 하시고 그를 만물 위에 교회의 머리로 주셨다(엡 1:22).

이 본문은 그리스도께서 교회만의 머리라는 뜻으로 오해된다. 그러나

이 본문은 교회를 향해 또는 교회를 위해 만물을 복종하게 하심을 말한다. 예수 그리스도께서는 교회의 유익을 위해 전 우주를 주관하신다.

7. 그리스도의 전 우주적 통치는 그의 교회에 다음과 같은 유익을 끼친다.

첫째, 그의 택자들을 그의 교회에 모으심
둘째, 그의 교회를 대적으로부터 변호하심
셋째, 그의 사역자와 백성에게 은사와 은혜를 선물로 주셔서 그의 교회를 완전케 하심
넷째, 그의 백성을 위해 중보 하심

8. 오늘날 유행하는 그리스도의 왕적 통치에 대한 그릇된 견해는 현재 그리스도께서 왕이 아니시며 재림하기까지 그의 권세를 행사하지 않는다는 가르침이다. 그러나 고린도전서 15:23-28은 확실하게 그리스도께서 지금도 통치하시며(25절), 그의 재림은 그의 통치의 시작이 아니라 전 우주에 대한 마지막 심판이 될 것을 분명히 교훈하고 있다.

41

예수 그리스도의 중보와 재림

문 55: 그리스도께서 어떻게 우리를 위해 중보하시는가?

답 55: 그리스도께서 우리를 위해 중보하심은 하늘에 계신 아버지 앞에 우리의 본성으로, 지상에서 이루신 자신의 순종과 희생의 공로로 계속해서 나타나셔서 모든 신자에게 자기의 공로를 적용시키려는 자기의 뜻을 선포하시며, 신자들에 대한 모든 비난에 답변하신다. 그뿐만 아니라 매일 실수함에도 불구하고 그들에게 양심의 평안을 주시며, 은혜의 보좌에 담대히 나갈 수 있게 하시며, 그들의 존재와 봉사가 수납되게 하신다(히 9:12, 24; 1:3; 요 3:16 등).

Q 55: How doth Christ make intercession?

A 55: Christ maketh intercession, by his appearing in our nature continually before the Father in heaven, in the merit of his obedience and sacrifice on earth, declaring his will to have it applied to all believers; answering all accusations against them, and procuring for them quiet of conscience, notwithstanding daily failings, access with boldness to the throne of grace, and acceptance of their persons and services.

1. 예수 그리스도의 중보 사역은 그리스도의 삼중직 가운데 제사장 직분에 속한다(히 7:24-25). 그리스도의 제사장 직분을 가장 상세하게 설명하는 성경은 히브리서다. 그리스도의 대제사장적 기도는 요한복음 17장에서 발견된다. 지금도 예수 그리스도는 성부 하나님께 그의 백성을 위해 중보 기도하신다.

2. 예수 그리스도께서는 그의 지상에서의 희생을 기초로 그의 백성을 위해 중보 하신다. 그리스도는 그의 순종과 희생이 그의 백성들의 죄가 용서될 수 있는 충분한 이유가 되고, 그들을 축복하고 그들의 예배를 기쁘게 받으실 충분한 이유가 되는 것으로 제시한다.

3. 예수 그리스도의 뜻과 목적에 의하면, 그의 순종과 공로와 희생은 그를 모든 믿는 신자에게 적용된다. 그런데 성경에는 사탄 또는 마귀가 하나님의 자녀를 송사하는 것으로 기록되어 있다(욥 1:9-11; 2:4-5; 계 12:9-10; 슥 3:1-2). 사탄은 하나님의 백성이 그들의 죄 때문에 하나님의 축복과 은총을 받기에 부적당한 자라고 하나님의 백성을 고소한다.

4. 예수 그리스도는 신자들을 대적하는 사탄의 송사에 대하여 하나님의 백성이 죄인이고 하나님의 축복과 은총을 받기에 무가치하다 할지라도 그가 그들의 죄의 값을 다 치르셨으며 완전한 의를 그들에게 전가하셨기에 사탄은 그들을 송사할 근거가 더 이상 없다고 대답하신다. 사탄이 송사하는 성도의 모든 죄에 대해 그리스도께서는 "그들의 죄를 없이 하기 위하여 내 피를 흘렸다"라고 말씀하셨다. 따라서 사탄은 신자를 송사할 근거가 완전히 없어졌다.

5. 그리스도인의 삶 속에서 그들 양심이 평안을 누리지 못하는 이유는 그들의 생각과 말과 행동에서 매일 실패하기 때문이다. 매일의 실패에도 불구하고 그리스도인이 참된 평강을 누릴 수 있는 것은 우리를 위해 성취하신 그리스도의 속죄와 그 의가 우리 모든 죄와 실패보다 더욱 위대하시기 때문이다.

죄가 더한 곳에 은혜가 더욱 넘쳤다(롬 5:20).

제4장 그리스도(문 36-56) 195

따라서 그리스도의 천상의 중보로 말미암아 모든 그리스도인은 양심의 평강을 누린다. 그렇다고 해서 신자가 매일 기쁘게 죄를 짓는다는 것은 아니다. 오히려 신자는 죄와 매일 전투하며 싸운다. 따라서 궁극적으로 모든 그리스도인은 그리스도의 구속 사역에 대한 믿음 고백 때문에 그들의 모든 죄가 사하여졌고, 더 이상 정죄를 당하지 않는다.

그러므로 이제 그리스도 예수 안에 있는 자에게는 결코 정죄함이 없다(롬 8:1).

6. 우리의 모든 죄와 실패 때문에 우리 자신으로서는 하나님의 은혜 보좌 앞에 담대히 나아갈 수 없다. 하나님께서는 거룩하시고, 우리는 죄인이기 때문이다. 그러나 우리는 하나님의 우편에 계신 예수 그리스도의 중보를 통해 하나님께 담대히 나아갈 수 있다. 왜냐하면, 예수 그리스도는 우리의 중보자시요 대제사장이시기 때문이다. 우리는 이제 자녀가 아버지께 나아가듯 그리스도의 공로를 의지하여 예수 이름의 기도로 하나님 아버지께 담대히 나아갈 수 있게 되었다(히 4:15-16).

7. 예수 그리스도의 백성 예배와 선한 일이 하나님께서 받으실 수 있게 되는 것은 우리가 가진 그 어떤 것이 선해서가 아니다. 우리가 하는 모든 일의 질이나 성격이 선해서도 아니다. 우리는 모두 본성상 죄인이기 때문이다. 그리하여 우리가 하는 일은 모두 불완전하고 죄로 말미암아 더럽게 되었다. 그래도 우리의 예배와 봉사가 모두 다 하나님께서 받으실 수 있는 것은 순전히 우리의 중보자가 되시는 그리스도의 구속과 중보 사역 때문이다.

8. 하나님과 사람 사이에서 사람의 죄를 제거하여 사람을 하나님과 화해시키는 중보 사역은 오직 예수 그리스도께서만 할 수 있다. 실제로 예수 그리스도께서는 십자가에서 그의 백성을 위해 의로운 피를 흘려 죽고

부활하심으로 그의 백성을 위한 중보자의 자격을 갖추었다. 다른 사람들은 이러한 중보자의 자격이 없다. 그래서 예수 그리스도께서는 하나님과 사람 사이의 유일한 중보자이시다. 그러면 '중보 기도'라는 용어의 사용에 좀 더 신중해야 한다.

> 문 56: 세상을 심판하러 다시 오셨을 때 그리스도께서 어떻게 높아지실 것인가?
>
> 답 56: 그리스도께서 세상을 심판하러 다시 오심에서 높아지시는 것은, 악인들에게 불의하게 재판을 받아 정죄되신 주께서 마지막 날에 큰 권능과 자기의 영광과 그 아버지의 영광을 완전히 드러내면서 그의 모든 거룩한 천사와 함께 큰 외침과 천사장의 음성과 하나님의 나팔소리로 다시 오셔서 세상을 의로 심판하심으로써 일 것이다(행 3:14-15; 마 24:30; 25:31 등).
>
> Q 56: How is Christ to be exalted in his coming again to judge the world?
>
> A 56: Christ is to be exalted in his coming again to judge the world, in that he, who was unjustly judged and condemned by wicked men, shall come again at the last day in great power, and in the full manifestation of his own glory, and of his Father's, with all his holy angels, with a shout, with the voice of the archangel, and with the trumpet of God, to judge the world in righteousness.

1. 예수 그리스도께서 다시 오시는 세상의 끝날에 관하여 성경은 완전히 계시하지 않고 있다. 마태복음 24:36은 "그러나 그날과 그때는 아무도 모른다"라고 말씀한다. 그리스도 재림의 날을 계산하는 것은 아무 소용없고 비성경적인 일이다. 우리는 그날과 그 시를 안다고 미리 말하는 자들을 경계해야 한다.

이와 동시에 우리는 그리스도의 재림이 정확한 시간, 즉 특별한 해와 달과 날에 발생할 확정적인 사건임을 기억해야 한다. 오직 하나님만 아시는 특정한 그날에 그리스도의 재림과 심판과 함께 인류 역사는 끝나게 될 것이다.

2. 우리는 우리 주님의 다시 오실 날짜를 정확히 계산할 수는 없지만, 그 사건이 가까이 오고 있다는 것은 알 수 있다. 왜냐하면, 그리스도의 재림에 앞서 특정한 표적들이 발생할 것이라고 예언되었기 때문이다. 그 표적들이 출현하면 그것은 그리스도의 재림이 가까운 것임을 시사한다. 마태복음 24:33은 이것을 잘 입증한다.

> 이와 같이 너희도 이 모든 일을 보거든 인자가 가까이 곧 문 앞에 이른 줄 알라 (마 24:33).

3. 그리스도의 재림을 준비하기 위해 우리는 주 예수 그리스도의 말씀을 기억해야 한다.

> 이러므로 너희도 예비하고 있으라 생각지 않은 때에 인자가 오리라 (마 24:44).

우리는 기쁨과 즐거운 기대감으로 이 위대한 구속적 사건을 고대해야 한다. 왜냐하면, 그날은 우리에게 완전한 구속의 성취, 즉 죄로부터 그리고 죄로 말미암은 모든 결과로부터의 완전한 구원을 제공하기 때문이다.

> 복스러운 소망과 우리의 크신 하나님 구주 예수 그리스도의 영광이 나타나심을 기다리게 하셨으니 (딛 2:13).

> 그러므로 너희 마음의 허리를 동이고 근신하여 예수 그리스도의 나타나실 때에 가져올 은혜를 온전히 바랄지어다 (벧전 1:13).

4. 예수 그리스도의 재림 방식에 대해서 성경은 적어도 다음과 같은 사실을 계시하고 있다. 그리스도의 재림은 인격적인 오심이 될 것이다. 그리스도의 재림은 가시적인 오심이 될 것이다(행 1:11). 그리스도의 재림은 전능하신 능력으로 자연법칙을 초월하는 초자연적인 오심이 될 것이다(살전 4:16). 그리스도의 재림은 '그날'과 '그때'라고 지정된 특정한 날과 시간에 이루어질 갑작스러운 재림이 될 것이다(고전 15:51).

5. 예수 그리스도의 재림 이후 즉시 따라올 위대한 사건은 최후 심판이다. 그리스도는 재림 시에 하나님의 의로운 계명에 따라 심판하실 것이다. 그러면 인류 역사상 처음으로 인류에게 하나님의 완전한 공의가 시행될 것이다. 그리스도의 재림 때 심판받을 자들은 이 세상을 살았던 모든 죽은 자와 그때까지 살아 있는 자다.

예수 그리스도의 재림과 심판으로 악이 완전히 청소된다. 마귀는 지옥의 영원한 형벌에 들어가고, 이에 따라 죄와 사망도 없어진다. 그리하여 옛 하늘과 옛 땅이 사라지고 완전히 의롭고 거룩한 새 하늘과 새 땅이 매우 신비하고 매우 놀랍게 완전히 전개될 것이다.

6. 그리스도의 재림 때 성도들도 심판을 받게 되지만, 정죄를 당하지는 않는다. 그리스도의 보혈과 의가 그들의 것으로 전가되었기 때문에 그리스도인들의 경우에 무죄가 선고될 것이다. 우리는 다 반드시 그리스도의 심판대 앞에 나타나게 된다(고후 5:10). 우리가 다 하나님의 심판대 앞에 설 것이다(롬 14:10). 그리스도 예수 안에 있는 자에게는 결코 정죄함이 없다(롬 8:1).

성경의 빛 없이 살다가 죽은 이방인은 그들 마음과 양심에 기록된 본성의 율법에 따라 심판을 받을 것이다.

7. 그리스도의 재림은 기독교 신앙의 위대한 진리 가운데 하나로 성경

에 명백하게 계시되었고, 기독교에서 언제나 홀대를 받았다. 재림 설교가 별로 없으며, 많은 이가 재림을 잘 모르고 있다. 간혹 재림을 성경에 기록된 대로 연구하지 않아 광신적인 극단으로 치우친 경우가 있다. 우리는 그러한 공상적인 예언 연구를 논박해야 하고, 동시에 예수 그리스도의 재림 교리를 홀대하는 극단을 피해야 한다. 우리는 예수 그리스도의 실제적이며 가시적이고 초자연적인 재림을 철저하게 신앙해야 한다.

8. 예수 그리스도의 재림과 관련하여 전천년설, 후천년설, 무천년설 등이 있으나 웨스트민스터 대요리문답은 웨스트민스터 신앙고백서와 웨스트민스터 소요리문답과 더불어 천년 왕국에 관하여 아무런 언급이 없다.

제5장

구원 1(문 57-61)

42
성령의 구속 적용

> 문 57: 그리스도의 중보는 우리에게 무슨 유익을 주시는가?
> 답 57: 그리스도의 중보는 우리에게 은혜 언약의 다른 모든 혜택과 함께 구속 하신다(히 9:12; 고후 1:20).
> Q 57: What benefits hath Christ procured by his mediation?
> A 57: Christ, by his mediation, hath procured redemption, with all other benefits of the covenant of grace.

1. 성령의 사역은 무엇인가?

성령의 사역에는 두 가지가 있다. 하나는 성령의 일반적 사역이고, 또 하나는 성령의 특별한 사역이다. 성령의 일반적 사역은 창조와 보존 등이고, 성령의 특별한 사역은 예수 그리스도의 구속 사역의 개인적 적용이다. 성령께서는 예수께서 십자가에 피를 흘려 구속 사역하신 것을 다음과 같이 하나님의 백성에게 적용하신다.

2. 중보는 중보자가 서로 적대관계에 있는 두 사람의 화목을 위해 중재하는 행동이다. 예수 그리스도께서는 중보에 필수적인 구속 사역을 하셨다. 구속의 기본적 의미는 값을 지불하고 소유권을 되찾는 것이다. 예수 그리스도께서는 자신의 귀중한 피를 그 백성을 위한 대속물로 제공하여 그들을 죄와 사망에서 건져 내어 구원과 생명으로 인도하셨다.

신약성경에서 구속이란 단어는 몸의 부활로 사용되기도 했다. 그 이유는 부활이 구속의 결과이기 때문이다(롬 8:23; 엡 1:14; 눅 21:28).

3. 우리 구속을 위해 그리스도께서 대속물을 지급하셔야 할 이유는 온 인류가 하나님 앞에 범죄했고, 하나님의 의로우신 의의 심판이 그들에게 영원한 사망 선고를 할 수밖에 없었기 때문이다. 예수 그리스도는 하나님께 대속물을 지급하셨다. 이 대속물을 사탄에게 지불했다는 사탄 배상설은 시시때때로 반복되어 출현하는 오래된 이단이다.

이 주장은 성경적 근거가 있지 않다. 그리스도께서 사탄의 일을 멸하려 오신 것은 사실이지만, 사탄에게 대속물을 지급하시기 위해 오신 것은 결코 아니다. 예수 그리스도는 그 백성을 위해 하나님께 대속물을 지급하심으로 백성을 하나님의 심판에서 구원하셨다.

4. 성경이 말하는 대로 사랑의 하나님이시라면 대속물을 지급하지 않고서도 하나님께서 죄인들을 용서할 수 있지 않겠느냐는 질문은 하나님의 의로우심을 간과한 오류다. 성경은 하나님께서 사랑이라고 가르친다. 그러나 성경은 동시에 하나님께서 의와 거룩의 하나님이시고 자신을 부인할 수 없는 분이심을 가르친다.

만일 하나님께서 단순히 속죄함 없이 죄를 용서하신다면 하나님 스스로 의를 부인하시는 것이 된다. 죄의 형벌은 반드시 수행되어야 의가 유지된다. 죄에 대한 형벌이 수행되어야만 의로우신 하나님께서 우리의 죄를 용서하실 수 있다. 예수 그리스도의 십자가 죽음은 백성의 죄에 대한 형벌이었다.

5. 우리 죄를 위한 구속과 대속물로서의 고난과 죽으심 이외에 그리스도께서 그의 백성을 위해 확보하시는 은혜 언약의 또 다른 유익은 칭의와 양자와 성화 그리고 그것으로부터 흘러나오는 하나님 사랑의 보증과 양심의 평안, 성령 안에서의 기쁨, 은혜의 증가와 견인의 은혜 등이다. 또한, 그리스도인의 죽음과 부활 시에 임할 유익이다.

문 58: 우리는 어떻게 그리스도께서 얻으신 혜택에 참여할 수 있게 될 것인가?

답 58: 우리가 그리스도께서 얻으신 혜택에 참여할 수 있게 됨은 특히 성령 하나님의 사역에 의해 이 혜택을 우리에게 적용하심으로써 이다(요 1:11-12; 딛 3:5-6).

Q 58: How do we come to be made partakers of the benefits which Christ hath procured?

A 58: We are made partakers of the benefits which Christ hath procured, by the application of them unto us, which is the work especially of God the Holy Ghost.

1. 그리스도의 사역과 성령의 사역에는 차이점이 있다. 그리스도는 우리를 위해 구속을 성취하셨고, 성령께서는 우리가 실제로 그 구속의 유익을 경험하도록 그 구속을 우리에게 적용하신다. 성령께서 그리스도의 구속을 우리에게 적용하는 것이 필요한 것은 우리가 너무나 약하고 죄악 적이어서 우리를 그냥 내버려 둔다면 절대로 우리 스스로 그리스도의 구속 유익을 가져오지 못하기 때문이다.

오직 우리 마음을 바꾸시고 우리를 회개하게 하며 믿음을 주시는 성령 하나님의 전능하신 사역을 통해서만 실제로 그리스도께서 우리를 위해 행하신 구속 사역의 유익을 받을 수 있다.

2. 우리의 구원이 전적으로 우리가 복음을 영접하고 거절함을 통해 발생하는, 즉 우리의 의지에 달려 있다는 것은 이렇게 정리할 수 있다. 우리의 구원은 우리가 복음을 영접하는 여부에 따라 좌우된다. 복음을 영접하거나 거절할 때 우리는 언제나 우리의 자유 의지를 따른다. 성령의 사역 없이 우리의 자유 의지는 언제나 복음을 거절하게 될 것이다. 우리의 마음이 성령을 통해 변화될 때, 우리 자유 의지가 복음을 영접하게 된다. 따

라서 결국 구원은 우리 마음 안에 역사하시는 성령 하나님이 성취하신다.

3. 그리스도의 구속을 우리에게 적용하는 성령의 사역은 인간의 결정에 좌우되지 않는다. 이는 철저하게 하나님의 주권적인 사역이다. 하나님은 토기장이시며 우리는 토기에 불과하다. 하나님의 사역은 우리의 결정에 종속적이지 않다. 그러나 이것이 성령께서 그리스도인의 기도에 응답하시지 않는다는 것을 의미하는 것은 아니다. 성령께서는 우리 기도를 들으시고 응답하시는 하나님이시다.

> 문 59: 누가 그리스도로 말미암은 구속에 참여할 수 있는가?
> 답 59: 그리스도께서 구속하신 모든 사람에게 확실히 적용되며 유효하게 전달된다. 그들은 때가 이르면 성령으로 말미암아 복음을 통해 그리스도를 믿게 된다(엡 1:13-14; 2:8; 요 4:37, 39; 10:15-16; 고후 4:13).
> Q 59: Who are made partakers of redemption through Christ?
> A 59: Redemption is certainly applied, and effectually communicated, to all those for whom Christ hath purchased it; who are in time by the Holy Ghost enabled to believe in Christ according to the gospel.

1. 예수 그리스도는 '그의 백성'을 위해 구속을 성취하셨다. 그리스도의 백성은 '그의 양', '그의 교회', '그의 몸', '택함 받은 자들', '그가 미리 아신 자들'이란 용어로 성경에 정의된 하나님의 백성이다.

따라서 하나님의 백성으로 택함 받은 자들은 전 인류가 아니라 인류의 특별한 백성이다. 그러나 그들은 인간의 능력으로 셀 수 없을 정도로 많다. 그들은 창세 전에 결정되었고 오직 하나님만 아신다. 그리스도께서 구속하신 백성은 '각 나라와 족속과 방언에서 아무라도 능히 셀 수 없는 큰 무리'다(계 7:9).

2. 그리스도께서 모든 사람을 구속하셨다는 주장은 오늘날 유행하는 사상임에도 불구하고 성경의 교훈에 모순되는 진술이다. 성경은 이러한 사상을 배격하고 있다. 성경은 그리스도께서 '자기 백성', '자기 양', '자기 사람들'을 위해 구속을 성취하셨다고 선언한다.

3. 성경이 "그리스도께서 모든 이를 위하여 죽으셨다"라고 말하는 것은 인류 전체가 아니라 신자 전체 또는 택자 전체를 의미한다. 이와 유사한 일련의 본문도 그리스도께서 인종을 뛰어넘고 유대인과 이방인을 구분 짓는 국적을 뛰어넘어 모든 종류의 죄인을 위해 돌아가셨음을 지적한다(요일 2:2). 성경에서 '모든' 또는 '세상'이라는 단어는 세상에 있는 모든 각 개인이 아니라 하나님의 택한 백성 모두를 의미한다(눅 2:1; 행 19:27; 막 1:32; 행 4:21; 요 12:19).

4. 하나님께서 모든 이에게 구원받을 기회를 주시고 우리는 그것을 취할 수도 있으며 거부할 수도 있다고 말하는 것은 올바르지 않다. 성경에 계시된 구원의 계획에 있어서 기회란 말은 없다. 그리스도의 구속은 실제로 유효적으로 구원받기로 작정된 모든 자에게 적용되는 것이다.

5. 그리스도께서 그의 구속을 택자에 적용하시는 방법은 항상 동일하지는 않다. 그리스도의 구속 사역을 적용하시는 시간이 사람마다 다르고 그 방법이 항상 동일하지 않다. 그러나 동일한 것은 택자들의 생애 중 특정한 시간에 성령의 사역으로 예수 그리스도의 복음을 믿어 구속이 적용된다는 사실이다.

그리스도께서 십자가에서 피 흘려 구속 사역하신 것을 성령께서 하나님의 백성 각자에게 어떻게 적용하실 때만 하나님의 백성이 죄로부터 구원을 받는다. 그런 면에서 성령께서 예수 그리스도의 구속 사역을 적용하는 사역은 인류에게 복음이다.

43

복음 전파와 교회

> 문 60: 복음을 들어본 일이 없음으로 예수 그리스도를 알지도 못하고 믿지도 않은 사람들이 이성의 빛에 따라 삶으로 구원을 얻을 수 있는가?
>
> 답 60: 복음을 들어본 일이 없으므로 예수 그리스도를 알지도 못하고 믿지도 않는 사람들은 제아무리 부지런하고 자기의 생활을 본성의 빛에 맞추려고 애쓰거나 그들이 믿는 종교의 율법을 지키려 하여도 구원을 얻을 수 없다. 그리스도밖에는 어떠한 곳에도 구원이 없고 오로지 그리스도 안에만 있으니 그는 자기 몸된 교회만의 구주시다(롬 9:31-32; 10:14; 살후 1:8-9 등).
>
> Q 60: Can they who have never heard the gospel, and so know not Jesus Christ, nor believe in him, be saved by their living according to the light of nature?
>
> A 60: They who, having never heard the gospel, know not Jesus Christ, and believe not in him, cannot be saved, be they never so diligent to frame their lives according to the light of nature, or the laws of that religion which they profess; neither is there salvation in any other, but in Christ alone, who is the Savior only of his body the church.

1. 복음 전파 없이 교회는 설립되지 않는다. 복음 전파는 하나님의 백성을 부른다. 복음 전파는 예수 그리스도를 전파하는 것이다. 복음 전파는 성령의 역사로 예수 그리스도의 구속 사역을 하나님의 백성에게 적용하는 은혜의 수단이다. 복음 전파는 하나님의 백성을 불러 교회를 이루게 한다. 복음 전파는 교회를 유지하게 하고 교회를 성장하게 한다. 교회는 하나님의 백성이고 예수 그리스도의 몸이다.

2. 복음을 한 번도 들어보지 못한 이방인들이 마지막 심판의 날에 정죄를 당하는 것은 그들이 그리스도를 믿는 일에 실패해서가 아니라 단순히 그들의 죄 때문이다.

> 무릇 율법 없이 범죄한 자는 또한 율법 없이 망하고 무릇 율법이 있고 범죄한 자는 율법으로 말미암아 심판을 받으리라 (롬 2:12).

3. 이방인들이 본성의 빛에 따라 충실하게 살아감으로 구원을 얻지 못하는 것은 전 인류가 죄를 범했고, 그 결과 모든 개인이 죄악된 마음을 가지고 태어나기 때문이다. 그리하여 전 인류가 죄에 빠졌기에 자연의 빛을 가지고 무엇이 옳은지 분별할 수 없게 되었다. 죄의 삯은 사망이므로 죄를 범한 모든 자는 사망 선고를 받게 되었다.

4. 이방인들이 믿는 종교의 계명에 따라 충실하게 살아감으로 구원을 얻지 못하는 것은 이방 종교들이 다 그릇되었기 때문이다. 그들이 일부 진리를 포함하고 있다고 하더라도 그 체계와 방식에 있어서 이방 종교들은 하나같이 다 거짓되었다. 그들은 죄인들에게 필요한 진리의 요소를 하나도 가지고 있지 않다.

따라서 이방 종교들이 그 어떤 도덕적인 의무를 충실히 수행한다 해도 이것이 그들을 구원하지는 못한다. 죄로부터의 구원의 길에 대한 유일한 진리는 신-인의 중보자이기 때문이다. 바리새인으로서 사도 바울의 열정이 그 자신을 구원할 수 없었다면, 이방 종교는 얼마나 더 그들을 구원할 수 없을 것인가!

5. 이방인들이 그들의 이방 종교심에 신실하더라도 그 신실함으로 구원받을 수 없는 것은 이방 종교의 가르침이 성경의 가르침과 완전히 배치되기 때문이다(행 4:12). 성실하더라도 진리와 함께하지 않는 한 그것은

영원한 구원에 전적으로 무가치한 노력일 뿐이다. 그래서 이방 종교에 신실하면 할수록 그들은 더욱 멸망에 빠질 것이다. 의문의 여지 없이 제2차 세계 대전에서 일본인들은 그들의 황제를 신실하게 신으로 숭배했다. 그러나 기실 그 황제는 신이 아니었고, 그들을 죄악으로부터 자유롭게 하지도 못했다.

6. 복음을 전혀 들어보지 못한 자들을 정죄하는 것이 정당하지 못한 일이 아닌 것은 하나님께서 우리를 구원해야 할 빚이 없기 때문이다. 하나님은 모든 인류에게 구원의 기회를 제공해야 할 의무가 없으시다. 하나님은 그 누구에게도 그러한 빚을 지신 일이 없기 때문이다.

하나님은 그 누구에게도 구원을 제공하거나 공급할 아무런 의무가 없으시다. 하나님은 이미 창조와 구원 사역을 하셨기 때문이다. 그래서 하나님께서 복음을 전혀 듣지 못한 자들을 정죄하시더라도 인류를 불공평하게 다루시는 것이 아니다.

7. 확실히 하나님은 인류 중 일부를 특별히 더 좋아하신다. 하나님은 그의 섭리 가운데 다른 사람들에게 주지 않는 것을 어떤 이들에게는 주실 수 있다. 이는 하나님께서 베푸시는 건강과 지성과 번영 등과 같이 인생의 일반적인 복락에 대해서도 마찬가지다. 하나님은 그의 섭리 가운데 다른 사람들에게는 금하시는 것을 어떤 이들에게는 베푸실 수 있다.

하나님께서 모든 사람을 다 똑같이 대우하지 않으신다고 하여 그것이 불의나 불공평이 결코 아니다. 하나님 행위의 이유는 구원을 받는 사람들의 성격이나 의에 기초해 있지 않다. 택자들이 죄로부터 구원을 받고 영생을 얻게 되는 것은 순전히 받을 만한 자격이 없는 자들에게 베푸시는 하나님의 은혜다.

8. 이방인들에게 구원의 소망은 예수 그리스도의 복음뿐이다. 이 구원

의 메시지는 믿는 모든 자에게 구원을 주시는 완전하고도 무조건적인 복음이다. 복음 메시지에 대한 믿음 고백 외에 이방 세상에서 구원을 얻을 만한 다른 소망은 없다.

9. 성경에서 완전히 증명될 수 없다고 할지라도 많은 정통 신학자는 유아 때 죽은 아이들이 구원받을 수 있다는 견해를 견지해 왔다. 그렇더라도 오직 유아 때 죽은 택함 받은 자들만이 구원받는다. 정신적으로 박약하게 태어나는 사람들은 복음을 이해하고 믿을 능력이 없음에도 불구하고 이들 가운데 일부가 하나님의 은혜로 구원받을 자 가운데 있을 수 있다.

10. 만인구원론에 관하여 많은 성경 구절은 확실하게 반대한다. 이는 하나님께서 사랑 밖에 아무것도 아니라는 거짓된 사상에 기초한다. 이는 외국 선교와 전도의 길을 완전히 막아 버린다. 모든 사람이 마지막에 궁극적으로 다 구원받는다면 국내나 해외에서 복음을 전파할 이유가 없게 된다.

> **문 61**: 복음을 듣고 교회 안에서 생활하는 사람은 다 구원을 얻는가?
> **답 61**: 복음을 듣고 유형 교회에서 생활하는 사람이 다 구원을 얻을 수 있는 것은 아니고 다만 무형 교회의 진정한 회원만이 구원을 얻는다(요 12:38-40; 롬 9:6; 11:7; 마 7:21; 22:14).
>
> **Q 61**: Are all they saved who hear the gospel, and live in the church?
> **A 61**: All that hear the gospel, and live in the visible church, are not saved; but they only who are true members of the church invisible.

1. 유형 교회의 구성원이 되는 것만으로 우리 구원을 완전히 확보할 수 없는 것은 우리가 예수 그리스도를 우리의 구세주로 고백하는 개인적인 믿음을 수단으로 구원을 얻기 때문이다. 그러나 그리스도를 개인적인 구

주로 고백하지 않고서도 유형 교회의 구성원이 될 수 있다.

2. 유형 교회의 구성원에는 다음과 같이 두 가지 부류가 있다.

첫째, 그리스도를 믿는 참된 믿음으로 인해 진정으로 구원받는 자들이 있다.
둘째, 형식적이며 맹목적인 고백으로 인해 그 영적 능력과 실재를 경험하지 못하여 참되게 구원받지 못하는 자들이 있다.

3. 유형 교회에서 어떤 이들이 참되게 구원받으며 어떤 이들이 형식적으로 기독교를 고백하는지를 확실히 결정하는 자는 오직 하나님이시다. 그러나 사람이 자기 자신의 구원에 대한 완전한 확신과 보증을 소유하는 것은 가능하다. 하지만 우리는 다른 이의 구원이나 멸망에 대해서 완전히 단정하거나 확신할 수 없다.

4. 유형 교회의 가장 이상적인 모습은 모든 구성원이 중생 받은 자가 되는 것이다. 이는 말 그대로 이상일 뿐이며, 지상에서 완전히 이루어지지 않을 수 있다. 열두 사도 가운데 가룟 유다가 있었던 것처럼, 이 세대의 유형 교회에는 언제나 일련의 구원받지 못한 자들이 있을 수 있다. 신앙의 고백대로 생활하지 않는 자들이나 행실이 도무지 그리스도인다운 행실을 보이지 않은 자들을 유형 교회에서 쫓아낼 수 있다.

따라서 많은 유형 교회의 구성원 가운데 온전히 구원받지 못한 자들이 있을 수 있다. 이것은 피할 수 없는 상태다. 완전히 순수한 교회를 만들고자 하는 시도는 항상 의도했던 바와는 달리 더 큰 악으로 빠질 가능성이 있다.

5. 유형 교회의 구성원이 되려는 자들은 교회 앞에서 자신이 중생 받은

자임을 증명하지 않는다. 교회의 목사는 교우들의 외면적 고백을 수용할 뿐이다. 목사와 장로의 의무는 그들이 진정으로 거듭난 자인지 아닌지 그들의 마음을 조사할 수는 없다.

유형 교회의 구성원은 믿을 만한 신앙의 고백에 기초하고 중생의 구체적인 증명을 요구받지 않는다. 유형 교회 구성원의 조건은 증명이 아니다. 자신이 회심했는지를 증명할 필요는 없다. 자기가 신앙을 고백할 때 그 고백이 그릇된 것임을 증명하는 명백한 증거가 없는 한 유형 교회의 구성원이 된다.

6. 유형 교회의 모든 구성원은 예수 그리스도를 자기의 구세주로 믿고 진정으로 구원받을 자임을 확신하면서 공적으로 고백하는 자다.

문 62: 유형 교회란 무엇인가?
답 62: 유형 교회는 참 종교를 고백하는 세계의 모든 시대와 장소에 있는 모든 사람과 그들의 자녀로 구성된 한 단체이다(고전 1:2; 12:13; 7:14; 롬 9:1, 6; 15:9-12 등).
Q 62: What is the visible church?
A 62: The visible church is a society made up of all such as in all ages and places of the world do profess the true religion, and of their children.

1. 유형 교회가 유형적이라 불리는 것은 사람들이 모여 있는 모임이 눈에 보이기 때문이다. 우리는 한 교회 안에서 얼마나 많은 이가 거듭났는지를 볼 수는 없다. 그러나 그 교회의 구성원이 몇 명인지는 볼 수 있다. 예를 들면, 한 특정한 교회가 100명 또는 450명이 모인 것을 보는 것은 가능하다. 그러나 그들 가운데 중생한 자가 몇 명이나 되는지는 볼 수 없다. 그것은 오직 하나님만이 아신다.

2. 세상에는 오직 하나의 유형 교회만 있다. 그러나 이 유형 교회는 많은 가지를 가지고 있다. 유형 교회는 한 조직이나 기구가 아니라 한 단체이다. 유형 교회는 많은 특별한 조직을 가진 한 단체다.

3. 그 어떤 교단도 그들이 유일한 참된 유형 교회라고 주장할 수 없다. 하나님의 말씀에 따른 복음 진리에 충성하는 모든 교단과 교회가 유형 교회의 가지 혹은 부분이다. 만일 한 교단이 유일한 참된 유형 교회라고 주장한다면 나머지 모든 교단은 다 거짓 교회가 될 것이다. 이러한 주장은 단순한 가정이며 죄악이다.

참된 유형 교회는 그 어떤 교단보다 위대하고 거대하다. 우리는 우리 교단이 다른 교단보다 진리에 대해 더욱 일관성 있는 태도를 견지하더라도 유형 교회는 많은 가지를 포함하고 있는 교회라는 사실을 늘 기억해야 한다.

4. 유형 교회의 시간적 범위는 아담과 하와 시대로부터 세상 끝날까지의 시간, 즉 세상 역사의 모든 시대와 시간을 포함한다. 참된 신앙을 고백하는 모든 세대의 모든 사람이 유형 교회에 포함된다. 유형 교회의 공간적 범위는 복음의 밝은 빛이 어두운 세상에 비추어 참된 신앙을 고백하는 세상의 모든 장소이다.

5. 유형 교회의 구성원이 되는 조건은 참된 신앙의 공적인 고백이다. 예수 그리스도에 대한 개인적인 믿음과 그에게 순종하겠다는 고백이 유형 교회 구성원의 조건이다. 유형 교회의 일원이 되는 표지는 세례이다. 유형 교회 일원의 가장 고상한 특권은 성찬에 참여하는 것이다.

6. 유형 교회의 구성원 가운데 회심하지 않은 자들이나 위선자들이 있을 수 있다. 성경은 이 세대에 회심하지 않은 자들이 한 사람도 없는 완전

히 순수한 교회가 있을 것이라는 약속을 한 적이 없다. 심지어 열두 제자들 가운데도 가룟 유다가 있었다. 이와 마찬가지로 사도행전과 신약의 서신서는 사도들에 의해 세워진 교회에서도 위선자들과 회심하지 않은 자들이 출현했음을 보여 준다. 그들 중에 일부는 교회의 권징을 통해 징계를 당했고 출교를 당하기도 했다(요일 2:19).

7. 누가 중생 받은 자인지는 오직 하나님만이 아신다. 사람들은 자기의 구원에 대해서는 온전한 확신을 소유할 수 있지만, 다른 이의 구원에 대해서는 그럴 수 없다. 우리는 때로 어떤 특정한 사람이 중생한 자이며, 누가 그렇지 않은 사람인지 분명히 말할 수 있지만, 그것을 완전히 확정할 수는 없다.

누가 위선자인지 누가 회심하지 않은 자인지 오직 하나님만이 확실히 아시기 때문에, 그들을 내쫓음으로 교회를 완전히 순수하게 만드는 것은 불가능한 일이다. 이런 의미에서 유형 교회는 자기의 거듭남을 증명하는 단체가 아니라 참된 믿음을 고백하고 그 고백에 따라 살아가는 자들의 모임이다.

8. 유형 교회의 구성원에는 참된 신앙을 고백하는 자의 자녀가 있다. 침례교도와 같은 교리를 견지하는 단체는 신자의 유아기 자녀가 유형 교회의 구성원이 되는 것을 반대한다. 이들은 기독교 신자의 자녀가 분별할 수 있는 나이에 스스로 믿음을 고백하고 세례를 받을 때까지 유형 교회의 구성원이 될 자격이 없다고 주장한다.

9. 그리스도인의 자녀가 유형 교회의 구성원이 되는 표지나 기호는 그 자녀에게 적용되는 세례이다. 유아 때 세례를 받은 자는 분별의 시기에, 교회의 구성원으로서 믿음을 공적으로 고백하고 성찬에 참여할 허락을 받는다. 하지만, 유아 세례를 받지 않은 자도 유형 교회의 구성원이다. 단지 입교 후에 유형 교회 구성원의 권리와 특권을 행사할 수 있다.

제6장

교회(문 62-65)

44

교회의 특권

문 63: 유형 교회의 특권은 무엇인가?
답 63: 유형 교회가 갖는 특권은 하나님의 특별한 보호와 관리 밑에 있는 것과 모든 적의 반항에도 불구하고 모든 시대에 있어서 보호를 받으며 보존되는 것이다. 성도의 교통과 구원의 방편과 복음의 역사로 오는 은혜의 초청이다. 곧 교회의 모든 회원에게 누구든지 그를 믿으면 구원을 얻고 그에게 오는 자를 한 사람도 버리지 않겠다고 증언하시는 그리스도에 의한 은혜의 초청을 누리는 것이다(사 4:5-6; 딤전 4:10; 시 115:1-2 등).

Q 63: What are the special privileges of the visible church?

A 63: The visible church hath the privilege of being under God's special care and government; of being protected and preserved in all ages, not withstanding the opposition of all enemies; and of enjoying the communion of saints, the ordinary means of salvation, and offers of grace by Christ to all the members of it in the ministry of the gospel, testifying, that whosoever believes in him shall be saved, and excluding none that will come unto him.

1. 교회의 특권에는 유형 교회의 특권과 무형 교회의 혜택이 있다. 유형 교회의 특권은 하나님의 특별하신 보호와 관리로 보존되는 것이고, 무형 교회의 혜택은 예수 그리스도와의 연합과 교제다. 유형 교회와 무형 교회는 한 교회의 양면이고 두 교회가 아니다.

2. 유형 교회가 '하나님의 특별한 보호와 관리' 밑에 있다는 말은 모든

일을 통치하시는 하나님의 통상적인 섭리 외에 하나님께서 사람의 여러 상황과 역사를 교회의 유익을 위해 선하게 역사하심으로 그의 교회를 특별한 방법으로 안전하게 지키심을 의미한다.

3. 우리 구주께서는 교회를 보호하고 유지하시려고 "음부의 권세가 이기지 못하리라"고 약속하셨다(마 16:18). 이 말씀은 주 예수 그리스도의 참된 유형 교회가 그의 재림 때까지 존속할 것임을 의미한다.

4. 과거에 이런 주님의 보호와 보존의 약속이 성취되었던 경우는 초대교회가 유대인의 핍박과 저주로부터 보존되었다는 사실이다. 주후 70년 예루살렘 성전의 멸망은 기독교를 핍박하는 당시 유대인의 종말을 의미한다. 주후 313년 콘스탄틴 대제의 기독교 칙령이 선포될 때까지 약 250년간 지속한 로마 제국의 핍박에서 하나님께서는 순교자의 피가 오히려 교회가 세계적으로 성장하는 씨앗이 되게 하셨다.

5. 이 특별한 보호와 보존의 약속이 우리 시대에는 기독교를 핍박하고 위협했던 일본과 독일 그리고 한때 막강한 권력을 행사했던 소련의 몰락으로 성취되었다. 이 나라들은 고대 로마 제국과 같이 기독교를 핍박하고 위협했다.

6. 유형 교회가 성도의 교통을 즐거워한다는 것은 유형 교회의 구성원이 서로 교제를 통해 서로에게 격려와 영적 유익을 얻는 것이다. 그리스도인이 그리스도인들을 떠나서 고립되어 산다는 것은 지극히 어려운 일이다. 다른 그리스도인들로부터 받는 우정과 격려와 지원을 통해서 그리스도인의 삶은 훨씬 풍요롭게 되기 때문이다.

7. 유형 교회가 누리는 '구원의 통상적인 수단'은 하나님 말씀의 설교

와 교훈, 세례와 성찬의 시행, 교회의 권징, 공적 예배 그리고 성도들을 감독하는 목회자의 보호와 같은 것이다.

8. 유형 교회의 가장 중요한 책임은 복음 사역을 통해 그리스도께서 주시는 은혜를 유형 교회의 모든 구성원, 즉 아직 성찬에 참여할 수 없는 어린이를 포함하여 예배에 참석하는 모든 자에게 계속해서 공급하는 것이다.

9. 유형 교회에 맡기신 복음 초청 사역의 범위는 전 우주적이다. 복음이 전달되는 모든 세대 모든 사람을 포함한다. 교회는 예수 그리스도의 복음을 믿는 자가 누구든지 구원을 받을 것이라고 선포한다. 그러나 교회는 그리스도께 나아오지 않는 자는 제외될 것도 선포한다.

10. 국내와 국외 선교는 확실히 유형 교회의 사역다. 오늘날 많은 해외 선교 사역이 교회가 아닌 다른 기관에서 수행되고 있다. 예를 들면, 수천 명이 넘는 선교사를 파송한 중국내륙선교회는 교회가 아니라 기독교와 연관된 자발적 단체다.

그러나 우리는 이것을 그릇된 경향으로 간주할 수 있다. 유형 교회는 인간적 기관이 아니라 신적 기관이기 때문이다. 그러나 예외적인 상황이나 혹은 교회가 맡겨진 신적인 사명을 거절하거나 소홀히 한다면 자발적 단체가 복음 선포 사역을 한시적으로 수행할 수 있다.

문 64: 무형 교회는 무엇인가?

답 64: 무형 교회는 머리 되시는 그리스도 밑에 하나로 모였으며, 모이고 있으며, 장차 모일 택한 자의 총수다 (엡 1:10, 22-23; 요 10:16, 11:52, 요 17:20).

Q 64: What is the invisible church?

A 64: The invisible church is the whole number of the elect, that have been, are, or shall be gathered into one under Christ the head.

1. 무형 교회라 불리는 것은 우리가 무형 교회의 구성원이 몇 명이며 그들이 누구인지를 눈으로 볼 수 없기 때문이다. 오직 하나님만이 완전한 그의 숫자를 아시고 정체성을 아실 것이다. 이 시대의 무형 교회는 일련의 무리가 즉어 천국에서 그리스도와 함께 있고, 다른 무리는 아직 이 세상에 존재하고 있다.

2. 무형 교회에 포함될 자는 이 세상에 사는 신자들과 하늘에 있는 자들 이외에 이 세상에 살면서 아직 그리스도인이 아니지만 죽기 전에 그리스도를 믿을 자들과 아직 출생하지 않았지만 예수 그리스도를 믿고 구원 얻을 자들이다.

3. 천국에 계시는 그리스도와 함께하는 무형 교회의 다른 이름은 승리적 교회다. 지상에 있는 무형 교회의 다른 이름은 전투적 교회다. 지상 교회는 세상과 육과 마귀와의 전투에 관계되어 있다.

4. 아벨로부터 그리스도 때까지 믿음 안에서 죽은 구약의 성도들도 무형 교회의 구성원이다. 그리스도는 오직 한 영적 몸을 가지시며, 그 안에는 모든 세대의 구속받은 자들은 유대인이든 이방인이든 다 무형 교회 구성원이다.

5. 어떤 경우에 특정한 유형 교회의 구성원이 아니면서 무형 교회의 구성원이 될 수 있다. 그것은 불규칙한 상황과 조건에서 그러하다. 예를 들면, 감옥에 갇혀 복무 중인 죄수가 감옥에서 회심하는 경우가 있다. 그는 무형 교회의 구성원이지만, 특정한 유형 교회의 구성원이 되기는 불가능하다. 그러나 하나님께서 막으시지 않는 한, 특정한 유형 교회의 구성원

이 되는 것은 모든 그리스도인의 의무다.

6. 무형 교회의 구성원이 아니면서 유형 교회의 구성원이 될 수 있다. 통탄하게도 오직 하나님만이 그들이 누구인지 알지만 이러한 자가 역사상 많이 있었다고 할 수 있다. 의심의 여지 없이 많은 이름이 교회에 등록되지만, 어린 양의 생명책에는 기록되지 않은 자들이 있을 수 있다.

7. 무형 교회와 유형 교회의 관계에 대하여 두 개의 원으로 설명할 수 있다. 한 원은 그리스도를 믿는 자들로 구성된 유형 교회를 상징하고, 다른 한 원은 참되게 구속받고 그리스도와 연합된 무형 교회를 상징한다. 이 두 원이 서로 부분적으로 겹쳐진 곳이 바로 유형 교회와 무형 교회를 상징하는 부분이다. 이 부분은 그들이 그리스도를 믿고 그와 함께 참되게 연합되어 있기에 두 원을 다 포함하고 있다.

> 문 65: 무형 교회 회원은 그리스도로 말미암아 어떠한 특별한 혜택을 누리는가?
> 답 65: 무형 교회 회원은 그리스도로 말미암아 은혜와 영광중에 그와의 연합과 교통을 누린다(요 17:21; 엡 2:5-6; 요 17:24).
> Q 65: What special benefits do the members of the invisible church enjoy by Christ?
> A 65: The members of the invisible church by Christ enjoy union and communion with him in grace and glory.

1. '특별한' 혜택이라고 불리는 이유는 이 유익이 유형 교회의 모든 구성원에게 다 제공되는 것이 아니라 무형 교회의 구성원에게만 제공되기 때문이다. 무형 교회의 그리스도인이 그리스도께 받는 혜택은 예수 그리스도와의 연합과 교통이다.

2. 그리스도인은 그리스도로부터 두 가지 국면에서 혜택을 얻는다. 하나는 은혜의 국면에서, 즉 이 지상에서 그리스도인의 삶에서 얻는 혜택이고, 다른 하나는 영광의 국면에서, 즉 오는 세상에서 얻는 혜택이다. 이러한 혜택은 무형 교회의 특권이다.

제7장

구원 2(문 66-81)

45
유효한 부르심

> 문 66: 선택된 자가 그리스도와 함께하는 연합이란 무엇인가?
> 답 66: 선택된 자가 그리스도와 함께하는 연합은 하나님의 은혜의 역사니 이로 말미암아 영적으로 또 신비적으로 그러나 참으로 나눌 수 없이 그들의 머리와 남편이 되시는 그리스도께 결합되는 것이며, 이는 그들의 유효한 부르심에서 이루어진다(엡 1:22; 2:6-8; 고전 6:17; 요 10:28 등).
>
> Q 66: What is that union which the elect have with Christ?
> A 66: The union which the elect have with Christ is the work of God's grace, whereby they are spiritually and mystically, yet really and inseparably, joined to Christ as their head and husband; which is done in their effectual calling.

1. 구원에 관한 성경의 가르침은 구원이 전적으로 하나님의 은혜라는 사실이다. 웨스트민스터 대요리문답과 소요리문답은 이 점을 명시했다. 구원은 기본적으로 그리스도와의 연합에 기초한다. 그리하여 구원의 서정 과정인 부르심, 중생, 회개, 신앙, 칭의, 양자, 성화, 견인, 영화가 다 하나님의 전적인 은혜로 이루어진다. 여기에 사람의 공로는 없다. 사람은 전적으로 타락하여 구원에 전적으로 무능하게 되었다. 하나님의 유효한 부르심은 아홉 가지 구원의 서정(ordo salutis)에서 첫 단계다.

2. 선택된 자가 그리스도와 함께하는 연합이 하나님의 은혜 역사인 것은 그리스도와의 연합이 전능하신 성령 하나님의 사역으로 성취되는 하나님의 선물임을 의미한다. 그리스도와의 연합은 우리 인간 스스로 할 수

있는 일이 아니다. 유효한 부르심은 복음의 선포를 통해 이루어진다. 우리는 복음을 전할 뿐이다. 그 복음 선포에 성령께서 역사하실 때 유효한 부르심이 되어 선택된 자들과 그리스도와의 연합이 이루어진다.

3. 우리가 영적으로 신비적으로 그리스도와 연합되어 있다는 표현은 마치 그리스도께서 지상에 사는 인간적 존재인 것처럼 우리가 그리스도와 함께 문자적으로 연합되어 있다는 잘못된 생각을 막아 준다. 교회는 그리스도의 몸이며, 그리스도인은 물질적 의미가 아니라 영적인 의미에서 그리스도의 몸된 구성원이다.

4. 그리스도와 선택된 자들이 참으로 나눌 수 없는 연합이 된 것은 우리의 영적관계가 신비적이며 무형적이기는 하지만 참되고 실제적인 관계이기 때문이다. 우리는 자연적으로 볼 수 없고, 이해하지 못하는 것을 실재하지 않는 것으로 생각하는 경향이 있다. 그리스도와 우리의 영적 연합은 무형적이며, 신비적이다.
　그러나 이것이 비현실적이라는 말은 결코 아니다. 영적인 것은 물질적인 것만큼이나 실제적이다. 더욱이 그리스도와 우리와의 연합은 불가분의 관계이면서 영구적이다. 그리스도와 한번 연합되면 그는 항상 연합되어 있을 것이다. 그렇기에 그리스도와 그 백성의 연합은 '참으로 나눌 수 없는' 연합이다.

5. 그리스도를 '머리와 남편'으로 부르는 이유는 신약성경의 두 가지 비유 때문이다. 하나는 사람 몸의 비유다. 사람의 몸에는 머리가 있고 손과 발과 같은 각 지체가 있다. 이 비유에 의하면, 그리스도는 우리의 머리이시며, 선택된 자들은 그의 영적 몸의 지체다.
　또 하나는 결혼 비유다. 이 비유에서 그리스도는 남편이나 신랑으로 나타나신다. 왜냐하면, 그가 그의 교회를 위한 사랑과 보호를 제공하시기 때문이다. 교회 또는 모든 택자의 공동체는 그리스도의 신부가 된다. 그리스도께서 교회를 위해 의로운 피를 흘리시는 값을 주고 사셨고 보호와 공급과 사랑을 즐거워하시기 때문이다. 그래서 교회는 그에게 영광을 돌리고 그를 섬기는 일을 즐거워하기 때문이다.

문 67: 유효한 부르심은 무엇인가?

답 67: 유효한 부르심은 하나님의 전능한 권능과 은혜의 역사로서 이로 말미암아 그의 택하신 자에게 향한 값없고 특별한 사랑에서, 그들 안에 어떤 것이 그를 감동함 없이 그의 받을만하신 때에 그의 말씀과 성령으로 말미암아 그들을 예수 그리스도께 초청하고 가까이 나아오게 하시어 그들의 마음에 구원을 얻게 밝히시고, 그들의 의지를 새롭게 하시고, 강력하게 결정하게 하셨다. 그렇게 함으로써 비록 그들 자신은 죄 가운데 죽었으나 그들이 즐거이 그리고 자유롭게 주님의 부르심에 응하여 그 가운데 제공되고 전해진 은혜를 받아들일 수 있게 하는 것이다(요 5:25; 엡 1:18-20; 딤후 5:20; 6:1-2 등).

Q 67: What is effectual calling?

A 67: Effectual calling is the work of God's almighty power and grace, whereby(out of his free and special love to his elect, and from nothing in them moving him thereunto) he doth, in his accepted time, invite and draw them to Jesus Christ, by his word and Spirit; savingly enlightening their minds, renewing and powerfully determining their wills, so as they(although in themselves dead in sin) are hereby made willing and able freely to answer his call, and to accept and embrace the grace offered and conveyed therein.

---

1. 하나님께서 죄인을 그리스도께 나오게 하는 방법은 두 가지다.

첫째, 모든 인간에게 차별 없이 증거되는 복음 메시지의 외적 소명을 통해 그렇게 하신다. 그러나 이 외적 소명만으로는 죄인이 종종 복음을 거절하고 저항하기 때문에 죄인을 구원하기에 충분치 않다.

둘째, 사람의 마음에 역사하시는 성령 하나님의 사역을 통해서 그렇게 하신다. 성령의 사역이 유효한 부르심이 되게 한다. 왜냐하면, 이 부르심은 언제나 그 의도된 목적을 성취하기 때문이다. 성령 하나님의 효과적 부르심이 복음 메시지의 외적 소명에 더해지면 사람은 언제나 실패 없이 그리스도인이 된다.

2. 하나님의 유효한 부르심은 모든 사람을 향해 역사하는 것이 아니다. 만일 그렇다면 세상 모든 사람이 예외 없이 구원받을 것이기 때문이다. 실상 하나님의 유효한 부르심은 모든 사람을 향하지 않고 하나님께서 영생을 주시기 위해 선택된 자들에게만 향한다.

3. 유효한 부르심이 항상 의도된 목적을 성취하는 것은 사람의 제한된 능력이 아니라 하나님의 전능하신 능력으로 수행되기 때문이다. 그렇지만 하나님께서는 모든 사람을 동일한 방식으로 사랑하지는 않으신다.

성경은 두 가지 종류의 신적 사랑에 대해 말한다.

첫째, 모든 사람을 향하신 일반적인 하나님의 사랑이다. 이 일반적 사랑은 많은 축복을 포함하지만 그들의 영원한 구원은 성취하지 않는다.

둘째, 다른 하나는 하나님의 특별하신 사랑이다. 이 사랑은 모든 사람에게 주어지지 않고 오직 택자에 주어진다. 하나님의 특별한 사랑은 그 대상자에게 영원한 구원을 제공한다(롬 9:13; 요 17:9; 렘 31:3).

4. 하나님께서 어떤 사람들을 다른 사람보다 더 사랑하시는 것은 불공평한 일이 아니다. 만일 하나님께서 온 인류를 공의로만 다스리신다면 한 사람도 예외가 없이 모두 다 멸망한다. 우리가 지금 다루고 있는 주제는

공의가 아니라 자비에 관한 것이다. 자비는 의무가 아니기에 동등하거나 공평하게 시행될 필요가 없다. 하나님께서는 특별한 사랑을 베푸셔야 할 의무가 전혀 없으시다(롬 9:14-18). 그래서 하나님의 특별한 사랑은 어떤 의무나 필요성 때문이 아니라 무조건적이다.

5. 하나님께서 어떤 사람에게 그의 특별한 구원적 사랑을 주시고 다른 사람에게 그것을 주시지 않는 것은 그 사람의 업적이나 성품에 기초하지 않는다. 그렇지만 선택된 자들은 반드시 그들의 죄를 회개하고 복음을 믿는다. 그 이유는 하나님의 특별한 구원의 사랑이 그들에게 수여되었기 때문이다.

6. 하나님께서 택자들을 그리스도께 인도하시는 때는 하나님께서 각 개인을 위해 지정해 놓으신 특정한 시간이다. 어떤 이들은 어린 시절이나 청년 때에 부르심을 받는다. 또 어떤 이는 유아 때 부름을 받는다(눅 1:15). 다른 이들은 성숙한 나이에 부르심을 받거나 더 많은 나이에 들었을 때 그리스도께 나오기도 한다. 또 어떤 이들은 죽어가는 강도와 같이 죽음 바로 직전에 믿기도 한다. 그러나 모든 택자는 지상 생애 동안에 그리스도께 인도된다.

7. 하나님은 택자를 그의 말씀과 성령의 협동 사역으로 그리스도께 초청하고 인도하신다. 죄인은 본성상 그들 마음이 어두움과 죄 가운데서 하나님과 복음을 대적한다. 그들이 그리스도께 나아오려면 그들의 의지가 새롭게 갱신되고 강력하게 결단되어야 한다. 그들은 본성상 죄와 허물로 죽었고, 그들의 의지는 고집스럽게 하나님을 대적하기 때문이다.

8. 하나님은 유효한 부르심을 통해서 택자의 의지와 상관없이 그리스도께 나아오도록 강요하지 않으신다. 하나님은 택자들을 나무토막이나 돌

이 아닌 인격적 존재로 대우하신다. 성령께서 그들이 기꺼이 그리스도께 나오도록 그들의 마음을 새롭게 하시기 때문에 그리스도께 나온다. 만일 어떤 이가 전심으로 그리스도께 나오길 원한다면 그것은 성령 하나님께서 그의 마음을 변화시켜 주신 결과다.

9. 만일 성령 하나님께서 마음을 변화시키시는 전능하신 사역이 없다면 단 한 사람도 그리스도께 나올 수 없을 것이다. 왜냐하면, 모든 사람이 본성상 하나님께 나올 수 있는 능력이 없고, 나오기도 싫어하기 때문이다.

10. 복음의 외적 소명은 죄인들을 향한 하나님 은혜의 제시이다. 성령 하나님의 유효한 부르심에는 죄인들에게 제공된 복음에 응답하게 만드는 성령의 은혜로운 역사가 있다. 따라서 외적 소명은 제안이며, 유효한 소명은 실제 효력이다.

> 문 68: 선택함을 입은 자만이 유효하게 부르심을 받는가?
> 답 68: 모든 선택함을 입은 자들 곧 그들만이 유효하게 부르심을 받나니 다른 사람들은 비록 말씀의 사역에 의해 외적으로 부르심을 받고 성령의 일반적 역사를 누릴 수 있을지라도 그들에게 제공된 은혜를 고의로 등한시하고 경멸하므로 공의롭게 불신앙에 버려둠을 당하여 결코 예수 그리스도께 참으로 나아오지 못하게 되는 것이다(행 13:48; 마 7:22; 13:20-21 등).
> Q 68: Are the elect only effectually called?
> A 68: All the elect, and they only, are effectually called; although others may be, and often are, outwardly called by the ministry of the word, and have some common operations of the Spirit; who, for their wilful neglect and contempt of the grace offered to them, being justly left in their unbelief, do never truly come to Jesus Christ.

1. 성령에 의하여 효과적으로 부르심을 받는 자는 하나님의 선택을 입은 자다. 이러한 자에게 주어진 성경의 또 다른 이름은 성부께서 그리스도께 주신 자 즉, 그리스도의 '양'이다. 이들은 창세 전에 그리스도 안에서 선택받은 자이며, 어린 양의 생명책에 기록된 자다.

2. 성령의 유효한 부르심 이외에 말씀 사역을 통한 외적 소명 즉, 복음의 선포가 있다. 말씀 선포 사역을 통해 외적으로 부르심을 받은 자들은 성령으로 부르심을 받은 자보다 더 많다(마 22:14). "청함을 받은 자는 많되 택함을 입은 자는 적으니라". '청함'을 받는다는 것은 외적으로 부르심을 받는다는 것이고, '택함'을 입는다는 것은 성령의 역사하심을 통해 효과적으로 부르심을 받음을 의미한다.

3. 성령의 일반적 역사의 본질은 죄를 깨닫게 하고 다소간의 삶의 개혁으로 이끌며, 죄와 악을 억제하고 죄인이 사회에서 친절이나 자비를 행하게 하는 것이다. 그러나 이런 성령의 일반적 역사는 구원을 제공하지 않는다. 이것들은 회개와 참된 믿음을 통해 그리스도를 그의 구세주로 믿고 연합시키는 결과를 낳지 않는다.

4. 성령의 일반적인 역사가 구원에 불충분한 것은 사람이 성령으로 거듭나지 않고서는 성령의 일반적인 역사하심을 홀대하거나 오용하기 때문이다. 새로 거듭남이 없이는 그리스도를 구주로 믿고 고백할 수 없다.

5. 하나님께서 일부에게 성령의 일반적인 역사만 제공하시더라도 불공평한 일이 아닌 것은 구원이 채무나 빚이 아니라 은혜에 속하기 때문이다. 하나님은 그 누구도 구원하실 의무나 빚이 없으시다. 만일 하나님께서 모두가 아니라 일부를 구원하시기로 선택하셨다면 그것은 하나님 편에서 볼 때 전혀 불의가 아니다. 하나님은 일부에게 구원을 주실 수 있는

완전한 자유가 있으시다. 선택된 자들은 하나님께 감사하고 찬송하며 영광 돌릴 뿐이다.

46

의롭다 칭하심

> 문 69: 무형 교회의 회원이 그리스도와 더불어 가지는 은혜의 교통이란 무엇인가?
>
> 답 69: 무형 교회의 회원이 그리스도와 가지는 은혜의 교통이란 그들의 칭의와 수양과 성화와 현세에서 다른 무엇이든지 그리스도와의 연합을 나타내서 그의 중재의 효능에 참여하는 것이다(롬 8:30; 엡 1:5; 고전 1:30).
>
> Q 69: What is the communion in grace which the members of the invisible church have with Christ?
>
> A 69: The communion in grace which the members of the invisible church have with Christ, is their partaking of the virtue of his mediation, in their justification, adoption, sanctification, and whatever else, in this life, manifests their union with him.

1. 2022년 11월에 상영된 〈탄생〉이라는 영화는 한국 최초 신부 김대건을 다루었다. 영화는 섬세하게 구성되었고 인상적 장면들을 보여 주었다. 이 영화는 조상 제사를 반대하다 사형당한 자들을 성인(聖人)으로 추대했다고 밝혔다.

그러나 현재 로마가톨릭은 조상 제사를 허용하고 있다. 그러면 그때 처형당한 자들은 의미 없이 죽은 것이다. 그런데도 교황이 외경을 근거로 그들을 성인 추대한 것은 모순이다. 이러한 로마가톨릭이 칭의를 부정하는 것은 합당하지 않다.

칭의는 무엇인가?

2. 은혜의 교통에는 예수 그리스도의 중보가 필요하다. 그리스도는 중보자로서 하나님과 사람을 다시 가까이하게 하신다. 그리스도의 중재는 인간의 죄로 말미암아 멀어진 하나님과 사람을 화목하게 하시는 그리스도의 사역이다.

3. 그리스도의 중보 사역의 특징은 의도한 목적을 성취하는 능력을 지니고 있다. 그리스도의 중보 사역은 성취되었고 오늘날 여전히 계속되고 있으며, 그 효력은 영원히 계속될 것이다.

4. 그리스도의 중재 효능에 참여한다는 것은 결국 인간의 구원과 관계된다. 칭의와 양자 됨과 성화는 예수 그리스도와의 연합에 따른 구원의 내용이다.

문 70: 의롭다 칭하심(칭의)이란 무엇인가?
답 70: 의롭다 칭하심이란 죄인에게 거저 주시는 하나님의 은혜 행위이니 이것으로 그들의 모든 죄를 사하시고 자기 목전에 그들을 의로운 자로 받아들이시고 여기시는 것이다. 그것은 그들 안에 공작되었거나 그들이 행한 어떤 일로 인한 것이 아니고, 오로지 그리스도의 온전한 순종과 충분한 만족이 하나님에 의해 그들에게 전가되고 그것은 오직 믿음으로 받아들일 때 이루어진다(롬 3:22, 24-25; 4:5; 고후 5:19, 21; 롬 3:22, 24-25 등).
Q 70: What is justification?
A 70: Justification is an act of God's free grace unto sinners, in which he pardoneth all their sins, accepteth and accounteth their persons righteous in his sight; not for any thing wrought in them, or done by them, but only for the perfect obedience and full satisfaction of Christ, by God imputed to them, and received by faith alone.

1. 오직 믿음으로 말미암는 칭의 교리에 대해 가장 상세하게 설명한 성경은 로마서이다. 아울러 행위로 말미암는 칭의를 가장 극명하게 반대한 성경은 갈라디아서이다. 갈라디아서는 종교개혁의 성경으로서 우리가 율법의 행위로가 아니라 오직 믿음으로만 의롭다 함을 받는다고 선언한다.

2. 야고보서가 우리의 행위로 의롭다 함을 받는다고 가르치는 것은 로마서와 갈라디아서의 교훈과 모순되지 않는다. 야고보는 행위를 우리의 칭의의 근거나 이유가 아니라 열매와 증거로 제시하기 때문이다. 우리는 오직 믿음으로만 의롭다 함을 받지만, 이 믿음은 결코 홀로 남겨진 믿음이 아니다. 우리가 선한 행실을 근거로 의롭다 함을 받지 않은 것은 분명한 사실이다. 그러나 진정으로 구원을 받았다면, 우리는 구원의 열매로서 선한 행실을 나타낼 수밖에 없다.

3. 칭의는 신약성경에서 어떤 사람이 하나님 앞에서 하나님의 도덕법의 표준에 따라 의롭다고 선언되는 법정적 용어다. 사람이 의롭다고 칭함을 받을 때 그의 모든 죄는 그리스도의 속죄 사역을 공로로 모두 사면되고 용서된다. 하나님의 칭의의 유일한 근거는 예수 그리스도의 속죄 사역이다.

4. 칭의의 두 가지 그릇된 근거는 하나님의 영에 의해 변화된 성품이다. 그리스도인의 성품 변화는 칭의의 근거가 아니다. 로마가톨릭이 구원의 근거로 주장하는 모든 종류의 선한 행위다. 성경은 성품에 의한 구원을 배격하고, 모든 종류의 인간 행위로 말미암는 구원을 배제한다. 그리스도의 완전한 의가 우리의 것으로 간주하기 때문이다.

5. 우리의 칭의와 관련해서 믿음의 역할은 어떠한 의미에서도 칭의의 근거나 이유가 아니다. 믿음은 우리가 칭의의 은혜를 받는 도구이다. 우

리는 믿음의 도구로 그리스도의 공로 때문에 의롭다 함을 얻는다.

6. '믿음'이란 단어 앞에 '오직'이란 단어를 추가한 것은 로마가톨릭과 일부 단체가 믿음만 아니라 행함으로도 구원을 받는다고 가르치기 때문이다. 믿음 외에 구원 얻는 행위를 강조하면, 칭의의 유일한 근거가 그리스도의 '의'이고 그 수단이 '믿음'이라는 성경의 가르침과 전적으로 배치된다.

> 문 71: 의롭다 칭하심이 어떻게 하나님의 거저 주시는 은혜의 행위인가?
> 답 71: 그리스도께서 친히 순종하심과 죽으심으로써 의롭다 칭하심을 받는 자들을 위해 하나님의 공의를 정당히 참으로 충분하게 만족시켰을지라도 하나님이 그들에게 요구하셨을 만족을 보증에서 받으시는 것과 동시에 자기의 독생자를 보증으로 예비하시어 그의 의를 그들에게 돌리시고 그들이 의롭다 칭함을 위해서 역시 자기의 선물인 신앙 외에는 아무것도 요구하지 않으시니 그들을 의롭다 칭함은 그들에게 거저 주시는 은혜이다(롬 5:8-11; 딤전 2:5-6 등).
>
> Q 71: How is justification an act of God's free grace?
> A 71: Although Christ, by his obedience and death, did make a proper, real, and full satisfaction to God's justice in the behalf of them that are justified; yet inasmuch as God accepteth the satisfaction from a surety, which he might have demanded of them, and did provide this surety, his own only Son, imputing his righteousness to them, and requiring nothing of them for their justification but faith, which also is his gift, their justification is to them of free grace.

1. '하나님의 거저 주시는 은혜'는 받을 자격과 가치가 없는 자들에게 무조건 베푸시는 하나님의 은총이다. 그것은 값으로 계산할 수 없이 무한

하신 은혜다. 칭의는 하나님의 무한하신 은혜다.

2. 칭의가 하나님의 값없이 무한하신 은혜인 것은 예수 그리스도의 의로우신 피를 흘려 죽으신 값을 주고 산 것이기 때문이다. 칭의는 하나님 나라 백성의 죗값으로 예수 그리스도께서 죽으심으로 말미암아 그의 백성에게 무조건 주어진 선물이다. 칭의를 우리에게 무조건 제공하기 위해서 그리스도께서 보배로운 피를 흘려 죽는 값을 치르셨다. 그러기에 칭의를 받는 자들에게 칭의는 하나님의 무한하신 은혜다.

3. 칭의가 그리스도에 의해 획득되어야 할 이유는 인간의 범죄에 대한 하나님의 공의가 만족 되어야 했기 때문이다. 하나님은 자기를 부인하실 수 없는 분이다. 하나님은 완전히 공의로우시기에 죄를 묵과하실 수 없다. 하나님의 공의가 먼저 만족 되기 전에 죄인은 결코 의롭게 될 수가 없다.

4. 하나님께서 범죄한 인간의 죄를 무죄하신 그리스도께 전가하는 것은 불공평한 처사가 아니다. 만일 성부 하나님께서 이 일을 예수 그리스도께 강요하셨다면 이는 불공평한 처사가 되었을 것이다. 그러나 그리스도께서는 강요로 십자가에서 죽임당한 것이 아니다. 예수 그리스도께서는 죄인들을 위해 자발적으로 십자가를 지셨다.

5. 예수 그리스도께서 '보증'인 것은 인간이 실패한 일에 대하여 도무지 갚을 길 없는 하나님의 공의를 대신 이루시는 '보증자' 또는 '대속자'이기 때문이다. 예수 그리스도께서 '보증'으로 언급된 성경 구절은 히브리서 7:22이다.

6. 예수 그리스도의 십자가 죽음을 비난하는 사람들은 하나님이 사랑

이외에 아무것도 아닌 것처럼 '사랑의 하나님'이라고 운운할 자격이 없다. 성경에 계시된 하나님은 사랑의 하나님일 뿐 아니라 공의의 하나님이시기 때문이다. 비난하는 자들은 오직 문제의 한 단면만 생각한다. 속죄를 요구하시는 하나님이 또한 속죄를 제공하시는 하나님이심을 모른다. 하나님께서는 요구하신 것을 하나님 스스로 준비하시기 때문에 사랑이 없다거나 가혹하다고 비난받으실 이유가 전혀 없다.

7. 하나님께서 칭의를 위해 죄인들에게 요구하시는 것은 단순히 예수 그리스도를 구세주로 믿는 믿음이다. 우리 죄를 위해 그 아들을 내어주신 것 외에 하나님께서 우리의 구원을 위해 공급하시는 것은 예수 그리스도에 대한 믿음이다. 그런데 그 믿음 자체가 하나님의 선물이다. 구원의 믿음이 하나님의 선물이라는 성경의 교훈은 에베소서 2:8과 사도행전 11:18에 있다.

8. '믿음이 하나님의 선물'이라는 것은 만일 하나님께서 죄인들을 위해 그의 독생자를 내어주시고 그것을 사람들이 믿든지 말든지 사람들에게 맡겨 두었다면 모든 사람이 죄의 노예가 되어 아무도 그리스도를 믿으려 하지 않기 때문에 단 한 사람도 구원받을 사람이 없었을 것이기 때문이다. 따라서 하나님께서 자비를 베푸셔서 성령 하나님의 역사를 통해 사람들의 마음을 변화시키고 그리스도를 그들의 구주로 믿고 영접할 수 있도록 역사하신다.

9. 만일 믿음이 하나님의 선물이라면 이것은 사람들이 원하든지 원치 않든지 하나님께서 그들이 그리스도를 믿게 하신다는 말이 아니다. 하나님은 사람의 의지에 반해서 그리스도를 믿도록 강요하지 않으신다. 하나님은 전능하신 능력으로 사람의 마음과 본성을 변화시키시고, 사람이 자원하는 마음으로 매우 기쁘게 그리스도를 영접하게 하신다.

10. 하나님의 값없이 주시는 은혜로 말미암는 칭의는 구약에 암시되어 있고 신약에 확실하게 계시되었다. 특별히 로마서와 갈라디아서에서 상세하게 설명되었다. 사도행전 15장에 언급된 예루살렘 공의회에서 조건 없는 은혜로 말미암는 칭의 교리는 율법준수라는 행위가 부분적인 칭의의 근거라는 거짓 교훈이 정죄 되었다. 불행하게도 오늘날의 기독교 사상에서 오직 은혜로 말미암는 칭의 교리가 상당 부분 포기된 것이 문제이다.

11. 값없이 베푸시는 은혜로 말미암는 칭의 교리를 반대하는 것은, 만일 죄인이 그의 행위와 상관없이 하나님의 조건 없는 선물로 의롭게 된다면, 의로운 삶이나 경건한 삶에 대한 동기가 사라질 것이며 인간은 자기 마음대로 살아갈 것이라는 비판이다.

12. 칭의 교리에 대한 반대와 관련하여 무엇보다도 이러한 비판이 전혀 새롭지 않다. 사도 바울의 시대에도 사람들은 이런 질문을 했다. "그런즉 우리가 무슨 말 하리요 은혜를 더하게 하려고 죄에 거하겠느냐"(롬 6:1). 바울은 "결코 그럴 수 없느니라"고 대답했다.

또한, 칭의가 구원의 전부는 아니다. 칭의 된 죄인은 또한 중생 받은 자이며 거듭난 사람이다. 그는 성령의 역사를 통해 점진적으로 성화 되어 간다. 여기서 제외된 자는 없다.

13. 영혼의 구원을 얻기 위해 우리가 선을 행할 필요가 없더라도 의를 행하는 그리스도인의 동기는 우리를 창조하시고 죄에서 은혜로 구속하여 주신 하나님을 향한 헌신과 감사다. 우리는 구원받기 위해 의로운 삶을 사는 것이 아니다. 그것은 우리의 의무고 하나님에 대한 사랑이기 때문이다.

14. 선한 행실은 우리 구원의 근거가 아니라 열매다.

너희가 그 은혜를 인하여 믿음으로 말미암아 구원을 얻었나니 이것이 너희에게서 난 것이 아니요 하나님의 선물이라 행위에서 난 것이 아니니 이는 누구든지 자랑치 못하게 하려 하심이니라 우리는 그의 만드신 바라 그리스도 예수 안에서 선한 일을 위하여 지으심을 받은 자니 이 일은 하나님이 전에 예비하사 우리로 우리고 그 가운데서 행하게 하려 하심이니라 (엡 2:8-10).

15. 많은 이가 무조건적 은혜로 말미암는 칭의를 극심하게 반대하는 것은 이 교리가 인간의 교만을 꺾고 우리 구원에 대한 모든 영광을 하나님께만 돌리기 때문이다. 심지어 믿음 그 자체조차도 하나님의 선물이어서 도무지 자랑할 것이 없다. 인간은 구원의 근거 일부를 하나님께 돌리고 나머지 일부를 자기에게 돌리려 한다. 그러나 오직 은혜로 말미암는 칭의는 모든 영광과 명예를 오직 하나님께만 돌린다.

16. 오늘날 무조건적 은혜로 말미암는 칭의가 강조되지 않고 있다. 많은 경우에 칭의를 믿는 개신교회도 그것을 설교하는 데 미온적이다. 일반적으로 개신교회 신자들이 칭의에 대해 아주 조금만 알고 있거나 전혀 모르고 있다.

왜 성경의 복음을 등한시하는가?

47
믿음의 정의

문 72: 의롭다 칭하게 하는 믿음이란 무엇인가?

답 72: 의롭다 칭하게 하는 믿음이라는 것은 하나님의 영과 말씀으로 말미암아 죄인의 마음속에 이루어지는 구원하는 은혜니, 그가 이로써 자기의 죄와 참상을 잃어버린 상태에서 회복하기에 자신이나 다른 모든 피조물도 무능함을 확신케 될 때에 복음의 약속 진리를 승인할 뿐 아니라 그리스도와 그 안에 있는 그의 의를 받아 의지함으로 죄 사함을 받고 하나님의 목전에 의로운 인물로 수납되고 인정되어 구원을 받게 되는 것이다(히 10:39; 고후 4:13; 엡 1:17-19; 롬 10:14, 17 등).

Q 72: What is justifying faith?

A 72: Justifying faith is a saving grace, wrought in the heart of a sinner by the Spirit and word of God, whereby he, being convinced of his sin and misery, and of the disability in himself and all other creatures to recover him out of his lost condition, not only assenteth to the truth of the promise of the gospel, but receiveth and resteth upon Christ and his righteousness, therein held forth, for pardon of sin, and for the accepting and accounting of his person righteous in the sight of God for salvation.

1. '의롭게 하는 믿음의 구원'은 의롭게 하는 믿음이 사람의 영원한 구원을 가져옴을 의미한다. 이러한 믿음은 주 예수 그리스도의 복음에 대한 인정과 의지함이다. 사람이 의롭게 되는 믿음은 사람의 능력으로 되지 않고 하나님의 특별하신 은혜로 되는 선물이다.

2. 하나님께서는 하나님의 말씀과 성령의 능력을 통해 사람의 마음에 믿음을 생산하심으로 의롭게 하는 믿음을 선물로 주신다. 말씀이나 성령 혼자만으로 사람의 마음에 의롭게 하는 믿음을 생산할 수 없다. 오직 말씀과 성령이 함께 역사해야 의롭게 하는 믿음이 이루어진다. 성령의 역사가 없는 말씀이나 복음 메시지는 어떤 믿음을 생산하기는 하겠지만 의롭게 하는 믿음은 생산할 수 없다.

3. 하나님께서 죄인의 마음에 의롭게 하는 믿음을 역사하실 때, 죄인은 자기가 죄인의 상태고, 자기의 죄와 비참으로부터 스스로 구원할 능력이 없으며, 전능하신 하나님 이외에 자신을 죄와 비참으로부터 구원할 자는 아무도 없음을 깨닫는다.

4. 하나님께서 사람의 마음에 의롭게 하는 믿음을 주실 때, 복음의 약속에 대한 그의 태도는 자기의 자연적 불신과 의심을 버리고 복음의 약속이 참되다는 사실을 점진적으로 깨닫는다.

5. 어떤 사람이 하나님 말씀의 신실함을 부인한다면 이러한 불신앙은 그 사람이 구원의 믿음을 소유하지 못하고 하나님의 자녀가 아니라는 사실을 나타낸다. 단, 성령에 의하여 의롭게 하는 믿음이 발생했으면서도 자기의 연약으로 일부 성경의 신실함과 권위를 부인하는 예외적인 경우도 있을 수 있다.

6. 사람이 복음의 약속을 인정하는 것만으로는 구원에 이르지 못한다. 사람은 반드시 '그리스도와 그의 의를 받아들이고 의지'해야 한다. 그것은 그리스도에 의해 제공된 무조건적 선물 외에 그 어떤 다른 방법으로도 구원받을 수 없다는 것을 의미한다. 우리는 반드시 그리스도의 속죄 사역과 의로 말미암은 무조건적 선물 때문에 구원받음을 믿어야 한다.

7. 칭의의 믿음을 소유한 사람을 위해 하나님께서는 죄의 사면과 그를 의롭다고 간주하여 영접해 주신다. 의롭게 한다는 말은 의롭다 함을 받은 자들의 모든 죄가 없어졌음을 의미한다.

8. 역사적 믿음은 마치 조지 워싱턴이나 아브라함 링컨과 같이 예수님을 단순히 역사적 인물로 믿는 것이다. 역사적 믿음을 소유한 자는 예수 그리스도께서 사셨고, 말씀하셨고, 십자가에 못 박히셨음을 믿으며, 심지어 예수께서 죽은 자 가운데서 다시 살아나고 하늘로 올라가신 것도 믿는다. 그러나 이 모든 것은 단순한 역사적 정보에 불과할 뿐 그리스도를 그의 구세주로 믿는 개인적 믿음과 신뢰가 아니다(약 2:19). 이러한 믿음은 구원에 이르지 못할 수 있다.

9. 일시적 믿음은 구원의 믿음과 유사하게 보인다. 그러나 그 믿음은 마음에 뿌리가 없어서 시간이 지나면 사라진다. 참된 믿음은 시간이 흐를수록 머물며 성장한다.

문 73: 신앙은 어떻게 하나님 목전에서 죄인을 의롭다 칭하게 하는가?

답 73: 신앙이 하나님 목전에서 죄인을 의롭다 칭하게 함은 이를 항상 동반하는 다른 은혜 때문도 아니고 이것의 열매인 선행 때문도 아니며 신앙의 은혜, 혹은 이것의 어떤 행위가 그의 의롭다 칭함을 위해 그에게 전가된 것과 같은 것도 아니다. 이것은 오직 그리스도와 그의 의를 받아 적용하는 기구뿐인 것이다(갈 3:2; 롬 3:28, 4:5; 10:10; 요 1:12; 빌 3:9; 갈 2:16).

Q 73: How doth faith justify a sinner in the sight of God?

A 73: Faith justifies a sinner in the sight of God, not because of those other graces which do always accompany it, or of good works that are the fruits of it, nor as if the grace of faith, or any act thereof, were imputed to him for his justi-

> fication; but only as it is an instrument by which he receiveth and applies Christ and his righteousness.

1. 믿음은 칭의의 수단이지 근거가 아니다. 성경에 따르면 우리는 믿음으로 또는 믿음을 통해 의롭다 함을 얻는 것이지 믿음의 공로 때문에 의로워지는 것이 아니다. 믿음이 단지 수단이라는 말은 우리의 구원에 관계된 모든 의와 능력이 전적으로 하나님께로부터 온 것을 의미한다. 믿음은 단지 하나님의 은혜를 받아들이는 채널이다.

2. 칭의의 유일한 근거는 우리 주 예수 그리스도의 속죄 사역이다. 우리는 하나님의 은혜로 그리스도의 속죄 사역을 믿음으로 구원을 받는다. 우리 구원의 근원은 은혜이고, 수단은 믿음이며, 근거는 그리스도의 종결된 구속 사역이다.

3. 성경에서 믿음은 신자의 선행으로 간주 되지 않는다. 믿음은 그리스도를 구주로 고백하고 신뢰하는 칭의의 수단이다. 믿음은 에베소서 2:8-9에 나타난 바와 같이 행위와 대조된다.

> 너희가 그 은혜를 인하여 믿음으로 말미암아 구원을 얻었나니 이것이 너희에게서 난 것이 아니요 하나님의 선물이라 행위에서 난 것이 아니니 이는 누구든지 자랑치 못하게 함이니라(엡 2:8-9).

그리스도인의 선한 행위는 믿음의 열매다.

4. 믿음에 관한 로마가톨릭의 오류는 믿음을 선한 행위로 가르치는 것이다. 이것은 우리가 하나님이 도와주시면 우리를 구원할 수 있다고 말하는 것과 같다.

5. 믿음에 관한 자유주의자들의 일반적 오류는 우리를 그리스도의 의를 받는 수단이 아니라 도덕과 같이 그 자체로 어떤 가치를 지닌 것으로 간주하는 경향이다. 이러한 견해는 말할 필요도 없이 오직 은혜로 말미암는 칭의를 불신하고, 믿음과 구원에 대한 성경의 교훈을 부정한다.

6. 믿음의 내용의 가장 일반적이고 세련된 형태는 사도신경이다. 사도신경을 요약하면 성부와 성자와 성령에 대한 고백이다. 더 요약하면 "내가 주 예수님을 믿습니다"라는 고백이다. 왜냐하면, 성부 하나님은 예수 그리스도의 아버지이시고, 성령은 예수 그리스도께서 성부 하나님으로부터 받아서 보내셨기 때문이다(행 2:33).

48
양자와 성화

문 74: 양자로 삼는 것, 즉 수양(收養)이란 무엇인가?

답 74: 양자로 삼는 것은 그의 독생자 예수 그리스도 안에서 또는 그를 위해 하나님께서 거저 주시는 은혜의 행위인데, 이것으로 말미암아 의롭다 칭함을 받은 모든 사람이 하나님의 자녀의 수효에 들게 하시고 그의 이름으로 그들을 입히시며, 그의 아들의 영을 그들에게 주시고, 하늘 아버지의 보호와 다스림을 받게 하시며, 하나님의 아들들이 갖는 온갖 특허, 특권을 받게 하실 뿐 아니라, 모든 약속의 후사로 삼으시고 영광중에 그리스도와 함께 후사가 되게 하시는 것이다(요일 3:1; 엡 1:5; 갈 4:4-5; 요 1:2 등).

Q 74: What is adoption?

A 74: Adoption is an act of the free grace of God, in and for his only Son Jesus Christ, whereby all those that are justified are received into the number of his children, have his name put upon them, the Spirit of his Son given to them, are under his fatherly care and dispensations, admitted to all the liberties and privileges of the sons of God, made heirs of all the promises, and fellow heirs with Christ in glory.

1. 흔히 아는 바와 같이 양자와 성화는 재미없는 말이 결코 아니다. 사실은 너무나 기쁘고 즐거운 복음의 내용이다. 예수 믿고 구원받는다는 말을 조금 구체적으로 표현한 것뿐이다. 양자와 성화뿐 아니라 성경 전체의 내용은 그 자체로 복음이다. 대요리문답은 성경을 잘 정리한 위대한 유산이다.

2. 구원의 순서에서 칭의가 먼저 오고 후에 양자가 온다. 칭의 없이 양자 될 수 없기 때문이다. 의롭다 함을 받은 사람은 동시에 하나님의 가족 구성원으로 입양된다. 거룩하신 하나님의 자녀는 원칙적으로 의롭다 함을 받은 자다.

3. 칭의와 양자는 차이가 있다. 칭의는 우리의 신분에 대한 법적 변화다. 양자는 우리의 사적인 신분의 변화다. 칭의는 하나님께서 우리를 의롭다고 선언하심이다. 양자는 하나님께서 우리를 하나님의 자녀로 삼으심이다. 칭의는 우리를 하나님 나라의 시민으로 만들고 양자는 하나님의 가족 구성원으로 만든다. 하나님은 칭의를 통해 심판자로 일하시고 양자를 통해서는 아버지로 일하신다.

4. 오늘날 종종 하나님의 자녀 됨을 홀대하는 것은 전 세계에 만연해 있는 하나님의 우주적인 부성 개념 때문이다. 만일 하나님께서 모든 이의 아버지라면, 양자 교리는 의미가 없을 것이다. 만일 이 세상에 있는 모든 자가 하나님의 자녀라면, 하나님의 가족으로 입양할 필요가 없을 것이다. 따라서 이러한 하나님의 우주적인 부성 개념은 성경의 지지를 받지 못하고 있다. 하나님께서 그 아들의 영을 우리 마음 가운데 보내사 아빠 아버지라 부르게 하심으로 우리는 하나님의 자녀가 된 것이다(갈 4:6).

5. 양자는 하나님과 특별하고 친밀한 관계의 복을 영원히 누린다. 양자 마음에 성령 하나님이 내주하신다. 양자는 이생에서 하나님의 약속에 대한 모든 권리가 있다. 양자는 그리스도와 함께하는 후사로서 영원한 영광에 대한 권리가 있다.

6. 그리스도인의 일생에 하나님의 가족으로 양자 되는 것은 칭의와 마찬가지로 단 한 번 발생한다. 한번 하나님의 가족으로 양자 된 것은 결코

상실될 수 없다. 한번 하나님의 가족이 되면 영원토록 하나님 자녀다.

7. 그리스도인이 하나님의 가족이 된 느낌이나 의식을 상실할 수 있다. 그리스도인이 죄에 빠지고 성령을 근심케 하면 하나님의 자녀라는 확신과 의식을 잃을 수 있다. 하지만, 구원은 상실될 수 없다. 구원에 대한 확신은 잠시 상실될 수 있다. 양자는 상실될 수 없으나 양자 된 즐거움은 잠시 상실할 수 있다.

8. 하나님의 자녀에게 부과되는 특별한 의무는 살아계신 하나님의 아들과 딸로서 살아가는 의무다.

> 너희는 믿지 않는 자와 멍에를 함께 메지 말라 의와 불법이 어찌 함께하며 빛과 어둠이 어찌 사귀며 그리스도와 벨리알이 어찌 조화되며 믿는 자와 믿지 않는 자가 어찌 상관하며 하나님의 성전과 우상이 어찌 일치가 되리요…내가 너희를 영접하여 너희에게 아버지가 되고 너희는 내게 자녀가 되리라 전능하신 주의 말씀이니라 하셨느니라(고후 6:14-15, 18).

문 75: 거룩하게 하심, 즉 성화(聖化)란 무엇인가?
답 75: 거룩하게 하심이란 하나님의 은혜 역사인데, 이로 말미암아, 거룩하게 하시려고 하나님께서 창세 전에 택하신 자들이 때가 되어 강력한 성령의 역사를 통해 그리스도의 죽음과 부활의 적용을 받아 하나님의 형상을 좇아 온 사람이 새롭게 되고, 생명에 이르는 회개의 씨와 다른 모든 구원의 은혜들이 그들의 마음속에 두어지고 그 은혜들이 고무되며 증가하며 강화되어 그들이 점점 더 죄에 대하여 죽게 하고 새로운 생명에 대하여 살게 하는 것이다(엡 1:4; 고전 6:11; 살후 2:13; 롬 6:4-6 등).
Q 75: What is sanctification?

> **A 75**: Sanctification is a work of God's grace, whereby they whom God hath, before the foundation of the world, chosen to be holy, are in time, through the powerful operation of his Spirit applying the death and resurrection of Christ unto them, renewed in their whole man after the image of God; having the seeds of repentance unto life, and all other saving graces, put into their hearts, and those graces so stirred up, increased, and strengthened, as that they more and more die unto sin, and rise unto newness of life.

1. 양자와 성화는 아들 됨과 거룩하게 됨이다. 양자와 성화의 공통점은 하나님의 전적인 은혜다. 이 사실이 중요하다. 성화는 하나님의 무조건적인 은혜의 사역이다. 칭의와 양자는 하나님 은혜의 행위이고, 성화는 하나님 은혜의 사역이다. 성화가 하나님 은혜의 행위 아닌 은혜의 사역인 것은 과정이기 때문이다. 칭의와 양자는 순간적인 짧은 시간에 동시에 발생하는 행위다. 성화는 중생 시점부터 영광의 상태에 이르는 육신의 죽음까지 계속되는 전 생애적인 과정이다.

2. 거룩하게 될 자는 하나님께서 세상에 기초를 세우시기 전에 거룩하게 하시려고 선택하신 자이다. '거룩하게 하심'은 하나님께서 거룩하게 만드는 사역이다. 사람은 이미 전적으로 부패하고 영적 무능력자로서 스스로 자기를 거룩하게 할 수 없다. 그래서 성화는 하나님의 무한하신 은혜의 사역이다. 웨슬리는 성화에서 인간 노력의 필요성을 강조하여 결국 성화가 하나님의 전적인 은혜의 사역임을 부정한다.

3. 신약성경에 두 종류의 성화가 언급되었다.

첫째, 지위의 성화다. 이 성화는 특정한 영적 복락과 특권과 관계하지만 거룩하게 된 자의 구원과는 관계없다.

둘째, 개인의 성화다. 이 성화는 성령 하나님의 전능하신 능력에 따른 구원의 과정이고 영생에 이른다.

4. 성령께서 그리스도의 죽음과 부활을 거룩하게 된 자들에게 적용하신다는 것은 그리스도께서 고난과 죽음과 부활을 통해 보증하신 택자를 위한 유익이 실제로 성령의 역사하심을 통해 그리스도인에게 수여됨을 의미한다. 성부 하나님께서는 우리 구원을 계획하셨고, 성자 하나님께서는 우리 구원을 성취하셨다. 성령 하나님께서는 그 유익을 실제로 경험하도록 개인적으로 그 구원을 적용하신다.

5. 거룩하게 되는 자가 '온 사람이 새롭게 되는 자'인 것은 성화가 영혼과 육체 모두에 관련되기 때문이다(살전 5:23). 성화는 영의 한 기능에 제한되지 않고 모든 것을 포함한다. 성화는 마음과 지성, 감정, 느낌, 의지 그리고 결정의 능력 모두에 영향을 준다.

6. 성령께서 성화의 역사를 이루시는 본보기는 '하나님의 형상'이다. 인간은 하나님의 형상대로 지음을 받았다. 그러나 그는 죄를 범하여 타락했고, 인간 안에 있는 하나님의 형상은 이지러졌다. 그렇다고 하나님의 형상이 완전히 파괴된 것은 아니다. 따라서 성화를 통해 하나님의 형상이 회복된다. 하나님의 형상은 지성과 의와 거룩함을 포함한 하나님의 인격이다.

7. 성화의 과정을 묘사하기 위해 신약성경에서 죽음과 부활로 비유했다. 죄에 대해 죽고 생명에 대해 산다는 비유다. 그리스도인은 죄에 대해 십자가에 못 박혀 죽었다. 그러나 거룩함에 관한 한 인간은 스스로 아무 공헌도 할 수 없다. 죽은 자가 스스로 살아날 수 없다. 생명에 대해 사는 것은 오직 하나님의 능력에 달려 있다.

8. 성화에 관련하여 오늘날 유행하는 두 가지 오류는 '율법폐기론'과 '완전 성화'이다. 이제 그리스도인이 하나님의 도덕법을 지킬 의무가 없다는 가르침은 성경에 없다. 성화는 과정이 아니라 이 세상을 살아가는 특정한 시간에 사람에 의하여 완성될 수 있는 행위라는 교훈도 성경이 지지하지 않는다.

49

회개와 성화

문 76: 생명에 이르는 회개란 무엇인가?

답 76: 생명에 이르는 회개란, 하나님의 성령과 말씀에 의해서 죄인의 마음 속에 이루어지는 구원의 은혜인데, 그로써(눈에 보이고 느낄 수 있는) 자기 죄의 위험뿐 아니라 더러움과 추악함을 보고 자기 죄를 몹시 슬퍼하고 미워한 나머지 통회하는 자에게 그리스도 안에서 베푸시는 하나님의 긍휼하심을 깨닫고 그 모든 죄를 떠나 하나님께로 돌아와 범사에 새로 순종하면서 하나님과 함께 끊임없이 동행하기로 목적하고 노력하는 것이다 (딤후 2:25; 12:10; 행 11:18, 20 등).

Q 76: What is repentance unto life?

A 76: Repentance unto life is a saving grace, wrought in the heart of a sinner by the Spirit and word of God, whereby, out of the sight and sense, not only of the danger, but also of the filthiness and odiousness of his sins, and upon the apprehension of God's mercy in Christ to such as are penitent, he so grieves for and hates his sins, as that he turns from them all to God, purposing and endeavoring constantly to walk with him in all the ways of new obedience.

1. 회개와 성화는 각각 구원의 과정이다. 회개는 하나님께로 돌이킴이다. 구원은 하나님의 전적인 은혜이므로 회개도 하나님의 전적인 은혜다. 그리스도인이 세상에 있는 동안 옛사람에 따라 죄를 범하여 회개는 계속될 수밖에 없다. 지속적인 회개는 성화와 관련된다. 흔히 아는 것과는 다르게 회개와 성화는 사람의 공로로 진행되지 않고 하나님의 전적인

은혜로 된다.

  2. '회개'라 하지 않고 '생명에 이르는 회개'라고 하는 이유는 생명에 이르지 못하는 회개도 있기 때문이다. 가룟 유다는 그의 정죄 됨을 보고 '스스로 뉘우쳐 스스로 목매어' 죽었다(마 27:3-5). 이 그릇된 회개는 참된 회개와 대조되는 '세상 근심'이다(고후 7:10). 이 세상 근심은 사망을 이룬다. 그 결과는 영원한 사망이다.

  3. 생명에 이르는 회개는 구원의 은혜다. 회개는 하나님에게로 돌이킴이다. 그 결과가 구원과 영생이다. 이것은 자연적으로 취득하는 것이 아니라 하나님으로부터 오는 선물, 즉 은혜이다. 그리스도인의 세상 삶에서 옛사람으로 인하여 범하는 허물과 죄를 용서받기 위해서 계속되는 회개도 하나님의 은혜다.

  4. 성경의 교훈에 의하면 한 사람도 예외 없이 회개가 필요하다. 그래서 회개하라는 요구는 우주적인 명령이다. 세례 요한과 예수님은 설교를 통해 선인이든 악인이든 무식자든 유식자든 관계없이 '회개하라'고 외치셨다. 예수님은 조건과 제한이 없이 '회개하라'고 선포하셨다.

  5. 생명에 이르는 회개는 죄인의 마음에 하나님의 말씀과 성령에 의해서 발생한다. 하나님의 말씀은 성경의 복음이다. 생명에 이르는 회개는 성령의 역사 없이 말씀만으로 발생하지 않고, 또한 말씀 없이 성령의 역사만으로 발생하지 않는다. 성령께서는 말씀을 적용하셔서 생명에 이르는 회개를 낳는다. 복음이 선포되는 곳에 성령께서 사람의 구원을 위해 역사하신다.

6. 죄인이 그의 죄의 위험을 자각하는 것만으로 충분하지 않다. 하나님의 형벌에 대한 두려움은 사람들이 구원을 위해 그리스도께 나오게 한다. 그러나 형벌과 지옥에 대한 두려움만으로 참된 그리스도인이 될 수 없다. 죄는 잘못된 것이기에 죄로부터 떠나야 한다. 죄 문제 해결은 예수 그리스도의 속죄 사역으로만 가능하다.

7. 회개는 지속적이다. "이미 목욕한 자는 발밖에 씻을 필요가 없다"(요 13:10). 목욕도 회개고 발 씻음도 회개다. 세례 요한과 예수님의 첫 메시지는 '회개하라'였다. 회개해야 하는 이유는 천국이 가까이 왔기 때문이다. 천국은 하나님의 나라이고 예수님의 나라이다. 예수 그리스도를 믿지 않으면 천국에 들어가지 못한다. 회개하고 예수 그리스도의 복음을 믿는 것은 사람이 마땅히 해야 할 일이다(막 1:15).

8. 오늘날 참된 회개가 적은 이유는 하나님의 말씀과 하나님의 거룩 그리고 죄에 대한 하나님의 진노하심에 대해 무관심하기 때문이다. 오늘날 죄는 악한 것이기는 하지만 사람을 하나님으로부터 분리하는 심각한 악이 아니라고 여긴다. 그러나 예수 그리스도께서 오신 것은 의인이 아니라 죄인을 불러 회개케 하기 위함이다.

9. 회개는 단순히 사람의 자유 의지가 아니라 하나님의 선물이다. 사람이 회개하더라도 죄의 책임이 그냥 없어지는 것이 아니라 오직 구주 예수 그리스도의 보혈로만 없어진다. 그리스도께서는 죄로부터 구원을 위해 이 세상에 오셨다. 사람이 죄로부터 구원받지 못한다면 구원을 얻을 수 없다. 회개하지 않는 자는 죄에 계속 거하는 자다. 누구나 죄를 소유한 채로 구원을 얻을 수는 없다.

문 77: 의롭다 칭하심(칭의, 稱義)과 거룩하게 하심(성화, 聖化)은 어느 점에서 다른가?

답 77: 비록 거룩하게 하심이 의롭다 칭하심과 불가분의 관계가 있을지라도 다른 점이 있다. 곧 의롭다 칭하실 때 하나님께서 그리스도의 의를 우리에게 돌리시고 거룩하게 하실 때는 하나님의 영이 은혜를 주입하시어 신자가 그 은혜를 운행하게 하시는 것이며 전자에서는 죄가 용서되고 후자에서는 죄가 억제되는 것이며 전자는 복수하시는 하나님의 진노에서 모든 신자를 평등하게 해방하되 현세에서 이를 완성하며 그들이 도무지 정죄에 떨어지지 않게 하고 후자는 모든 신자 간에 평등하지도 않고 현세에서 결코 완성될 수도 없으며 다만 완성을 향해 자라나는 것뿐이다(고전 1:30; 6:11; 롬 4:6, 8 등).

Q 77: Wherein do justification and sanctification differ?

A 77: Although sanctification be inseparably joined with justification, yet they differ, in that God in justification imputeth the righteousness of Christ; in sanctification his Spirit infuseth grace, and enableth to the exercise thereof; in the former, sin is pardoned; in the other, it is subdued: the one doth equally free all believers from the revenging wrath of God, and that perfectly in this life, that they never fall into condemnation; the other is neither equal in all, nor in this life perfect in any, but growing up to perfection.

1. 칭의와 성화는 긴밀히 연결되어 있다. 성화 없이 칭의 없고 칭의 없이 성화 없다. 하나님은 칭의와 성화의 저자요 원천이시다. 칭의와 성화는 죄인을 향하신 하나님의 특별하신 사랑과 은총에서 나온다.

> 너희는 하나님으로부터 나서 그리스도 예수 안에 있고 예수는 하나님으로부터 나와서 우리에게 지혜와 의로움과 거룩함과 구원함이 되셨으니(고전 1:30).

2. 칭의와 성화의 구분은 우리 그리스도의 삶에서 이 두 가지를 혼동

하는 경향이 있기에 대단히 중요하다. 칭의는 단회적이고 성화는 지속적이다.

3. 모든 성화가 칭의 안에 포함되어 있기에 더 이상 성화가 필요 없다고 생각하는 사람은 매우 위험한 상태에 있는 사람이다. 왜냐하면, 그는 진실로 의롭게 된 자가 아니기 때문이다. 다른 한편으로 성화에 칭의가 다 포함되어 있다고 생각하는 사람 역시 위험한 사람이다. 왜냐하면, 이런 사람은 선한 행위를 통해 자신을 구원하고자 시도하는 자이기 때문이다. 그래서 칭의와 성화의 구분은 율법폐기론과 율법주의를 극복한다.

> 문 78: 신자의 거룩하게 됨(성화)이 완성될 수 없는 것인가?
> 답 78: 신자의 거룩하게 됨이 완성될 수 없음은 그들의 모든 부분에 죄의 잔재가 남아 있기 때문이며, 영을 거슬러 싸우는 끊임 없는 육의 정욕 때문이니 이로써 신자들은 흔히 시험에 들어 여러 가지 죄에 빠지게 되어 그들의 모든 신령한 봉사에서 방해를 받고, 그들의 최선을 다해 한 일이라도 하나님의 목전에는 불완전하고 더러운 것이다(롬 7:18, 23; 막 14:66-72; 갈 2:11-12; 히 12:1).
>
> Q 78: Whence ariseth the imperfection of sanctification in believers?
> A 78: The imperfection of sanctification in believers ariseth from the remnants of sin abiding in every part of them, and the perpetual lustings of the flesh against the spirit; whereby they are often foiled with temptations, and fall into many sins, are hindered in all their spiritual services, and their best works are imperfect and defiled in the sight of God.

1. 성경과 기독교에서 구원이란 용어가 항상 동일한 의미로 사용된 것은 아니다. 구원은 복합적이어서 여러 요소를 포함한다. 어떤 때는 구원의 여

러 요소 중 한 가지가 언급되고 다른 경우에는 또 다른 요소가 언급된다.

그리스도인은 어떤 의미에서 구원받은 자이고, 어떤 의미에서는 구원받고 있는 자이며, 다른 의미에서는 앞으로 구원받을 자이다. 그는 죄책으로부터 구원받았고, 죄의 권세로부터 현재 구원받고 있으며, 죄로부터 구원받을 것이다. 그리스도인은 칭의를 받았고, 성화를 받고 있으며, 영화롭게 될 것이다. 이런 의미에서 구원에는 여러 과정이 있다. 그리스도인의 성화는 영화에 이를 때까지 완전하지 않다.

2. 성화는 중생 받은 이후에도 남아 있는 죄성 때문에 불완전하다. 물론 그리스도인이 죄악 세상과 마귀와 적대적인 상황을 비난할 수 있다. 그러나 실은 죄악의 본성 자체가 이 세상에서 성화를 완전하지 못하게 하는 원인이다.

3. 세상과 마귀와 악한 친구들과 같은 외부적 요소가 악과 타협하는 원인이 될 수 있다. 외부적 요소는 죄성을 이용하여 죄를 짓게 유혹할 수 있다. 그러나 죄성이 없다면, 외부적인 요인들이 죄를 짓게 만들 수 없다. 주 예수 그리스도께서는 외부적 유혹들을 당하셨지만, 결코 죄를 짓지 않으셨다. 그리스도의 경우에 죄성이 없었기 때문이다.

그리스도인은 내부에 존재하는 죄성에 대해서는 전혀 언급하지 않으면서 세상과 마귀만을 큰 소리로 비난하는 오류를 경계해야 한다. 세상의 죄악을 정죄하는 것만으로 그리스도인을 거룩하게 만들지 못한다.

4. 중생 받은 신자 안에 남아 있는 죄악 된 본성으로서 옛사람(롬 6:6), 육체(롬 7:18), 내 지체 안에 있는 죄의 법(롬 7:23), 굳은 마음(겔 36:26), 내 속에 거하는 죄(롬 7:17), 사망의 몸(롬 7:24) 등이 있다. 이는 죄로 말미암아 부패되고 오염된 인간 본성 전체를 가리킨다.

5. 성경에 따르면 그리스도인의 삶은 평강과 갈등의 삶이다. 하나님과 함께하는 평강과 죄와 투쟁하는 갈등이다. 구원받지 못한 자는 하나님과 전쟁하는 자요, 죄와 평화를 누리며 사는 자다. 그러나 그리스도인은 하나님과 평화를 누리고 죄와는 전투하는 자다.

6. 어떤 사람이 죄에 대해 전혀 갈등을 느끼지 않는다면, 그는 아마도 죄와 허물에서 구원받지 못한 죄인일 것이다. 만일 죄에 대해 미온적으로 투쟁하고 갈등한다면 그는 자신이 영적 침체와 나태와 게으름에 빠져 성령을 근심하게 하고 있는 것은 아닌지 자세히 살펴야 한다.

> 자다가 깰 때가 되었으니 이는 이제 우리의 구원이 처음 믿을 때보다 가까웠다(롬 13:11).

7. 그리스도인은 죄와의 고통스러운 싸움 때문에 낙심할 필요가 없다. 인간적 연약으로 말미암아 계속되는 싸움 속에서 잠시 낙심할 수 있지만, 죄와의 고통스러운 싸움은 아주 좋은 신호다. 그것은 우리가 천국으로 가는 여행에서 올바른 길에 들었음을 의미한다. 하나님의 백성이 겪어야 할 과정이다. 따라서 죄와의 투쟁으로 낙심하는 대신 죄와 적게 싸우거나 아니면 전혀 죄와 갈등하지 않는 것에 대해 놀라야 한다.

8. 기도와 다른 영적 의무가 힘들고 어려운 이유는 우리 안에 남아 있는 죄성이 영적 의무를 행하지 못하도록 방해하기 때문이다.

> 육체의 소욕은 성령을 거스르고 성령의 소욕은 육체를 거스르나니 이 둘이 서로 대적함으로 너희의 원하는 것을 하지 못하게 하려 함이니라(갈 5:17).

그래서 그리스도인들은 모든 신령한 봉사에서 방해를 받는다.

9. 하나님 앞에서는 가장 선한 행위라 할지라도 마음에 남아 있는 죄 때문에 불완전하고 오염되었다. 죄와 싸우는 그리스도인의 전투에 대한 가장 대표적인 성경 구절은 에베소서 6:10-18이다. 하나님께서는 하나님의 전신 갑주를 주셨다. 죄와 싸우는 회개와 성화는 각각 구원의 과정으로서 하나님의 전적인 은혜의 역사이며 사람의 공로가 아니다. 그래서 구원의 과정인 회개와 성화도 복음이다.

50

구원의 확신

문 79: 참 신자들이 그들의 불완전과 그들이 빠지는 여러 가지 시험과 죄의 이유로 은혜의 상태에서 떨어질 수 있지 않은가?

답 79: 하나님의 변함 없는 사랑과 그들을 견인하시려는 그의 작정과 언약, 그들의 그리스도와의 나눌 수 없는 연합, 그들을 위한 그의 계속적 대도(중보), 그들 안에 거하는 하나님의 영과 씨로 인하여 참 신자들은 전적으로나 종극적으로 은혜의 상태에서 떨어질 수 없을 뿐만 아니라 하나님의 능력에 의해서 믿음으로 말미암아 구원에 이르기까지 그들은 보존된다(렘 31:3; 딤후 3:9; 히 13:20; 삼하 23:5 등).

Q 79: May not true believers, by reason of their imperfections, and the many temptations and sins they are overtaken with, fall away from the state of grace?

A 79: True believers, by reason of the unchangeable love of God, and his decree and covenant to give them perseverance, their inseparable union with Christ, his continual intercession for them, and the Spirit and seed of God abiding in them, can neither totally nor finally fall away from the state of grace, but are kept by the power of God through faith unto salvation.

1. 참된 그리스도인은 은혜의 상태에서 궁극적으로 떨어질 수 없다. 그리스도인이 주 예수 그리스도 안에 있는 하나님의 사랑에서 떨어질 수 없음은 요한복음 10:28과 로마서 8:35-39이 증거한다. '그 어떤 피조물이라도' 참된 그리스도인을 하나님의 사랑에서 분리할 수 없다. 일시적인 떨어짐은 가능하다.

2. 참된 그리스도인이 전적으로 멸망하지 않는 이유는 하나님의 불변하신 사랑 때문이다. 보존의 은혜를 제공하는 하나님의 언약과 그리스도와의 뗄 수 없는 연합과 그리스도의 끊임없는 중보 그리고 그리스도인 안에 내주하시는 하나님의 영으로 인하여 그리스도인은 전적으로 멸망하지 않는다.

3. 그리스도인을 향하신 하나님 사랑의 본질은 그들의 복지를 위한 소망과 일반적 사랑이 아니라 하나님과의 영원한 교제에서 실패가 없는 독특하고도 특별한 사랑이다(시 138:8; 빌 1:6). 하나님의 백성과 그리스도와의 연합은 불가분리한 것으로 영원한 연합이다(롬 8:35-39; 시 23:6; 73:24; 요 17:24).

4. 예수 그리스도께서는 그의 백성을 향한 중보를 멈추지 않으신다. 그리스도의 중보는 가장 마지막 택자가 영원한 영광에 진입하는 그날까지 계속될 것이다. 예수 그리스도는 항상 저희를 위해 간구하신다(히 7:25).

5. 하나님의 백성을 향하신 그리스도의 중보가 효과적이라는 것은 성부 하나님께서 언제나 예수 그리스도의 기도를 들어주신다는 사실을 통해서 알 수 있다. 예수 그리스도는 성부 하나님께서 기뻐하시는 독생자이시고(마 3:17), 그가 하시는 모든 일은 하나님 아버지를 기쁘게 하시기 때문이다(요 8:29).

6. 그리스도인 안에 내주하시는 하나님의 영은 그들이 은혜에서 떨어지지 않게 영원토록 함께하신다(요 14:16). 예수께서는 그리스도인 안에 성령의 내주를 위해 오셨다. 예수 그리스도의 구속 사역과 오순절 성령 강림 이후 성령께서는 그리스도인 안에 영원히 내주하신다. 그리하여 그리스도인은 결코 구원을 상실하거나 다시 구원받지 못한 자가 될 수 없다.

7. 그리스도인에 거하는 '하나님의 씨'는 성령의 능력으로 중생 받은 신자의 마음에 새롭고 거룩하게 창조된 본성이다. 그리스도인 안에 내주하는 이 새로운 본성 또는 '하나님의 씨'는 "썩어질 씨로 된 것이 아니고 썩지 아니할 씨로 된 것이니 하나님의 살아 있고 항상 있는 말씀으로 되었기에" 그리스도인이 은혜의 상태에서 떨어지지 못하게 보증한다(벧전 1:23).

8. 성도의 보존 교리는 그리스도인으로 하여금 부주의하고 부도덕적인 삶을 살게 하는 것이 아니라 이 교리를 믿지 않는 자들보다 더욱 그리스도인의 삶을 살게 한다. 은혜의 상태에서 떨어져서 영원히 멸망 당할 염려로 낮과 밤마다 두려워하고 걱정하는 마음으로 가득 차 있는 그리스도인은 하나님께 최상의 예배와 봉사를 드릴 수 없다. 구원을 확신하는 그리스도인은 하나님의 나라와 그의 의를 위해 전적으로 헌신하지 않을 수 없다.

9. 노아의 언약은 보존의 언약으로 특징지을 수 있다. 여호와께서 사람 마음의 계획이 어려서부터 악함으로 오히려 땅이 있는 동안 "심음과 거둠과 추위와 더위와 여름과 겨울과 낮과 밤이 쉬지 아니하리라"고 언약하셨다(창 8:20-22). 이 언약은 예수 그리스도의 구속 사역으로 성취되고 있다. 노아 언약의 증거는 무지개이다(창 9:13). 동성애 상징으로 사용되는 무지개는 성경 오용이다.

> 문 80: 참 신자들은 자신들이 은혜의 지위에 있음과 구원에 이르기까지 그 지위에 있을 것임 을 무오하게 확신할 수 있는가?
>
> 답 80: 그리스도를 참으로 믿고 그 앞에서 모든 선한 양심으로 행하고자 노력하는 자들은 비상한 계시 없이, 믿음으로 하나님의 약속 진리에 근거하고 성령께서 생명의 약속을 주신 그 은혜를 자신들이 분별할 수 있게 하시고, 그들의 영으로 더불어 그들이 하나님의 자녀임을 증거하심으로써 그들이 은혜의 지위에 있음과 구원에 이르기까지 견인할 것을 무오하게 확신할 수 있는 것이다(요일 2:3; 고전 2:12; 요일 3:14 등).
>
> Q 80: Can true believers be infallibly assured that they are in the estate of grace, and that they shall persevere therein unto salvation?
>
> A 80: Such as truly believe in Christ, and endeavor to walk in all good conscience before him, may, without extraordinary revelation, by faith grounded upon the truth of God's promises, and by the Spirit enabling them to discern in themselves those graces to which the promises of life are made, and bearing witness with their spirits that they are the children of God, be infallibly assured that they are in the estate of grace, and shall persevere therein unto salvation.

1. 구원의 확신이란 그리스도인의 마음에 있는 현재와 미래의 영원한 구원의 확실성에 대한 확신이다. 단지 가능성 또는 가망성이 아니라 자신의 구원의 완전한 확신 또는 확실성이다. 완전한 구원의 보증을 가진 그리스도인은 그의 영원한 구원을 무오하게(infallibility) 확신할 수 있다.

2. 모든 그리스도인이 완전한 확신을 소유하는 것은 아니다. 그러나 구원의 확신을 부인하는 자들이 그릇된 이유는 수많은 성경 구절이 구원을 보증하고 구원의 완전한 확실성을 이 세상에서 취득할 수 있다고 교훈하고 있기 때문이다.

3. 구원의 확신에 대하여 정당하고 가치 있는 근거에 기초하지 않은 채 구원받았다고 주장하는 것은 모래 위에 지은 집과 같다. 율법주의자, 외적인 형식주의자, 모든 신비주의자는 그들의 감정과 느낌을 신뢰하여 구원받았다고 느낀다. 그들은 구원의 확신에 대해 꿈이나 환상이나 어떤 특별한 직통 계시에 근거를 둔다.

4. 구원과 구원의 확신은 같은 것이 아니다. 구원과 구원의 확신은 각각 다른 주제다. 사람이 진정으로 구원받았음에도 그의 마음에 확신하지 못할 수 있다. 그래도 그의 안전은 확실하다. 그의 구원은 확실하지만, 그의 확신은 의심 가운데 있을 수 있다.

5. 구원의 확신은 다음과 같이 세 가지 근거가 있다.

첫째, 신자에게 주어진 하나님 말씀의 약속이다.
둘째, 이 약속이 주어진 자들에게 베풀어지는 은혜를 통하여 사람의 마음과 삶에 나타나는 증거다.
셋째, 하나님의 자녀임을 그리스도인의 심령에 나타내시는 양자의 영으로서 성령의 증거다.

6. 하나님의 말씀은 그리스도인이 구원을 확신하는 기초다. 이것이 없이는 아무도 완전히 확신할 수 없다. 성경의 진리를 의심하는 자는 자신의 구원의 확신의 완전한 확실성을 얻을 수 없다. 구원의 약속에 대한 신적 진리의 인식만으로는 구원의 보증을 얻지 못할 수 있다. 자신의 구원을 확신하지 못하면서도 성경을 형식적으로 믿을 수 있다. 마귀도 하나님을 믿고 떤다(약 2:19).

7. 사람의 마음과 삶에 구원의 은혜가 나타나는 증거는 변화되고 새로

운 삶이다(고후 5:17). 누구든지 주 예수 그리스도를 믿기만 하면 멸망치 않을 것이다.

그러나 올바로 믿는지 그렇지 않은지 그 믿음이 진정한 것인지 아니면 스스로 속이는 것인지 어떻게 알 수 있는가?

예수 그리스도 안에서 선한 행실과 변화된 삶은 참된 구원의 증거와 열매이다.

8. 구원을 확신하는 근거로서 성령의 증거는 어떤 특별한 계시나 이상한 음성을 의미하지 않는다. 하나님은 인격자이시다. 성령께서는 사랑과 소망과 같이 믿음의 직접적인 저자이시다. 따라서 참된 믿음에 안식하는 소망은 성령의 사역으로서 우리 마음에 발생하는 은혜다.

성령께서는 우연한 감정이 아니라 구원의 확신을 주신다. 그리고 그 구원의 확실성은 참된 겸손, 거룩함에 부지런함, 정직한 자기 점검, 하나님과의 교제를 끊임없이 갈망함으로 나타날 수 있다.

문 81: 모든 참 신자는 자기가 현재 은혜의 지위에 있음과 장차 구원받을 것을 언제나 확신하고 있는가?

답 81: 은혜와 구원의 확신은 본래 신앙의 본질적 요소가 아니므로 참 신자들도 오랜 세월이 지난 후 확신하게 되는 것이며 혹은 이러한 확신을 누린 후에라도 악성, 죄, 시험, 배반으로 인하여 확신이 약화하고 중단되기도 하나 하나님의 영이 함께하시고 붙드시므로 결단코 전적 절망에 빠질 수 없게 하신다(엡 1:13; 사 50:10; 시 88:1-18 등).

Q 81: Are all true believers at all times assured of their present being in the estate of grace, and that they shall be saved?

A 81: Assurance of grace and salvation not being of the essence of faith, true believers may wait long before they obtain it; and, after the enjoyment thereof,

> may have it weakened and intermitted, through manifold distempers, sins, temptations, and desertions; yet are they never left without such a presence and support of the Spirit of God as keeps them from sinking into utter despair.

1. 그리스도 안에 있는 참된 구원의 믿음이 구원의 확신이 없어도 존재할 수 있다. 어떤 이는 참된 신앙을 소유하고 진정으로 구원받았음에도 불구하고 그의 의식 속에서 구원을 확신하지 못할 수 있다. 그런 의미에서 구원의 확신은 신앙의 본질적 요소가 아니다. 그러나 그리스도인은 구원의 확신을 가질 수 있다.

2. 그리스도를 구주로 고백하는 자 가운데 즉시 확신의 은혜를 받는 그리스도인이 있다. 이것은 예수 그리스도를 향해 급작스럽게 회심한 사람들과 그리스도께 진정으로 나오기 전에 심각한 영적 투쟁을 경험한 사람들에게서 종종 발생한다. 종교개혁자 칼빈이 그러한 경우이다. 은혜의 방편을 신실하게 사용하고 인내하면서 하나님을 기다리는 그리스도인은 구원을 확신할 수 있다.

3. 그리스도인이 구원의 확신을 얻은 후에 일시적으로 상실할 수 있다. 구원의 확신은 유혹과 죄와 하나님의 섭리와 여러 가지 이유로 인해 잠시 약화할 수 있다. 이것은 성경의 교훈이고 그리스도인의 일반적인 경험이다(시 32; 143:1-7; 고후 7:5). 구원의 확신은 참된 것이지만 흔들릴 수 있다. 그렇다고 낙심할 필요는 없다. 구원의 확신은 회복될 수 있기 때문이다.

4. 하나님의 임재와 구원 은총에 대한 참된 그리스도인의 의식은 완전히 상실될 수 없다. 만일 하나님의 임재와 은총에 대한 참된 그리스도인의 의식이 전적으로 상실될 수 있다면, 그는 완전한 절망에 빠질 것이다. 그러나 그리스도인이 하나님의 성령의 임재와 역사 가운데 버려지는 경

우는 결코 없다.

5. 구원의 확신을 위해 그리스도인은 성경 말씀과 성례와 기도와 같은 은혜의 방편들을 신실하게 사용해야 하고, 은혜의 방편들을 통한 성령의 역사로 강력하고 분명하게 구원을 확신할 수 있다.

6. 구원의 의미는 단순하지 않다. 박형룡 박사에 따르면 구원에는 아홉 가지 각론이 있다. 소명, 중생, 회개, 신앙, 칭의, 양자, 성화, 성도의 견인 그리고 영화가 구원에 포함되어 있다. 그러면 구원의 확신은 이 9가지 구원의 요소들에 대한 확신을 의미한다고 말할 수 있다.

제8장

교회 2(문 82-83)

51

영광의 교통

문 82: 무형 교회 회원들이 그리스도와 함께 누리는 영광의 교통이란 무엇인가?

답 82: 무형 교회 회원들이 그리스도와 함께 누리는 영광의 교통이란 현세에 있는 것이며 사후 즉시 일어나는 것인데, 이는 부활과 심판 날에 완성되는 것이다(고후 3:18; 눅 23:43; 살전 4:17).

Q 82: What is the communion in glory which the members of the invisible church have with Christ?

A 82: The communion in glory which the members of the invisible church have with Christ, is in this life, immediately after death, and at last perfected at the resurrection and day of judgment.

1. 은혜와 영광은 차이가 있다. 은혜는 이생에서 받는 구원의 축복이고, 영광은 주로 오는 세상에서 받게 될 구원의 축복이다. 하나님의 백성은 한순간에 모든 영광을 다 얻지 않고 여러 단계를 통해 얻는다.

2. 하나님의 백성이 영광을 받는 데는 세 가지 단계가 있다. 먼저 이생에서 영광의 첫 열매를 받게 된다. 다음에 그들은 죽을 때에 영광의 상태에 진입하게 된다. 그리고 그들은 부활 시에 완전한 영광을 받게 된다.

3. 예수 그리스도께서는 하나님 백성이 하나님의 나라에서 그와 함께 영원한 영광의 교통을 누리기를 원하신다. 왜냐하면, 예수께서 십자가에

서 피 흘리심으로 그 백성을 구속하셨기 때문이다.

> 문 83: 무형 교회 회원들이 현세에서 그리스도와 함께 누리는 영광의 교통이란 무엇인가?
>
> 답 83: 무형 교회 회원들은 그들의 머리이신 그리스도의 지체이므로 현세에서 그리스도와 함께 영광의 첫 열매들을 누리며, 그 안에서 그가 소유하신 영광에 관계가 있게 되며 그 보증으로서 하나님의 사랑과 화평, 성령의 즐거움, 영광의 소망을 누리게 된다. 반면에, 하나님의 복수하시는 진노와 양심의 공포, 심판에 대한 두려운 기대 등이 악인들에게는 그들이 사후에 받을 고통의 시작인 것이다(엡 1:13; 사 50:10; 시 77:1-12 등).
>
> Q 83: What is the communion in glory with Christ which the members of the invisible church enjoy in this life?
>
> A 83: The members of the invisible church have communicated to them in this life the firstfruits of glory with Christ, as they are members of him their head, and so in him are interested in that glory which he is fully possessed of; and, as an earnest thereof, enjoy the sense of God's love, peace of conscience, joy in the Holy Ghost, and hope of glory; as, on the contrary, sense of God's revenging wrath, horror of conscience, and a fearful expectation of judgment, are to the wicked the beginning of their torments which they shall endure after death.

1. '영광의 첫 열매'는 그리스도인들이 오는 세상에서 즐거워하게 될 영광의 미리 맛봄이다. 무형 교회의 회원들이 그리스도께서 이미 소유하신 영광에 참여하게 된다는 것은 그것을 열심히 배우길 원한다는 것이 아니다. 그것은 오히려 지금 그리스도께서 천국에서 누리시는 영광에 그리스도인들이 동참할 자격을 갖추었다는 것이다.

2. 그리스도인이 지금 지상에서 그리스도의 영광에 완전히 참여할 수 없는 것은 하나님의 섭리 가운데 지상 생애에서 계속 존재하는 세 가지 요인 때문이다.

첫째, 신자 안에 남아 있는 죄악의 본성
둘째, 그리스도인의 육체의 사멸성과 연약함
셋째, 그리스도인을 포위하고 있는 죄와 고통

3. 그리스도의 영광을 지금 이 지상에서 누리는 것을 방해하는 이 세 가지 요소는 그리스도인이 세상에서 죽을 때 끝날 것이다. 그리스도인의 육체의 사멸성과 연약함은 마지막 날 부활 때 끝난다. 여기 지금 그리스도인들을 포위하고 있는 이 세상에서의 죄와 고통은 각자의 죽음 후에 멈춰질 것이고, 예수 그리스도의 재림과 최후 심판에 의하여 완전히 없어질 것이다.

4. 그리스도인은 장차 올 세상에서 받을 충만한 영광의 증거를 이 세상에서 받게 된다. 그리스도인이 지상에서 그리스도의 영광을 보증으로 미리 받는 것은 예수 그리스도의 재림 때 받게 될 영광의 증거이다. 그 영광은 그리스도인이 오는 세상에서 받게 될 영원한 기업이다.

5. 하나님의 사랑과 화평, 성령의 즐거움, 영광의 소망은 그리스도인이 지상에서 갖는 영광의 첫 열매다. 하나님의 백성이 지상에서 받는 영광의 보증은, 하나님의 사랑을 즐거워하는 것, 양심의 평강, 성령 안에서 기뻐하는 것, 다가올 영광의 충만 안에서의 소망(보증 또는 부끄럽지 않은 소망, 롬 5:5) 등이다.

6. 악인들이 장래 처하게 될 운명은 지상 생애에서 심지어 죽기 바로 전

에도 하나님의 보수하시는 진노와 양심의 공포 그리고 심판의 무시무시한 두려움을 경험하게 된다. 어떤 때 이러한 공포는 세상에 있는 지옥이라 할 만큼 너무나 강력하다. 성경은 분명히 이것을 말하고 있고 이것은 특별히 악인들이 죽음에 직면했을 때 그들의 말과 행동을 통해 증명된다.

7. 그리스도인들이 언제나 이 영광의 미리 맛봄을 즐거워하지는 않는다. 왜냐하면, 의심과 유혹과 사탄의 공격과 그 밖의 다른 것으로 인해 영광의 미리 맛봄을 즐거워하는 정도가 때마다 달라질 수 있기 때문이다. 어떤 때는 이것이 분명하지만, 또 어떤 때는 구름에 가린 것같이 약할 때도 있다. 하지만, 진정한 그리스도인이 영광의 상태에서 완전히 버려지는 경우는 결코 없다.

제9장

종말(문 84-90)

52
사람의 죽음

> 문 84: 모든 사람이 다 죽을 것인가?
> 답 84: 사망이 죗값으로 위협되어 모든 사람이 한번 죽기로 선정되었으니 모든 사람이 범죄하였기 때문이다(롬 6:23; 히 9:27; 롬 5:12).
> Q 84: Shall all men die?
> A 84: Death being threatened as the wages of sin, it is appointed unto all men once to die; for that all have sinned.

1. 사람의 죽음은 죄의 값이다(롬 6:23). 사람의 최초의 죄는 하나님께서 금하신 선악과를 먹음이다(창 2:17). 선악과 계명은 하나님과 인간의 첫 언약이었다. 그런데 에녹과 엘리야는 죽지 않고 하늘로 옮기었다(창 5:24; 히 11:5; 왕하 2:11). 또한, 하나님의 백성은 그리스도께서 다시 오실 때 죽지 않고 영광의 상태로 옮겨질 것이다(고전 15:51-52).

2, 모든 사람이 죄를 지었다는 진리에 예외인 사람이 있었다. 우리 구주 예수 그리스도께서는 흠 없고 죄 없는 완전한 삶을 사셨다. 하나님 백성의 죄가 그에게 전가되기 전까지는 죽음이 그의 생명을 청구할 수 없었다. 예수 그리스도의 죽음은 그의 백성을 대신한 죽음이다. 그의 백성이 죄에 대한 형벌로 죽어야 할 것을 그리스도께서 대신 죽으셨다. 그 결과 그의 백성은 죄에 대한 형벌로부터 자유롭게 되었다.

3. 성경은 죽음이 전적으로 비정상적이라고 교훈한다. 인간은 죽기 위

해 창조된 존재가 아니다. 그들은 살기 위해 창조되었다. 육체와 영혼의 분리인 죽음과 육체의 부패는 하나님께서 창조하신 인성의 본질에 배치되는 것이기에 매우 두려운 것이다.

성경은 죽음이 '마지막 적'이고, 반드시 정복될 것이라고 말한다. 마귀는 사망 권세를 지닌 자이고, 그리스도께서 오신 것은 마귀를 멸하고 "죽기를 무서워하므로 일생에 매여 종노릇 하는 모든 자를 놓아 주시기 위함"이다(히 2:14).

4. 죽음이 온 인류에게 우주적이라는 사실은 죄 역시 우주적이라는 것을 증명한다. 과학자와 철학자는 전 인류가 죽음으로부터 도망치려 하고, 죽음을 무섭고 두려운 것으로 인식한다. 왜냐하면, 인간의 영혼에는 생명에 대한 꺼질 수 없는 목마름이 심겨 있기 때문이다.

그래도 죽음이라는 괴물은 모든 사람에게 찾아온다. 이에 대한 유일한 답변은 인류에게 무언가 대단히 잘못된 일이 발생했다는 것이다. 성경은 이것을 죄라고 부르고 죄로 말미암아 사망이 온다고 교훈한다(롬 5:12; 6:23).

5. 과학은 죽음을 극복할 수 없다. 하나님의 일반 은총으로 과학적 발견은 죽음을 어느 정도 지연시킬 수 있지만, 죽음의 자연적 원인인 죄와 죄를 형벌하시는 하나님의 의로우신 심판이라는 죽음의 영적 원인이 있기에, 과학은 결코 죽음을 극복할 수 없다.

문 85: 죄의 값이 사망이라면, 그리스도 안에 사죄함 받았는데 왜 의인들이 죽음에서 구출되지 못하는가?

답 85: 의인들은 마지막 날에 죽음 자체에서 구출되기로 되어 있으며, 심지어 죽을 때에도 사망이 쏘는 것과 저주에서 구출되므로, 비록 그들이 죽어도,

> 하나님의 사랑으로 죄와 비참에서 그들을 완전히 해방하여, 그들이 사후에 들어가는 영광중에 그리스도와 함께 더 깊은 교통을 하게 하신다(고전 15:26, 55-57; 히 2:15 등).
>
> **Q 85**: Death, being the wages of sin, why are not the righteous delivered from death, seeing all their sins are forgiven in Christ?
>
> **A 85**: The righteous shall be delivered from death itself at the last day, and even in death are delivered from the sting and curse of it; so that, although they die, yet it is out of God's love, to free them perfectly from sin and misery, and to make them capable of further communion with Christ in glory, which they then enter upon.

1. 죄의 형벌은 사망이다. 죄인들은 죽임을 당해야 마땅하기에 성경은 죽음을 죄의 '삯'이라 부른다. 왜냐하면, 삯은 받아야 할 자에게 지급하는 보수이기 때문이다.

2. 죄의 값의 심각한 문제는 바로 왜 그리스도인이 죽어야 하는가이다. 사망이 죄의 형벌이고 그리스도께서 그 백성의 대속자로서 대신 형벌을 받으셨다면 그리스도인이 죽는 것은 모순된 일이 아닌가?
우리는 그것을 잘 알 수 없다. 우리는 단지 하나님의 주권을 인정하고 하나님께서 하시는 일이 다 선한 것임을 인정할 뿐이다.

3. 그리스도인들은 죽음을 경험하지 않고 구원받는 것이 아니라 죽음의 상태 또는 그 조건으로부터 구원받는다. 의인은 사망이라는 경험을 통해 사망의 저주와 쏘는 것에서 구원을 받는다. 사망이 '쏘는 것과 저주'는 사망이 죄의 형벌임을 묘사한다(고전 15:55-56).

4. 그러나 의인은 죄의 형벌로서의 사망을 경험하지 않는다. 의인에게

사망은 무엇보다도 죄의 영향으로부터 해방이다. 그래서 죽음은 의인에게 하나님의 사랑이다. 그리스도인에게 육체적 사망은 두렵지 않은 것이 아니라 결과적으로 참된 유익을 준다.

5. 육체의 사망이 그리스도인에게 가져올 유익은 죄와 비참의 환경에서 천국의 평강과 안식이라는 완전한 환경으로 이주하는 것이다. 그리스도인은 의롭다 함을 받고 양자 되었고, 거룩의 과정에 있다고 하더라도 이 세상에 사는 한 죄와 고통이 존재하기에 완전한 행복과 축복을 누릴 수 없다. 사망을 통해 그리스도인은 눈에서 눈물이 거둬지고 그리스도께서 계시는 천국의 영광으로 인도된다.

6. 천국에서 그리스도와의 영광중의 교통은 이 세상보다 완전하다. 그 이유는 그리스도인이 영광중에 계신 그리스도의 가시적 임재와 함께하기 때문이다. 또한, 그의 마음에 존재하는 죄와 유혹 그리고 지상 생애에서의 방해가 모두 사라지기 때문이다. 그리고 육체적 연약과 피로, 아픔, 질병 그리고 고통이 존재하지 않기 때문이다.

문 86: 무형 교회 회원들이 죽은 직후에 그리스도로 더불어 누리게 되는 영광의 교통이란 무엇인가?

답 86: 무형 교회 회원들이 죽은 직후에 그리스도로 더불어 누리게 되는 영광의 교통은 그들의 영혼이 완전히 거룩하게 되어 가장 높은 하늘에 영접을 받아 그곳에서 빛과 영광중에 하나님의 얼굴을 바라보면서 그들의 몸의 완전 구속을 기다리는 것이다.

그들의 몸은 심지어 죽은 때에도 그리스도께 계속 연합되어 마치 잠자리에서 잠자듯 무덤에서 쉬고 있다가 마지막 날에 그들의 영혼과 다시 연합하게 되는 것이다. 악인의 영혼들은 죽을 때 지옥에 던져져 거기서 고통과 흑암 중에 머물러 있는 한편 그들의 몸은 부활과 큰 날의 심판 때까지 마치 감옥에 갇히듯 무덤에 보존되는 것이다(히 12:23; 고후 5:1, 6, 8; 빌 1:23 등).

Q 86: What is the communion in glory with Christ, which the members of the invisible church enjoy immediately after death ?

A 86: The communion in glory with Christ, which the members of the invisible church enjoy immediately after death, is, in that their souls are then made perfect in holiness, and received into the highest heavens, where they behold the face of God in light and glory, waiting for the full redemption of their bodies, which even in death continue united to Christ, and rest in their graves as in their beds, till at the last day they be again united to their souls. Whereas the souls of the wicked are at their death cast into hell, where they remain in torments and utter darkness, and their bodies kept in their graves, as in their prisons, till the resurrection and judgment of the great day.

1. 죽음 이후 그리스도 안에 있는 신자의 영혼은 의식과 기억과 거룩과 복락의 상태에 있고, 완전히 거룩하게 되어 가장 높은 하늘에 영접을 받아 그곳에서 빛과 영광중에 하나님의 얼굴을 바라보면서 그들의 몸의 완전 구속을 기다린다. 그들의 몸의 상태는 부활 때까지 안식하는 상태에 있게 될 것이다.

2. 신자의 영혼은 사망 이후 즉시 지복의 상태에 진입하게 된다. 그리스도인의 영혼이 죽음을 통해 마치 부활 때까지 존재하지 않는 듯한 무의식 상태에 빠진다는 영혼수면설은 그릇된 것이다(눅 16:19-31; 23:39-43).

3. 그리스도인은 죽음 이후 그 즉시 다음과 같은 면에서 완전히 거룩함을 소유하게 된다.

첫째, 범위
둘째, 정도
셋째, 영속성

그들은 이제 절대로 도덕적으로 모자라지 않고, 유혹에 고통을 당하지 않으며, 아무런 죄도 짓지 않는다.

4. 죽음 이후 그리스도인의 영혼의 행복 또는 지복 상태의 주요 요소는 빛과 영광 가운데 하나님의 얼굴을 보는 것이다. 천국은 하나님의 영광이 현현하는 곳이고, 영화로운 인성으로 부활하신 우리 주 예수 그리스도께서 살아계시는 곳이다.

5. 죽음 이후 그리스도인의 영혼 상태, 즉 가장 높고 지복한 상태는 완전히 거룩한 상태이기는 하지만 여전히 최고의 지복 상태는 아니다. 최고의 지복을 누리기 위해서는 마지막 날 영광의 부활 때까지 기다려야 한다.

6. 부활은 그리스도의 재림 시 발생한다. 이는 확정적인 시간이지만, 우리에게 완전히 계시되지 않은 하나님의 계획에 있는 비밀이다. 그러므로 재림의 날을 예측하고 예언하는 모든 활동은 잘못된 일이다.

7. 죽음 이후 그리스도인의 몸 상태는 마치 침상에 누워 자는 것같이 무덤에 누워 쉬게 되고 여전히 그리스도와 연합된 상태에 있다. 몸이 여전히 그리스도와 연합되어 있다는 말은 그리스도께서 그의 백성의 몸이 죽어 장사 되었음에도 여전히 매우 소중한 것으로 여기신다는 것을 의미한다. 이유는 그리스도께서 그들을 마지막 날에 다시 일으키실 것이기 때문이다. 성경은 그리스도인의 죽은 신체를 정해진 때가 되면 새싹이 나올

씨로 비유한다(고전 15:36-38).

8. 죽음 이후 악인들의 영혼은 지옥에 떨어진다(눅 16:23-24). 강신술 혹은 교령(交靈)은 살아 있는 자가 무당이나 영매를 통해 죽은 자와 대화나 교통이 가능하다고 주장하는 그릇된 사상이다. 죽은 자를 위한 기도도 잘못된 것이다. 죽은 자들이 천국에 있다면 우리의 기도가 필요 없다.

또한, 그들이 지옥에 있어도 우리의 기도는 그들을 결코 도울 수 없다. 죽음 이후에는 회개나 구원을 위한 더 이상의 기회가 없기 때문이다. 우리는 살아 있는 자들의 구원을 위해 기도하고 전도하는 일에 헌신해야 한다.

9. 로마가톨릭의 연옥 교리는 극소수의 그리스도인만이 죽음 이후 즉시 천국으로 갈 수 있고 대부분이 연옥에 가서 죄성을 다 없앨 때까지 연옥 불의 고통을 견디어야 한다고 가르친다. 이런 가르침은 성경 66권이 증거하는 예수 그리스도의 완전한 속죄 사역을 무시한다.

10. 중국의 내세관에 사람이 죽으면 귀신이 된다는 전설이 있다. 귀신은 귀와 신을 합친 말이다. 사람이 죽었을 때 양이 강하면 신이 되고 음이 강하면 귀가 된다는 중국의 전설은 비성경적이며 사탄의 속임수다. 귀신에게 제사해서 귀신을 화나게 하지 않는다는 전설도 거짓이다.

53

부활

문 87: 우리는 부활에 대하여 무엇을 믿어야 하는가?

답 87: 마지막 날에 죽은 자들, 의인과 악인의 일반 부활이 있을 것인데 그 당시에 살아 있는 자들의 몸이 다시 그들의 영혼과 영원히 연합되어 그리스도의 권능으로 다시 살아날 것이다. 의인의 몸은 그리스도의 영에 의해 또는 그들의 머리이신 그의 부활의 효능으로 그의 영광스러운 몸과 같은 신령한 썩지 아니할 강한 몸으로 다시 살아날 것이다. 악인의 몸은 또한 노하신 심판주이신 주님에 의하여 수치 중에 다시 살아날 것이다(행 24:15; 고전 15:51-53; 살전 3:15-17; 요 5:28-29 등).

Q 87: What are we to believe concerning the resurrection?

A 87: We are to believe, that at the last day there shall be a general resurrection of the dead, both of the just and unjust: when they that are then found alive shall in a moment be changed; and the selfsame bodies of the dead which were laid in the grave, being then again united to their souls forever, shall be raised up by the power of Christ. The bodies of the just, by the Spirit of Christ, and by virtue of his resurrection as their head, shall be raised in power, spiritual, incorruptible, and made like to his glorious body; and the bodies of the wicked shall be raised up in dishonor by him, as an offended judge.

1. 인류의 마지막 날은 그리스도 재림의 날이다. 동시에 이날은 부활의 날이다. 하지만, 이날은 하나님께 속한 비밀이다. 성경은 부활의 시간을 '그날과 그 시'라고 지칭한다. 그날에 대하여 사람은 모르고 하나님만 아

시지만, 분명히 발생한다. 그날에 예수 그리스도께서 하늘 구름을 타고 영광 가운데 오시면서 세상 역사가 홀연히 종국을 맞게 될 것이다.

2. 마지막 날이 우리가 사는 시간에 오는 것은 가능한 일이다. 성경은 그리스도의 재림이 지금 당장 발생할 것이라고 말하지 않지만 그렇다고 재림이 우리 시대에 발생하지 않음을 암시하지도 않는다. 그리스도의 재림이 반드시 우리가 지상에 사는 시간에 발생하는 것이 가능하지만 단정할 수는 없다.

3. 예수 그리스도의 재림에 대해 우리가 취할 태도는 요한계시록 22:20이 알려 주고 있다.

> 이것들을 증거하신 이가 가라사대 내가 진실로 속히 오리라 하시거늘 아멘 주 예수여 오시옵소서(계 22:20).

그리스도인이 이 마지막 날을 열정적으로 고대하는 것은 성경적이다.

> 하나님의 날이 임하기를 바라보고 간절히 사모하라(벧후 3:12).

바울도 우리에게 '복스러운 소망과 우리 크신 하나님 구주 예수 그리스도의 영광이 나타나심을 기다리라'고 권면한다(딛 2:13).

4. 그리스도의 재림 시에 있을 부활은 모든 죽은 자의 부활이다. 의인과 악인의 부활이다. 의인과 악인의 기준은 주 예수 그리스도에 대한 신앙의 유무이다. 의인의 부활은 영생에 이르고, 악인의 부활은 영벌에 이를 것이다.

> 이를 기이히 여기지 말라 무덤 속에 있는 자가 다 그의 음성을 들을 때가 오나니 선한

일을 행한 자는 생명의 부활로, 악한 일을 행한 자는 심판의 부활로 나오리라(요 5:28).

이 구절은 두 번의 부활을 배격한다. 요한계시록 20:1-6의 '첫째 부활'은 몸의 부활이 아니라 영의 부활이며 요한복음 5:25과 동일한 의미이다. 요한계시록 20:4은 그들이 '무덤에서 살아서'가 아니라 단순히 '그들이 살아서'라고 기록되었다.

5. 하나님의 백성은 예수 그리스도가 대신 죽음으로 말미암아 의인이 되어서 부활한다. 하나님의 백성에게 이것이 가능한 이유는 예수 그리스도의 구속 사역 때문이다. 구속받은 자의 부활체는 현재의 몸과 동일하고 질적인 면에서 다를 것이다. 부활체는 영광과 불멸의 옷을 입게 될 것이다(고전 15:37, 42-44).

6. 부활의 몸이 '영적인 몸'이 될 것이라는 말은 오해되지 않아야 한다. 영적인 몸은 영이나 영의 몸과 동의어가 아니다. 그리스도 안에서 부활한 몸을 영적인 몸이라고 하는 것은 성령 하나님의 성전이 되기에 완전히 알맞기 때문이다.

7. 부활의 몸이 단지 영체만이 아니라 만질 수 있는 물질적 몸임은 누가복음 24:39이 증거한다.

내 손과 발을 보고 나인 줄 알라 또 나를 만져보라 영은 살과 뼈가 없으되 너희 보는 바와 같이 나는 있느니라(눅 24:39).

8. 몸의 부활은 사두개인들(행 23:8)과 아덴 사람들(행 17:32)이 불신한 이래 불신자들의 조롱 대상이 되어 왔다. 부활 교리가 어리석고 불가능한 것으로 간주하는 자들은 성경의 권위를 부인하고 전능하신 하나님을 불신한

다. 몸의 부활은 기록된 하나님의 말씀에 계시된 신비다. 성경을 떠나서는 그것을 알 수 없다. 사람의 과학과 이성은 몸의 부활을 증명할 수 없다.

9. 부활을 믿지 않는 자들과 쟁론하는 것을 피하려고 영혼의 불멸성을 강조하고 대신 몸의 부활은 거의 언급하지 않는 것은 교회의 올바른 일이 아니다. 성경은 몸의 부활과 영혼의 불멸성 모두를 명백하게 언급하지만, 영혼의 불멸성보다 몸의 부활을 더 강조한다.

> 우리까지도 속으로 탄식하여 양자 될 것 곧 우리 몸의 구속을 기다리느니라 (롬 8:23).

문 88: 부활 직후에 어떠한 일이 따를 것인가?

답 88: 부활 직후는 천사와 사람의 전체적 최후적 심판이 있을 것이나 그 날과 시를 아는 자가 없으니, 이는 모두 깨어 기도하면서 주님의 오심을 항상 준비하게 하려 함이다(벧후 2:4; 유 1:6-7, 14-15; 마 25:46; 24:36, 42, 44; 눅 21:35-36).

Q 88: What shall immediately follow after the resurrection?

A 88: Immediately after the resurrection shall follow the general and final judgment of angels and men; the day and hour whereof no man knows, that all may watch and pray, and be ever ready for the coming of the Lord.

1. 죽은 자의 부활 후 즉시 심판이 있을 것이다. 이것은 요한복음 5:27-29이 증거한다. 예수 그리스도는 하늘의 하나님 아버지께 모든 권세를 받아 심판을 실행하신다(27절). 그는 무덤에 있는 모든 죽은 자를 부르실 것이다(28절). 그리스도께서는 이들이 무덤에서 나오는데 어떤 이는 생명의 부활로, 또 어떤 이는 심판의 부활로 나올 것이라고 말씀하신다(30절).

2. 전천년설은 심판이 부활 후 즉시 발생할 것을 부정한다. 전천년설은 먼저 그리스도의 재림 날에 구속받은 자가 죽은 가운데서 부활하고, 그 후 천년이라는 기간에 그리스도께서 예루살렘으로부터 세상을 통치하실 것이며, 천년왕국의 마지막에 천사와 사람에 대한 일반적이며 궁극적인 심판이 있을 것을 주장한다. 이러한 해석은 공교회에서 배척되었다. 그래서 대한예수교장로회 총회(합동) 헌법에 수록된 12신조, 소요리문답, 대요리문답과 신도게요에도 천년왕국은 없다.

3. 두 번 또는 그보다 더 많은 심판이 아니라 단 한 번의 일반적 심판만 있다는 것은 요한계시록 20:11-15에서 생명책에 기록된 구속받은 자들과 불 못에 던져질 악인들이 함께 심판대 앞에 서 있는 것을 묘사하기 때문이다. 그리고 마태복음 25:32에서 인종이나 민족의 구분 없이 모든 민족과 사람이 예수 그리스도의 심판대 앞에 설 것을 나타내기 때문이다.

4. 사람은 심판의 날과 시간을 미리 알 수 없기에 다가올 심판의 확실성과 사람의 무지를 깨달아서 적절한 준비를 해야 한다. 구원받지 못한 자는 무엇보다도 죄를 회개하고 그리스도를 그의 구세주로 고백해야 한다. 그리스도인은 매일 깨어 있어 기도하고 주 예수 그리스도의 재림을 예비해야 한다.

5. 예수 그리스도의 재림과 심판에 관하여 사람이 피해야 할 태도는 두 가지 극단적인 것이다. 하나는 이 교리에 너무 열중한 나머지 다른 성경의 교훈에는 관심을 가지지 않는 것이고, 다른 하나는 그리스도의 재림과 부활과 심판에 관한 교리에는 전혀 무관심한 것이다. 올바른 견해는 양극단에 치우치지 않고 성경의 교훈에 따라서 적당하게 고루 강조하는 것이다.

6. 전 인류의 심판자는 주 예수 그리스도이시다(요 5:22, 27). 그리스도께서 인류의 심판자이신 것은 특히 그의 구속 사역 때문이다. 예수 그리스

도는 성자 하나님의 성육신으로 하나님과 사람의 두 본성이 한 인격 안에 연합되어 구속 사역을 성취하셨다. 그는 십자가에서 피 흘려 죽으셨다가 사흘 후에 부활함으로 구속 사역을 이루셨다. 그리하여 예수 그리스도는 합당하게 최후 심판을 실행하신다.

 54

심판 날

문 89: 심판 날에 악인은 어떻게 될 것인가?

답 89: 심판 날에 악인은 그리스도의 좌편에 두어지고, 명백한 증거와 그들의 자기 양심의 충분한 확증이 있은 후 공정한 정죄 선고를 받을 것이요 하나님이 총애해 주시는 면전과 그리스도와 그의 성도들, 그의 모든 거룩한 천사들과의 영광스러운 사귐에서 쫓겨나 지옥에 던져서 마귀와 그의 천사들과 함께 몸과 영혼이 다 같이 영원히 말로 다할 수 없는 고통의 형벌을 받을 것이다 (마 25:33, 41, 43; 롬 2:15-16; 눅 16:26; 살후 1:8-9).

Q 89: What shall be done to the wicked at the day of judgment?

A 89: At the day of judgment, the wicked shall be set on Christ's left hand, and, upon clear evidence, and full conviction of their own consciences, shall have the fearful but just sentence of condemnation pronounced against them; and thereupon shall be cast out from the favorable presence of God, and the glorious fellowship with Christ, his saints, and all his holy angels, into hell, to be punished with unspeakable torments, both of body and soul, with the devil and his angels forever.

1. 의인이 그리스도의 우편에 있는 동안 악인이 그의 좌편에 있으리라는 예언은 악인을 의인으로부터 사법적으로 분리할 것을 가리킨다. 심판자 그리스도에 의해서 인류는 두 그룹으로 분리될 것이다. 이 분리는 정확하고 완전하며 영원하다. 악인은 영원토록 의인과 접촉할 수 없고, 악과 의가 철저하게 분리될 것이다.

2. 악인은 그들의 죄로 말미암아 정죄를 당한다(마 25:41-46; 계 20:12-13). 악인은 이미 복음을 듣고도 예수 그리스도를 믿지 않는 죄를 범했다. 그들은 그리스도 불신 죄와 다른 죄들 때문에 정죄를 당할 것이다. 그들이 정죄를 당하는 것은 그들의 범죄 때문이다.

3. 복음을 전혀 들어보지 못한 자들에게 심판의 근거가 되는 것은 자연의 빛 가운데 있는 하나님의 계시와(롬 1:20) 그들 마음에 기록된 하나님의 계명이다(롬 2:14-16). 이것들이 그들을 정죄할 것이고, 이것들 때문에 그들은 핑계할 수 없을 것이다.

4. 악인들은 심판 날에 불공평하게 대우받는다고 느끼지 않을 것이다. 그들은 그들 양심을 통해 하나님께서 공의대로 심판하심을 깨닫고 심판 날에 하나님의 완전한 공의가 밝히 드러나 모든 피조물이 하나님의 공의로우심을 인정하고 고백할 것이다. 하나님을 의롭지 못하다고 참소하면서 인생을 허비한 자들은 하나님이 의롭고 그들이 악했음을 깨닫게 될 것이다.

5. 지옥은 단순히 상태나 조건이 아닌 장소임을 예수께서 증언하셨다(요 14:1-6).

> 몸은 죽여도 영혼은 능히 죽이지 못하는 자들을 두려워하지 말고 오직 몸과 영혼을 능히 지옥에 멸하실 수 있는 이를 두려워하라(마 10:28).

6. 모든 인류가 구원받을 것이라는 만인구원론은 지옥에 관한 성경의 진술과 조화될 수 없다. 성경은 명백하게 천국과 지옥을 말한다. 예수께서는 이 세상뿐 아니라 오는 세상에서도 영원토록 용서받지 못할 죄에 대해 언급하셨다(마 12:32). 가룟 유다는 차라리 태어나지 않았다면 좋았을

뻔했다(마 26:24). 이같이 성경은 만인구원론과 조화되지 않는다.

7. 지옥멸절론자들은 지옥 형벌이 영원하지 않고 잠시 고통을 받은 후 지옥 자체가 존재를 멈출 것이라고 믿는다. 그들은 하나님이 너무나 선하시고 사랑이 많기에 그의 피조물을 영원히 형벌하시는 것은 불가능하다고 주장한다. 그들은 성경에서 '영원'이란 단어가 실질적 영원함이 아니라 오랜 기간을 의미한다고 주장한다. 그러나 지옥멸절론의 오류는 "그들은 영벌에, 의인들은 영생에 들어가리라"는 성경 구절이 밝혀 주고 있다(마 25:46).

8. 하나님의 선하심과 사랑을 알 수 있는 유일한 길은 성경이다. 성경은 하나님의 공의도 선언한다(히 12:29). 성경의 교훈 가운데 일부분만 선택하는 것은 올바르지 못하다. 우리가 하나님의 사랑에 대해 성경이 교훈하는 바를 받아들인다면 죄를 대적하시는 하나님의 공의로운 진노에 대한 성경의 교훈도 수용해야 한다(롬 1:18).

9. 지옥을 인정하는 것은 그리스도의 정신과 모순되지 않는다. 벌레 한 마리도 죽지 않는 꺼지지 않는 불과 바깥 어두운 데서 슬피 울며 이를 갊에 대해서 그리고 영과 육을 모두 지옥에 멸하실 수 있는 하나님에 대해 명백하게 경고하신 분은 사도들과 선지자들이 아니라 예수 그리스도이시다. 따라서 지옥은 그리스도의 정신과 모순되지 않다.

10. 지옥에서는 더 이상 회개하거나 구원받을 기회가 없다(눅 16:19-31). 사람에게 지옥의 두려움이 예수 그리스도를 구주로 믿는 동기가 될 수 있다. 구원의 확신에 이르지 못한 자들은 구원을 위해 주 예수 그리스도를 믿고 부지런히 은혜의 방편들을 사용하여(말씀, 성례, 기도) 다가올 심판에서 벗어나야 한다.

문 90: 심판 날에 의인은 어떻게 될 것인가?

답 90: 심판 날에 의인은 구름 속으로 그리스도께 끌어올리어 그 우편에 두어지고 공적으로 인정받고 무죄 선고를 받고 버림받은 천사들과 사람들을 그리스도와 함께 심판하고 하늘에 영접될 것인데, 거기서 그들은 영원무궁토록 모든 죄와 비참에서 해방되어 도저히 상상도 할 수 없는 기쁨으로 충만할 것이며, 몸과 영혼이 완전히 거룩하고 행복하게 되어 무수한 성도들과 거룩한 천사들의 무리 가운데 특히 아버지 하나님, 우리 주 예수 그리스도 성자, 성령을 영원무궁토록 직접 대접하고 향유할 것이다. 이것이 부활과 심판 날에 무형 교회 회원이 영광중에 그리스도와 함께 누릴 완전 충만한 교통이다(살전 4:17; 마 25:33, 10:32; 고전 6:2-3 등).

Q 90: What shall be done to the righteous at the day of judgment?

A 90: At the day of judgment, the righteous, being caught up to Christ in the clouds, shall be set on his right hand, and there openly acknowledged and acquitted, shall join with him in the judging of reprobate angels and men, and shall be received into heaven, where they shall be fully and forever freed from all sin and misery; filled with inconceivable joys, made perfectly holy and happy both in body and soul, in the company of innumerable saints and holy angels, but especially in the immediate vision and fruition of God the Father, of our Lord Jesus Christ, and of the Holy Spirit, to all eternity. And this is the perfect and full communion, which the members of the invisible church shall enjoy with Christ in glory, at the resurrection and day of judgment.

1. 주께서 호령과 천사장의 나팔 소리와 함께 강림하실 때, 그리스도를 만나기 위해 구름 속으로 끌어올림을 당할 두 종류의 사람은, 그리스도 안에서 죽은 자들과(살전 4:16), 이 세상에 살아 있는 그리스도인들이다(살전 4:17).

2. 예수 그리스도의 재림 때 만유인력의 법칙이 그리스도인들의 승천을

방해하지 못한다. 그것은 하나님의 초자연적 능력으로 재림이 이루어지기 때문이다. 만유인력이 예수 그리스도의 승천하심을 막지 못했듯이 의인들의 승천을 닥지 못할 것이다. 심판 날에 하나님의 백성은 지금 제약을 받는 자연법의 지배에서 해방되어 '오는 세상'으로 이전될 것이다(히 6:5).

3. 의인이 그리스도의 우편에 있을 것이라는 진술은 의인과 악인의 분리가 사법적이고 완전하며 영구할 것임을 나타낸다. 그러면 구속받은 자들과 정죄당한 자들 사이에 그 어떤 접촉이나 교통도 없게 될 것이다.

4. 의인들이 공적으로 인정받고 무죄선고를 받는다는 것은 심판자로 역사하시는 주 예수 그리스도께서 전 우주 앞에서 죄로부터 구속된 자들임을 공적으로 선언하는 것이다. 아울러 심판자로 역사하시는 그리스도께서 그의 속죄 사역을 통해 백성의 죄가 완전히 제거되어 하나님 앞에서 그의 백성이 완전히 의롭다고 선포하심이다.

5. 성도가 그리스도와 함께 유기된 천사와 인간을 심판하는 일에 참여한다는 것은 성도가 천사들과 사람들의 영원한 운명을 결정할 권위가 있음을 의미하지 않는다. 심판의 엄숙한 권세는 오직 주 예수 그리스도께 있다. 오히려 이는 성도가 그리스도께서 악한 천사들과 악인들에게 내릴 선고에 동의함을 뜻한다.

사탄과 악한 천사들이 하나님의 백성을 핍박했고, 악인들이 하나님의 자녀들을 압제하고 박해하며 비난했기 때문에 성도가 타락한 천사들과 악인들에게 선포될 선고에 동의하는 것은 합당한 일이다.

6. 의인이 천국을 상속받는다는 것은 심판 날에 의인들이 육체와 영혼을 가진 완전한 인격체로서 천국이라는 완전한 장소와 조건과 지복한 상태에 진입함을 의미한다.

7. 그리스도인이 지금 여기서 완전한 지복을 누리지 못하는 것은 몇 가지 이유가 있다. 지금 여기서 그의 구세주를 마주하여 볼 수 없다. 육체적 연약과 질병과 고통이 지금 완전한 지복을 즐거워할 수 없게 한다. 그리스도인의 마음에 남아 있는 죄악 된 부패성으로 인해 유혹과 죄와 끊임없는 투쟁을 벌이는 것 때문에 지금 여기서 천국의 완전한 행복을 맛보지 못한다.

여기 이 지상에서 그리스도인은 악하고 비참한 환경에 둘러싸여 있다. 그리스도인이 거룩해지면 거룩해질수록 그를 둘러싸고 있는 죄의 영향으로 더 심한 고통을 느낀다.

8. 천국에서는 그리스도인들이 예수 그리스도를 마주하여 볼 것이다. 고통과 질병과 슬픔과 약함과 피곤과 노쇠가 없어서 죽지 않는 몸이 될 것이다. 마음의 죄악 된 본성과 유혹과 죄와의 투쟁이 죽음의 순간 종결될 것이다. 완전히 거룩한 환경이 될 것이다.

> 무엇이든지 속된 것이나 가증한 일 또는 거짓말하는 자는 결코 그리로 들어오지 못하되 오직 어린 양의 생명책에 기록된 자들뿐이라 (계 21:27; 22:15).

9. 천국의 지복 가운데 가장 중요한 것은 하나님을 직접 대하고 기쁨을 나누는 것이다. 천국에서 성도는 그 어떤 방해물도 없이 하나님을 볼 것이다. 여기 이 세상에서 우리는 하나님의 말씀과 사역으로 하나님을 거울처럼 희미하게 볼 뿐이다. 그러나 천국에서는 우리가 하나님을 직접 대하게 될 것이다.

10. 천국의 안식은 게으름이 아니다. 천국의 안식은 지침, 피로, 불쾌, 고통과 수고로부터의 해방이다. 천국에서는 피곤과 죽음으로부터 보호가 필요 없다. 하나님은 지치지 않으시고, 천국 시민도 지치지 않는다.

11. 우리는 지금까지 웨스트민스터 대요리문답에 따라서 사람이 믿어야 할 90개 문답을 함께 살폈다. 이후로는 우리가 웨스트민스터 대요리문답에 따라서 사람이 행해야 할 91-196 문답을 살필 것이다.

제2부

사람이 행해야 할 것(문 91-196)

1. 십계명(문 91-152)
2. 은혜의 수단 사용(문 153-185)
3. 주기도문(문 186-196)

제1장

십계명(문 91-152)

55

사람의 의무

> 문 91: 하나님께서 사람에게 요구하시는 의무가 무엇인가?
> 답 91: 하나님께서 사람에게 요구하시는 의무는 그의 계시된 의지에 순종함이다(롬 12:1-2; 미 6:8; 삼상 15:22).
> Q 91: What is the duty which God requireth of man?
> A 91: The duty which God requireth of man, is obedience to his revealed will.

1. 흔히 보수교회 교인들은 믿음이 좋고 행위가 미흡하다는 비판을 듣는다. 하지만, 보수교회의 교리가 믿음만 강조하고 행위를 강조하지 않기 때문이라는 것은 사실무근이다. 그 증거로 웨스트민스터 대요리문답을 보면 믿음에 관한 문답이 90개이지만 행위에 관한 문답은 91-196문까지 105문으로 믿음에 관한 문답보다 많다.

웨스트민스터 소요리문답을 보면 믿음에 관한 문답이 38문이고 행위에 관한 문답은 39-107문까지 69문이므로 행위에 관한 문답이 훨씬 많다. 이것은 예수 그리스도의 인격과 사역을 믿음으로만 구원을 받는다는 개혁교회의 이신칭의 교리가 율법폐기론과 방종을 초래한다는 오해를 불식시킨다.

성경은 사람의 행위가 구원 문제에 보탬을 주는 것이 아니지만, 믿음으로 이미 구원받았고, 받고 있으며, 받을 하나님 나라 백성의 생활 규범의 실천을 교훈하고 있음을 웨스트민스터 대요리문답이 제시하고 있다.

2. 사람이 하나님께 순종해야 할 이유는 삼위일체 하나님께서 우리의 창조주이시고 구속주이기 때문이다. 그리하여 사람은 마땅히 하나님을

사랑하고 섬겨야 할 의무가 있다.

3. 하나님이 없다고 하는 무신론자과 모든 것이 신이라는 범신론자들은 하나님께 순종할 의무가 없다고 주장한다. 인문주의자들은 사람이 최고의 충성과 경배를 해야 할 자가 동료 인간이라고 주장한다. 이들은 하나님이 인간의 복지를 위한 존재자로 간주한다. 이들에게 종교는 인간의 진보와 복지의 발전을 위한 수단일 뿐이다.

4. 사람의 최고 충성이 인류의 복지를 위한 헌신이라는 주장의 오류는 실제로 우상 숭배와 같기 때문이다. 이것은 피조물을 창조주의 자리에 올리는 것이기 때문이다.

5. 하나님은 그 누구에게도 하나님의 뜻에 순종하도록 강요하지 않으신다. 하나님은 그들의 의지를 존중하신다. 그러나 그 누구도 하나님을 불순종하는 선택을 할 권리는 없다. 하나님의 뜻에 대적하는 결정은 창조주께 반역하는 행위이기 때문이다.

6. 하나님 나라의 왕은 하나님으로서 주권자이시다. 하나님은 모든 피조물을 향해 완전하고 불변하는 권위를 지니신다. 사람은 하나님의 명령과 율법을 싫다든지 좋다든지 말할 권리가 있겠지만 그에 대한 책임을 감당해야 한다. 선악과를 먹은 결과는 인류의 타락과 죽음이었다. 그래서 사람은 하나님에게 순종해야 할 의무가 있다. 사람이 하나님을 비판하고 사람과 같은 존재와 자리로 끌어내리는 것은 불손하고 불경하며 사악한 범죄다.

> **문 92**: 하나님께서 사람에게 그의 순종의 법칙으로 처음 계시하신 것이 무엇이었는가?
>
> **답 92**: 선악을 알게 하는 나무의 실과를 먹지 말라는 특별한 명령 외에 무죄 상태에 있는 아담과 그가 대표하는 전 인류에게 계시하신 순종의 규칙은 도덕법이었다(창 1:26-27; 2:17; 롬 2:14-15; 10:5).
>
> **Q 92**: What did God at first reveal unto man as the rule of his obedience?
>
> **A 92**: The rule of obedience revealed to Adam in the estate of innocence, and to all mankind in him, besides a special command not to eat of the fruit of the tree of the knowledge of good and evil, was the moral law.

1. 하나님께서 죄로 타락하기 이전 무죄한 상태의 사람에게 주신 특별한 명령은 선과 악을 알게 하는 나무의 실과를 먹지 말라 하신 것이다. 이 특별한 명령이 하나님과 사람이 맺은 첫 언약이다. 이 특별한 명령에 순종해야 생명을 얻으리라는 의미는 없는 것으로 보이는 것이 회중 교회에는 유감일 것이다. 단지 이 특별 명령을 어기면 죽으리라는 벌칙이 있을 뿐이다.

2. 하나님께서 첫 사람에게 주신 이 특별한 명령은 자연 계시가 아니라 특별계시다. 의심의 여지가 없이 아담과 하와는 이것이 하나님 뜻의 선포임을 깨달았다(창 2:16-17; 3:3).

3. 하나님께서 아담과 하와에게 십계명을 계시하지 않으신 것은 에덴동산에 죄가 없어서 특별한 명령 외에 사람의 마음에 기록된 양심의 법 혹은 도덕법만으로 하나님을 섬기기에 충분했기 때문이다. 사람이 무죄한 상태에 있는 한 죄를 억제하는 율법과 계명들은 무의미했다.

4. 성경은 인류가 만물의 영장으로 창조되었지만, 하나님께 불순종함

으로 타락했다고 교훈한다. 그러나 현대의 진화론은 인류가 가장 낮은 곳에서 점차 성장해서 가장 최고의 영장이 되었다고 주장한다. 이러한 현대 사상은 하나님에 의해 창조된 우주와 하나님의 형상대로 창조된 인류의 타락과 하나님의 뜻으로서의 계시를 인정하지 않는 비성경적 사상이다.

도덕법의 정의

> 문 93: 도덕법은 무엇인가?
>
> 답 93: 도덕법은 인류에게 선포된 하나님의 의지이니, 영혼과 몸의 온 사람의 소질과 성향에 있어서, 하나님과 사람에게 지고 있는 거룩함과 의의 모든 의무를 이행함에 있어서 각자가 개인적으로, 완전히, 영구히 이 법을 준수하고 순종하도록 지시하고 구속하며, 이 도덕법을 지키는 데는 생명을 약속하고 이것을 위반함에는 죽음으로 위협한다(신 5:1-3, 31, 33; 눅 10:26-27; 갈 3:10 등).
>
> A 93: The moral law is the declaration of the will of God to mankind, directing and binding everyone to personal, perfect, and perpetual conformity and obedience thereunto, in the frame and disposition of the whole man, soul and body, and in performance of all those duties of holiness and righteousness which he oweth to God and man: promising life upon the fulfilling, and threatening death upon the breach of it.

1. 도덕법은 인류에게 선포된 하나님의 뜻이다. 그래서 도덕법은 인간의 발견이 아니라 하나님의 일반계시다. 도덕법은 우주 안의 힘이나 원리가 아니다. 도덕법의 지배를 받아야 할 자는 이제까지 살아왔고 앞으로 이 세상을 살아갈 모든 사람이다.

2. 하나님의 도덕법은 성경을 모르고 삼위일체 하나님을 믿지 않는 사람들에게도 구속력이 있다. 성경 이외에 하나님의 도덕법이 하나님의 일

반계시를 통해 그들의 마음에 기록되었기 때문이다(롬 2:14-16). 심판 날에 그들은 하나님의 존재 부인과 그들의 모든 다른 죄에 대해 하나님께 답해야 한다.

3. 하나님의 도덕법은 그리스도인에게 행위의 규칙으로 구속력이 있다. 어제나 오늘이나 사람이 행위로 구원을 받는 것이 아니지만 하나님의 도덕법은 하나님의 은혜로 구원받는 그리스도인에게 생활 규범으로 유효하다. 도덕법을 지키는 것에 대한 생명 약속은 죽음이 임하지 않음을 의미한다. 죽음이 임하지 않으니까 계속 사는 것이다.

4. 하나님의 도덕법은 변하지 않는다. 우리 시대에도 변하지 않았다. 단지 성경에서 도덕법의 특정한 형식이 시대에 따라 더 상세하게 부가된 계명으로 제시되었다. 하나님 뜻의 계시는 종결된 형태로 변함없이 세상 끝날까지 존재할 것이다.

5. 많은 현대인은 하나님의 도덕법이 확정되었고 세상 끝날까지 변하지 않을 것이라는 사상에 대해 반대한다. 그들은 2천 년이나 오랜 시간 전에 인류에게 주어진 계명이 과학적 발전을 이룬 우리 시대에 부적합하다고 주장한다.

6. 하나님 도덕법의 불변성에 대한 반대는 시간이 흐름에 따라 성립될 수 없다고 주장함이다. 그러나 그들은 건전한 성경의 연구를 통해 바르게 성경을 해석하면, 하나님의 도덕법이 현대인들에게도 유익함을 깨달을 것이다.

7. 하나님의 도덕법이 인간에게 요구하는 순종은 완전한 순종이다. 하나님은 사람의 전 인생을 통한 전적인 순종을 요구하신다. 하나님의 도덕

법은 한순간의 실패도 없이 순종할 것을 요구한다. 하나님은 단순히 선함이 아니라 절대적인 도덕을 요구하신다.

8. 이러한 표준이 인류에게 너무 높다고 할 수 없는 것은 하나님의 기준이기 때문이다. 하나님의 표준은 하나님께서 인류를 창조하신 이래 지금까지 동일하다. 변한 것은 하나님의 표준이 아니라 바로 인간이다. 성경은 절대적인 도덕법을 제시한다.

9. 하나님의 도덕법은 하나님과 사람에 대한 성결의 의무와 의의 의무를 요구한다. 성결의 의무는 종교적인 의무이고, 의의 의무는 도덕적 의무다. 성결의 의무와 의의 의무는 어느 정도 교차된다. 예를 들어, 기도와 성경을 읽는 것은 성결의 의무다. 엿새 동안 힘써 일하고(출 20:9) 게으르지 말아야 할 것은 의의 의무다.

10. 하나님께 대한 의무와 사람에 대한 의무는 모두 하나님께 대한 의무다. 하나님께 대한 의무가 아니면서 사람에 대한 의무가 존재할 수 없다. 단지 하나님의 거룩하신 이름을 경외하는 것과 망령되이 일컫지 말아야 할 것은 오직 하나님을 향한 의무다. 하지만, 이웃을 나 자신과 같이 사랑하는 것은 하나님을 향한 간접적인 의무다.

11. 하나님의 도덕법 위반으로 인하여 인류에게 임한 형벌은 사망이다(롬 5:12; 6:23). 그래서 죽음은 죄의 값이다. 죽음은 하나님의 은총으로부터의 분리이고, 육체의 죽음과 흙으로 돌아감이며, 지옥에 들어가 하나님의 사랑과 은총으로부터의 영원히 분리됨이다.

문 94: 타락한 후의 사람에게도 도덕법이 소용 있는가?

답 94: 타락 후에는 아무도 도덕법에 의하여 의와 생명에 이룰 수 없으나, 중생하지 못한 자와 중생한 자에게 특이하게 소용됨과 마찬가지로 모든 사람에게 공통적으로 크게 소용되는 것이다(롬 8:3; 갈 2:16; 딤전 1:8).

Q 94: Is there any use of the moral law to man since the fall?

A 94: Although no man, since the fall, can attain to righteousness and life by the moral law; yet there is great use thereof, as well common to all men, as peculiar either to the unregenerate, or the regenerate.

1. 도덕법에 대한 일반적인 오류는 인간이 자신의 행위로 자신을 구원할 수 있다고 믿는 것이다. 성경은 매우 부정적으로 이러한 종류의 그릇된 사상을 배격한다. 그렇지만 도덕법 자체와 십계명에 표현된 도덕법은 모든 계층의 사람에게 유익하다.

2. 성경은 인간이 하나님의 율법을 모두 순종할 수 있다는 그릇된 신념을 배격한다. 중생 받지 못한 자는 결코 하나님의 도덕법을 지킬 수 없다. 심지어 그리스도인도 신적 은혜로 말미암아 하나님의 도덕법을 부분적으로만 지킬 수 있다.

3. 도덕법은 의와 생명을 얻는데 무익하지만, 일반적으로 모든 인류에게 유익하다. 중생 받지 못한 죄인에게도 유익하고, 중생 받은 그리스도인에게도 유익하다.

문 95: 도덕법이 모든 사람에게 무슨 소용이 있는가?

답 95: 도덕법이 모든 사람에게 소용되나니 하나님의 거룩한 성질과 뜻과 그들이 따라서 행해야 할 의무를 알게 하는 데 소용되며, 그들이 이를 지키는

데, 무능함과 그들의 성질, 마음, 생활의 죄악한 더러움을 확신케 하여, 그들로 하여금 그들의 죄와 재난을 느껴 겸손케 함으로써 그리스도와 그의 완전한 순종의 필요성을 더욱더 명백히 깨닫게 하는 데 도움이 된다(레 11:44-45; 20:7-8; 롬 7:12 등).

Q 95: Of what use is the moral law to all men?

A 95: The moral law is of use to all men, to inform them of the holy nature and will of God, and of their duty, binding them to walk accordingly; to convince them of their disability to keep it, and of the sinful pollution of their nature, hearts, and lives; to humble them in the sense of their sin and misery, and thereby help them to a clearer sight of the need they have of Christ, and of the perfection of his obedience.

1. 하나님의 도덕법 용도는 모든 사람에게 하나님에 대한 뜻을 알림이다. 아울러 하나님을 향한 인간의 의무에 대한 진리의 계시다. 그리고 본성상 전적으로 죄인인 그들의 상태를 깨닫게 하기 위한 수단이다. 게다가 비교할 수 없는 그리스도의 성품에 대한 올바른 평가와 인식에 도움을 준다.

2. 도덕법이 하나님에 관한 진리의 계시인 것은 하나님의 거룩하신 본성과 뜻의 표현이기 때문이다. 옳고 선한 것은 그 자체로 옳고 선한 것이 아니라 오직 하나님의 거룩하신 본성과 일치하기 때문이다. 하나님의 본성은 무엇이 옳은지를 결정한다. 따라서 하나님 뜻의 실행이 사람의 도덕적 의무다.

3. 하나님 뜻의 표현으로서 도덕법은 사람에게 완전한 순종을 요구한다. 순종에 대한 요구는 창조주와 피조물의 관계에 근거한다. 그래서 도덕법을 이기적인 목적이나 공리주의적인 목적으로 사용해야 한다고 가르

치는 현대 사상보다 더 부도덕한 사상은 없을 것이다.

4. 하나님의 도덕법이 본성상 타락한 사람의 죄의 본성을 깨닫게 한다. 하나님의 도덕법은 온 인류를 위해 완전한 도덕적 표준을 세우기 때문이다. 그리하여 하나님의 도덕법은 사람이 죄를 느끼고 구원의 필요성을 깨닫게 한다.

57
도덕법의 소용

문 96: 도덕법이 중생하지 못한 자들에게 무슨 특수한 소용이 있는가?

답 96: 도덕법은 중생하지 못한 자들에게도 소용이 있어 그들의 양심을 일깨워 장차 임할 진노를 피하게 하며 그리스도께로 그들을 인도하신다. 혹은 죄의 상태와 길에 계속 머물러 있는 경우에는 그들로 하여금 핑계할 수 없게 하여 그 저주 아래 있게 하는 데 소용이 있다(딤전 1:9-10; 갈 3:24; 롬 1:20; 2:15; 갈 3:10).

Q 96: What particular use is there of the moral law to unregenerate men?

A 96: The moral law is of use to unregenerate men, to awaken their consciences to flee from wrath to come, and to drive them to Christ; or, upon their continuance in the estate and way of sin, to leave them inexcusable, and under the curse thereof.

1. 도덕법은 하나님의 진노가 모든 불의를 따라 하늘로부터 임한다고 선언한다(롬 1:18). 그래서 그들의 양심은 장차 그들에게 임할 하나님의 심판에 대한 두려움으로 떨게 된다. 중생하지 못한 자는 거듭나지 못한 자들, 즉 구원받지 못한 죄인을 묘사한다.

2. 구원받지 못한 모든 죄인은 하나님의 도덕법에 대한 지식을 가지고 있다. 성경의 지식을 가지고 있는 자뿐만 아니라 성경에 대해 전혀 무지한 자들도 인간의 마음에 기록된 하나님의 자연 계시를 통해 하나님의 도덕법에 대한 약간의 지식을 가지고 있다.

3. 도덕법은 오직 죄에 대한 하나님의 심판을 선고할 뿐이다. 중생하지 못한 자들의 양심의 일반적 상태는 잠자는 상태다. 그래서 일깨움과 각성이 필요하다. 율법이 하나님의 진노로부터 피할 길을 제공하지 않기에 율법은 죄인들을 유일한 피할 길이 되는 그리스도께 인도하는 역할을 할 뿐이다. 믿고 안 믿고는 율법이 할 수 있는 일이 아니다.

4. 구원받지 못한 모든 죄인은 하나님의 도덕법에 대한 지식을 모두 동일하게 가지고 있지 않다. 도덕법에 대한 자연 계시만을 소유하고 있는 자들은 희미하고 불완전한 지식을 가지고 있다. 이 지식만으로도 그들은 예수 그리스도 불신에 대해 결코 핑계할 수 없게 된다. 이에 비해 성경의 빛을 가지고 있는 자들은 더 명백하고 위대한 하나님의 도덕법을 소유하고 있다.

5. 하나님의 도덕법은 모든 죄인의 양심을 각성시킴으로 그리스도께 인도하여 구원시키지 않는다. 모든 죄인이 하나님의 도덕법에 대한 약간의 지식을 소유하게 되는 것은 사실이지만 구원을 위해 그리스도께 나아오지 않는 자가 아주 많다.

6. 도덕법이 구원을 위해 모든 죄인을 그리스도께 인도하지 않는 것은 도덕법 자체에 죄인들이 그리스도를 믿게 수 있는 능력이 없기 때문이다. 도덕법에 하나님과 성령의 초자연적인 역사하심이 동반되어야만 죄인들이 비로소 그리스도께 인도된다(행 16:14).

7. 성경은 하나님께서 어떤 이들을 구원으로 선택하셨고 그 선택한 자들의 구원을 명백하게 교훈한다(롬 9:15-18). 이렇게 사람들을 선택과 유기로 구분하시는 사역은 하나님께 속한 신비다.

8. 그리스도께 전혀 나아오지 않는 죄인들의 경우 도덕법은 그들이 핑계하지 못하게 하고, 그 결과로 저주에 빠지게 한다. 중생하지 못한 자들은 하나님을 기쁘시게 하기 위한 목적으로 도덕법을 사용할 수 없다. 그들의 마음은 항상 하나님을 대적하고 그들의 행하는 모든 일이 그릇되고 죄악의 동기에 의해 행할 뿐이다(롬 8:8).

> 문 97: 도덕법이 중생한 자들에게는 무슨 특별한 소용이 있는가?
>
> 답 97: 중생하여 그리스도를 믿어 행위의 언약인 도덕법에서 해방되었으므로 이로써 의롭다 하심을 받거나 정죄를 받는 일은 없을지라도 모든 사람에게 공통된 도덕법의 일반적 소용 외에, 이 법을 친히 성취하시고 그들을 대신하여, 그들의 선을 위해 도덕법의 저주를 참으신 그리스도와 그들이 얼마나 밀접한 관계가 있음을 보여 줌으로써 그들이 더욱더 감사케 하며, 이 감사를 표시하려고 그들의 법칙으로서 도덕법을 더욱더 조심하여 따르게 하는 특별한 소용이 있는 것이다(롬 6:14; 7:4, 6; 갈 4:4-5; 롬 3:20 등).
>
> Q 97: What special use is there of the moral law to the regenerate?
>
> A 97: Although they that are regenerate, and believe in Christ, be delivered from the moral law as a covenant of works, so as thereby they are neither justified nor condemned; yet, besides the general uses thereof common to them with all men, it is of special use, to show them how much they are bound to Christ for his fulfilling it, and enduring the curse thereof in their stead, and for their good; and thereby to provoke them to more thankfulness, and to express the same in their greater care to conform themselves thereunto as the rule of their obedience.

1. 사람이 거듭나서 그리스도인이 될 때 즉시 그리고 영원히 율법의 순종을 통해 자신을 구원하려는 모든 무익한 시도를 깨닫고 율법의 정죄로

부터 구원받는다. 도덕법에 대한 개인적 순종을 통해 영생의 취득을 추구하는 신앙상의 용어는 도덕주의라고 불리는 율법주의다. 율법주의의 치료책은 율법주의의 무익함을 깨닫는 것이고, 은혜로 말미암는 구원이라는 성경적 교훈에 대해 깊이 이해하는 것이다.

2. 그리스도 시대에 유행했던 율법주의의 영향을 받은 유대인의 종파는 바리새인들이었다. 바리새인들이 추구했던 것은 오늘날의 탈무드였다. 율법주의의 오류는 율법주의가 언제나 완전함에 이르지 못하는 것이다. 우선 하나님께서 도덕법에 대한 완전한 순종을 요구하시는데 죄인들은 불완전한 순종을 보이기에 구원에 이르지 못한다. 그리하여 율법의 순종을 통한 영생의 가능성은 아예 없다.

3. 현대의 그리스도인들이 율법주의의 영향을 받는 것은 슬픈 일이다. 은혜로 말미암는 구원이라는 성경적 교훈이 선포되지 않은 곳에서 종종 선한 행위로 영생을 취득하려는 율법주의자들이 있었고 지금도 있다. 심지어 은혜로 말미암는 성경적 구원의 교훈을 알고 이해하는 자들조차도 무의식적으로 율법주의적인 사고를 한다. 은혜를 고백하기는 하지만 여전히 율법주의적 태도의 영향을 받는 것은 슬픈 일이다.

4. 그리스도인이 죄짓는 것을 두려워해야 하는 이유는 신자가 하나님의 거룩하심과 배치되는 일에 두려움을 갖는 것이 당연하기 때문이다. 그것은 영원한 정죄와 상관이 없다고 하더라도 하나님을 대적하는 것이고, 하나님의 얼굴 빛을 우리에게서 숨기는 것이다.

5. 그리스도인은 도덕법을 통해 그리스도께 얼마나 빚진 자인 것을 안다. 그는 그리스도께서 그를 대신하여 율법의 형벌을 받으신 것을 깨닫게 된다. 그래서 도덕법은 구원의 수단이 아니라 그리스도인이 그리스도께

감사하는 지침이다.

6. 그리스도인은 기도와 찬양뿐만 아니라 하나님의 도덕법을 순종의 법칙으로 지킴으로써 하나님을 향한 감사를 표현한다. 그리스도인은 율법의 정죄로부터 자유를 받았지만 올바른 삶을 위한 표준으로서의 율법을 지킨다.

58
도덕법과 십계명

문 98: 도덕법은 어디에 요약되어 포함되어 있는가?
답 98: 도덕법은 십계명에 요약되어 포함되어 있다. 이는 시내산 상에서 하나님의 음성으로 연술되고 두 석판에 친히 써 주신 것으로 출애굽기 20장에 기록되어 있다. 첫 네 계명에는 하나님께 대한 우리의 의무, 나머지 여섯 계명은 사람에 대한 우리의 의무가 포함되어 있다(신 10:4; 출 34:1-4; 마 22:37-40).

Q 98: Where is the moral law summarily comprehended?
A 98: The moral law is summarily comprehended in the ten commandments, which were delivered by the voice of God upon mount Sinai, and written by him in two tables of stone; and are recorded in the twentieth chapter of Exodus. The four first commandments containing our duty to God, and the other six our duty to man.

1. 십계명은 출애굽기 20:1-17과 신명기 5:6-21에 기록되어 있다. 십계명은 하나님의 도덕법에 관한 완전한 진술이라기보다 도덕법의 요약이다. 십계명에는 하나님과 관계된 모든 도덕적 의무를 포함하고 있다. 그러나 십계명의 올바른 해석과 적용을 위해서는 더욱 상세한 하나님 뜻의 진술이 필요하다. 예를 들면, 제8계명은 도적질을 금하고 있다. 성경의 다른 부분은 도적질이 무엇이고 무엇을 포함하는지를 교훈한다.

2. 그리스도께서 구분하신 법칙을 따르면 십계명은 두 부분으로 나뉜

다. 처음 네 개의 계명은 하나님을 향한 우리의 의무이고, 나머지 여섯 개의 계명은 우리 자신과 우리 이웃에 관한 의무다.

3. 십계명은 모두 하나님을 향한 우리의 의무에 관한 것이다. 우리는 나머지 여섯 계명만 우리 자신과 이웃과의 관계에 대한 의무라고 생각해서는 안 된다. 그것들은 모두 하나님을 향한 우리의 의무다. 첫 네 계명이 하나님을 향한 우리의 직접적 의무라고 한다면, 나머지 여섯 개의 계명은 하나님을 향한 우리의 간접적인 의무다. 즉, 우리 자신과 우리 이웃과 관계된 하나님을 향한 우리의 의무다.

4. 마지막 여섯 가지의 계명이 하나님을 향한 우리의 의무가 되는 것은 하나님께서 양심의 주인이시기 때문이다. 하나님은 우리의 창조주이시다. 우리는 모두 다 하나님께 책임이 있는 존재다. 마지막 날에 우리는 다 하나님으로부터 심판을 받을 것이다. 우리 이웃에 대한 의무도 하나님을 향한 도덕적 책임 때문에 존재한다.
왜 우리가 도적질하지 않고 살인하지 않아야 하는가?
우리는 사회적 국면에서 모든 행동에 책임을 져야 하고, 그 책임은 하나님을 향한 책임이기 때문이다.

5. 십계명 두 돌판에 기록된 도덕법은 모두 중요하다. 그것 중 어느 하나라도 범하면 도덕법 전체를 범한 것이 된다(약 2:10-11). 그러나 십계명의 논리적 구조에 관한 한, 두 번째 돌판의 계명은 첫 번째 돌판의 계명에 종속적이라고 말할 수 있다. 말하자면, 하나님을 향한 우리의 도덕적 책임은 우리의 이웃을 향한 의무의 기초가 된다.
따라서 예수께서 가장 크고 첫째 되는 계명은 하나님을 사랑하는 것이고, 우리 이웃을 사랑하는 것이 둘째 되는 계명이라고 말씀하셨다. 즉, 십계명의 둘째 돌판은 첫째 돌판의 계명에 부수적이고 종속적이다.

6. 오늘날 십계명에 대해서 모세나 어떤 유대인들이 제정한 인간적 법이라고 주장하는 것은 잘못된 견해다. 십계명이 인간적 경험의 산물이고 인류의 일반적 복지를 위해 사람들이 발견한 법이라고 주장하는 것도 잘못된 견해다. 십계명은 일시적으로만 중요할 뿐이고, 신약성경에서 소위 사랑의 계명으로 불리는 법이나 인류의 진화론적 과정에 의해 대체되었다고 주장하는 것도 잘못된 견해다.

7. 십계명은 인간적인 법이 아니라 하나님의 법이다. 십계명은 사람이 아니라 하나님에 의해 선포되고 기록되었다. 따라서 십계명은 일시적으로만 중요한 것이 아니라 영구적으로 중요하고 세상 끝날까지 변하거나 다른 법으로 대체될 수 없다. 십계명은 성도의 신앙생활의 관리자다.

십계명의 이해

문 99: 십계명을 바로 이해하기 위해서는 어떠한 법칙을 준수해야 하는가?
답 99: 십계명을 바로 이해하기 위해서는 다음의 법칙을 준수해야 한다.

첫째, 율법은 온전한 것으로 누구나 다 온 사람이 그 의를 충분히 따르고 영원토록 온전히 순종하여 모든 의무를 철두철미하게 끝까지 완수하여야 하며, 무슨 죄를 막론하고 극히 작은 죄라도 금한다는 것.

둘째, 율법은 신령하여 말과 행실과 작법(作法)은 물론이고, 이해와 의지와 감저와 기타 영혼의 모든 능력에까지 미치고 있는 것.

셋째, 여러 가지 점에서 똑같은 것이 몇 계명 중에 명해졌거나 금해졌다는 것.

넷째, 해야 할 의무를 명한 곳에는 그와 반대되는 죄를 금한 것이고, 어떤 죄를 금한 곳에는 그와 반대되는 의무를 명한 것과 같이 어떤 약속이 부가된 곳에는 그와 반대되는 협박이 포함되어 있고 어떤 협박이 부가된 곳에는 그와 반대되는 약속이 포함되어 있다는 것.

다섯째, 하나님께서 금하신 것은 아무 때나 해서 안 되며, 그의 명하신 것은 언제나 우리의 의무이나, 모든 특수한 의무는 언제나 행할 것이 아니라는 것.

여섯째, 한 가지 죄 또는 의무 밑에 같은 종류는 전부 금했거나 명령받았는데 이들의 모든 원인, 방편, 기회와 모양과 이에 이르는 자극도 모두 포함되어 있다는 것.

일곱째, 우리 자신에게 금했거나 명령받은 일이라면 다른 사람들의 지위의 의무를 따라서 그들도 이를 피하거나 행하도록 우리의 지위를 따라 노력할 의무가 있다는 것.

여덟째, 다른 사람들에게 명령받은 일에는 우리의 지위와 사명에 따라 그들을 도와야 할 의무가 있고, 그들에게 금한 일에는 다른 사람들과 동참하지 않도록 조심할 의무가 있다는 것(시 19:7; 약 2:10; 마 5:21-48; 롬 7:14 등).

Q 99: What rules are to be observed for the right understanding of the ten commandments?

A 99: For the right understanding of the ten commandments, these rules are to be observed:

1st. That the law is perfect, and bindeth everyone to full conformity in the whole man unto the righteousness thereof, and unto entire obedience forever; so as to require the utmost perfection of every duty, and to forbid the least degree of every sin.

2nd. That it is spiritual, and so reaches the understanding, will, affections, and all other powers of the soul; as well as words, works, and gestures.

3rd. That one and the same thing, in divers respects, is required or forbidden in several commandments.

4st. That as, where a duty is commanded, the contrary sin is forbidden; and, where a sin is forbidden, the contrary duty is commanded: so, where a promise is annexed, the contrary threatening is included; and, where a threatening is annexed, the contrary promise is included.

5st. That what God forbids, is at no time to be done; What he commands, is always our duty; and yet every particular duty is not to be done at all times.

6st. That under one sin or duty, all of the same kind are forbidden or commanded; together with all the causes, means, occasions, and appearances thereof, and provocations thereunto.

7st. That what is forbidden or commanded to ourselves, we are bound, according to our places, to endeavor that it may be avoided or performed by oth-

> ers, according to the duty of their places.
>
> 8st. That in what is commanded to others, we are bound, according to our places and callings, to be helpful to them; and to take heed of partaking with others in: What is forbidden them.

1. 우리가 십계명을 올바로 이해하기 위해서 규칙을 지켜야 하는 것은 십계명이 도덕법의 완전한 적용이나 상세한 진술이 아닌 포괄적인 요약이기 때문이다. 십계명을 이해하기 위해서는 여덟 가지 규칙이 필요하다. 이 규칙은 모두 성경 자체에 그 기원을 두고 있다. 따라서 이 규칙은 하나님의 도덕법이 완전하기에 온전히 준수해야 하는 것이 좋다.

부분적인 순종은 하나님 앞에서 무가치한 것이다. 예수 그리스도는 출생부터 십자가 죽음까지 이 세상에서 절대적인 도덕적 완전의 삶을 사셨다. 예수께서는 마음과 뜻과 힘을 다해 전심으로 하나님을 사랑하고 이웃을 자신과 같이 사랑하셨다.

2. 율법은 신령하여 말과 행실과 태도뿐만 아니라 이해와 의지와 감정과 기타 영혼의 전역에 미친다. 율법은 우리의 외적인 행실이나 행동에만 미치는 것이 아니라 우리의 생각과 마음의 상태와 감정과 욕망과 의지와 지성과 우리 신령한 생활에도 미친다.

십계명은 우리의 기억이나 아름다운 음악과 그림과 시와 문학 등을 생산해 낼 수 있는 예술적인 감각에도 영향을 끼친다. 십계명은 우리의 말과 행실과 태도와 우리를 둘러싸고 있는 외적인 세계에 표현하는 모든 가능한 방법을 다 포함한다. 참으로 하나님의 계명은 심히 넓고도 광대하시다(시 119:96).

3. 십계명에는 여러 가지 점에서 꼭 같은 것이 몇 계명 중에 명해졌거나 금지되기도 한다. 의무를 명령한 곳에 그 반대를 금한 것과 어떤 죄를

금한 곳에 그 반대의 의무를 명령하고, 어떤 약속이 부가된 곳에 그 반대의 경고가 포함되어 있고, 어떤 경고가 부가된 곳에 그와 반대의 약속이 포함되어 있다.

탐욕과 우상 숭배, 제4계명과 제8계명은 서로 다르지 않다. 여러 가지 계명이 함께 겹치는 이유는 인간의 삶의 복잡성 때문이다. 하나님의 도덕법 관점에서 사람의 삶은 열 개의 계명과 얽혀 있다.

4. 십계명은 서로 모순되지 않는다. 십계명은 전체적으로 조화를 이룬다. 만일 모순이 있다면 십계명을 해석하는 우리의 해석에 문제가 있기 때문이다. 예를 들어, 어떤 청년이 그의 부모님 말씀에 순종하기 위해 주일에 교회에 가지 않고 예식장에 간다고 했을 때 부모 공경은 주 안에서 그렇게 하라는 명령을 간과한 것이다. 즉, 제5계명은 하나님의 계명에 불순종하면서 그의 부모에게 순종하는 것을 요구하지 않는다.

5. 목적이 수단을 정당화한다는 개념은 부당하다. 선을 행하기 위해 악을 행하자는 것은 옳음과 그름에 아무런 차이가 없다는 것을 나타낸다. 흑과 백이 회색으로 섞여 있는 것이다. 성경 전체는 옳음과 그름 사이의 구분이 절대적으로 제시되어 있다. 말하자면 죄를 범하지 않고 그릇된 일을 행할 수 없는 것이다.

6. 하나님께서 명하신 것이 항상 우리의 의무가 되어야 한다는 원리의 중대성은 우리가 항상 하나님의 도덕적 통치하에 있고, 우리의 마음과 생각과 말과 행동에 책임을 져야 할 존재임을 암시한다. 우리는 하나님을 향한 우리의 의무로부터 휴가를 떠날 수 없다. 우리는 전 생애를 통해 모든 순간에 하나님을 향한 도덕적 의무를 지닌 자다.

7. 십계명의 의미에 모든 죄와 의무를 향한 원인, 방편, 기회와 모양과

이에 이르는 도전이 포함되어 있다고 말하는 것은 하나님께서 외면적 행동뿐만 아니라 생각과 동기와 마음의 의향까지 감찰하기 때문이다. 따라서 살인죄를 금하는 계명에는 살인의 원인이 되는 미움과 마음의 죄를 금하는 예수님의 계명이 포함되어 있다.

8. 십계명의 일반적 목적은 우리 이웃의 도덕적 복지에 대한 책임감이다. 하나님의 뜻에 대한 순종이 단순히 개인적인 문제가 아니라 이웃을 향한 관심과도 연결되어 있음을 상기시켜준다. 우리가 옳지 않다고 믿기 때문에 우리 스스로 하지 않을 일을 다른 이가 하도록 하는 것은 정당하지 않다. 기독교 사업가는 안식일 날 스스로 그의 사업장이나 사무실을 열지 않고 자기 지위를 이용하여 다른 사람을 대리로 문을 열도록 해서는 안 된다.

9. 사회를 변화시킴에 있어서 다른 이들을 돕는 방법은 많다. 다른 이들이 겪어야 하는 어려움과 유혹을 이해시키고 그들을 향하여 항상 동정적인 마음으로 그들을 도울 수 있다. 우리는 언제나 과도한 비판적 자세를 피하고, 심지어 어떤 이의 잘못을 책망할 때도 신랄하고 자기 의를 주장하는 자세가 아니라 온유와 그리스도인의 사랑 자세로 해야 한다.

만일 어떤 이가 죄와 유혹과 낙심과 싸우는 고통 중에 있다면 말과 행실을 통해 그러한 자를 격려할 수 있는 모든 가능한 일을 해야 한다. 다른 이들의 죄와 실패에 대해 사소한 잡담을 피하는 것은 유형 교회의 결점을 치유하는 긴 여행에 도움이 될 것이다.

60 십계명 서문

문 100: 십계명에서 어떠한 특별한 것들을 고찰해야 하는가?

답 100: 우리는 십계명의 서문과 십계명 자체의 내용과 계명을 더욱더 강화하기 위해 일부 계명에 첨부된 몇 가지 이유를 고찰해야만 한다.

Q 100: What special things are we to consider in the ten commandments?

A 100: We are to consider, in the ten commandments, the preface, the substance of the commandments themselves, and several reasons annexed to some of them, the more to enforce them.

문 101: 십계명의 서문은 무엇인가?

답 101: 십계명의 서문은 이 말들에 포함되어 있으니 "나는 너를 애굽 땅 종 되었던 집에서 인도하여 낸 너의 하나님 여호와로라" 여기에 하나님께서는 자기의 주권을 영원불변하시며 전능하신 여호와 하나님으로 나타내셨으며, 자기의 존재를 자기 자신 안에 자신으로 말미암아 소유하시고 자기의 모든 말씀과 하시는 일에 존재를 부여하시며, 옛날에 이스라엘과 맺으신 것과 같이 자기 모든 백성과 언약을 맺으신 하나님이시며, 이스라엘을 애굽의 포로 멍에에서 인도하여 내신 것과 같이 우리를 영적 노예 속박에서 구출하셨다. 이 하나님만을 우리의 하나님으로 삼고 그의 모든 계명을 지켜야 한다(출 3:14; 4:3; 20:2; 사 44:6; 등).

Q 101: What is the preface to the ten commandments?

A 101: The preface to the ten commandments is contained in these words, I am the Lord thy God, which have brought thee out of the land of Egypt, out of the house of bondage. Wherein God manifesteth his sovereignty, as being JEHOVAH, the eternal, immutable, and almighty God; having his being in and of himself, and giving being to all his words and works: and that he is a God in covenant, as with Israel of old, so with all his people; who, as he brought them out of their bondage in Egypt, so he delivers us from our spiritual thraldom; and that therefore we are bound to take him for our God alone, and to keep all his commandments.

1. 십계명의 서문이 중대한 이유는 십계명에 없어서는 안 될 본질이고, 이어지는 계명의 기초이기 때문이다. 십계명 서문은 우리가 계명을 순종해야 하는 이유를 진술한다. 그것은 십계명 서문이 하나님의 절대 주권적 구속 사역을 명시하기 때문이다. 그리하여 이것이 전혀 중요하지 않은 것처럼 서문을 생략하고 아이들에게 십계명을 가르치는 것은 재앙과 같다.

2. 하나님의 주권은 전 우주를 향한 절대적이고 최상이시며 불변하시는 권위와 통치를 의미한다. 왜냐하면, 하나님은 모든 피조물을 향하여 최고의 주권을 행사하시기 때문이다. 하나님께서는 자기의 영광을 모든 피조물 안에서, 피조물에 의해서, 피조물에게, 피조물 위에 나타내신다. 그 피조물은 하나님 행위의 의로움에 대해 의문을 제기하지 않는다. 그렇게 하는 것은 불신앙이고 불경이다.

또한, 하나님의 주권은 하나님만이 최고의 궁극자이심을 현시한다. 하나님을 초월한 원리나 법이 이 우주에 존재하지 않는다. 하나님의 본성이 바로 유일한 법이다. 하나님의 주권은 하나님의 구속 역사라는 매우 특별한 방법으로 계시되었다. 죄로부터 구속은 전적으로 하나님의 사역이며 그 유익 역시 전적으로 하나님의 기뻐하시는 뜻에 따라 베풀어진다. 하나님은 절대 전능하신 능력으로 구원할 자를 구원하신다.

3. 여호와 이름의 근원은 히브리어 자음인 야웨(YHWH)에 기초한다. 히브리어 알파벳은 자음으로만 구성되었고 초기 히브리 구약성경 사본은 자음으로 기록되었다. 이 성경에 대하여 낭독자들의 발음을 위해 모음이 추가되었다. 후일 알파벳 위와 아래 사이에 점들로 구성된 모음의 표기법이 고안되었다. 많은 학자에 의해 '야웨'라는 발음이 옳은 것으로 인정되었지만 증명된 바 없는 일종의 견해이다.

유대인은 하나님의 이름을 발음하기조차 너무 거룩해서 주님을 의미하는 아도나이로 대체했다. 그 후 구약성경 본문에 모음의 점들이 추가되었을 때, '아도나이'의 모음이 야웨(YHWH)의 자음 사이에 삽입되어 오늘날 '여호와'라는 혼성어가 되었다. 물론 중요한 것은 이름의 발음이 아니라 그 이름이 지니는 의미다.

4. 여호와라는 하나님의 이름은 모세 시대에 계시되었다(출 6:2-3). 그 기본적인 의미는 출애굽기 3:14-15과 33:19에서 발견된다. 하나님께서는 모세에게 "나는 스스로 있는 자라"고 말씀하셨고 이스라엘 백성에게 "나 여호와가 너를 그들에게 보냈다"고 하셨다. 출애굽기 3:15에 있는 '나는 이다'(I AM)는 동사는 3인칭으로 변화되었고 흠정역에서 '주'로 번역되었다.

따라서 "나는 스스로 있는 자니라"는 말씀은 여호와의 의미를 제공한다. 이는 하나님께서 주권적이시며 스스로 결정하시며 그 외의 다른 것들에 의해 제한을 받는 분이 아니심을 의미한다. 출애굽기 33:19는 사람들에게 구원을 베푸시는 하나님의 주권을 의미하는 이름을 설명한다.

> 내가 나의 모든 선한 형상을 네 앞으로 지나게 하고 여호와의 이름을 네 앞에 반포하리라 나는 은혜 줄 자에게 은혜를 주고 긍휼히 여길 자에게 긍휼을 베푸느니라 (출 33:19).

따라서 여호와라는 이름은 절대 주권과 자유 안에서 그의 자비를 그의 백성에게 베푸셔서 전능하신 능력과 그들과의 교제를 시작하심으로 그들을 죄에서 구속하시는 하나님을 묘사한다.

5. 십계명의 서문이 이스라엘을 애굽 땅에서 구원해 내신 하나님을 언급하는 것은 구원이 먼저이고 하나님의 계명 준수가 나중임을 명시한다. 우리는 이스라엘 백성이 애굽의 종 되었던 곳에서 구원받기 전까지 하나님의 계명을 준수할 수 없었듯이, 사탄의 왕국으로부터 구속받기 전까지 결코 하나님의 거룩하신 계명을 준수할 수 없다.

아담의 타락 이후 구속은 순종의 기초가 된다. 하나님의 구속 역사는 하나님의 계명을 순종하는 근거다. 모든 사람은 창조주와의 관계 때문에 하나님의 계명에 순종해야 한다. 그러나 하나님의 백성은 구속자가 되시는 하나님 앞에서 더욱 순종해야 할 의무가 부가되었다.

6. 하나님께서 애굽 땅을 '종 되었던 집'이라고 하시는 것은 이스라엘이 실제로 종 되었던 장소일 뿐만 아니라 죄의 영적 노예를 상징하고 있기 때문이다. 하나님의 자녀들은 고대 애굽의 육체적 종보다 영적으로 더욱 강력하고 잔인하며 포악한 '종 되었던 집'에서 구속받았다.

따라서 십계명의 서문은 다음과 같은 내용을 담고 있다.

첫째, 그리스도인으로서 우리는 잔인한 죄의 종으로부터 구원받았다.
둘째, 구원은 우리 자신의 성취가 아니라 전능하신 하나님의 능력을 통해 성취된 것이다.

7. 하나님의 구속 역사가 우리에게 부과하는 의무는 '오직 하나님만 우리 하나님 되시게' 하는 충성의 의무와 '그의 모든 계명을 지키는' 순종의 의무다. 우리는 우리의 것이 아니고 그리스도의 보혈이라는 값을 주고 산

하나님의 백성이다. 따라서 우리는 우리를 구속하신 하나님을 향하여 절대적으로 충성하고 순종할 의무가 있다.

8. 십계명 서문은 우리의 행위로 구원 얻는다는 관념을 배제한다. 십계명을 지키는 우리의 행위는 하나님의 구원에 대한 감사다. 십계명 서문은 우리 자신의 행위로 우리 자신을 구원할 수 없음을 명시한다. 우리가 구원 얻는 것은 오로지 출애굽처럼 하나님의 독생자 예수 그리스도의 구속 사역 때문이다.

제1계명

문 102: 하나님에 대한 우리의 의무를 포함하는 첫 네 계명의 대강령은 무엇인가?

답 102: 하나님께 대한 우리의 의무를 포함한 첫 네 계명의 대강령은 우리 마음을 다하고 목숨을 다하고 힘을 다하며 뜻을 다하여 주 우리 하나님을 사랑하는 것이다(눅 10:27).

Q 102: What is the sum of the four commandments which contain our duty to God?

A 102: The sum of the four commandments containing our duty to God is, to love the Lord our God with all our heart, and with all our soul, and with all our strength, and with all our mind.

문 103: 제1계명은 무엇인가?

답 103: 제1계명은 "나 외에는 다른 신들을 네게 있게 말지니라" 하신 것이다(출 20:3).

Q 103: Which is the first commandment?

A 103: The first commandment is, Thou shall have no other gods before me.

문 104: 제1계명이 요구하는 의무는 무엇인가?

답 104: 제1계명에 요구된 의무는 하나님께서 홀로 참되신 하나님이시며 우리의 하나님이심을 알고 인정하며, 따라서 그만을 생각하고, 명상하고, 기억하고, 높이고, 존경하고, 경배하고, 택하고, 사랑하고, 원하고, 경외함으로 그에게 예배하고, **영화롭게 하고**, 그를 믿고 의지하고 바라고 기뻐하고 즐거워하고 그에 대한 열심히 있고 그를 부르는 모든 찬송과 감사를 드리고, 온 사람이 그에게 모두 순종하고 복종하며 그를 기쁘시게 하기 위해 범사에 조심하고 만일 무슨 일에든지 그를 노엽게 하면 슬퍼하며 그리고 그와 겸손히 동행하는 것이다(대상 28:9; 신 26:17; 사 43:10; 렘 4:22 등).

Q 104: What are the duties required in the first commandment?

A 104: The duties required in the first commandment are, the knowing and acknowledging of God to be the only true God, and our God; and to worship and glorify him accordingly, by thinking, meditating, remembering, highly esteeming, honoring, adoring, choosing, loving, desiring, fearing of him; believing him; trusting, hoping, delighting, rejoicing in him; being zealous for him; calling upon him, giving all praise and thanks, and yielding all obedience and submission to him with the whole man; being careful in all things to please him, and sorrowful when in anything he is offended;] and walking humbly with him.

1. 제1계명이 요구하는 의무는 우리 마음과 영과 힘과 뜻을 다하여 우리 하나님 여호와를 사랑하는 것이다. 단순히 하나님을 향한 감정적인 태도가 아니라 우리가 우리의 삶에서 하나님을 영화롭게 하고 모든 일과 국면과 관계에서 하나님에게 순종하는 실제적인 헌신이다.

우리는 무엇을 하든 다 하나님의 영광을 위해서 한다. 사업이나 정치나 사회생활을 하나님 없이 할 수 있다고 생각하는 것은 불신앙이다. 일관된 신앙의 그리스도인은 그의 신앙과 그의 모든 삶에서 하나님과 관계없는 국면은 하나도 없음을 인정한다.

2. 십계명에서 첫째 계명이 제일 먼저 오는 것은 이 계명이 다른 모든 계명의 기초가 되기 때문이다. 제1계명이 명하는 하나님을 향한 우리의 의무는 다른 모든 의무의 근원이자 기초다. 이것은 우리 삶에서 본질적이

고 근원적이며 근본적인 의무다.

3. 우리가 하나님을 참되신 하나님으로 인정해야 할 책임이 있는 것은 하나님이 우리의 창조주이시기 때문이다. 우리를 만드신 분은 사람이 아니라 하나님이시다. 또한, 하나님은 그의 백성을 죄와 지옥의 형벌에서 구원해 주시는 구속주이시다. 그러므로 하나님을 떠난 그 어떤 생각도 하나님을 배반하는 것이고 불신앙적이며 악한 것이다.

4. 우리가 영원히 하나님을 의존해야 하는 것은 창조주와 피조물의 관계가 영원히 지속하기 때문이다. 이것은 절대로 변하거나 없어지지 않는다. 창조주와 피조물의 구분은 성경에서 가장 근본적이다. 이것은 성경의 모든 구절에 전제되고 암시되어 있다.

5. 하나님에 대한 의존성을 우리가 표현하는 방법은 다음과 같다.

첫째, 그를 향한 올바른 태도
둘째, 하나님에 대한 올바른 생각
셋째, 하나님의 뜻인 성경에 대한 올바른 반응

6. 하나님을 향한 올바른 태도는 창조주와 피조물의 관계를 인정하고 경외하는 자세다. 이 둘 사이에는 무한한 차이가 있으며, 엄청난 거리가 있다. 따라서 하나님은 우리가 전혀 파악할 수 없고 우리에게 항상 신비하고 놀라운 분으로 남아 있는 무한하신 존재이심을 깨닫는 태도를 견지해야 한다.

7. 하나님에 대한 올바른 생각은 하나님의 말씀(성경 66권) 안에 계시된 진리에 따라 하나님에 관해 생각하는 것이다. 따라서 그것은 우리 자신의

상상이나 욕망이 아니라 하나님의 계시를 통한 생각이다. 사람의 견해나 사색이나 사람들의 마음을 어둡게 하는 철학에 기인한 하나님에 관한 생각은 하나님에 관한 올바른 생각이 될 수 없다. 하나님에 대해서 유일하게 올바른 생각은 오직 성경에서 비롯된 생각이다.

8. 하나님의 뜻에 대한 올바른 반응은 성경에 따라서 하나님께서 명하신 모든 것에 대한 의식적이고 진심 어린 순종과 그가 금하신 모든 것을 피하는 것이다. 따라서 성경은 우리 삶에 진정한 안내자다.

9. 첫째 계명에 요구된 의무는 이 계명은 최고이며 온전하고 하나님을 향한 전적인 헌신을 요구한다. 따라서 하나님을 향한 우리의 관계가 우리 삶에서 제일이며 가장 중대한 요소다. 만일 우리가 하나님과 우리와의 관계를 부차적이거나 사소한 문제로 간주한다면 우리는 첫 계명을 온당하게 다루지 않은 것이다.

제1계명의 금지

문 105: 제1계명에 금한 죄는 무엇인가?
답 105: 제1계명에 금한 죄는 다음과 같다.

- 하나님을 부인하거나 모시지 않는 무신론, 참 하나님 대신 다른 신을 모시거나 유일신보다 여러 신을 섬기거나 예배하는 우상 숭배, 이 계명이 요구하는 하나님께 당연히 드릴 것을 무엇이든지 생략하거나 게을리하는 것.
- 그를 모르고 잊어버리고 오해하고 그릇된 의견을 가지며 무가치하고 악하게 그를 생각하는 것.
- 그의 비밀을 감히 호기심으로 파고들려 하는 것.
- 모든 신성 모독과 하나님을 미워하고 자기를 사랑하고 자기중심을 찾는 것.
- 우리의 지·정·의를 과도히 무절제하게 다른 모든 길에 두고 전적으로 또는 부분적으로 우리의 지·정·의를 하나님께로부터 떠나게 하는 것.
- 공연한 경신, 불신앙, 이단, 그릇된 신앙, 불신뢰, 절망, 고칠 수 없음, 심판 아래 무감각함, 돌같이 굳은 마음, 교만, 주제넘음, 육신의 방심, 하나님을 시험하는 것.
- 불법적인 수단을 씀과 합법적인 수단을 의뢰하는 것, 육에 속하는 기쁨과 즐거움이며, 부패하고 맹목적이며 무분별한 열심을 가지는 것.
- 미지근함과 하나님의 일에 대하여 죽음과 하나님에게서 멀어짐과 배교하는 것.
- 성도들이나 천사들 혹은 다른 어떤 피조물에 기도하든지 종교적 예배를 드리는 것, 마귀와의 모든 맹약과 의논하며 그의 암시에 귀를 기울이는 것.

- 사람들을 우리의 신앙과 양심의 주들로 삼는 것, 하나님과 그의 명령을 경시하고 경멸하는 것.
- 하나님의 영을 대항하고 슬프게 하고 그의 경륜들에 대해 볼 만하고 참지 못하며 우리에게 주신 재난에 대하여 어리석게 하나님을 비난하는 것.
- 우리가 되어 있거나, 소유하거나 능히 할 수 있는 어떤 선에 대한 칭송을 행운, 우상, 우리 자신, 또는 어떤 다른 피조물에 돌리는 것이다(시 14:1; 엡 2:12; 2:27-28; 살전 1:9 등).

Q 105: What are the sins forbidden in the first commandment?

A 105: The sins forbidden in the first commandment are, atheism, in denying or not having a God; Idolatry, in having or worshiping more gods than one, or any with or instead of the true God; the not having and avouching him for God, and our God; the omission or neglect of anything due to him, required in this commandment; ignorance, forgetfulness, misapprehensions, false opinions, unworthy and wicked thoughts of him; bold and curious searching into his secrets; all profaneness, hatred of God; self-love, self-seeking, and all other inordinate and immoderate setting of our mind, will, or affections upon other things, and taking them off from him in whole or in part; vain credulity, unbelief, heresy, misbelief, distrust, despair, incorrigibleness, and insensibleness under judgments, hardness of heart, pride, presumption, carnal security, tempting of God; using unlawful means, and trusting in lawful means; carnal delights and joys; corrupt, blind, and indiscreet zeal; lukewarmness, and deadness in the things of God; estranging ourselves, and apostatizing from God; praying, or giving any religious worship, to saints, angels, or any other creatures; all compacts and consulting with the devil, and hearkening to his suggestions; making men the lords of our faith and conscience; slighting and despising God and his commands; resisting and grieving of his Spirit, discon-

> tent and impatience at his dispensations, charging him foolishly for the evils he inflicts on us; and ascribing the praise of any good we either are, have, or can do, to fortune, idols, ourselves, or any other creature.

1. 제1계명이 금한 죄의 첫 번째는 무신론이다. 무신론은 하나님의 존재를 부정한다. 이론적 무신론은 하나님이나 신의 존재에 대한 견해와 신념에서 절대적으로 부인한다. 이런 무신론은 성경이 말하는 하나님의 존재, 즉 그 존재와 지혜와 능력과 거룩과 의와 선함과 진리에서 영이시고, 무한하시며, 영원하시고, 불변하시는 성부와 성자와 성령의 동일 본질이시고 권세와 영광에 있어서 동등하신 한 하나님을 부인한다.

실천적 무신론은 신앙 문제에 있어서 하나님의 존재를 인정하면서도 마치 하나님이 없는 것처럼 살아가는 죄다. 무신론이 지독한 죄임은 하나님이 모든 인류의 창조주이신데도 창조주를 인식하거나 경배하는 일을 거절하기 때문이다.

2. 제1계명이 금한 죄는 다양하다. 참되신 하나님을 섬기는 것보다 다른 신을 섬기는 것이 지독한 죄인 것은 창조주를 향한 인간의 본질이 그에게 온전하고 연속된 헌신과 충성을 요구하기 때문이다. 참되신 하나님에 관한 무지도 엄청난 죄인 것은 성경뿐만 아니라 자연을 통해 참된 하나님에 대한 지식을 소유할 수 있는 풍성한 계시가 주어졌기 때문이다.

하나님에 대한 부주의와 태만은 우리의 강퍅한 마음이 생산하는 죄의 결과다. 하나님을 오해하고 그릇된 의견을 가지며 하나님께 합당치 않은 악의로 하나님을 생각하는 것이 죄인 것은 하나님에 관한 우리의 실수와 오류와 그릇된 사상이 다만 지성의 결핍 때문만이 아니고 인류가 죄에 빠진 결과다. 모든 사람은 하나님에 대해 자기의 그릇된 개인적 견해를 가질 권리가 없다.

3. 하나님의 비밀을 감히 그릇된 태도로 불경하게 파고들거나 하나님께 영광을 돌리고 인류에게 유익을 끼치기 위함이 아니라 단지 호기심으로 파고드는 것은 신성 모독으로 제1계명이 금하는 죄다. 신성모독자는 거룩한 것을 중요하지 않게 취급한다.

4. 자기를 사랑함이 죄는 아니다. 그러나 자기 사랑이 균형을 이루지 못하고 이웃보다 자기를 더 사랑하고 하나님보다 자기를 더 사랑하게 될 때 이것이 바로 과도한 자기 사랑이 되어 제1계명을 어기는 이기주의적 죄악이 된다.

5. 제1계명의 관점에서 공연한 경신과 불신앙과 그릇된 신앙이 지독한 죄가 되는 것은 우리가 믿음으로 구원을 받았기 때문이다. 그릇된 신앙은 잘못된 것에 대해 확고하게 확신하는 믿음이다. 바울은 그리스도인을 핍박할 때 하나님의 뜻을 수행한다고 믿었다.

이런 경우 바울의 믿음은 그릇된 것이다. 절망이 불신앙인 것은 사람이 하나님으로부터 더 이상 도움을 받을 소망이 없다고 생각하기 때문이다. 번창하고 잘살 때는 하나님을 무시하다가 고통과 재앙의 순간에 하나님께 원망하는 것은 불신앙적 완고함이다.

6. 영적인 미지근함은 하나님과 우리 영혼의 구원에 관한 게으른 무관심과 자기만족의 상태다. 하나님의 말씀은 영적 미지근한 상태에 있는 사람이 하나님에 관해 차가운 사람보다 더 하나님을 불쾌하게 하는 자라고 교훈한다(계 3:15-16).

영적 미지근함의 유일한 치료책은 하나님의 은혜를 더욱 사모하고 성경의 교훈에 더욱 귀를 기울이고 더욱 죄를 회개하고 슬퍼하며 하나님과 사람을 더욱 사랑하고 성령의 능력을 더욱 의지하는 것뿐이다.

7. 천사와 다른 피조물에 예배를 올림이 그릇된 일인 것은 그들이 우리를 창조하지 않았고 우리를 죄에서 구속하지 않았기 때문이다. 우리의 구원에 대한 감사는 그들에게 돌릴 필요가 없고 오직 하나님께만 돌려야 한다. 이 세상에는 오직 하나님의 독생자 주 예수 그리스도 한 분만 중보자가 되신다. 피조물은 하나님과 우리 사이의 중보자가 아니다. 이 같은 이유로 우리 그리스도인은 마귀와 의논하고 그의 암시에 귀를 기울이는 것을 피해야 한다.

8. 사람들을 우리 신앙의 양심과 주로 삼음이 잘못인 것은 오류 없는 사람이 없기 때문이다. 오직 하나님만이 오류가 없기에 우리 믿음과 양심의 주가 되신다. 우리는 오직 하나님의 말씀을 추호의 의심도 없이 순종해야 한다. 그래서 개신교회의 교인이 로마가톨릭에 가입하는 것은 죄다.
왜냐하면, 이러한 일을 행하는 개신교인은 신앙에서 최고의 권위인 하나님의 기록된 말씀을 포기하는 것이고, 그 대신 로마가톨릭의 교훈을 그의 최고의 권위로 수용하는 것이기 때문이다.

9. 하나님과 그의 명령을 경시하고 경멸하는 것은 하나님의 권위에 대한 모욕이다. 하나님을 우리 사고나 헌신이나 순종에 두 번째나 세 번째에 두는 것은 하나님의 위엄과 권위를 모독하는 것이다. 어리석게 하나님을 원망하는 사람은 그가 하나님을 심판하는 자리에서 하나님께서 옳게 행하는지 그렇지 않은지를 결정할 자격이 있다고 생각한다. 이것은 자신을 하나님만큼이나 지혜롭고 위대하다고 여기는 것이다. 하나님을 어리석게 판단하고 원망하는 것은 하나님의 말씀이 금한다(롬 9:19-21).

10. 우리의 성공과 번영을 우상이나 우리 자신에게나 다른 피조물에 돌리는 것이 죄인 것은 우리를 포함한 전 우주가 그 존재와 활동에서 전적으로 창조주 하나님께 의존하기 때문이다. 만일 우리가 성공과 번영을 우

리 자신이나 다른 피조물에 돌린다면 그것은 우리를 하나님으로부터 독립된 존재로 간주하는 것이다.

이것은 아담과 하와가 에덴동산에서 금지된 나무의 실과를 먹을 때 최초로 시작되었던 기만에 불과하다. 우리는 언제나 피조물이다. 이것을 단 한순간이라도 무시하는 것은 악한 것이다.

> 문 106: 제1계명에 있는 '나 외에는'이라는 말에서 우리는 특별히 무엇을 가르침 받는가?
>
> 답 106: 제1계명에 있는 '나 외에는' 혹은 '내 앞에서'라는 말은 만물을 보고 계신 하나님께서 어떤 다른 신을 두는 죄를 특별히 주목하시고 불쾌하게 여긴다는 것을 가르치시는 것으로 이 죄를 범하지 못하게 막으며, 아주 파렴치한 도발로 악화시킬 뿐만 아니라 또한 우리가 주를 섬기는 일에 무엇을 하든지 그의 목전에서 하도록 설복시키는 논증이 될 것이다(겔 8:5-18; 시 44:20-21; 대상 28:9).
>
> Q 106: What are we specially taught by these words before me in the first commandment?
>
> A 106: These words before me, or before my face, in the first commandment, teach us, that God, who seeth all things, taketh special notice of, and is much displeased with, the sin of having any other God: that so it may be an argument to dissuade from it, and to aggravate it as a most impudent provocation: as also to persuade us to do as in his sight,: Whatever we do in his service.

1. 제1계명에 있는 '내 앞에서' 혹은 '나 외에는' 이란 말은 히브리 성경에서 문자적으로 '나의 얼굴 앞에서'이다. 물론, 하나님은 영이시고 육체가 없기에 얼굴도 없으시다. 우리가 성경에서 하나님의 '얼굴'이라는 단어를 읽을 때 이것은 비유적인 표현이다. 그 의미는 '하나님의 존전' 또는 '하나님의 시야'이다. 우리의 생각과 말과 행동과 내적 상태와 삶의

모든 부분이 하나님의 시야 앞에 놓여 있다(히 4:13).

2. 하나님의 존전에서 도망치거나 탈출하는 것은 불가능하다. 하나님께서는 모든 곳에 계시고 모든 것을 아신다. 그리하여 우리가 하나님으로부터 숨는 것은 불가능하다. 하나님의 존전에서 숨거나 도망치려 했던 아담과 하와와 요나의 시도는 다 실패했다(창 3:8; 욘1:3).

3. 하나님께서는 너무나 크신 분이기 때문에 우리가 하나님을 예배하든지 그렇지 않든지 관심이 없고, 하나님 대신 다른 신을 섬기는지 관심이 없을 거라고 말하는 자들에게 우리는 이 세상에 하나님께서 통치하지 못할 만큼 큰 것은 없고 하나님께서 관심을 가지지 않을 만큼 작은 일도 없다고 대답할 수 있다.

하나님은 창조주이시고 큰 것과 작은 것 그리고 모든 것의 통치자이시다. 사람은 하나님의 형상을 따라 지음을 받은 하나님의 피조물이고 하나님의 통치에서 벗어날 수 없다.

4. 제1계명에 있는 '내 앞에서'라는 구절을 읽을 때 이 계명을 향한 우리의 태도는 잠시 멈추어서 우리가 혹시 어떤 방법을 통해 어떤 시간에 하나님 이외에 다른 신을 섬기는 죄를 범한 적이 있는지 상고하는 것이다. 만약 우리가 그런 죄 가운데 있다면 그 죄로부터 돌이키고 회개해야 한다.

5. 참되신 하나님의 존전에서 다른 신을 섬기는 죄는 참되신 하나님에 대한 가장 뻔뻔스러운 모욕이다. 우리는 하나님께서 모든 것을 보시고 우리 삶의 모든 자세한 사항을 관찰하심을 알고 하나님을 향한 예배와 우리 삶의 모든 활동을 '그의 존전에서' 실행해야 한다. 구약의 엘리야 선지자는 자신이 하나님의 앞에 서 있다고 고백했다(왕상 18:15).

제2계명의 의무

> 문 107: 제2계명은 무엇인가?
> 답 107: 제2계명은 "너를 위하여 새긴 우상을 만들지 말고 또 위로 하늘에 있는 것이나 아래로 땅에 있는 것이나 땅 아래 물속에 있는 것의 아무 형상이든지 만들지 말며, 그것들에 절하지 말며, 그것들을 섬기지 말라 나 여호와 너의 하나님은 질투하는 하나님인즉 나를 미워하는 자의 죄를 갚되 아비로부터 아들에게 삼사 대까지 이르게 하거니와 나를 사랑하고 내 계명을 지키는 자에게는 수천 대까지 은혜를 베푸느니라" 하신 것이다(출 20:4-6).
>
> Q 107: Which is the second commandment?
> A 107: The second commandment is, Thou shalt not make unto thee any graven image, or any likeness of anything that is in heaven above, or that is in the earth beneath, or that is in the water under the earth: Thou shalt not bow down thyself to them, nor serve them: for I the Lord thy God am a jealous God, visiting the iniquity of the fathers upon the children unto the third and fourth generation of them that hate me; and shewing mercy unto thousands of them that love me, and keep my commandments.

1. 제2계명의 일반적인 주제는 종교적 예배다. 이 계명의 이러한 주제는 우상 숭배의 금지와 그릇된 예배라는 부정적인 측면을 다룬다. 이것은 물론 하나님을 향한 참된 예배의 의무를 지시한다.

2. 하나님을 참되게 예배하는 것과 관련해서 하나님의 백성에게 부과된

의무는 우리에게 참된 예배의 의무가 있다는 것과 참된 예배의 준수를 신앙의 조항으로 믿고 우리의 삶에서 그것을 준행하는 것과 성경에 제정된 대로 참된 예배의 부패를 피하는 것이다.

3. 우리가 하나님을 향한 참된 예배를 준수하고, 순전하게 전적으로 지켜야 하는 이유는 하나님께서 예배에 관한 한 질투하시는 하나님이시기 때문이다. 말하자면 하나님은 당신을 예배함에서 우리의 마음대로 하도록 허용하지 않으신다. 하나님은 주권자이시다. 하나님은 모든 것을 통치하신다. 따라서 우리는 하나님의 뜻을 지켜야 할 의무가 있다. 하나님은 성경을 통해 다른 방법이 아니라 오직 하나님 뜻대로의 경배를 원하신다.

4. 이 의무가 오늘날 무시되고 있다. 인간의 자유와 존엄성이 끝없이 강조되고 그에 상응하는 하나님의 위엄과 권위가 홀대받고 인간이 원하는 대로 예배하는 것이 일반적인 경향이다. 그들에게 중요한 것은 신실함이다. 심지어 이방인들의 그릇된 예배조차도 신실하기만 하면 하나님께서 받을만하신 예배가 된다고 여긴다. 이것은 성경의 명령과는 철저하게 반대된다.

5. 오늘날 로마가톨릭은 예배 문제에 관한 한 성경의 말씀에 제한받지 않는다. 그들은 교회가 예배에 관한 법령들을 추가할 수 있고, 심지어 성경에 제정되지 않은 새로운 의식도 더할 수 있다고 주장한다. 예배에 관한 이러한 잘못된 태도는 로마 교회에 존재하는 많은 부패한 예배의 이유가 되고 로마 교회의 예배를 모방한 다른 단체들의 그릇된 예배를 설명해 준다.

6. 신적 예배를 위해 제정된 의식은 통상적인 사용의 경우와 특별한 경우의 사용으로 나눌 수 있다. 예를 들면, 기도와 설교 그리고 성례는 통상

적인 용도를 위해 제정되었다. 금식과 하나님의 이름으로 하는 맹세와 서약은 되풀이되는 것이 아니라 특별한 요청에 따라 수행되는 용도로 제정되었다.

7. 신적 예배가 수행되는 인간 삶의 네 가지 국면은 그리스도인 개인과 기독교 가정과 교회 그리고 기독교 국가다. 그러나 모든 신적인 예배의 의식이 이러한 인간 삶의 네 가지 국면을 위해 의도된 것은 아니다. 어떤 의식은 교회를 위한 것으로 제한되었고, 다른 것은 개인과 교회와 가정에만 적당한 것으로 제정되었다.

예를 들면, 세례와 성찬은 교회의 의식이고, 가정이나 여타 다른 단체에서 사적으로 수행될 수 없다. 이와는 반대로 하나님의 이름으로 맹세하는 것은 교회뿐만 아니라 기독교 국가나 민족을 위해서도 적당한 의식이 된다.

> **문 108**: 제2계명에 요구된 의무는 무엇인가?
>
> **답 108**: 제2계명에 요구된 의무는 하나님께서 자기 말씀 가운데, 제정하신 종교적 예배와 규례를 받아 준수하고 순전하게, 전적으로 지키는 것이다. 특히, 그리스도의 이름으로 드리는 기도와 감사이며, 말씀 읽고 전함과 들음이며, 성례의 거행과 받음이며, 교회 정치와 권징, 성역과 그것의 유지, 종교적 금식, 하나님의 이름으로 맹세하는 것과 그와 서약하는 것 또한 모든 거짓된 예배를 부인하고 미워하며 반대함이며, 각자의 지위와 사명에 따라 거짓된 예배와 모든 우상 숭배의 기념물을 제거함이다(신 32:46-47; 마 28:20; 행 2:42 등).
>
> **Q 108**: What are the duties required in the second commandment?
>
> **A 108**: The duties required in the second commandment are, the receiving, observing, and keeping pure and entire, all such religious worship and ordinances as God hath instituted in his word; particularly prayer and thanksgiving

> in the name of Christ; the reading, preaching, and hearing of the word; the administration and receiving of the sacraments; church government and discipline; the ministry and maintenance thereof; religious fasting; swearing by the name of God, and vowing unto him: as also the disapproving, detesting, opposing, all false worship; and, according to each one's place and calling, removing it, and all monuments of idolatry.

1. 거짓된 예배에 관한 그리스도인의 의무는 거짓 예배를 부인하고 미워하며 반대하는 것이다. 거짓된 예배는 거짓 신을 예배하고 거짓 예배의 형식을 실천하는 것뿐 아니라 하나님의 말씀인 성경에 제정된 방법이 아닌 다른 방법으로 참되신 하나님을 예배하는 것이다.

2. 그리스도인은 일반적이고 이론적인 의미에서 거짓된 예배를 부인하고 미워하며 반대해야 하고 실제적인 측면에서도 그렇게 해야 한다. 말하자면 그러한 예배를 혐오하고 동참하지 않아야 한다. 왜냐하면, 이 문제는 마지막 심판 날에 하나님 앞에서 양심을 두고 계산해야 할 문제이기 때문이다.

3. 그리스도인은 프리메이슨식의 예배나 유사한 비밀스러운 형제단 예배를 배격해야 한다. 프리메이슨은 본질에서 종교적인 집단이고, 그 종교는 하나님의 말씀에 기록된 기독교와는 전적으로 다른 종교이기 때문이다. 따라서 프리메이슨식의 모든 종교 법령과 의식은 하나님의 말씀에 지정되지 않은 방법으로 하나님을 예배하려는 거짓 예배다. 그리스도인으로서 이러한 예배에 참여하는 것은 제2계명을 위반하는 것이다.

4. 우상 숭배의 기념물은 거짓 종교의 제단과 형상과 성전 등을 가리킨다. 성경은 이러한 우상 숭배의 기념물은 반드시 제거되어야 한다고 교훈

한다. 그 이유는 사람들이 예배에서 이런 것들을 사용할 유혹에 빠지지 않게 하기 위해서이고 거짓 종교의 성장을 막기 위해서다.

5. 우상 숭배의 기념물은 어떠한 국가나 사회에서든 종교개혁 시대에 종종 발생했던 것처럼 무분별한 집단적 폭력으로서가 아니라 각 개인이 처한 위치와 사명에 따라 분별력 있게 제거되어야 한다. 말하자면 우상 숭배의 기념물을 제거하는 일은 반드시 가정과 교회와 국가에서 합법적인 권위를 부여받은 사람에 의해서 수행되어야 한다.

로마가톨릭의 미사가 우상 숭배적이라고 생각하는 개신교 신앙의 확신을 소유한 개인이 로마가톨릭에 들어가 도끼를 가지고 그 제단을 부서뜨릴 권한이 없다. 가정의 가장은 그의 집에 혹시라도 있을지 모르는 우상 숭배의 기념물을 제거해야 하지만 그의 이웃의 집에서는 그렇게 할 수 없다.

6. 우리의 가정과 교회와 국가에서 거짓 예배의 요소를 제거하는 것은 각 개인이 처한 위치와 사명에 따라 그렇게 해야 한다. 말하자면 모든 그리스도인은 가정에서든 교회에서든 국가에서든 하나님께서 그들에게 주신 권위와 권한의 한계 안에서 거짓 예배를 제거할 사명이 있다.

7. 종교의 자유의 원리에 따라서 양심대로 예배할 권리가 있다는 것은 권리의 의미를 정의해야 한다. 시민의 권리와 도덕적 권리에는 기본적인 차이가 있다. 시민의 권리는 인간적 사회 안에서의 적용되는 권리다. 반면에 도덕적 권리는 하나님의 도덕법의 국면에까지 적용된다. 모든 사람은 자기가 원하기만 하면 세금을 납부한 후에 자기의 돈을 자신과 가족의 기쁨을 위해 마음대로 사용할 권리가 있다.

그러나 도덕적 권리에 관한 한 하나님 앞에서 자신을 위해 재산을 이기적으로 사용할 권리가 없다. 종교적인 자유의 문제도 마찬가지다. 사람은 원하는 대로 예배를 드릴 시민의 권리가 있고 아예 예배를 드리지 않을 자유도 있다. 정부는 거짓 예배를 금지할 수도 참된 예배를 강요하지도 못한다. 그러나 하나님의 말씀에 지정된 예배 이외에 예배를 올리는 자는 심판의 날에 하나님 앞에서 그 행동에 대한 책임을 져야 한다.

제2계명의 금지

문 109: 제2계명에서 금지된 죄는 무엇인가?

답 109: 제2계명에서 금지된 죄는 다음과 같다.

- 하나님께서 친히 제정하지 않으신 어떤 종교적 예배를 고안하고, 의논하고, 명령하고, 사용하고, 어떤 모양으로 승인하는 것.
- 하나님의 삼위 전수나 그중 어느 한 위의 표현이라도 내적으로 우리 마음속에나 외적으로 피조물의 어떤 형상이나 모양을 만드는 것.
- 이 표현이나 혹은 이 표현 안에서나 이것에 의한 하나님을 예배하는 모든 일이며 거짓 신들의 표현을 만들고 그들을 예배하며 섬기는 것.
- 우리 자신이 발명하고 취해 올렸든지 전통에 의해 다른 사람들로부터 받았든지 구제도, 풍속, 경건, 선한 의도, 혹은 다른 어떤 구실의 명목 아래 예배에 추가하거나 삭감하여 하나님의 예배를 부패케 하는 미신적 고안이며, 성직매매, 신성 모독하는 것.
- 하나님이 정하신 예배와 규례들에 대한 모든 태만과 경멸과 방해와 반항하는 것(민 15:39; 신 13:6-8; 호 5:12; 미 6:16; 왕상 11:33 등).

Q 109: What are the sins forbidden in the second commandment?

A 109: The sins forbidden in the second commandment are, all devising, counseling, commanding, using, and anywise approving, any religious worship not instituted by God himself; tolerating a false religion; the making any representation of God, of all or of any of the three persons, either inwardly in our

> mind, or outwardly in any kind of image or likeness of any creature whatsoever; all worshiping of it, or God in it or by it; the making of any representation of feigned deities, and all worship of them, or service belonging to them; all superstitious devices, corrupting the worship of God, adding to it, or taking from it, whether invented and taken up of ourselves, or received by tradition from others, though under the title of antiquity, custom, devotion, good intent, or any other pretense whatsoever; simony; sacrilege; all neglect, contempt, hindering, and opposing the worship and ordinances which God hath appointed.

1. 하나님이 제정하신 예배에 대한 성경적 원리는 하나님께서 받을만하신 예배가 사람에 의해 변경될 수 없도록 하나님께서 제정하셨다는 사실에 있다. 하나님께서 제정하신 예배에 대한 성경적 원리의 기초는 인생의 모든 국면에 역사하시는 하나님의 주권이다. 하나님의 주권은 하나님의 절대적 최고의 권위이다. 이 권위는 피조물의 동의를 구할 필요가 없고, 그들에 의해 변경되거나 수정될 수 없다.

2. 사람들이 하나님의 주권이나 하나님의 절대 권위를 포기하면 자연적으로 하나님을 예배함에 대해서 그들이 좋아하는 대로 하나님의 주권을 부인하고 성경이 제정한 참된 예배를 부인한다. 오늘날 하나님의 주권은 많은 교회가 포기했다. 계몽주의 이후 임마누엘 칸트의 영향을 받은 현대 철학은 하나님의 주권에 대한 믿음을 포기했다.

3. 하나님은 육체의 모양이 없는 영이시기 때문에 사람들이 만드는 그림이나 형상은 모두 하나님에 대해 그릇된 생각을 하게 한다. 구주 예수 그리스도를 그림으로 그리는 것은 잘못이다. 종교개혁가들은 예수 그리스도를 그림으로 만들거나 그것을 허락하는 일은 매우 신중하게 막았다.

4. 성경은 예수 그리스도의 개인적 모습에 대한 어떤 정보도 제공하지 않는다. 오히려 예수님이 '육체에 계실 때'를 생각하지 말고 오늘날 하늘에 계신 영광의 모습을 생각하라고 교훈한다(고후 5:16). 따라서 구세주의 그림은 예술가들의 상상력일 뿐이다.

오늘날의 전형적인 예수님의 그림은 19세기 자유주의의 결과이다. 그들은 하나님의 사랑과 부성만을 강조하는 친절한 예수님을 그렸고, 죄와 심판과 영원한 형벌에 대해서는 말하지 않았다. 그들은 예수님의 인성만 과도하게 강조하고 그림으로 나타낼 수 없는 그의 신성에 대해서는 소홀했다.

5. 제2계명은 삼위일체 가운데 그 어떤 위격의 표현이라도 형상화하는 것을 금한다. 그리스도께서는 그 자신 안에 신성과 인성이 연합되어서 결코 사람만이 아니다. 그래서 예수 그리스도를 그림으로 그리는 것은 잘못임을 암시한다. 종교개혁가들은 구세주를 그림으로 형상화하는 것을 반대하였다. 하나님을 형상화하는 것은 우상 숭배이다. 바울은 로마서 1:21-23에서 우상 숭배의 기원에 대해 다음과 같이 설명한다.

> 하나님을 알되 하나님으로 영화롭게도 아니하며 감사치도 아니하고 오히려 그 생각이 허망하여지며 미련한 마음이 어두워졌나니 스스로 지혜 있다 하나 우준하게 되어 썩어지지 아니하는 하나님의 영광을 썩어질 사람과 금수와 버러지 형상의 우상으로 바꾸었느니라(롬 1:21-23).

6. 행운을 불러일으키고 복을 가져온다고 집 문에 십자가를 걸어놓고 십자가 목걸이를 하는 행위 등은 미신적 고안이다. 순교자의 유품이 복을 가져오는 능력과 결과가 있다고 여기는 것도 미신적이다. 이것은 모두 그것 자체로 능력이 없기에 그것을 믿고 사용하는 미신적 고안이다. 많은 교회가 전통적으로 지키는 사순절도 성경에 근거가 전혀 없는 미신적 고안이다.

7. 하나님의 예배를 부패하게 만드는 것 중 신앙생활을 하지 않는 자녀에게 세례를 베풀거나, 성찬식에서 잔을 성도들에게 돌리는 것을 금하는 행위이다. 하나님의 말씀 선포와 설교 없이 세례나 성찬을 시행하는 행위는 예배를 부패하게 한다.

8. 제2계명이 금하는 다른 죄는 하나님이 정하신 예배와 규례에 대한 모든 태만과 경멸과 방해와 반항이다. 전도와 기독교 예배를 위해 자유롭게 모이는 집회를 법으로 금지하거나 일본이 패망하기 전 하나님께서 지정해 놓으신 활동을 하기 위해서는 정부의 허가가 필요하다는 것은 제2계명을 범하는 죄들이다.

문 110: 제2계명을 더 강화하려고 여기에 어떠한 이유가 부가되었는가?
답 110: 제2계명을 더 강화하려고 부가된 이유는 다음의 말씀에 내포되어 있다. 곧 "나 여호와 너의 하나님은 질투하는 하나님인즉 나를 미워하는 자의 죄를 갚되 아비로부터 아들에게로 삼사대까지 이르게 하거니와 나를 사랑하고 내 계명을 지키는 자에게는 천대까지 은혜를 베푸느니라"고 한 것이다. 우리 위에 있는 하나님의 주권과 우리 안에 있는 적당성 외에, 모든 거짓된 예배를 영적 음행으로 여기고 보복하는 분노와 이 계명을 범한 자들을 자기를 미워하는 자들로 여기시어 여러 대에 이르기까지 그들을 형벌하기로 위협하심과 자기를 사랑하며 이 계명을 지키는 자는 자기를 사랑하며 자기의 계명들을 지키는 자로 간주하시어 여러 대에 이르기까지 자기의 긍휼을 약속하신 것이다(출 20:5-6; 시 45:11; 신 5:29; 계 15:3-4 등).

Q 110: What are the reasons annexed to the second commandment, the more to enforce it?
A 110: The reasons annexed to the second commandment, the more to enforce it, contained in these words, For I the Lord thy God am a jealous God, vis-

iting the iniquity of the fathers upon the children unto the third and fourth generation of them that hate me; and showing mercy unto thousands of them that love me, and keep my commandments; are, besides God's sovereignty over us, and propriety in us, his fervent zeal for his own worship, and his revengeful indignation against all false worship, as being a spiritual whoredom; accounting the breakers of this commandment such as hate him, and threatening to punish them unto divers generations; and esteeming the observers of it such as love him and keep his commandments, and promising mercy to them unto many generations.

1. 우리 위에 있는 하나님의 주권은 우리의 인생에 대한 하나님의 절대적 불변적 권위이다. 그 권위에 우리가 순종하는 것은 우리가 하나님의 소유임을 나타낸다. 제2계명에 대한 사람의 순종 여부에 따라 그에게 은혜와 형벌이 뒤따른다. 이것이 제2계명에 부가되었다.

2. 거짓 종교와 거짓 예배에 대한 하나님의 태도는 보복하시는 분노이다. 이사야와 예레미야와 에스겔 등 구약의 많은 선지자가 분명하게 거짓 종교의 우상 숭배에 대해 보복하시는 하나님의 분노를 가르쳤다. 요한계시록 14:9-11도 같은 진리를 말한다.

> 만일 누구든지 짐승과 그의 우상에게 경배하고 이마에나 손에 표를 받으면 그도 하나님의 진노 포도주를 마시리니 그 진노의 잔에 섞인 것이 없이 부은 포도주라 거룩한 천사들 앞과 어린 양 앞에서 불과 유황으로 고난을 받으리니 그 고난의 연기가 세세토록 올라가리로다 짐승과 그의 우상에게 경배하고 그 이름의 표를 받는 자는 누구든지 밤낮 쉼을 얻지 못하리라(계 14:9-11).

3. 거짓된 종교의 사악함을 드러내기 위해서 성경에서 종종 사용된 화

법은 결혼 서약에 충실하지 않은 아내에 대한 화법이다. 하나님은 구약의 이스라엘 백성과 신약의 교회인 영적 이스라엘 백성의 남편으로 묘사되었다. 그러나 이스라엘은 하나님의 언약에 있어서 신실하지 못했고, 이웃 나라들의 이방신들을 섬기는 영적 간음으로 정죄 되었다. 계속 반복되어 강조된 이런 화법을 통해 하나님께서 얼마나 그의 백성들이 거짓된 예배와 타협하는 것을 싫어하시고 혐오하시는지를 알리셨다.

4. 하나님께서 그 아비의 죄를 삼대와 사대에 이르기까지 그 후손들에게 내리는 것은 단지 아비의 죄를 삼대와 사대에 이르기까지 그 후손들에게 내리시겠다는 것이 아니라 삼대와 사대에 걸쳐서 하나님을 대적하는 모든 자에게 그렇게 하시겠다는 것이다. 그렇기에 사람들이 당하는 하나님의 의로운 심판의 형벌로서의 한시적인 비참과 영원한 파멸은 모두 다른 사람들의 죄 때문이 아니라 그들 자신의 죄 때문이다.

5. 천 대까지 은혜를 베푼다는 것은 꼭 천대가 아니라 수많은 세대를 의미한다. 하나님께서 그의 자비를 천대까지 베푸신다. 이것은 성경에 매우 자주 등장하고 엄숙한 언약에 첨가된 약속이다(창 17:7 등).

6. 제2계명에 첨가된 이유를 볼 때 하나님의 예배에 대한 우리의 태도는 항상 하나님을 예배하는 것과 예배와 관련된 모든 문제에 대해 진지하게 신경 써야 하고 의식적으로 조심해야 한다. 우리는 언제나 신실하게 하나님을 예배하는 일에 조심성 있게 참석해야 하고, 성경에 나타난 하나님의 뜻과 배치되는 모든 일과 타협하는 것을 피해야 한다.

제3계명의 요구

문 111: 제3계명은 무엇인가?

답 111: 제3계명은 "너는 너희 하나님 여호와의 이름을 망령되이 일컫지 말라 나 여호와는 나의 이름을 망령되이 일컫는 자를 죄 없다 하지 아니하리라" 하신 것이다(출 20:7).

Q 111: Which is the third commandment?

A 111: The third commandment is, Thou shalt not take the name of the Lord thy God in vain: for the Lord will not hold him guiltless that taketh his name in vain.

문 112: 제3계명에 요구된 것은 무엇인가?

답 112: 제3계명이 요구하는 것은 하나님의 이름, 그의 칭호, 속성, 규례, 말씀, 성례, 기도, 맹세, 서약, 추첨, 그 역사(役事)와 그 외에 자기 자신을 나타내시는 것은 무엇이든지 하나님의 영광과 나 자신 그리고 다른 사람의 선을 위해 거룩한 고백과 책임 있는 담화로써 거룩하게 또는 경외함으로 생각하고, 명상하고, 말하며, 글을 써야 한다(마 6:9; 신 28:58; 시 29:2, 68:4; 계 15:3-4 등).

Q 112: What is required in the third commandment?

A 112: The third commandment requires, That the name of God, his titles, attributes, ordinances, the word, sacraments, prayer, oaths, vows, lots, his works, and whatsoever else there is whereby he makes himself known, be holily and reverently used in thought, meditation, word, and writing; by an holy profession, and Answerable conversation, to the glory of God, and the good of ourselves, and others.

1. 제3계명에 기록된 하나님의 이름은 주 여호와 하나님의 자기 계시를 포함한다. 히브리어에서 하나님의 이름은 계시된 인격과 실재의 의미로 사용된다. 모든 땅 위에 뛰어나신 하나님의 이름은 창조와 구속에 계시된 하나님에 대한 표현이다(시 8:1). 하나님의 이름은 하나님의 자기 계시이다. 하나님의 이름은 자연에 나타난 일반계시와 성경의 특별계시를 포함한다. 성례와 기도와 맹세와 서약 등과 같은 성경에 제정된 신적 예배에 대한 모든 의식도 다 포함한다.

2. 하나님의 이름을 향한 우리의 태도는 주기도문의 첫 번째 기도인 "이름이 거룩히 여김을 받으시오며"에서 배우는 바와 같이 거룩하고 존경하는 태도다. 하나님의 이름을 향한 거룩하고 존경하는 태도는 무엇보다도 먼저 하나님의 자기 계시를 소홀히 여기거나 경박하게 대하지 않는 진실하고 진지하며 존경하는 태도다. 또한, 우리가 하나님의 무한하신 위엄과 크심과 존재와 속성에서 무한하시고 영원하시며 불변하시는 분 앞에 서 있는 경외와 놀라움으로 하나님을 경배하는 태도다.

3. 하나님의 이름을 향한 존경의 태도는 우리의 의식과 표현을 완전히 통제해야 한다. 하나님께서는 당신의 이름이 생각과 묵상과 말과 글에서 거룩과 존경함으로 사용되어야 함을 요구하신다. 그것은 우리의 내적인 양심과 말과 글에서 하나님의 이름을 향한 경외의 태도에 의해 지배되는 것이다.

4. 하나님의 이름을 향한 우리의 태도는 거룩한 고백과 책임 있는 담화이다. 그것은 하나님의 이름과 자기 계시의 내용을 구성하는 참된 신앙과 그와 관련된 우리의 일관된 행동이다. 하나님의 이름에 대한 참된 존경은 믿음의 고백과 일관성 있는 경건한 삶을 요구한다.

5. 하나님의 이름을 영화롭게 함에 있어서 우리의 목적이나 목표는 첫째 하나님의 영광이다. 이것과 부수적으로 우리는 나 자신과 타인에 대한 선을 통해 하나님의 이름을 영화롭게 하여야 한다. 따라서 하나님을 사랑하고 우리 자신과 이웃을 사랑하는 것에 모두 하나님의 이름이 영화롭게 되고 존경받아야 함이 요구된다.

6. 오직 참된 그리스도인만이 하나님의 이름을 영화롭게 하고 존경할 수 있다. 왜냐하면, 오직 참된 그리스도인만이 하나님을 참되게 알 수 있고 오직 그들만이 자연과 성경에 기록된 하나님의 참된 계시를 이해할 수 있기 때문이다.

물론, 그리스도인이 아닌 자들 가운데서도 하나님의 이름을 망령되어 일컫지 않는 자들이 있다. 그들은 단순히 그들의 일반적 문화 환경 때문에 신성 모독으로부터 멀리하지만 그래도 그리스도인이 아니기 때문에 적극적이고 영적인 의미에서 하나님을 향한 참된 존경이 없다. 사람이 진정으로 하나님의 이름을 영화롭게 하려면 반드시 중생 받아야 하고 예수 그리스도를 그의 구세주로 믿어야 한다.

제3계명의 금지

문 113: 제3계명에서 금지된 죄는 무엇인가?
답 113: 제3계명에서 금지된 죄는 다음과 같다.

- 하나님의 이름을 명한 대로 사용하지 않음과 무지하게, 헛되이, 불경하게, 모독적으로 미신적으로 혹은 사악하게 언급하든지 그의 칭호, 속성, 규례 혹은 사역을 모독하여 위증함으로, 또는 모든 죄악한 저주, 맹세, 서원과 추첨으로 하나님의 이름을 남용함이다.
- 합법적인 경우에 우리 맹세와 서원을 위반함과 불법적인 경우에 그것을 지키는 것이다.
- 하나님의 작정과 섭리에 대하여 불평함과 다툼, 이를 호기심으로 파고들거나, 오용함이다.
- 하나님의 말씀이나 그것의 어느 부분을 잘못 해석하거나 잘못 응용하거나 어떤 방식으로 곡해하여 신성을 모독하는 농담, 호기심이 강하거나 무익한 의문, 헛된 말다툼 혹은 그릇된 교리를 지지하는 데 쓰이는 것이다.
- 하나님의 이름을 피조물 혹은 하나님의 이름 밑에 내포된 무엇이든지 진언이나 죄악 된 정욕과 행사에 악용함이다.
- 하나님의 진리와 은혜 및 방법을 훼방하고 경멸하고 욕설하고 혹은 어떻게든지 반항함이며 외식과 사악한 목적으로 신앙을 고백하는 것이다.
- 하나님의 이름을 부끄러워하거나 불안, 지혜 없는, 결실 없는, 해로운 행위에 의해서 그 이름에 수치를 돌리거나 그 이름을 배반함이다(말 2:2; 행 17:23; 잠 30:9; 말 1:6-7 등).

> **Q 113**: What are the sins forbidden in the third commandment?
>
> **A 113**: The sins forbidden in the third commandment are, the not using of God's name as is required; and the abuse of it in an ignorant, vain, irreverent, profane, superstitious, or wicked mentioning, or otherwise using his titles, attributes, ordinances, or works, by blasphemy, perjury; all sinful cursings, oaths, vows, and lots; violating of our oaths and vows, if lawful; and fulfilling them, if of things unlawful; murmuring and quarreling at, curious prying into, and misapplying of God's decrees and providences; misinterpreting, misapplying, or any way perverting the word, or any part of it, to profane jests, curious or unprofitable Questions, vain janglings, or the maintaining of false doctrines; abusing it, the creatures, or anything contained under the name of God, to charms, or sinful lusts and practices; the maligning, scorning, reviling, or any wise opposing of God's truth, grace, and ways; making profession of religion in hypocrisy, or for sinister ends; being ashamed of it, or a shame to it, by unconformable, unwise, unfruitful, and offensive walking, or backsliding from it.

1. 제3계명에서 '헛되다'는 단어는 '그릇되다'는 뜻이다. 제3계명은 하나님의 이름을 그릇되고 틀리게 사용하는 것을 금한다. 제3계명은 하나님의 이름이나 그의 자기 계시를 무지하게 헛되이 불경하게 모독적으로 미신적으로 그리고 사악하게 사용하는 것을 금한다. 마치 너무 덥거나 추운 날씨와 관계해서 하나님의 이름을 헛되게 사용할 수 없다.

2. 하나님의 이름과 관련하여 우리가 헛되이 사용하지 않아야 할 내용은 하나님의 칭호, 속성, 규례와 사역이다. 많은 사람이 '주여!'(Lord) 등의 표현을 통해 하나님의 칭호와 속성 등을 남용하는 죄를 범한다. 이런 모든 표현과 이와 유사한 표현은 제3 계명 위반이고 하나님을 불쾌하게 한다.

3. 오늘날 하나님은 여러 가지 방법으로 모독당하신다. 어떤 이들은 만일 하나님이 선하시다면 제2차 세계 대전을 막았어야 한다고 말한다. 이런 말은 하나님이 선하지 않거나 능력이 제한된 하나님임을 암시한다. 이렇게 하나님의 선하심과 능력을 도전하는 행위가 바로 신성 모독이다.

4. 오늘날 법정에서 위증이 빈번하게 자행되고 있고, 사람을 고용해서 죄를 범한 피고가 그 시간에 다른 도시에 있었다고 위증하게 한다. 기독교적 관점에서 보면 이러한 행위는 사소하지 않다. 하나님의 계명을 위반하는 사악한 행위이다. 모든 그리스도인은 하나님의 이름으로 맹세하는 모든 종류의 신적 규례의 남용을 반대해야 한다.

5. 맹세와 서원에서 합법적인 것은 어려움이나 개인적인 손해에도 불구하고 하나님을 두려워하는 마음으로 그것들을 성취하고자 하는 것이 우리의 의무다. 그렇게 하지 않는 것은 하나님을 향한 죄다. 비합법적인 것은 양심을 속박할 수 없다. 사람이 비합법적인 맹세나 서원에 얽혀 있음을 깨닫게 될 때 그것을 즉시 거절하는 것이 그의 권리이자 하나님께서 부여하신 의무다.

비합법적인 서원을 거절한 신실한 그리스도인으로 잘 알려진 사람이 종교개혁자 마틴 루터이다. 그는 로마가톨릭의 수도사로서 영구적인 독신과 금욕주의에 대한 서원의 비합법적인 특성을 깨닫고 즉각적으로 이러한 비합법적인 의무들을 거부했다.

6. 하나님의 작정과 섭리에 대해 불평하고 시비하는 것은 그릇된 것이다. 이러한 행동은 하나님의 주권을 반대하는 반역의 영과 관계되기 때문이다. 또한, 이러한 행동은 하나님의 선하심과 사랑에 대한 믿음의 결핍과 관련된다. 이는 하나님으로부터 즉각적인 구원의 요구가 하나님의 시간과 방법으로 우리를 구원하실 것임을 믿고 기꺼이 인내하려는 믿음의

태도와는 전적으로 배치된다.

7. 성경을 잘못 해석함은 단순히 유한적 존재로서의 우리의 한계로부터 시작된다. 성경의 잘못 해석은 죄를 통한 타락으로 초래된 마음의 부패와 지성의 어두움에서 나온다. 진리의 반대로서의 오류는 그 자체로 죄다. 중보자이신 예수 그리스도를 통한 구원의 계시로서가 아니라 단순히 그 도덕적 교훈 때문에 성경의 교훈을 옹호하는 자는 하나님의 말씀을 곡해하는 죄를 짓는 것이다.

성경의 도덕적 교훈은 그리스도의 구속 사역과 분리되어 설명될 수 없다. 예수 그리스도의 구속 없는 윤리적 메시지는 성경의 참된 의미와 목적과는 다르게 하나님의 말씀을 곡해하는 것이다.

8. 하나님의 계시가 인간의 정욕과 행사를 위해 악용되는 경향이 있다. 세상에는 항상 경건치 아니하여 우리 하나님의 은혜를 도리어 색욕 거리로 바꾸고 홀로 하나이신 주재 곧 우리 주 예수 그리스도를 부인하는 자들이 있다(유 4장). 이러한 악은 제3계명의 위반에 대한 극단적인 예이고 하나님의 이름을 헛되이 일컫는 죄다.

9. 하나님의 진리와 은혜와 길을 경멸하는 것은 복음을 거절할 뿐 아니라 둔하고 무가치한 것으로 평가절하하는 죄다. 경멸하는 자는 소위 성경의 부도덕한 부분을 지적하고 기독교를 하찮은 것으로 간주한다. 물론 심판의 날에 그 경멸과 모욕은 도리어 그들 머리 위에 떨어질 것이다.

10. 사람이 하나님의 진리와 은혜를 반대하는 방법에는 핍박과 이단 교리 퍼뜨림이 있다. 사탄의 이러한 방법은 궁극적으로 실패할 것이고, 하나님의 나라는 사탄과 인간의 반대에도 불구하고 전진할 것이다.

11. 예수 그리스도의 복음을 배반하는 것은 하나님 신앙을 상실한 자다. 그는 더 이상 교회의 예배 출석을 하지 않고 그의 마음이 무관심과 불신앙으로 강퍅한 자다. 그가 만일 더 늦기 전에 회개하지 않는다면 그는 영원토록 지옥에 빠지게 된다. 그리스도의 복음으로부터 완전하고 전적인 타락과 배교는 성령으로 거듭난 참된 신자가 저지르는 죄는 아니다.

문 114: 제3계명에 어떠한 이유가 첨부되었는가?

답 114: "너희 하나님 여호와"와 "나 여호와는 나의 이름을 망령되이 일컫는 자를 죄 없다 하지 아니하리라"라는 말씀에 나타나 있는 제3계명에 첨부된 이유는 하나님은 주와 우리 하나님 여호와시므로 우리는 그의 이름을 훼방하거나 어떤 방식으로든지 악용할 수 없기 때문이며, 특히 비록 많은 이 계명 위반자가 사람들의 비난과 형벌은 피할 수 있을지라도 하나님께서는 이 계명의 위반자를 방면케 하여 구해 주시기는커녕 그들이 그의 의의 심판을 결단코 피하지 못하게 하실 것이라 함이다(출 20:7; 레 19:12; 겔 36:21-23 등).

Q 114: What reasons are annexed to the third commandment?

A 114: The reasons annexed to the third commandment, in these words, The Lord thy God, and, For the Lord will not hold him guiltless that taketh his name in vain, are, because he is the Lord and our God, therefore his name is not to be profaned, or any way abused by us; especially because he will be so far from acquitting and sparing the transgressors of this commandment, as that he will not suffer them to escape his righteous judgment, albeit many such escape the censures and punishments of men.

---

1. 하나님께서 여호와이심을 선언하는 것은 하나님과의 언약관계를 암시하는 말이다. 하나님의 은혜 언약으로 구원받은 자들은 하나님을 특별한 의미로 부를 수 있고 경외하는 마음으로 하나님의 이름을 사용해야 할

의무를 부가적으로 지닌다. 따라서 하나님이 이름을 헛되이 부르는 것은 그릇된 것이다. 더구나 하나님의 백성이 그렇게 하는 것은 더 큰 죄다.

2. 오늘날 하나님의 주권은 하나님께서 사랑과 자비 이외에 아무것도 아니라는 현대적인 개념으로 부인되고 모호해진다. 하나님은 그 존재와 속성에 있어서 무한하시고 영원하시며 불변하시고 거룩하시며 공의로우시고 진리이시며 동시에 인간을 사랑하시고 자비를 베푸신다.

3. 오늘날 너희 하나님이라는 말씀에 표현된 언약관계는 하나님의 우주적인 부성과 인간의 형제자매라는 대중적인 개념을 통해 부인되고 모호해지고 있다. 만일 모든 인류가 예수 그리스도의 구속과 하나님의 양자됨이 없이 하나님의 자녀이고 이미 하나님의 가족 안에 있는 형제라면, 하나님께서 그 백성들을 세상에서 빼내어 특별한 언약관계로 만드신다는 성경적 교훈을 무시하는 것이다.

4. 하나님께서는 십계명 가운데 어떤 계명이라도 위반하는 자가 의로우신 심판을 피하지 못하게 하셨다. 모든 계명은 하나님의 계명으로서의 통일성을 가지고 있다. 그러나 하나님의 이름을 헛되이 일컫지 말라는 명령은 특별히 하나님 자신의 명예와 권위에 관계된 것이기 때문에 여호와의 이름을 망령되이 일컫는 자를 죄 없다고 하지 아니하리라는 엄중한 경고이다.

5. 하나님의 이름을 헛되이 일컫는 것은 큰 죄다. 세상에서 이 계명의 위반은 일반적으로 전혀 죄로 간주 되지 않는다. 그러나 옳고 그름에 대한 세상의 견해는 우리가 성경에 기록된 하나님의 도덕법 계시와는 전혀 부합되지 않는다.

6. 하나님의 이름을 헛되이 일컫는 사람은 주로 사람의 징계와 형벌을

피한다. 이 세상은 하나님의 이름을 헛되이 일컫는 일을 대수롭지 않게 생각한다. 대중문학은 점점 더 신성모독적이다. 성경 고등 비평을 통한 성경의 권위에 대한 일반적인 믿음의 약화가 도덕적인 행위의 약화를 가져왔다. 거의 절제가 없는 신성모독적 발언들이 바로 이러한 약화의 조짐이다. 이렇게 불경한 죄악은 성경의 신적 권위에 대한 회복으로 치료될 것이다.

67
제4계명의 요구

문 115: 제4계명은 무엇인가?

답 115: 제4계명은 다음과 같다.

"안식일을 기억하여 거룩히 지키라 엿새 동안은 힘써 네 모든 일을 행할 것이나, 제 칠일은 너희 하나님 여호와의 안식일인즉 너나 네 아들이나 네 딸이나 네 남종이나 네 여종이나 네 육축이나 네 문안에 유하는 객이라도 아무 일도 하지 말라 이는 엿새 동안에 나 여호와가 하늘과 땅과 바다와 그 가운데 모든 것을 만들고 제칠 일에 쉬었음이라 그러므로 나 여호와가 안식일을 복되게 하여 그날을 거룩하게 하였느니라"(출 20:8-11).

Q 115: Which is the fourth commandment?

A 115: The fourth commandment is, Remember the sabbath day, to keep it holy. Six days shalt thou labor, and do all thy work: but the seventh day is the sabbath of the Lord thy God: in it thou shalt not do any work, thou, nor thy son, nor thy daughter, thy manservant, nor thy maidservant, nor thy cattle, nor thy stranger that is within thy gates: For in six days the Lord made heaven and earth, the sea, and all that in them is, and rested the seventh day: wherefore the Lord blessed the sabbath day, and hallowed it.

문 116: 제4계명에서 요구되는 것은 무엇인가?

답 116: 제4계명이 모든 사람에게 요구하는 것은 하나님께서 말씀 가운데 지정하신 정한 날, 특히 칠 일 중에 하루 온종일을 거룩하게 지키는 것이다. 이는 창세로부터 그리스도의 부활까지 제 칠일이고 그 후부터는 매주 첫날이 되어 세상 끝날까지 이렇게 계속하게 되어 있으니, 이것이 기독교의 안식일인데 신약에서 주일이라고 일컫는다(신 5:12-15; 고전 16:1-2; 행 20:7 등).

Q 116: What is required in the fourth commandment?

A 116: The fourth commandment requires of all men the sanctifying or keeping holy to God such set times as he hath appointed in his word, expressly one whole day in seven; which was the seventh from the beginning of the world to the resurrection of Christ, and the first day of the week ever since, and so to continue to the end of the world; which is the Christian sabbath, and in the New Testament called The Lord's day.

1. 안식일 계명은 하나님의 도덕법이다. 안식일 계명이 의식법이 아니라 도덕법이라는 것은 제4계명 자체가 안식일이 모세에 의해 제정된 것이 아니라 세상의 창조 시에 기원된 것임을 의미한다. 도덕법의 요약은 십계명이고, 안식일 계명은 십계명 일부다.

2. 안식일 계명은 모든 사람이 예외 없이 지켜야 한다. 예수님은 "안식일이 사람을 위해 있는 것이다"라고 말씀하셨다. 따라서 안식일은 어떤 특정한 부류의 사람에게 한정되지 않고 모든 인류와 연관된 계명이다.

3. 안식일 계명이 도덕법이라면, 그것은 모든 사람이 지켜야 할 계명이다. 오직 이스라엘 백성이나 유대인에게만 구속력이 있다거나 그리스도인에게만 적용되는 계명이라면, 제5, 6, 7계명 역시 유대인과 그리스도인에게만 적용되는 계명이라고 할 수 있다. 이런 주장은 합당하지 않다. 그래서 십계명은 모두 하나님에 의해서 계시되었기에 도덕법의 요약으로서 모든 인류가 서로 공동 유익을 위해 지켜야 한다.

4. 안식일의 원리는 정기적으로 주중의 하루 전체를 거룩한 날로 지키

는 것이다. 아무 때나 한 날을 준수하는 것이 아니다. 안식일의 정확한 원리는 매칠 일마다 한 날 전체를 정규적으로 하나님께 드리는 것이다.

5. 제4계명은 6일 동안 힘써 일할 것을 명했는데 주중의 어느 날을 노동의 시작 날로 정했는지 명시하지 않았다. 구약 시대에 제4계명은 6일 동안의 노동 이후 7일째 되는 날을 안식일로 지키라고 요구한다. 신약 시대인 오늘날 그리스도인은 예수 그리스도의 새 창조적 부활 때문에 주중의 첫날을 안식일로 지키고 월요일부터 토요일까지 6일 동안 일하는 것이다.

6. 구약의 안식일은 창조 시에 제정하셨던 하나님의 모범으로 인해 주중의 일곱 번째 날이었다(창 2:1-3). 구약에서 안식일은 하나님의 위대하신 창조 사역을 기억하게 하려는 것이었다. 이 창조의 진리는 인간을 포함한 만물이 그 존재에 있어서 하나님께 의존적이라는 사실을 암시한다. 그것은 또한 인간이 그들의 삶에 있어서 도덕적으로 책임 있는 존재임을 암시한다.

따라서 창조 사역을 기억하고 매주 지키는 안식일은 하나님을 향한 인간의 의존과 하나님을 향한 그의 도덕적 책임을 계속해서 상기시키는 것이다. 그러므로 안식일은 신앙과 도덕의 기초를 계속 생각하게 하는 계명이다.

7. 그리스도인의 안식일 또는 주일은 그리스도의 부활을 기념하는 날로서 이레 중 첫날이다. 따라서 구약의 안식일이 하나님의 창조를 기념하는 날이라면, 그리스도인의 안식일은 하나님의 새로운 창조인 예수 그리스도 안에서의 위대하신 구속 사역을 기념하는 날이다.

8. 안식일을 주중의 일곱 번째 날에서 첫날로 바꾸신 분은 우리 주 예

수 그리스도이시다. 그리스도는 그의 위대한 구속 사역의 성취로 구약 시대를 마감하고 신약 시대를 여셨다. 우리 구주께서 제6일 저녁에 체포되셨으며 그날 십자가에서 죽으신 후 제7일 째 무덤에 계셨고 안식 후 첫날에 무덤에서 부활하셨다. 따라서 그리스도는 구약의 제 칠일 안식일을 자신과 함께 무덤에 장사지내셨고 그곳에 남겨두셨으며 안식 후 첫날을 지키도록 자신과 함께 신약의 새로운 안식일을 일으켜 세우셨다.

9. 로마 황제인 콘스탄틴 대제가 안식일을 주중 일곱 번째 날에서 첫째로 바꾸었다는 주장은 그릇된 것이다. 로마 황제인 콘스탄틴은 주후 321년에 주중의 첫날을 지키라고 시민들에게 명령했고 법정에서의 재판을 금하고 군인들이 군사 훈련을 하지 못하도록 명령했다. 그러나 주의 날로서의 안식 후 첫날의 준수는 신약과 다른 기독교의 자료 증거를 볼 때 콘스탄틴 황제의 시기보다 훨씬 앞서 있다.

10. 주중 첫날로서 안식일은 세상 끝날까지 지켜야 한다. 그리스도와 사도들을 통한 하나님의 신약 계시는 세상 끝날까지 인류에게 주어진 마지막 계시다. 신약의 완성으로 인해 하나님께서는 침묵하셨고 더 이상 인간에게 직접 말씀하지 않으시며, 우리 주 예수 그리스도께서 영광중에 산 자와 죽은 자를 심판하시러 다시 오실 때까지 새로운 계시는 없다.

11. 천국에서는 현재의 안식일 준수가 사라질 것이다. 천국은 끝없는 안식일이다. 천국에는 성경도 필요 없을 것이다. 구속받은 자는 하나님의 얼굴을 직접 대면하여 볼 것이기 때문이다(계 22:4). 천국에는 지치거나 피곤함도 없고 안식을 위한 특별한 시간이 필요하지 않다.
왜냐하면, 천국은 가장 활동적이고 가장 완전한 안식이 있기 때문이다. 창조 시에 제정된 안식일은 영원히 폐지되지 않을 것이고 하나님의 구속받은 백성의 영원한 천국 안식으로 성취될 것이다.

12. 교회가 안식일을 준수하는 의무를 교훈하는 것은 확실하게 중요한 일이다. 그리스도인들 사이에 안식일 준수에 관한 여러 가지 견해가 있다는 것은 교회가 이 주제에 관해 성경이 교훈하고 있는 바를 소홀히 할 수 없음을 시사한다. 세심한 안식일 준수가 이 시대의 정신과 부합되지 않더라도 그것이 교회가 성도들에게 안식일 준수를 하찮은 것으로 치부해도 된다는 것을 의미하지는 않는다.

안식일이라는 주제에 대해 많은 진실한 그리스도인이 서로 성경 해석에 있어서 다르다고 할지라도 우리는 교회가 성경의 정확한 해석이라고 믿고 정한 기준대로 신실하게 안식일을 고백하고 지켜야 한다.

68
주일성수

문 117: 안식일 혹은 주일을 어떻게 거룩하게 하여야 하는가?

답 117: 안식일 혹은 주일을 거룩하게 함은 온종일 거룩히 쉼으로 할 것이니 언제나 죄악 된 일을 그칠 뿐 아니라 다른 날에 합당한 세상일이나 오락까지 그만두어야 하되 부득이한 일과 자선 사업에 쓰는 것을 제외하고는 그 시간을 공사 간 예배하는 일에 드리는 것을 기쁨으로 삼을 것이다. 그 목적을 위해 우리 마음을 준비할 것이며, 세상일을 미리 부지런히 절제 있게 배치하고 적절히 처리하여 주일의 의무에 더욱더 자유로이 또는 적당히 행할 수 있어야 할 것이다(출 20:8, 10, 16:25-28; 느 13:15-22; 렘 17:21-22; 마 12:1-13 등).

Q 117: How is the sabbath or the Lord's day to be sanctified?

A 117: The sabbath or Lord's day is to be sanctified by an holy resting all the day, not only from such works as are at all times sinful, but even from such worldly employments and recreations as are on other days lawful; and making it our delight to spend the whole time(except so much of it as is to betaken up in works of necessity and mercy) in the public and private exercises of God's worship;[4] and, to that end, we are to prepare our hearts, and with such foresight, diligence, and moderation, to dispose and seasonably dispatch our worldly business, that we may be the more free and fit for the duties of that day.

1. 성경의 주일성수가 요구하는 두 가지 방법은 하나님의 말씀에 따라서 부정적이며 긍정적인 요구다. 부정적인 준수는 이날에 행해서는 안 되는 일이고, 긍정적인 준수는 이날에 반드시 행해야 하는 의무다.

2. 주일의 부정적인 준수는 죄악, 세상일, 세상 오락을 금하고 거룩히 안식하는 것이다. 안식일 곧 주일에는 세상일과 오락을 멈추고 하루 전체를 하나님께 헌신해야 한다.

3. 거룩한 안식은 단순히 쉬거나 일하지 않는 것이 아니라 하나님을 향한 순종과 예배함으로 쉬는 것이다. 우리는 단순히 쉬는 것이 아니라 하나님께 헌신함으로 안식하는 것이다.

4. 종교적 의무 이외에 부득이 필요한 일과 자선 사업은 주일에 합법적이다. 부득이한 일은 피할 수 없는 일이거나 다른 날로 연기할 수 없는 일이다. 만일 집에 화재가 발생했다면 즉시 꺼야 한다. 집에 있는 가축들 역시 먹을 것과 마실 것을 주어야 한다. 암소는 젖을 짜내야 한다. 이것은 부득이한 일이다. 이러한 일들은 연기될 수 없고 안식일을 범하는 것이 아니다.

5. 자선 사업은 주로 영리적 동기가 아니라 인간적 고난의 동정과 사랑의 동기로 행한다. 의사와 간호사는 주일에 병자들을 돌볼 수 있고 그들의 일에 대한 보상을 받을 권리도 있다. 하지만, 주일에 그러한 일을 합법적으로 하는 것은 영리적인 요소가 아니라 고통과 고난을 경감시키는 동기다. 그래서 주일에 예배 외에 환자 심방은 매우 적절하다.

6. 주일에 우리가 가장 신경 써야 할 부분은 하나님께 대한 예배다. 공적으로 하나님을 예배하는 것은 하나님의 말씀이 선포되는 교회의 정규적인 예배와 주일학교와 성경 공부 그리고 기도회 등이다. 사적으로 하나님을 예배하는 것은 개인의 성경 독해와 기도, 가정 예배와 자녀의 신앙 훈육 등이다.

7. 주일을 올바로 준수하기 위해서는 먼저 주의 날에 합당한 마음의 준비를 해야 한다. 즉, 주일의 의무와 특권과 축복을 먼저 생각하고, 미리 세상일을 조절하고 적절히 처리하여 주일에 자유로이 예배할 수 있어야 한다. 주일예배에 참석하기 위해 자동차를 운전해야 한다면 토요일에 미리 휘발유나 기름을 채워야 한다.

문 118: 왜 가장과 기타 윗사람에게 안식일을 지키라는 훈령이 특별히 지향되는가?

답 118: 가장과 기타 윗사람에게 안식일을 지키라는 훈령이 더욱 특별히 지향되는 것은 그들 자신에게 안식일을 지킬 의무가 있을 뿐 아니라 그들의 통솔 아래 있는 사람들도 안식일을 반드시 지키게 할 의무가 있으며 그들의 일로 아래 사람들이 안식일을 못 지키게 방해하는 일이 흔히 있기 때문이다 (출 20:10; 수 24:15; 느 13:15, 17, 17:15, 17 등).

Q 118: Why is the charge of keeping the sabbath more specially directed to governors of families, and other superiors?

A 118: The charge of keeping the sabbath is more specially directed to governors of families, and other superiors, because they are bound not only to keep it themselves, but to see that it be observed by all those that are under their charge; and because they are prone ofttimes to hinder them by employments of their own.

1. 안식일 계명은 세상에 있는 모든 인간 개인뿐만 아니라 모든 정부와 기구와 회사와 다른 기관에 구속력이 있다. 이 세상에 안식일 혹은 주일 성수의 명령을 무시하거나 위반할 수 있는 개인이나 단체는 없다.

2. 주일성수는 가장과 다른 윗사람 등 더 큰 권위를 가진 자에게 더 큰

책임이 있다. 가장은 무엇보다도 스스로 주일이 짐이 아니라 기쁨이고 그것을 기쁘고 즐겁게 그리고 일관성 있게 준수하는 모범을 보임으로써 다른 가족들이 주일을 준수하도록 교훈해야 한다. 만일 필요하다면 하나님께서 주신 권위로 주일을 거룩히 지키는 것을 방해하는 세상의 활동을 금할 수 있다.

3. 오늘날의 경향은 부주의한 관용과 주일성수를 무시한다. 물론, 어린 자녀들에게는 어느 정도의 융통성이 필요함은 사실이다. 하지만, 우리는 어린 자녀들에게 주일과 다른 날에 중대한 차이가 있음을 깨닫게 해야 하고, 다른 날들에 적당한 일들이 주일에는 옳지 않은 일임을 알려야 한다.

4. 주일성수는 우리가 하나님을 사랑하는지, 그렇지 않은지에 달려 있다. 만일 우리의 사랑이 세상이나 세상에 있는 것들을 향한 것이라면, 주일성수는 환영받지 못할 짐이 될 것이다. 그러나 만일 우리 인생의 최고 헌신이 하나님을 사랑하는 것이라면, 우리는 주일에 하나님께 예배하기 위해 세속적인 일로부터 등을 돌리고 하나님의 나라와 그의 의를 구하기 위해 노력해야 한다.

5. 예배 이외에 성경과 정통 기독교 작품을 읽은 일, 성경의 이야기를 아이들에게 읽어 주거나 말해 주는 일, 다양한 성경 게임을 하는 일, 그리스도께 돌아오게 하는 편지를 쓰는 일, 고난 당한 자를 위로하고 약한 자를 격려하는 일, 모든 적당한 복음적 활동 그리고 기독교 라디오 방송을 청취하는 일 등은 주일성수에 도움이 된다.

6. 목사와 모든 교회의 감독은 교회 성도들 앞에 일관성 있고 양심적인 주일성수에 대한 모범을 보임으로, 이 주제에 관한 성경의 교훈에 대해서 증인의 역할을 해야 한다.

7. 주일성수에 대해 공무원과 국가 공직에 있는 자는 불명예스러운 일에 빠지지 않도록 그들 스스로 주일을 주의 깊게 지켜야 한다. 민법적이며 사법적인 적절한 조치를 통해 주일의 거룩함을 보호해야 한다. 어떤 사람이든지 그들로 말미암아 주일성수에 방해될 수 있는 모든 종류의 법과 정부의 요구를 반대하고 제거해야 한다.

제4계명의 금지

문 119: 제4계명에서 금지된 죄는 무엇인가?

답 119: 제4계명에서 금지된 죄는 요구된 의무 중에 어느 것이라도 빠뜨리는 것이며, 이 의무를 모든 부주의함과 태만함과 무익하게 이행함과 이에 지쳐 괴로워함이며, 게으름과 그 자체가 죄인 일을 함으로 그리고 세상의 일과 오락에 대하여 필요 없는 일과 말 그리고 생각 등을 함으로 그 날을 더럽힘이다(겔 22:26; 행 20:7, 9; 겔 33:30-32; 암 8:5; 말 1:13 등).

Q 119: What are the sins forbidden in the fourth commandment?

A 119: The sins forbidden in the fourth commandment are, all omissions of the duties required, all careless, negligent, and unprofitable performing of them, and being weary of them; all profaning the day by idleness, and doing that which is in itself sinful; and by all needless works, words, and thoughts, about our worldly employments and recreations.

1. 십계명 중 제4계명이 게으름의 죄를 금하고 있다. 제4계명은 매주 엿새 동안 힘써서 일하라는 명령을 포함하고 있다. 그리하여 안식일을 부주의하고 태만하고 무익하게 이행하는 것을 금하고 있다. 왜냐하면, 하나님께서 우리에게 형식적이고 기술적인 순종만을 원하지 않고 그의 모든 계명에 대한 영적 헌신과 순종을 원하시기 때문이다.

2. 주일에 지쳐서 괴로워하거나 주일이 빨리 지나가기를 바라는 것은 하나님의 것에 만족하지 못하는 이기적이고 세속적인 마음이기 때문에

그릇된 것이다. 식물이나 나무는 살아 있는 것과 성장하는 것 그 자체로 하나님께 영광을 돌린다. 그러나 인간은 식물이나 나무가 아니다. 인간은 하나님의 형상으로 창조되었기 때문에 주일에 게으름으로 하나님께 영광을 돌릴 수 없다.

3. 주일 오후에 잠시 자는 것이나 산책하는 것은 부득이한 일로 간주되어 그것은 아침과 점심과 저녁을 먹는 것처럼 주일성수에 그릇된 것이 아니다. 그러나 주일에 영리를 목적으로 영업하는 행위는 부득이한 일이 아니어서 그릇된 일이다.

4. 예배당 의자에 앉아 설교가 진행되는 동안 다음 주의 사업 계획을 구상하는 것은 그릇된 일이다. 오늘날 생각만 하는 것은 죄가 아니라는 사상이 만연하다. 그러나 성경은 우리가 우리의 말과 행동뿐만 아니라 생각까지 책임이 있는 존재임을 교훈한다.

문 120: 제4계명을 더욱더 강화하기 위해 여기에 어떠한 이유가 부가되었는가?
답 120: 제4계명을 더욱더 강화하기 위해 부가된 이유는, 하나님께서 이레 중 엿새를 허락하셔서 우리 자신의 일을 돌보게 하시고, 자기 자신을 위해서는 하루만을 남겨두신 이 계명의 공평성에 있으니 "엿새 동안은 힘써 네 모든 일을 행할 것이다" 하신 말씀에 나타나 있다.
또한, "제칠 일은 너희 하나님 여호와의 안식일인즉"이라 하시고 그날의 특별한 적절성에 대해 하나님께서 주의를 촉구하신 데 있으며, 이는 "엿새 동안에 하늘과 땅과 바다와 그 가운데 모든 것을 만들고 제칠 일에 쉬신" 하나님을 본받음에 있다. 하나님께서 이날을 자기를 섬기는 거룩한 날로 거룩하게 하실 뿐 아니라 우리가 이날을 거룩히 지킬 때 우리에게 주시는 복의 방편으로 이날을 복되게 하신 데 있다(출 20:9-11).

Q 120: What are the reasons annexed to the fourth commandment, the more to enforce it?

A 120: The reasons annexed to the fourth commandment, the more to enforce it, are taken from the equity of it, God allowing us six days of seven for our own affairs, and reserving but one for himself, in these words, Six days shalt thou labor, and do all thy work: from God's challenging a special propriety in that day, The seventh day is the sabbath of the Lord thy God: from the example of God, who in six days made heaven and earth, the sea, and all that in them is, and rested the seventh day: and from that blessing which God put upon that day, not only in sanctifying it to be a day for his service, but in ordaining it to be a means of blessing to us in our sanctifying it; Wherefore the Lord blessed the sabbath day, and hallowed it.

1. 제4계명에는 다음과 같이 네 가지 이유가 포함되어 있다.

첫째, 하나님께서 7일 중 6일을 허락하셔서 우리의 일을 돌아보게 하시고, 하나님을 위해서는 하루만을 남겨두신 이 계명의 공평성 때문이다.
둘째, 하나님께서 안식일을 제정하셨다는 특별한 주장 때문이다.
셋째, 하나님께서 친히 6일 동안의 창조 사역 이후 제7일에 안식하심으로 모범을 보이셨기 때문이다.
넷째, 하나님께서 안식일을 축복하셨기 때문이다.

2. 만일 우리가 7일 모두를 하나님을 예배하는 일로 사용한다면 우리는 생계를 유지하기 위해 일할 시간이 없을 것이고, 우리의 신체와 정신 건강에 필요한 휴양과 사회적 교제의 시간도 없게 될 것이다. 따라서, 6일은 노동과 행실을 통해 간접적으로 하나님을 영화롭게 하고 주일 하루는 직접 예배하고 하나님을 영화롭게 하는 일에만 사용해야 한다.

3. 하나님께서는 주일을 특별한 날로 주장할 권리가 있으시다. 왜냐하면, 하나님께서는 우리의 창조주이시고 구속주이시며 주권자이시므로 피조물 중 그 어떤 것에 대해서도 소유권을 주장할 수 있으시다.

4. 주일을 범하는 것은 도적질과 같다. 왜냐하면, 자기의 이기적인 유익을 위해 주일을 범하는 자는 특별히 하나님께 속한 것을 도적질하는 것이기에 그렇다. 사람은 하나님의 소유인 주일이라는 시간을 착복해서는 안 된다.

5. 하나님께서 6일 창조 이후 7일째 안식하신 것은 일 때문에 피로하셨거나 휴식이 필요하셨기 때문이 아니다. 하나님께서 그렇게 하신 이유는 모든 인류가 추구하고 따라야 할 모범과 신앙적 원리를 제시하기 위함이다. 주일의 안식은 장차 천국에서 하나님 백성의 영원한 안식을 상징하고 예표한다.

6. 천국의 안식은 게으른 상태가 아니다. 천국은 가장 완전한 안식과 가장 왕성한 활동의 상태가 될 것이다. 천국에서는 저주가 영원히 사라질 것이기에 결코 피곤이나 신체적, 정신적 건강의 회복이 필요 없다. 요한계시록 4:8과 21:25에서 "그들이 밤낮 쉬지 않고", "거기는 밤이 없음이라"라고 하신 말씀을 기억하자.

문 121: 제4계명의 첫머리에 왜 "기억하라"는 말이 있는가?
답 121: 제4계명의 첫머리에 "기억하라"는 말이 있음은 부분적으로 안식일을 기억함에서 오는 큰 혜택뿐이니, 우리는 그날을 "기억하라"라는 말씀에 의하여 이날을 지키려고 준비하는 일에 도움을 받으며 이를 지킴에 있어서 남은 모든 계명을 더 잘 지키는데 도움이 되기 때문이다. 그리고 짧은 종교의 요약을 포함하는 창조와 구속의 두 가지 큰 혜택을 계속하여 감사하는 마음을 갖기 위함이고 부분적으로는 우리가 이날을 흔히 잊어버리기 쉽기 때문이다.

이것에 대한 자연의 빛이 조금 적으나 이것은 오히려 다른 때에 합당한 일들에 있어서 우리 본래의 자유를 제재하며, 이날은 7일 중에 단 하루만 오고 그 사이에 여러 가지 세상 일이 옴으로 우리의 마음을 이날에 관한 생각으로부터 빼앗아 가서 이날을 준비하거나 이날을 거룩히 하는 일에 지장이 있게 하며, 사탄은 그의 여러 가지 계략을 가지고 힘써 이날의 영광을 거두어 버리고, 심지어 이를 기억하지 못하게 하여 모든 비종교적, 불경한 요소를 들어오게 하기 때문이다(출 20:8; 눅 23:54, 56; 막 15:42; 느 13:19 등).

Q 121: Why is the word Remember set in the beginning of the fourth commandment?

A 121: The word Remember is set in the beginning of the fourth commandment, partly, because of the great benefit of remembering it, we being thereby helped in our preparation to keep it, and, in keeping it, better to keep all the rest of the commandments, and to continue a thankful remembrance of the two great benefits of creation and redemption, which contain a short abridgment of religion; and partly, because we are very ready to forget it, for that there is less light of nature for it, and yet it restraineth our natural liberty in things at other times lawful; that it comesthbut once in seven days, and many worldly businesses come between, and too often take off our minds from thinking of it, either to prepare for it, or to sanctify it; and that Satan with his instruments much labor to blot out the glory, and even the memory of it, to bring in all irreligion and impiety.

1. 주일을 기억하지 않고서는 주일을 올바로 지킬 수 없다. 만일 우리가 주일을 먼저 생각하고 주중에 마음에 두고 있다면, 우리는 주일을 지켜야 할 마땅한 마음 상태로 더 잘 지키게 된다. 만일 우리가 태만하다면 하나

님과의 교제는 약화되고 우리 역시 해야 할 의무를 소홀히 하게 된다.

2. 주일 날 우리의 마음이 생각해야 할 중요한 두 가지는 하나님의 창조와 구속이다. 하나님의 이 두 가지 사역은 성경 전체의 주제를 구성한다(출 20:11; 신 5:15). 성경은 하나님의 창조와 구속 사역에 대한 영감 된 기록이다. 하나님께서는 창조 사역을 마치셨을 때 안식일을 제정하셨고 우리 구주 예수 그리스도께서 안식 후 첫날 죽음에서 부활하셨기 때문에 주일은 우리 마음에 하나님의 이 두 가지 사역을 상기시킨다.

3. 사탄이 주일의 영광을 말살시키려는 것은 하나님과 하나님의 왕국을 대적하기 위함이다. 주일에 주로 복음 설교 사역과 하나님을 향한 공적 사적 예배 그리고 성경 공부와 성례와 기도회가 있다. 이러한 일은 주중에 거의 경험할 수 없는 것들이다. 사탄은 주일을 무너뜨리기만 하면, 복음 선포와 신적 예배의 규례가 소홀하게 될 것을 알고 있다.

만일 사탄의 의도가 저지되지 않는다면 사탄은 이 세상에서 그의 사악한 목적을 성취할 수 있게 된다. 따라서 주일성수는 추상적이고 합당하지 않은 계명이 아니라 위대한 목적을 성취하고 사탄의 왕국과 악의 홍수를 대항하는 하나님의 계명이다.

70

부모공경

> 문 122: 사람에 대한 우리의 의무를 포함하는 나머지 여섯 가지 계명의 대강령은 무엇인가?
>
> 답 122: 사람에 대한 우리의 의무를 포함하는 나머지 여섯 가지 계명의 대강령은 우리 이웃을 내 몸같이 사랑하며 남에게 대접을 받고자 하는 대로 우리도 남을 대접하는 것이다(마 7:12; 22:39).
>
> Q 122: What is the sum of the six commandments which contain our duty to man?
>
> A 122: The sum of the six commandments which contain our duty to man is, to love our neighbor as ourselves, and to do to others what we would have them to do to us.

1. 제5계명부터 제10계명까지는 십계명 중에서 다른 사람을 향한 우리의 의무를 다루고 있다. 이것은 십계명의 두 번째 돌판에 새겨진 것으로서 우리 이웃을 향한 사랑을 나타낸다. 이웃 사랑은 나 자신과 같이 그들을 사랑하라는 것이다. 부모 공경은 이웃 사랑의 첫 번째다.

2. 나 자신을 사랑하는 것이 그릇된 것은 아니다. 주님의 말씀은 나 자신을 사랑하는 것이 하나님을 사랑하고 우리 이웃을 사랑하는 일과 균형을 이루면 그릇된 것이 아님을 암시한다. 자신을 사랑하는 것은 하나님 사랑에 종속되는 것이고 이웃 사랑과 동격을 이루는 것으로써 우리의 의무다.

3. 율법의 두 번째 돌판은 우리가 이웃에게 대접받기를 원하는 대로 우

리가 이웃을 대접할 것을 요구한다. 이것은 소위 황금률이고 단순한 태도 이상의 것이 요구된다. 이웃을 향한 우리 사랑의 태도는 우리 이웃의 복지를 위한 구체적인 행동으로 나타나야 한다.

4. 예수 그리스도께서 이러한 황금률을 말씀하셨을 때 이전에 알려지지 않은 어떤 새로운 계명을 제시한 것이 아니라 "이것이 율법이요 선지자의 대강령이니라"는 말씀이 암시하듯 이미 구약에 있었던 계명이다.

5. 우리의 이웃이 누구인지에 관하여 선한 사마리아인의 비유를 제시하였다. 간단히 말하자면 우리 이웃은 그가 누구든지 우리의 도움이 필요한 사람들이다. 우리는 우리에게 도울만한 힘만 있다면 궁핍과 고통 중에 있는 자에게 도움을 주어야 한다.

6. 오늘날 모든 종교에 황금률이 있다고 말하는 사람이 점점 늘고 있다. 이것은 그들이 전혀 죄에 대해 심각하게 생각하지 않고 구세주의 필요성을 느끼지 않으며 자신들의 선한 생활을 통해 구원받을 수 있다고 자신하는 것과도 같다. 이러한 태도는 영적 교만의 극치이고, 하나님을 업신여기며 예수 그리스도 안에 있는 조건 없는 은혜를 멸시하는 처사다.

7. 그리스도인이 아닌 자들은 황금률을 지킬 수 없다. 그것을 지키는 동기가 하나님을 향한 사랑과 하나님의 뜻을 준수하겠다고 하는 소원이 아니라면, 결코 황금률을 지키는 것이 아니다. 이기적인 이유나 인도주의적인 차원에서 황금률을 지키는 것은 그리스도의 의도가 전혀 아니다. 성령으로 거듭나지 않고 하나님을 향한 사랑이 그들의 마음에 새겨지지 않는 한 황금률을 지킬 수 있는 사람은 없다.

문 123: 제5계명은 무엇인가?

답 123: 제5계명은 "네 부모를 공경하라 그리하면 너의 하나님 나 여호와가 네게 준 땅에서 네 생명 길리라"는 것이다(출 20:12).

Q 123: Which is the fifth commandment?

A 123: The fifth commandment is, Honor thy father and thy mother; that thy days may be long upon the land which the Lord thy God giveth thee.

1. 이런 계명을 지키는 목적은 구원받기 위함이 아니다. 이미 예수 그리스도의 구속 사역을 통해 하나님의 값없는 구원의 은혜를 받은 자들이 하나님께 대한 감사의 표시로서, 또한 하나님을 섬기는 하나님의 백성으로서 계명을 지킨다.

2. 이 계명을 지키는 자는 땅에서 잘되고 장수한다는 축복이 주어졌다. 제2계명과 관련하여 우상을 숭배하지 않는 자들은 천대까지 은혜를 받게 된다.

문 124: 제5계명에 있는 부모는 누구를 뜻하는가?

답 124: 제5계명에 있는 부모는 혈육의 부모뿐 아니라 연령, 은사의 모든 윗사람, 특히 하나님의 규례에 의하여 가정, 교회, 국가를 막론하고 권위의 자리에 있는 자들을 뜻한다(잠 23:22, 25; 엡 6:1-2; 딤전 5:1-2; 창 4:20-22 등).

Q 124: Who are meant by father and mother in the fifth commandment?

A 124: By father and mother, in the fifth commandment, are meant, not only natural parents, but all superiors in age and gifts; and especially such as, by God's ordinance, are over us in place of authority, whether in family, church, or commonwealth.

1. 제5계명에 있는 부모의 분명하고도 제일의 의미는 우리의 육신적 부모다. 자녀가 그의 부모를 공경하는 것은 마땅하다. 그렇더라도 제5계명은 육신적 부모에게만 우리의 의무가 제한되지 않는다. 여러 사람을 포함하는 광의적인 의미를 지니고 있다.

2. 부모 공경과 관련하여 연령에 있어서 윗사람은 우리보다 나이가 많은 사람이다. 은사에 있어서 윗사람은 하나님에 의해서 인간의 삶에 있어서 특정한 분야에 특별한 능력이나 숙련을 부여받은 자다.

3. 우리의 윗사람은 또한 하나님의 규례에 의하여 가정, 교회, 국가에서 권위의 자리에 있는 자다. 예를 들면, 교회가 사람들에 의해 선출된 목사와 장로에 의해 다스려지는 것은 하나님의 규례다.

 **71**

부모와 윗사람

문 125: 왜 윗사람을 부모라 칭하여야 하는가?

답 125: 윗사람을 부모라 칭함은 아랫사람들에 대한 모든 의무를 가르치고 육신의 부모같이 그 몇몇 관계에 따라 아랫사람들을 사랑으로 부드럽게 대하게 하고 아랫사람들이 마치 그들 자신의 부모에게 하듯 자기 윗사람에 대한 의무를 더욱더 기꺼이 유쾌하게 행하게 하려 함이다(엡 6:4; 고후 12:14; 살전 2:7-8; 민 11:11-12; 왕하 5:13 등).

Q 125: Why are superiors styled Father and Mother?

A 125: Superiors are styled Father and Mother, both to teach them in all duties toward their inferiors, like natural parents, to express love and tenderness to them, according to their several relations; and to work inferiors to a greater willingness and cheerfulness in performing their duties to their superiors, as to their parents.

1. 이 질문은 우리에게 가정과 교회와 국가와 같은 인간 사회의 모든 권위의 자리가 가정의 육신적 부모의 위치와 같음을 교훈하고 이런 유사성으로 인해 특정한 의무를 지시한다.

2. 가정과 교회와 국가의 권위 자리에 있는 자들은 자기의 권위 아래 있는 자들에게 사랑과 온유와 부드러움으로 의무를 행사해야 한다.

3. 인류관계는 권위를 가진 자들이 견지해야 할 사랑과 온유함의 태도

가 여러 관계에 존재하는 다른 의무들을 폐지하지 않기 때문에 필요하다. 사랑과 부드러움의 의무는 판사가 범죄자에게 형벌하지 않는다거나 사람들의 납세 의무를 강요하지 않는다는 것을 암시하는 것이 아니다. 사랑과 부드러움은 그들의 의무 수행을 대체하는 말이 아니라 그 수행의 태도와 방식이다.

4. 가정과 교회와 국가의 권위 아래에 있는 자들의 의무는 그들의 부모에게 기꺼이 그리고 유쾌하게 순종하듯 자신들의 의무를 수행하는 것이다. 하나님의 계명은 가정과 교회와 국가의 합법적인 권위에 순종함을 요구하고 그것을 기꺼이 그리고 유쾌한 마음의 태도로 수행할 것을 요구한다.

> 문 126: 제5계명의 일반적 범위는 무엇인가?
> 답 126: 제5계명의 일반적 범위는 아랫사람 윗사람 혹은 동등 자들의 몇몇 상호관계에 있어서 우리가 서로 지고 있는 의무들을 행하는 것이다(엡 5:21; 벧전 2:17; 롬 12:10).
> Q 126: What is the general scope of the fifth commandment?
> A 126: The general scope of the fifth commandment is, the performance of those duties which we mutually owe in our several relations, as inferiors, superiors, or equals.

1. 권위의 정도에 있어서 서로 다른 사람들 간에 가능한 세 가지 관계는 다음과 같다.

첫째, 한 교회 안의 두 장로처럼 동일한 권위를 가진 두 사람은 서로 협력관계에 있다.

둘째, 부모와 자녀 그리고 국가 공무원과 일반 시민의 관계처럼 어떤 사람은 다른 사람에 대해 권위를 행사할 수 있다.

셋째, 자녀가 부모에게 또는 시민이 통치자에게 순종하는 것처럼 어떤 사람은 다른 사람의 권위에 순종하는 관계에 있을 수 있다.

2. 이런 다양한 인간 사회의 관계에서 제5계명이 요구하는 것은 가정과 교회와 국가와 같은 인간 사회에서 아랫사람 윗사람 혹은 동등 자 간의 모든 의무가 적절하고 올바른 태도로 수행될 것을 요구한다. 이어지는 6개의 질문은(문 127-132) 이것을 상세하게 설명한다.

72

윗사람 존경

문 127: 아랫사람이 윗사람에게 어떻게 존경을 표시해야 할 것인가?

답 127: 아랫사람이 윗사람에게 표시해야 할 존경은 언행 심사 간에 모든 합당한 경의와 그들을 위해 기도하고 감사해야 하며, 그들의 덕행을 본받음과 그들의 합법적인 명령과 권고에 즐거이 순종해야 한다.

또한, 그들의 징계에 당연히 굴복함과 그들의 여러 등급 및 그들의 지위의 성질에 따라 윗사람의 권위에 충성하고, 옹호하며 지지함과 그들의 연약성을 참고, 이를 사랑으로 덮음으로써 그들로 하여금 그들과 그들의 정부에게 영예가 되게 함이다(말 1:6; 레 19:3; 잠 31:28; 엡 6:1-2 등).

Q 127: What is the honor that inferiors owe to their superiors.?

A 127: The honor which inferiors owe to their superiors is, all due reverence in heart, word, and behavior; prayer and thanksgiving for them; imitation of their virtues and graces; willing obedience to their lawful commands and counsels; due submission to their corrections; fidelity to, defense and maintenance of their persons and authority, according to their several ranks, and the nature of their places; bearing with their infirmities, and covering them in love, that so they may be an honor to them and to their government.

1. 윗사람을 향한 우리의 태도는 합당한 경의와 마땅한 존경의 태도를 표하는 것이다. 우리를 다스리는 윗사람에 대한 합당한 경의의 태도는 마음과 생각의 태도만이 아니고 말과 행동으로 표현되어야 한다. 윗사람을 존경함과 관계된 신앙적 의무는 그들을 위한 기도와 감사다.

2. 우리는 그들의 성품이나 행위와 상관없이 윗사람을 따라야 하는 것이 아니다. 우리는 그들의 덕과 행동을 본받아야 한다. 말하자면 우리는 하나님 말씀의 교훈과 요구와 합치될 때만 그들의 모범을 따라야 한다. 그들의 합법적인 명령과 권고에 대한 우리의 마땅한 태도는 그것에 대하여 기꺼운 순종의 자세를 견지하는 것이다.

3. 하나님의 계명과 모순되는 명령에 순종하는 것은 우리의 의무가 아니다. 성경에 기록된 하나님의 계명은 옳고 그름에 대한 궁극적 표준이다. 하나님의 계명과 모순되는 그 어떤 명령도 사람을 속박할 수는 없다. 하나님의 계명과 배치되는 그 어떤 명령도 우리의 의무가 될 수 없다. 성경은 하나님의 계명을 위반하는 인간의 계명과 명령에 순종할 것을 요구하지 않는다.

4. 하나님의 섭리로 우리를 다스리게 된 인물과 권위에 대해 우리의 의무는 충성과 옹호와 지지이다. 그러나 이는 국가에 대한 시민의 충성과 옹호와 지지와는 다르다.

5. 우리를 다스리는 윗사람의 연약성을 향한 우리의 태도는 먼저 그들의 연약성을 참고 인내하는 것이다. 그것은 사랑으로 덮는 태도다. 이것은 반드시 모든 실수와 잘못을 감추고 고통스럽게 인내해야 한다는 말이 아니다. 어떤 경우에는 윗사람의 비행을 폭로하고 항거하는 더 높은 충성이 요구되기도 한다. 그들의 비행을 국가나 교회의 법적 기구에 보고하는 것도 우리의 의무일 수 있다.

문 128: 아랫사람이 윗사람에게 대하여 범하는 죄는 무엇인가?

답 128: 아랫사람이 윗사람에게 짓는 죄는 그들에게 요구된 의무를 소홀히 하거나 합법적인 권고의 명령, 징계에 대해 권위자와 지위를 시기하고 경멸하고 반역하는 것이다. 또한, 그들과 그들의 정부에 치욕과 불명예로 판명되는 그런 모든 다루기 힘든 수치스러운 태도 등이다(마 15:4-6; 민 11:28-29; 삼상 8:7; 사 3:5 등).

Q 128: What are the sins of inferiors against their superiors?

A 128: The sins of inferiors against their superiors are, all neglect of the duties required toward them; envying at, contempt of, and rebellion against, their persons and places, in their lawful counsels, commands, and corrections; cursing, mocking, and all such refractory and scandalous carriage, as proves a shame and dishonor to them and their government.

1. 예수님께서 바리새인과 서기관들에게 윗사람에 대한 의무를 소홀히 하는 것과 하나님께 드린다는 핑계로 궁핍한 부모를 돕지 않는 것을 격려하고 합리화하는 자들을 정죄하셨다(마 15:4-6).

2. 윗사람의 인물과 지위를 시기하는 죄는 하나님께서 섭리 가운데 그들에게 준 것을 자신에게는 주지 않았다고 분개하는 감정이다. 시기하는 것은 하나님의 섭리에서 오류를 찾는 것과 같다.

3. 윗사람을 경멸하는 죄는 사람을 낮게 보거나 멸시함으로 그가 가진 권위를 무시하면서 그 명령에 불순종하는 것이다. 윗사람의 권위를 반역하는 죄는 우리가 영예를 돌려야 할 권위에 대해 경멸하는 극단적인 형태다. 자기를 다스리는 자들을 향해 반역을 일으키는 자는 더 이상 그들의 권위를 인정하지 않는다. 압살롬은 그의 아버지이자 합법적인 왕이었던 다윗을 인정하지 않고 반역하는 죄를 범했다.

4. 우리는 윗사람의 합법적인 권고와 명령과 징계를 존중하고 순종해야 한다. 노상강도의 명령은 그들의 권위가 합법적이지 않기 때문에 순종하거나 영예를 돌릴 필요가 없다. 재산법에 배치되는 국가 공무원의 명령 역시 합법적인 명령이 아니기에 순종할 필요가 없다. 또한, 성경에 위배되는 것은 그 어떤 명령이라도 순종할 필요가 없다. 하나님의 말씀에 위배되는 것은 그 어떤 것이라도 합법적인 것이 아니기 때문이다.

5. 아랫사람이 윗사람을 저주하고 조롱하는 것은 엄밀한 의미에서 저주받은 사람에게 악이 임하게 해달라는 헛된 소망과 기도에 하나님의 이름을 사용하는 것이다. 아랫사람은 윗사람의 합당한 권위와 명령과 징계를 진지함과 존경으로 대하는 대신 모멸과 조롱과 경멸과 무시의 대상으로 삼지 않아야 한다. 이는 윗사람의 권위에 수치와 치욕과 불명예를 불러오기에 악한 것이다.

73

윗사람의 의무

문 129: 아랫사람에 대하여 윗사람에게 요구되는 것은 무엇인가?

답 129: 윗사람에게 요구되는 것은 하나님께로부터 받은 권세와 그들이 가진 관계에 따라서 그들의 아랫사람을 사랑하고, 위해서 기도하고, 축복하며, 그들을 가르치고, 권고하고, 훈계하며, 잘하는 자들을 격려하고, 칭찬하고, 포상하는 것이다.

그리고 잘못하는 자들은 반대하고 책망하고 징벌하며, 영혼과 몸에 필요한 모든 것을 그들을 위해 보호하고 예비하며, 정중하고 지혜롭고 거룩하고 모범적인 태도로 하나님께 영광 돌리고 자신들에게 영예가 있게 하여 하나님께서 그들에게 주신 권위를 보존할 수 있게 하는 것이다(골 3:19; 딤 2:4; 삼상 12:23; 욥 1:5 등).

Q 129: What is required of superiors towards their inferiors?

A 129: It is required of superiors, according to that power they receive from God, and that relation wherein they stand, to love, pray for, and bless their inferiors; to instruct, counsel, and admonish them; countenancing, commending, and rewarding such as do well; and discountenancing, reproving, and chastising such as do ill; protecting, and providing for them all things necessary for soul and body: and by grave, wise, holy, and exemplary carriage, to procure glory to God, honor to themselves, and so to preserve that authority which God hath put upon them.

최근 들어 합리주의적 사고방식으로 성경의 무오성을 무시하는 것이 신학적 상식으로 통용되는 추세다. 우리는 결코 이러한 추세를 따라서는 안된다. 우리는 성경 66권이 정확 무오한 하나님의 말씀임을 부정할 수 없다. 그것은 성경 자체의 증언 때문이다.

이러한 전제하에 성경이 기록되었고 그리스도인의 생활 지침이 되는 십계명 중 제5계명은 다음과 같은 의미가 있다.

1. 아랫사람에 대하여 윗사람에게 요구되는 것의 원리는 권위에는 언제나 책임이 동반된다는 것이다. 상응하는 책임이 없는 합법적인 권위는 없다. 권위가 더 높고 클수록 그에게 상응하는 책임도 크다. 가정과 교회와 국가에서의 윗사람은 그들의 권위 사용에 대해 하나님 앞에 책임을 져야 한다.

2. 윗사람의 책임이 모든 경우에 동일한 것은 아니다. 그들의 책임은 하나님으로부터 받은 내용과 자연적인 관계에 따라 다르다. 따라서 국가의 통치자는 도시의 시장 책임과는 다르다. 가정에서 부모의 책임은 교회에서의 목사나 장로의 책임과도 다르다.

3. 아랫사람을 향한 윗사람이 행해야 할 마땅한 태도는 인륜관계에 따라서 그들의 복지를 위해 아랫사람을 사랑하고 위해서 기도하고 축복하며 그들을 가르치고 권고하고 훈계하는 것이다.

4. 윗사람은 지식으로 아랫사람을 교화하고 문제를 조언하며 악을 경고해야 한다. 이러한 기능은 특정한 관계의 상황에 따라 요구된다. 국가의 통치자나 교회의 목사나 장로 그리고 가정의 부모는 모두 다른 환경의 상황과 관계 속에서 가르치고 권고하고 훈계하는 책임을 지닌다.

5. 아랫사람의 잘한 일에 관한 윗사람의 책임은 그들을 격려하고 칭찬하고 포상하는 것이다. 즉, 그들은 행위를 승인하고 말로 칭찬하며 적절하게 상을 내리는 것이다. 이런 일을 통해서 옳은 일을 행하도록 격려한다.

6. 아랫사람의 잘못한 일에 관한 윗사람의 책임은 그들을 바로잡아 책망하고 징벌하는 일이다. 즉, 그들의 잘못된 행위를 억제하고 말로 경책하며 필요하다면 적절한 징계를 통해 그들을 훈련하는 일이다.

7. 아랫사람에 대한 윗사람의 책임은 아랫사람을 보호하고 영혼과 신체에 필요한 것을 공급하는 것이다. 국가는 국내외 호전적인 적들과 범죄자들로부터 국민을 보호할 책임이 있다. 교회는 영혼을 파괴하는 거짓 교리로부터 성도를 보호해야 한다.

가장은 그릇되고 해로우며 파괴적인 것에서 가족을 보호해야 한다. 가장은 가족에게 음식과 의복과 집과 의료적 지원뿐만 아니라 적절한 교육과 신앙적 교육을 공급해야 한다. 부모가 그 자녀에게 적절한 교육을 제공하지 못할 때는 국가가 그 사명을 감당해야 한다.

교회는 성도들에게 의식주를 제공하는 단체가 아니다. 그러나 정말로 궁핍한 믿음의 가정에 생필품을 제공할 수 있다.

8. 윗사람이 아랫사람에게 모범적인 행위를 보임으로 하나님께 영광을 돌리고 그들에게 영예가 되며 하나님께서 그들에게 맡기신 권위를 신실하게 행사할 수 있다. 모범이 없이 가정과 교회와 국가에서 권위의 자리에 있는 자는 존경받을 수 없다.

문 130: 윗사람들의 죄란 무엇인가?
답 130: 윗사람들이 짓는 죄는 요구된 의무를 소홀히 하는 일 외에 자기 자신의 명예, 평안함, 유익 혹은 쾌락을 과도히 추구함과 불법하거나 아랫사람들의 권한에 있지 않은 일을 하라고 명령하는 것이며, 악한 일을 권고하고 격려하거나 찬성함이며, 선한 일을 못 하게 말리며 낙심시키거나 반대함이다. 그뿐만 아니라 그들을 부당하게 징계함이며, 부주의하여 잘못된 일, 시험, 위험에 그들을 폭로하거나 내버려 둠이며, 그들을 격동하여 격분케 함이며 혹은 어떤 모양으로든지 그들 자신을 욕되게 하거나, 불공평, 무분별, 가혹하거나, 태만한 행동으로 그들의 권위를 삭감함이다(겔 34:2-4; 빌 2:21; 요 5:44; 7:8 등).

Q 130: What are the sins of superiors?

A 130: The sins of superiors are, besides the neglect of the duties required of them, an inordinate seeking of themselves, their own glory, ease, profit, or pleasure; commanding things unlawful, or not in the power of inferiors to perform; counseling, encouraging, or favoring them in that which is evil; dissuading, discouraging, or discountenancing them in that which is good; correcting them unduly; careless exposing, or leaving them to wrong, temptation, and danger; provoking them to wrath; or any way dishonoring themselves, or lessening their authority, by an unjust, indiscreet, rigorous, or remiss behavior.

1. 윗사람에게 요구된 의무를 소홀함이 죄가 되는 것은 하나님께서 권위와 함께 주신 책임을 심각하게 인식하지 않기 때문이다. 상응하는 책임을 인식하지 않은 채 권위를 행사하는 것은 책임 없이 행동하는 것이고 언제나 죄가 된다(약 4:17).

2. 윗사람 잘못의 근원이 되는 마음의 그릇된 태도는 절제하거나 통제되지 않는 과도한 이기심으로 아랫사람들을 향한 불의한 착취를 낳기 마련이다. 권위에 있는 자들은 그 권위가 그들 자신의 이기적인 쾌락을 위해 주어진 것이 아니라 모든 경우에 하나님의 도덕적인 통치를 받고 그들의 권위 사용에 책임을 져야 한다. 모든 이기적인 권위의 사용은 언제나

권위의 남용이고 죄악이다.

3. 성경에서 하나님의 계명에 위배되는 일을 행하라고 명령한 통치자들을 예로 들자면, 거대한 황금 신상을 향해 절하라고 명령한 느부갓네살(단 3:1-7), 30일 동안 자기 이외에는 그 어떤 신이나 사람에게 절함을 금하는 법령을 내린 다리오(단 6:4-9). 아모스 선지자에게 벧엘에서 예언하지 말라고 명령한 아마샤(암 7:10-13), 예레미야 선지자에게 여호와의 이름으로 예언하는 것을 금한 시드기야(렘 32:1-5), 사도들에게 예수의 이름을 전파하지 말라고 명령한 산헤드린 공의회(행 4:17-18; 5:28, 40) 등이다.

4. 교회 역사에서 하나님의 계명에 위배되는 일을 행하라고 명령한 통치자의 예를 들면, 초대 교회 성도들에게 하나님 대신 황제를 숭배하라고 핍박한 로마의 황제들, 엄숙한 동맹을 서약한 언약도에 그것을 포기하고 교회의 수장이 왕임을 인정하라고 명령한 스코틀랜드 통치자, 일본과 한국과 만주에 있는 전쟁에서 패한 국가의 백성에게 태양신을 섬기는 것이 국가에 대한 시민의 의무라며 일본 신사를 참배하라고 명령한 일본 통치자들이다.

5. 성경에서 아랫사람에게 불가능한 일을 시킨 통치자들을 예로 들자면, 바로왕의 명령으로 이스라엘 백성에게 짚을 주지 않고 벽돌을 만들라고 명령한 애굽의 간역 자들과 패장들(출 5:10-18), 그의 마술사들에게 자신이 꾸었던 잊어버린 꿈을 해석하라고 명령한 느부갓네살왕(단 2:1-13) 등이다.

6. 악한 일을 권하고 격려하며 선할 일을 하지 못하게 하는 것이 윗사람의 특별한 잘못인 것은 한 사람이 다른 사람에게 미치는 영향이 크기 때문이다. 국가 공무원이 시민에게 법을 위반할 것을 조장하는 것은 시민이 유사한 영향을 끼치는 것보다 더 사악하다. 목사가 성도에게 죄악 된

행위를 조장하는 것은 교인끼리 동일한 일을 하는 것보다 더 나쁘다.

7. 아랫사람을 부당하고 과도하게 징계하는 것은 불의한 일일뿐만 아니라 정도를 넘어선 일이기 때문에 그릇된 것이다. 이것은 적절한 징계를 무력화하고 파괴함으로 징계받는 자에게 행실의 개선 대신에 불의와 분노의 감정을 낳기 때문에 그릇된 것이다.

8. 부주의하여 아랫사람을 잘못된 일이나 시험이나 위험에 빠지게 하는 것이 죄인 것은 누구나 그의 이웃의 복지에 대한 도덕적 책임이 있기 때문이다. 그러나 권위의 자리에 있는 자들에게 이 책임은 훨씬 증대된다. 부주의하고 조심성 없이 무관심하게 아랫사람을 불의와 도덕적 영적 신체적 위험에 빠뜨리는 것은 아랫사람의 복지에 대해 하나님께서 주신 책임을 무시하고 소홀히 여기는 것이다.

9. 부주의하여 아랫사람을 잘못된 일이나 시험이나 위험에 빠지게 했던 성경의 인물을 예로 들자면, 소돔이라는 악한 도시에 점점 더 가까이 이동해서 결국 그 가정의 도덕적 위험을 상관하지도 않고 그 도시에 거주를 정한 롯(창 13:12-13), 요셉을 애굽에 팔아넘김으로 그를 불의하게 대했을 뿐 아니라 우상 숭배와 부도덕이라는 유혹의 환경에 내몰았던 요셉의 형제들(창 37:26-28), 바알을 숭배한 이세벨과 결혼함으로 국가를 불의와 우상 숭배와 타협하는 유혹에 빠뜨린 아합(왕상 16:29-33) 등이다.

10. 아랫사람을 노엽게 하는 것은 비이성적인 요구와 관계된 가혹하고 부당하고 위험한 태도를 의미한다. 어린아이에게 어른처럼 완벽하게 수행하기를 기대하는 것이나 능력 밖의 일에 대해 형벌로 위협하는 것은 사소한 문제에 과도한 엄밀성을 요구하는 부모나 윗사람의 부당한 처사이다.

제6계명의 의무

문 134: 제6계명은 무엇인가?

답 134: 제6계명은 "살인하지 말지니라"이다(출 20:13).

Q 134: Which is the sixth commandment?

A 134: The sixth commandment is, Thou shalt not kill.

문 135: 제6계명에서 요구된 의무는 무엇인가?

답 135: 제6계명에서 요구된 의무는 우리 자신과 다른 사람들의 생명을 보존하기 위해 주의 깊은 연구와 합법한 노력을 아끼지 않는 것이니 누구의 생명이든지 불법하게 빼앗아 가려는 모든 사상과 목적에 대항하고 모든 격분을 억제하는 경우를 말한다.

또한, 시험과 습관을 피함으로 폭력에 대한 정당방위, 하나님의 손길을 참아 견디는 것, 마음의 중용, 영의 유쾌와 고기, 음료, 의약, 수면, 노동 및 오락의 온당한 사용으로 자비로운 생각, 사랑, 민망, 온유, 우아함과 친절, 화평, 부드럽고 예의 있는 언행과 관용, 화해되기 쉬움, 상해의 관용 및 용서 그리고 악을 선으로 갚음과 곤궁에 빠진 자들을 위로하고 구제함, 죄 없는 자를 보호하고 옹호함으로 하는 것이다(출 20:13; 엡 5:28-29; 렘 26:15-16; 행 23:12-27 등).

Q 135: What are the duties required in the sixth commandment?

A 135: The duties required in the sixth commandment are, all careful studies, and lawful endeavors, to preserve the life of ourselves and others by resisting all thoughts and purposes, subduing all passions, and avoiding all occasions, temptations, and practices, which tend to the unjust taking away the life of any; by just defense thereof against violence, patient bearing of the hand of God, quietness of mind, cheerfulness of spirit; a sober use of meat, drink, physic, sleep, labor, and recreations; by charitable thoughts, love, compassion, meekness, gentleness, kindness; peaceable, mild and courteous speeches and behavior; forbearance, readiness to be reconciled, patient bearing and forgiving of injuries, and requiting good for evil; comforting and succoring the distressed, and protecting and defending the innocent.

1. 제6계명의 살인은 단순히 죽이는 것뿐만 아니라 어떤 사람의 생명을 부당하게 파괴하는 것이다. 그래서 우리는 우리 자신과 다른 사람의 생명을 보존하기 위해 주의 깊은 연구와 합법적인 노력을 아끼지 않아야 한다.

2. 제6계명을 위해 질병의 원인과 예방에 관한 과학적인 연구, 생명을 구하고 고통을 예방하는 약을 개발하기 위한 연구, 고속도로에서의 교통사고를 예방하는 계획, 선박에 암초를 알려 주는 경공업에 대한 설계, 토지의 생산을 증대시키는 농업적 연구, 지진과 화재와 홍수와 같은 천재지변으로 인한 고통을 감소시키기 위한 효과적 통신 수단의 발전에 관하여 연구할 필요가 있다.

3. 우리 자신의 생명과 이웃의 생명을 보존하기 위해 우리는 거짓을 말하지 않고 예수 그리스도를 부인하지 않으며, 우리 조국에 대해 하나님께서 주신 책임을 배반하지 않으면서 이 일을 수행해야 한다. 심지어 우리 자신과 다른 이의 생명을 구원하기 위한 목적이라도 선을 이루기 위해 악을 행해서는 안 된다.

4. 실제적이며 문자적인 살인죄 외에 누구의 생명이든지 불법하게 빼앗아 가려는 모든 시도를 피하고 저항하며 억제해야 한다. 따라서 우리는 그러한 생각과 의도들을 물리치고 격분을 억제하며, 다른 이의 생명을 빼앗으려는 모든 기회와 시험과 습관을 피해야 한다. 결투나 투우 싸움이나 나이아가라 급류에서의 사냥과 같은 어떤 습관들은 인간의 생명을 불법하게 앗아가려는 시도이기 때문에 피해야 한다.

5. 폭력에 대한 정당방위는 국내와 국외의 모든 종류의 불법한 폭력으로부터 국민을 보호할 국가의 의무와 불법한 폭력으로부터 자신과 이웃을 보호할 개인적 의무를 포함한다. 따라서 우리는 범죄적 폭력으로부터 자신과 이웃을 보호하는 의무와 방어적인 전투의 정당성과 의무가 있다. 그리고 우리는 법과 질서를 수호하기 위한 경찰의 공권력을 세울 수 있다.

6. 하나님의 징계와 하나님의 뜻에 대한 인내의 복종은 우리의 참된 마음과 영과 신체의 복지를 위해 필요하다. 하나님의 징계를 참지 못하며 불복하는 것은 본질에서 스스로 파괴하는 행위다. 하나님의 징계는 우리가 그리스도인으로 살도록 훈련하기 위함이기 때문이다. 오직 하나님의 뜻에 대한 복종과 그 뜻에 조화롭게 사는 것이 우리의 영적 복지가 보장되는 길이다.

7. 마음의 중용과 영의 유쾌는 건강과 장수를 불러일으킨다. 걱정과 근심과 비관적인 태도는 우리 인격에 쓸데없는 피로와 비탄을 불러온다. 우리가 실망과 고난과 고통에도 불구하고 하나님께 헌신해야 할 하나님의 소유물로서 몸과 마음을 통해 하나님께 영광을 돌리기 위해 조용하고 유쾌한 생활을 하는 것은 그리스도인의 의무다.

8. 고기와 음료는 우리의 신체와 정신에 해로운 영향을 주지 못하게 하도록 주의하여 섭취할 필요가 있다. 성경은 술 취하는 것만큼이나 폭식하는 것도 죄라고 선언하고 있다.

9. 약은 고통을 경감시키고 생명을 연장하는 모든 과학적 수단과 방법을 포함한다. 그리스도인이 고통을 경감시키고 질병을 치유하기 위해서 의약품이나 다른 과학적 치료를 받는 것은 잘못이 아니다. 하나님께서는 고통을 경감시키고 생명을 연장하는 수단을 인간이 발견하도록 하셨다.

10. 수면과 노동과 오락은 인간 삶에 모두 필요한 것이다. 이러한 것이 없이는 건강한 신체와 마음을 가질 수 없다. 그러나 수면과 노동과 오락은 서로 적절한 균형을 이루어야 하고 각각 적당한 시간이 배당되어야 하며 인생의 더 큰 목적인 하나님을 영화롭게 해야 한다. 게으름과 나태함은 죄악이다.

과도한 시간을 할애하여 오락에 빠지는 것뿐 아니라 노동에 중독되는 것 역시 무절제한 것이다. 참석한 사람들이 녹초가 돼서 다음날 효율적인 업무를 하지 못할 만큼 늦은 밤까지 계속되는 연회나 사교적 집회는 무절제의 한 형태다. 그리스도인은 이러한 모든 문제에 대해 자신이 하나님께 영광 돌리는 청지기임을 깨닫고, 양심적이며 사려 깊은 태도를 개발해야 한다.

11. 다른 사람을 향해 친절함과 화평과 부드러움을 유지해야 하는 것은 이와 반대되는 태도, 즉 무례하고 비이성적이며 미워하는 태도가 우리 자신과 다른 사람에게 모두 해로운 결과를 낳기 때문이다.

이것은 우리와 이웃의 마음의 평화를 깨뜨리고 신체에 임하는 마음의 영향으로 인해 우리와 이웃의 건강에 손상을 가한다. 분노와 고집과 가혹하고 상냥하지 못한 태도는 몸과 마음 모두에 해로운 결과를 낳는다. 이것은 하나님이 금하신 살인의 한 형태다.

12. 관용과 화해되기 쉬운 마음과 태도를 소유해야 하는 것은 그리스도인이 하나님의 놀라운 사랑과 은혜로 하나님과 화목한 자이기 때문이다. 그러므로 우리는 가능한 한 기꺼이 아니 더 적극적으로 우리의 동료와 화해를 요청하는 자가 되어야 한다. 하나님께서 모든 죄를 값없이 용서해 주셨기에 하나님께 감사하는 마음으로 동료를 향한 용서의 마음을 가져야 한다.

13. 교회나 국가의 보장된 법과 권위에 호소하여 정의를 추구하는 것은 우리의 권리이자 의무다. 그러나 다른 이의 행동을 제어하는 것이 우리의 의무라 할지라도 우리는 그들을 혐오해서는 안 되고 친절과 사랑의 태도를 견지해야 한다. 특별히 하나님의 진리와 권리가 위험에 처해 있을 때 그가 누구이든지 관계없이 의와 진리를 위해 용감하게 일어서는 것이 필요하다. 사람을 기쁘게 하다가 하나님의 진리를 수호하는 일에 미지근한 자가 되어서는 안 된다.

14. 곤궁에 빠진 자를 향한 그리스도인의 의무는 그들을 위로하고 돕는 일이다. 우리의 이웃은 바로 지금 우리의 도움이 필요한 자이다. 특별히 우리 교회에서의 동료 그리스도인뿐만 아니라 세상에 있는 자라도 그들의 고통과 곤궁함을 경감시키는 것이 우리의 의무다.

15. 죄 없는 자를 향한 그리스도인의 의무는 힘이 닿는 데까지 불의로부터 보호하는 것이다. 이것은 가정과 교회와 국가를 포함한 인간 사회의 모든 국면에서 큰 문제뿐만 아니라 작은 문제에서도 마찬가지로 진리다.

제6계명의 금지

문 136: 제6계명에서 금지된 죄는 무엇인가?

답 136: 제6계명에서 금지된 죄는 공적 재판, 합법적인 전쟁 혹은 정당방위 외에 우리 자신이나 다른 사람의 생명을 박탈하는 모든 것, 합법적이며 필요한 생명 보존의 방편을 소홀히 하거나 철회하는 것, 죄악한 분노, 증오심, 질투, 복수하려는 욕망을 가지는 것, 모든 과도한 격분, 산란케 하는 염려와 육류와 음료 노동 및 오락을 무절제하게 사용함과 격동시키는 말, 압박, 다툼, 구타, 상해 등 다른 무엇이든지 사람의 생명을 파멸하기 쉬운 것이다 (행 16:28; 창 9:6; 민 35:31, 33; 신 20:5-20 등).

Q 136: What are the sins forbidden in the sixth commandment?

A 136: The sins forbidden in the sixth commandment are, all taking away the life of ourselves, or of others, except in case of public justice, lawful war, or necessary defense; the neglecting or withdrawing the lawful and necessary means of preservation of life; sinful anger, hatred, envy, desire of revenge; all excessive passions, distracting cares; immoderate use of meat, drink, labor, and recreations; provoking words, oppression, quarreling, striking, wounding, and: Whatsoever else tends to the destruction of the life of any.

1. 오늘날 많은 사람이 살인자를 위한 사형 제도를 반대하는 상황의 배경에는 하나님의 말씀으로서의 성경에 대한 믿음의 약화와 포기가 있다. 그 결과 민간 정부와 법체계가 하나님께서 제정하신 규례라는 믿음을 포기했다. 오늘날 만연된 견해는 시민법이 인간적 동의나 관습에 기초해 있

다는 것이다. 공의라는 것은 단지 사회가 일반적인 복지를 위해 발견한 것이라고 주장한다. 따라서 살인죄를 위한 사형 제도는 단순히 원시 시대부터 전해 내려온 인간적 관습이라는 것이다. 만일 이것이 인간적 관습이라면 사회가 그것을 변경할 수 있으며 다른 형벌로 대체할 수 있다. 그러나 사형 제도가 하나님의 계명에 기초해 있다면 인간 사회는 그것을 변경할 권리가 없다.

2. 창세기 9:6의 사형 제도의 규례에는 다음과 같은 이유가 있다.

> 다른 사람의 피를 흘리면 그 사람의 피도 흘릴 것이니 이는 하나님이 자기 형상대로 사람을 지었음이니라(창 9:6).

말하자면 사형은 살인죄의 경우에 명령 된 것이다. 그것은 살인이 단순히 인류의 복지와 배치되는 것 때문이 아니라 그것이 하나님을 모독하는 행위이기에 하나님의 명령이다. 살인은 하나님의 형상을 지닌 자를 파괴함으로 하나님을 모욕하는 행위다. 따라서 살인자는 인간 안에 있는 하나님의 형상을 인식하지 못하는 신성 모독의 죄를 범하는 자다.

인간의 생명의 참된 존엄성과 가치는 인간이 하나님의 형상을 지님에 있다. 아담은 하나님의 형상을 지니고 있었다. 오늘날 타락으로 말미암아 그 형상이 이지러졌음에도 불구하고 사람 안에는 하나님의 형상이 존재한다. 따라서 살인죄의 가장 가증스러운 요소는 하나님의 형상을 지닌 인간 생명의 파괴를 통해 하나님을 모독하는 것이다.

3. 법학자들이 살인자를 위한 사형 제도를 폐지하는 것은 정당하지 않다. 살인자를 향한 형벌의 경우와 같이 하나님의 말씀이 국가의 의무에 관해 긍정적인 법령을 제공한다면 시민법은 반드시 하나님의 계시와 뜻에 부합되어야 한다. 창세기 9:6은 살인자를 향한 사형 제도가 국가에 주

어진 신적인 명령임을 보여 주고, 로마서 13:4은 사형이 신약성경에서 폐지된 것이 아니라 재승인 되었음을 나타내 준다.

4. 성경과 예수님의 교훈은 그리스도인이 전쟁에 참여하는 것을 금하지 않고 있다. 그러나 소위 전쟁 반대론자들은 자주 구약성경과 반대되는 것으로 신약성경을 제시한다. 그들은 구약성경이 재가하고 실행한 것을 신약성경이 금한다고 주장한다. 이런 주장을 증명하기 위해 예수님의 산상설교의 교훈과 특별히 황금률을 내세운다.

그러나 이러한 주장은 두 가지 오류를 범하고 있다.

첫째, 이러한 해석의 방법은 예수님의 교훈을 구약과 신약이라는 성경 전체의 정황과는 상관없이 다루고 신구약을 독립된 것으로 해석하고 심지어 각각 다른 종류인 것처럼 해석한다. 그러나 예수님의 교훈과 나머지 모든 성경의 교훈은 완전한 조화를 이루고 있다. 우리 신앙의 표준은 창세기부터 요한계시록까지 성경 전체다.

둘째, 이 방법은 예수님의 모든 교훈을 다 다루지 않으며 반전론을 지지하는 듯한 부분만을 선별적으로 다루고 있다. 기독교로 개종한 첫 이방인이던 백부장 고넬료는 믿음 있는 군인이었다. 사도들은 고넬료에게 로마 군대의 복무를 거부하라고 요구한 암시가 전혀 없다.

군병들이 세례요한에게 와서 "우리가 무엇을 하리이까?"(눅 3:12)라고 물었을 때, 세례 요한은 다른 직업을 찾으라고 말하는 대신 단순히 "사람에게서 강탈하지 말며 거짓으로 고발하지 말고 받는 급료를 족한 줄로 알라"(눅 3:14)라고 했다.

세례 요한은 군 복무의 의무 그 자체에 대해서는 전혀 언급하지 않았다. 따라서 어떤 특정한 상황에서 그리스도인이 전쟁에 참여하는 것은 모순된 일이 아니다.

5. 불법적인 폭력에 대한 정당방위는 언제나 합법적이다. 그것은 도덕적인 의무다. 우리의 생명은 우리 자신의 것이 아니기 때문이다. 그것은 하나님께 속해 있고 따라서 하나님의 것을 소유한 청지기로서 우리 자신의 생명과 타인의 생명을 잘 보존할 책임이 있다. 황금률이나 이웃 사랑의 의무가 정당방위로 살인하는 것이 잘못된 것이라고 주장하는 것이라면 그것은 우리 이웃을 어리석고 광적으로 사랑하는 것이 되고 만다.

성경은 사람에게 그의 이웃을 자신처럼 사랑하라고 명령한다. 즉, 이웃을 향한 사랑은 자기 자신을 적절하게 사랑하는 것과 균형을 이루어야 한다. 자기 자신을 정당방위나 자기방어의 수단 없이 범죄를 통한 살인에 내어주는 자는 그의 이웃을 과도하게 사랑하는 자이며 자신을 전혀 사랑하지 않는 자다.

제7계명의 요구와 금지

문 137: 제7계명은 무엇인가?

답 137: 제7계명은 "간음하지 말라"(출 20:14)이다.

Q 137: Which is the seventh commandment?

A 137: The seventh commandment is, Thou shalt not commit adultery.

문 138: 제7계명에서 요구된 의무는 무엇인가?

답 138: 제7계명에서 요구된 의무는 몸, 마음, 애정, 말, 행위상의 정절과 우리 자신 및 다른 사람 안에 정절을 보존하는 것인데, 눈과 기타 모든 감관(感管)에 대하여 방심치 않고 주의를 깊이 하는 것, 절제, 정절 있는 친구와 사귀며 온당한 의복 차림, 금욕의 은사 없는 자의 결혼, 부부의 사랑과 동거, 우리의 사명에 근실한 노력, 모든 경우의 부정을 피함과 그것에 향하는 시험을 저항하는 것이다(살전 4:4; 요 3:1; 고전 7:34 등).

Q 138: What are the duties required in the seventh commandment?

A 138: The duties required in the seventh commandment are, chastity in body, mind, affections, words, and behavior; and the preservation of it in ourselves and others; watchfulness over the eyes and all the senses; temperance, keeping of chaste company, modesty in apparel; marriage by those that have not the gift of continency, conjugal love, and cohabitation; diligent labor in our callings; shunning all occasions of uncleanness, and resisting temptations thereunto.

문 139: 제7계명에서 금지된 죄는 무엇인가?

답 139: 제7계명에서 금지된 죄는 요구된 의무를 소홀히 하는 것 외에 간통과 사통, 강간, 근친상간, 남색, 모든 부자연스러운 정욕, 모든 부정한 상상과 생각, 목적 및 애정, 부패하거나 더러운 모든 서신 왕래, 혹은 그것에 귀 기울임, 음탕한 표정, 뻔뻔스럽고 가벼운 행동, 근신치 않는 무례한 옷차림을 하는 것, 또한 합법한 결혼을 금지하고, 불법한 결혼을 시행함이며, 매음을 허락하고 관용하며 유지하고 그들에게 종종 가는 것, 독신 생활의 서약에 휩쓸어 넣는 것, 결혼을 부당하게 지연시키는 것, 동시에 하나 이상의 아내나 남편을 가지는 것, 불의의 이혼 혹은 유기, 게으름, 폭식, 술 취함, 음란한 친구 사귐, 음탕한 노래와 서적, 춤, 연극, 우리 자신이나 다른 사람에게 음란을 자극하는 것이나 음란 행위 자체다(잠 5:7; 히 13:4; 갈 5:19; 레 18:1-21 등).

Q 139: What are the sins forbidden in the seventh commandment?

A 139: The sins forbidden in the seventh commandment, besides the neglect of the duties required, are, adultery, fornication, rape, incest, sodomy, and all unnatural lusts; all unclean imaginations, thoughts, purposes, and affections; all corrupt or filthy communications, or listening thereunto; wanton looks, impudent or light behavior, immodest apparel; prohibiting of lawful, and dispensing with unlawful marriages; allowing, tolerating, keeping of stews, and resorting to them; entangling vows of single life, undue delay of marriage; having more wives or husbands than one at the same time; unjust divorce, or desertion; idleness, gluttony, drunkenness, unchaste company; lascivious songs, books, pictures, dancings, stage plays; and all other provocations to, or acts of uncleanness, either in ourselves or others.

1. 제6계명은 거룩한 삶을 존중할 것을 요구하고, 제7계명은 인류가 세상에서 계속 존재하기 위해 성을 존중할 것을 요구한다. 제7계명의 일반적 범위는 마음과 언어와 행동에서 우리 자신과 이웃의 정절을 보존하

는 것이다.

2. 제7계명 위반의 실제적이고 기본적인 원인은 영적이다. 즉, 인간이 부패하고 죄악적인 상태다(마 15:19). 제7계명의 위반은 자기표현을 강조하는 심리적 전형의 수용으로 엄청나게 증가했다. 이것은 자연적 충동의 절제 없는 방종이다. 많은 사람이 자기표현을 불순한 정욕을 탐닉하는 핑계로 사용한다. 그 결과 간통과 이혼과 결혼에 대한 반대가 현저히 감소되었다. 오늘날 이러한 죄는 개인적 기호의 차이로 간주한다.

오늘날 하나님의 계명을 평가절하하는 일에 사용되는 주요한 수단 가운데 하나는 매스컴이다. 매스컴 그 자체가 악은 아니다. 오히려 매스컴은 하나님을 영화롭게 하는 수단으로 사용되어야 한다.

3. 음탕한 서적과 잡지는 이전 시대보다 오늘날 더 유행하고 있다. 특히, 제1차 세계 대전 이후 이런 현상은 더욱 심해졌다. 오늘날 수많은 음흉한 서적과 잡지는 극단적으로 저속하다. 이러한 상황에서 진지한 그리스도인은 자신과 그의 자녀가 읽는 서적이나 잡지의 내용에 주의를 기울여야 한다.

4. 그리스도인은 다른 모든 윤리적 문제와 마찬가지로 영화에 대해서도 진지하고 양심적인 태도를 보여야 한다. 오늘날 존재하는 많은 상업적 영화는 특히 젊은이에게 나쁜 영향을 미친다. 그래서 신실한 그리스도인은 영화를 보러 가기 전에 그 영화의 성격과 특징을 분명히 파악하는 수고를 아끼지 않아야 한다.

5. 무례한 옷차림에 대한 정확한 정의를 내리기는 쉽지 않다. 이것은 모든 그리스도인이 양심적으로 결정할 문제다. 그러나 일반적으로 옷이 몸을 적절하게 가리지 않아서 그것이 교회 내의 이성에게 부정한 생각을

떠오르게 한다면 그러한 옷차림은 무례한 것이라고 할 수 있다.

생명력 있는 강력한 기독교는 외적인 옷차림이 다른 사람에게 영향을 끼칠 수 있으므로 하나님의 말씀에 복종해야 한다.

6. 독신 생활의 서약은 다음과 같은 이유로 죄악에 해당된다.

첫째, 하나님의 말씀이 명령하지 않은 일이다.
둘째, 하나님의 도움 약속이 없는 일을 행하게 하는 것이다.

그뿐만 아니라 독신은 결혼보다 더 거룩한 형태의 삶이 아니다. 결혼하지 않고 독신으로 남아 있는 것은 특별한 경우에 하나님의 뜻일 수 있다. 그러나 그 어떤 사람도 독신으로 살겠다고 서약할 권리를 가지고 있지는 않다. 이에 비하여 결혼은 정상적인 삶이다(창 2:18, 24).

7. 로마서 1:24-26과 레위기 20:15-16을 증거 구절로 인용하는 남색과 마음의 정욕을 언급하는 것은 중요한 일이다. 이것은 성경에 충실한 교훈이다. 우리의 본성과 생리적인 구조 자체가 남자가 남자와 더불어 여자가 여자와 더불어 부끄러운 일을 하는 것은 합당하지 않다(롬 1:26-27).

 77

제8계명의 요구

문 140: 제8계명은 무엇인가?

답 140: 제8계명은 "도적질하지 말지니라"(출 20:15)이다.

Q 140: Which is the eighth commandment?

A 140: The eighth commandment is, Thou shalt not steal.

문 141: 제8계명에서 요구된 의무는 무엇인가?

답 141: 제8계명에서 요구된 의무는 사람과 사람 사이의 계약과 거래에 진실, 신실, 공의로움이니 매 사람에게 당연히 줄 것을 주는 것이며, 바른 소유주에게서 불법 점유된 물건을 배상함이며, 우리의 능력과 다른 사람의 필요에 따라 아낌없이 주며 빌리는 것이다. 또한, 이 세상 물건에 대한 우리의 판단, 의지, 애정의 절제이며, 우리 성질의 유지에 필요하고 편리하며 우리의 상태에 맞는 것을 획득하여 보존하며 사용하고 처리하려는 주의 깊은 배려와 연구다. 따라서 합법한 천직과 그것에 근면함과 검약함이며, 불필요한 소송과 보증서는 일이나 기타 그와 같은 용무를 피함이며, 우리 자신의 것과 마찬가지로 다른 사람의 부와 외형적 재산을 구하여 보존하고 증진하기 위해 모든 공정하고 합법한 수단 방법으로 노력함이다(시 15:2, 4; 스 7:4, 10, 8:16-17; 롬 13:7; 레 6:2-5; 눅 19:8 등).

Q 141: What are the duties required in the eighth commandment?

A 141: The duties required in the eighth commandment are, truth, faithfulness, and justice in contracts and commerce between man and man; rendering to everyone his due; restitution of goods unlawfully detained from the right owners thereof; giving and lending freely, according to our abilities, and the necessities of others; moderation of our judgments, wills, and affections concerning worldly goods; a provident care and study to get, keep, use, and dispose these things which are necessary and convenient for the sustentation of our nature, and suitable to our condition; a lawful calling, and diligence in it; frugality; avoiding unnecessary lawsuits and suretyship, or other like engage- ments; and an endeavor, by all just and lawful means, to procure, preserve, and further the wealth and outward estate of others, as well as our own.

1. 제8계명의 일반적인 범위는 제6계명이 언급했던 생명의 신성함과 제7계명이 언급했던 성의 신성함과 같이 재산의 신성함에 관한 것이다. 재산이나 부는 하나님에 의해 창조되었고 하나님의 영광을 위해 인간에게 신탁하신 것이다. 따라서 그것은 청지기인 사람에게 맡기신 것이기에 존중되어야 마땅하다. 그래서 제8계명은 우리가 이웃의 재산을 도적질하지 말아야 하고, 동시에 우리 자신의 재산을 합법적으로 취득하고 관리할 것을 요구하는 것이다.

2. 성경은 사유 재산권을 인정한다. 타락으로 인해 시작된 인류의 죄악된 상태로서의 사유 재산권은 인생이 하나님을 영화롭게 하고 즐거워하는 데 필요하다. 사유권은 단순히 인간적 발명이나 관습이 아니라 하나님의 도덕법에 기초해서 세워졌다. 사유권에 대한 신적인 규례는 "너는 도적질 하지 말지니라"라는 제8계명 때문에 확실하게 제정되었다. 사유권을 악이라고 생각하는 사람들은 사유권 그 자체가 아니라 사유권의 남용에 기인한다.

3. 성경 교훈에 의하면 공산주의의 원리는 잘못된 것이다. 공산주의는 단지 그것과 연관된 남용으로 인해 그 특징과 실행에 있어서 잘못일 뿐만

아니라 그 기본적 사상에 있어서도 그릇되고 악하다. 공산주의의 원리는 국가가 재산의 공동 권리를 강요한다. 이것은 사유 재산권을 배제한다. 그러나 이것은 사유권이 하나님께 주신 권리라고 교훈하는 성경에 위반된다.

인간에게 있는 하나님의 형상은 인간이 세상을 다스리고 주관할 수 있다는 것을 암시한다(창 1:27-28). 인간은 본질에서 영혼과 양심을 지닌 개인이다. 그의 개인적 능력과 재능 그리고 소망과 욕구의 소유자다. 공산주의는 인간 개인을 대중 속으로 삼켜 버렸고, 그 결과 하나님께서 창조하신 세상을 주관할 하나님의 형상과 청지기로서의 인간의 개성이라는 본질적인 요소를 희생시킨다.

4. 사도행전 2:44; 4:32-37에 기록된 초대 교회는 오늘날의 무신론적 공산주의가 아니다. 사도행전 5:4은 아나니아를 향한 사도 베드로의 말에 잘 나타난 바와 같이 강제적인 것이 아니라 자원적이었다. 이것은 마가라 하는 요한의 어머니 마리아가 집을 팔아서 내놓지 않은 것을 보아 전체적으로 행해진 것이 아니라 부분적으로 행해진 것이었다(행 10:12).

당시에 음식의 배급과 구제가 공정하게 이루어지지 않았다는 원망이 발생했다(행 6:1). 이것은 한시적이었다. 스데반의 순교 사건 이후 엄청난 핍박이 행해지고 그리스도인이 예루살렘 밖으로 흩어지자 중단되었다(행:1-4). 공산주의는 사도들에 의해 세워진 그 어느 교회에서도 제도적으로 정착되지 않았다.

5. 근대의 마르크스적 사회주의는 확실히 기독교 신앙과 배치된다. 하지만, 하나님의 말씀과 배치되지 않는 제한적인 의미에서의 사회주의가 있다. 정부가 우체국의 일을 개인이나 사업가에게 맡기지 않고 직접 통제하는 것은 일종의 사회주의적 형태다. 이것을 죄악이라고 할 수는 없다. 철도와 전신 전화국은 거의 국가에 의해 그 사업이 운영된다. 이것이 성경을 위배한다고 할 수 없다. 그러나 하나님은 인간 사회에 공의를 수행

함으로 인간의 복지를 증진하기 위해 국가와 정부를 제정하신 것이지 국가의 시민들과 경쟁하기 위한 거대한 기업을 발전시키기 위해 제정하지 않으셨다(롬 13:4).

6. 낭비는 죄가 된다. 우리에게 재원이 엄청나게 풍부하다 할지라도 다른 사람의 삶을 유지하고 풍요롭게 해 줄 수 있는 것을 낭비하는 것은 그릇된 일이다. 그뿐만 아니라 아무리 나의 소유물이라고 하더라도 하나님과 뜻과 상관없이 내 마음대로 사용하거나 낭비해서는 안 된다. 사람들이 막대한 돈을 호화스럽고 자기를 만족시키는 일에 사용함으로써 자기 영혼과 신체를 해하는 것과 마찬가지로 국가적인 낭비 역시 대단히 어리석은 일이다.

제8계명의 금지

문 142: 제8계명에 금지된 죄는 무엇인가?

답 142: 제8계명에 금지된 죄는 요구된 의무를 소홀히 하는 일 외에 절도, 강도 행위, 사람 납치, 장물 취득, 사기 거래, 속이는 저울질과 허위 도량, 땅 경계표를 마음대로 옮기는 것, 사람들 사이에 맺어진 계약이나 신탁의 사건에 있어서 불공정과 불성실함, 억압, 착취, 고리대금, 뇌물 징수, 성가신 소송, 불법적으로 담을 두르는 것과 주민을 절멸하는 일들이며, 물건값을 올리기 위해서 사람의 마음을 쏠리게 하는 상품, 부당한 값을 부르는 일과 우리의 이웃에게 속한 것을 그에게서 취하거나 억류해 두거나 우리 자신을 부유하게 하기 위한 다른 모든 불공평하거나 조악한 방법이다.

또한, 탐욕과 세상 재물을 과도하게 소중히 여기고 좋아함 세상 재물을 얻어 보존하고 사용하는 일에 의심 많고 마음을 산란케 하는 염려와 노력, 다른 사람들이 잘되는 것에 대한 질투, 그와 마찬가지로 게으름, 방탕, 낭비하는 노름, 우리의 외형적 재산에 대한 부당한 편견, 우리 자신을 속여 하나님께서 우리에게 주신 재물을 바로 사용하고 안락하게 즐기지 못하게 하는 것 등이다(약 2:15-16; 요 3:17; 엡 4:28; 시 62:10 등).

Q 142: What are the sins forbidden in the eighth commandment?

A 142: The sins forbidden in the eighth commandment, besides the neglect of the duties required, are, theft, robbery, man-stealing, and receiving anything that is stolen; fraudulent dealing, false weights and measures, removing land marks, injustice and unfaithfulness in contracts between man and man, or in matters of trust; oppression, extortion, usury, bribery, vexatious lawsuits, unjust enclosures and depopulations; engrossing commodities to enhance the price; unlawful callings, and all other unjust or sinful ways of taking or withholding from our neighbor what belongs to him, or of enriching ourselves; covetousness; inordinate prizing and affecting worldly goods; distrustful and distracting cares and studies in getting, keeping, and using them; envying at the prosperity of others; as likewise idleness, prodigality, wasteful gaming; and all other ways whereby we do unduly prejudice our own outward estate, and defrauding ourselves of the due use and comfort of that estate which God hath given us.

1. 제8계명 때문에 금지된 일반적인 죄는 절도, 강도, 주거 침입, 공금 횡령, 장물 취득, 저울을 속이는 것과 속이는 치수 재기 등과 같이 분명하게 잘못된 것으로 인정되는 것이다. 이러한 죄는 성경이 정죄하고 하나님의 자연 계시에 의해서도 정죄 되었다.

2. 사람 납치는 몸값을 받기 위해 사람을 납치하는 행위다. 사람을 노예로 팔기 위해 훔치는 행위도 사람 납치다. 전체주의적 국가에서 행해지고 있는 강제 노역은 사악한 현대판 노예 형태다. 현대판 노예는 한두 가지 구실로 자유를 박탈당하고 편안함이란 희망을 빼앗기고 국가를 위해 노동을 강요당하며 비참하게 생계를 유지하고 있다. 이러한 행위는 제8계명이 금지하는 죄악이다.

3. 오늘날의 광고는 부정직한 면들이 있다. 어떤 광고는 특정한 상표의 커피와 마카로니와 아스피린이 다른 제품들보다 왜 훨씬 더 좋은 제품인지에 대한 모든 이유를 떠들어댄다. 그러나 두 시간 후에 다른 상표의 커피와 마카로니와 아스피린이 다른 제품들보다 훨씬 뛰어나다고 선전한다. 이것은 명백한 과장에 불과하여 청취자들은 더 이상 그런 광고를 믿

지 않게 된다. 이러한 광고는 부정직하다. 부정직은 죄다.

4. 합법적인 광고는 판매하고자 하는 제품에 대한 과장이나 거짓 대신 참된 진실을 말한다. 그들이 생산하는 제품이 공평한 생산 테스트 시험을 통해서 사실이 입증되지 않는 한 다른 경쟁 회사보다 훨씬 우수하다는 인상을 주지 않는다.

5. 공유지를 사유지로 만들기 위해 땅 경계표를 마음대로 옮기거나 토지 매입을 위해 그 주민을 절멸시키는 것은 불의하다. 거대한 재산을 형성하기 위해 많은 면적의 땅을 사고 그 지경의 주민을 이주시키는 것은 구약 시대에 알려진 불의다. 이러한 불의는 이사야 5:8과 미가 2:2에서 정죄 되었다.

6. 생활필수품의 독점은 물건값을 올리기 위해서 상품을 마구 사들이는 행위로서 제8계명의 위반이다. 모든 종류의 독점이 그릇된 것은 아니다. 우체국처럼 어떤 사업은 자연적으로 독점적일 수도 있고 국가에 의해서 법적으로 자격을 갖춘 개인 사업가가 운영하는 것이 바람직하다. 손쉽게 살 수 있는 생산품들을 사재기함으로 물건값을 올리는 독점은 경쟁을 제거하고 수요와 공급이라는 정상적인 시장 기능을 마비시키는 부정이다.

7. 전매 특허법은 불법이 아니다. 정부는 발명가에게 그 자신이 발명한 제품의 독점권을 제한된 기간에 인정하기 위해 발명을 권장하고 있다. 그러나 일반적으로 대기업이 그 품목을 제조해서 사람들에게 공급하기 위한 목적이 아니라 다른 사람들이 그 제품을 생산해서 판매하는 것을 막기 위해 발명가로부터 그 특허권을 사들이는 것은 본질에서 부도덕하고 제8계명의 위배다.

8. 낭비하는 노름은 그에 상응하는 노력과 가치를 통하지 않은 부의 취득에 관한 시도이기에 그 자체로 죄악 된 도박이다. 만일 도박꾼이 승리한다면 그는 도적이 될 뿐이다. 만일 그가 돈을 잃는다면 그는 주님이 주신 소유를 낭비하는 죄를 범할 뿐이다.

결투의 신청이 살인과 관계있는 것처럼 도박은 도적질과 관계있는 악행이다. 도박이나 노름은 슬롯머신이나 복권이나 로또나 내기나 돈과 상품이 걸려 있는 우연의 게임이나 여러 종류의 스포츠 도박 등을 포함한다. 이러한 종류의 노름은 본질에서 부도덕하다. 그리스도인은 이 모든 것으로부터 떠나야 한다.

제9계명의 요구

문 143: 제9계명은 무엇인가?

답 143: 제9계명은 "네 이웃에 대하여 거짓 증거하지 말지니라"이다(출 20:16).

Q 143: Which is the ninth commandment?

A 143: The ninth commandment is, Thou shalt not bear false witness against thy neighbor.

문 144: 제9계명에서 요구되는 의무는 무엇인가?

답 114: 제9계명에서 요구된 의무는 사람과 사람 사이에 진실과 우리 이웃의 좋은 평판을 우리 자신의 것과 같이 보존하고 조장하는 것이다. 진실을 위해 나서서 이를 옹호하고 재판과 처벌의 사정 등 무슨 일에 있어서든지 마음속에서부터 성실히, 자유로이 명백히, 충분히 진실만을 말하고, 우리의 이웃을 관대히 평가하고, 이웃의 좋은 평판을 사랑하며, 소원하며, 기뻐하며, 그들의 연약함에 대해서는 슬퍼하며, 덮어 주며, 그들의 재능과 미덕을 너그럽게 승인하고, 그들의 결백을 변호함이다.

그들에 관한 좋은 소문을 쾌히 받아들이고 나쁜 소문을 시인하기를 즐겨하지 않음이며, 고자질하는 자, 아첨하는 자, 중상하는 자들을 낙망시킴이며, 우리 자신의 좋은 평판을 사랑하고 보호하여 필요시에는 이를 옹호함이며, 합법한 약속을 지킴이며, 무엇이든지 참되고 정직하고 사랑스럽고 좋은 평판 있는 것을 연구하여 실천함이다(스 8:16; 요삼 1:12; 잠 31:8-9; 시 15:2 등).

Q 144: What are the duties required in the ninth commandment?

A 144: The duties required in the ninth commandment are, the preserving and promoting of truth between man and man, and the good name of our neighbor, as well as our own; appearing and standing for the truth; and from the heart, sincerely, freely, clearly, and fully, speaking the truth, and only the truth, in matters of judgment and justice, and in all other things whatsoever; a charitable esteem of our neighbors; loving, desiring, and rejoicing in their good name; sorrowing for, and covering of their infirmities; freely acknowledging of their gifts and graces, defending their innocency; a ready receiving of a good report, and unwillingness to admit of an evil report, concerning them; discouraging talebearers, flatterers, and slanderers; love and care of our own good name, and defending it when need requireth; keeping of lawful promises; studying and practicing of whatsoever things are true, honest, lovely, and of good report.

1. 제9계명의 일반적인 범위는 인간 사회의 진실과 정직의 존엄성과 우리 자신과 이웃의 선한 평판을 유지하는 것이다.

2. 진실은 하나님의 성품, 즉 하나님 인격의 한 특징이기 때문에 신성한 것으로 간주해야 한다. 하나님은 진실에 있어서 무한하시고 영원하시며 불변하시다. 하나님께서는 거짓말하실 수 없는 분이다(딛 1:2). 하나님은 '진리의 여호와'이시다(시 31:5). 하나님은 빛이시고 그에게는 어둠이 조금도 없으시다(요일 1:5).

성경은 진리다. 그러나 예수 그리스도는 단순한 진리가 아니고 바로 '진리' 그 자체다(요 14:6). 하나님은 그의 진리에 있어서 무한하시고 영원하시며 불변하시기에 진리는 거룩하다.

3. 마귀의 존재를 인정하지 않고서는 이 세상에 허위와 거짓이 만연해

있다는 사실을 이해할 수 없다. 하나님께서 진리의 근원이신 것처럼, 사탄은 비진리의 근원이요 거짓의 아비다(요 8:44). 하와가 하나님의 진리 대신 마귀의 말을 듣고 사탄의 거짓말을 믿었을 때 비진리가 인류에게 들어왔다. 사탄은 세상을 속이는 자다(계 12:9). 사탄은 비진리의 왕국을 확장하고 선전하길 원한다. 이러한 허위에 의해 조종받는 자들은 사탄 왕국의 시민이다.

4. 실용주의라는 현대 철학은 진리의 신성함을 위반한다. 실용주의는 어떤 것이 진리인가 그렇지 않은가에 중요성이 있지 않고 효과가 있느냐 없느냐에 달려 있다고 가르친다. 실용주의에 의하면 진리의 시금석은 성공이다. 이 개념은 미국인의 삶에 엄청난 영향을 끼쳤고 신앙생활에도 대단한 영향을 끼쳤다.

이 실용주의는 진리의 신성함에 대한 사람들의 인식을 심각하게 파괴하고 평가절하하는데 많은 해악을 끼치고 불변하는 절대 진리에 대한 믿음을 파괴했다.

5. 실용주의는 성경의 가르침을 혐오하고 건전한 교리의 중요성을 평가절하한다. 실용주의는 말하기를 웨스트민스터 신앙 표준문서가 17세기에는 진리였지만, 20세기에는 더 이상 적당하지 않다고 주장한다. 실제적인 효과와 행동을 요구하는 현대주의가 진리에 대한 무관심과 연결되면 그것만큼 사악한 것이 없다. 성경의 절대적이고 불변한 진리에 기초하지 않는 한 이 세상에 진정으로 실용적인 것은 없다.

6. 우리가 하나님의 진리를 진정으로 알고 사랑하려면 우리는 성령 하나님의 전능하신 사역으로서의 중생과 거듭남을 경험해야 한다. 이 거듭남은 우리 마음의 눈을 열어 하나님의 진리를 보게 하고 그것을 감사하게 만든다.

그 결과 거룩해지는 성화의 과정이 따라오고 마음속에 비진리와 거짓을 혐오하며 매일의 생활과 대화 속에서 정직과 신실함의 마음을 갖는다. 성령 하나님의 중생과 성화의 사역이 없다면, 우리는 영원히 비진리의 희생자로 남게 될 것이다.

7. 우리는 진리에 대한 편견을 가지고 진리를 의심하며 부정할 뿐만 아니라 허위와 거짓을 말하는 경향이 있다. 이러한 상태는 사탄의 기만적인 사역과 관계가 있고 부분적으로는 허물과 죄로 죽어 버린 우리의 영적 무지와 관계되어 있다(엡 2:1). 우리는 예수 그리스도를 믿고 이러한 죄로부터 자유를 누려야 한다.

제9계명의 금지

문 145: 제9계명에서 금지된 죄는 무엇인가?

답 145: 제9계명에서 금지된 죄는 우리 자신의 것과 마찬가지로 이웃이 지니고 있는 진실과 좋은 평판, 특히 공적 재판 사건에서 해치는 모든 일이니, 거짓 증거를 제공하고, 위증시키고, 고의로 나와서 악한 소송을 변호하고, 진실을 외면하고, 억압함이며 불의한 판결을 하고, 악을 선하다 선을 악하다 함이며, 악인을 의인의 행사에 따라 보상하고, 의인을 악인의 행사에 따라 보상하는 것이며, 문서 위조, 진실 은폐, 공의의 소송에 대한 부당한 침묵, 불법 행위가 우리 자신으로부터 책망과 다른 사람들에게 항고를 요구할 때 잠잠하는 것이다.

또한, 진리를 불합리하게 말하거나 그릇된 목적을 위해 악의로 말하고, 혹은 그릇된 의미로 혹은 의심스럽고 애매한 표정으로 진리 혹은 공의에 불리하도록 진리를 곡해함이며, 비진리를 말하고, 거짓말하고, 중상하고, 험담하고, 훼방하고, 고자질하고, 수군수군하고, 냉소하고, 욕설함이며, 조급하고, 가혹하고, 편파적으로 비난하는 것이다.

그외에도 오해하는 의도, 언어와 행동이며, 아첨, 허영심에 가득 찬 자만, 우리 자신이나 다른 사람들을 과대평가 혹은 과소평가하는 것이며, 하나님의 은사와 은혜를 부인함이며, 적은 과실들을 더욱 악화시킴이며, 자유로 이 죄를 자백하라고 호출된 때에 죄를 숨기거나 변명하거나 낮춤이며, 연약한 점을 쓸데없이 찾아내는 것이며, 거짓 소문을 내는 것이며, 나쁜 보도들을 받아들이고, 찬성하고, 공정한 변호에 대하여 귀를 막는 것이며, 악한 의심을 품는 것이다.

누구의 것이든 받을 만해서 받는 신앙에 대해 시기하거나 마음 아파하는 것이며, 그것을 손상하려 노력하거나 욕망함과 그들의 불명예와 추문을 기뻐하는 것이며, 조소하는 멸시, 어리석은 칭찬, 정당한 약속의 위반, 좋은 소문이 있는 일들을 소홀히 함 그리고 누명을 초래할 일들을 우리 자신이 실행하고 피하지 아니하거나, 다른 사람들이 못하도록 능히 할 수 있는데도 막지 아니하는 것이다(삼상 17:28; 삼하 16:3; 레 19:15; 히 1:4; 잠 19:5; 행 6:13 등).

Q 145: What are the sins forbidden in the ninth commandment?

A 145: The sins forbidden in the ninth commandment are, all prejudicing the truth, and the good name of our neighbors, as well as our own, especially in public judicature; giving false evidence, suborning false witnesses, wittingly appearing and pleading for an evil cause, outfacing and overbearing the truth; passing unjust sentence, calling evil good, and good evil; rewarding the wicked according to the work of the righteous, and the righteous according to the work of the wicked, forgery, concealing the truth, undue silence in a just cause, and holding our peace when iniquity calleth for either a reproof from ourselves, or complaint to others; speaking the truth unseasonably, or maliciously to a wrong end, or perverting it to a wrong meaning, or in doubtful and equivocal expressions, to the prejudice of truth or justice; speaking untruth, lying, slandering, backbiting, detracting, tale bearing, whispering, scoffing, reviling, rash, harsh, and partial censuring; misconstructing intentions, words, and actions; flattering, vainglorious boasting, thinking or speaking too highly or too meanly of ourselves or others; denying the gifts and graces of God; aggravating smaller faults; hiding, excusing, or extenuating of sins, when called to a free confession; unnecessary discovering of infirmities; raising false rumors, receiving and countenancing evil reports, and stopping our ears against just defense; evil suspicion; envying or grieving at the deserved credit of any, endeavoring or desiring to impair it, rejoicing in their disgrace and infamy; scornful contempt,

> fond admiration; breach of lawful promises; neglecting such things as are of good report, and practicing, or not avoiding ourselves, or not hindering: What we can in others, such things as procure an ill name.

1. 제9계명에서 금지된 죄의 일반적 범위는 우리와 타인의 진실과 좋은 평판과 배치되는 모든 것이다. 제9계명은 말이나 행동이나 죄악의 침묵이나 그 어떤 방식으로든지 사람과 사람 사이의 진실을 유지하는 것을 방해하고 좋은 평판을 왜곡하는 모든 행위를 금한다.

2. 우리 자신의 선한 평판을 해치는 것이 죄가 되는 것은 우리 이웃을 우리 자신과 같이 사랑해야 한다는 사랑의 계명에는 자신을 향한 적절한 사랑이 하나님께서 주신 의무라는 것이 암시되어 있다. 각 개인이 하나님의 형상을 지니고 있고 하나님께 영광을 돌리기 위해 창조되었기에 합법적인 선한 평판은 보존되어야 한다. 이 의무는 반드시 우리 이웃의 선한 평판의 보존과 균형을 이루어야 하고 하나님의 영광과 영예를 향한 최고의 열정에 종속적이어야 한다.

3. 국가나 교회의 법정에서 말과 행동이나 침묵으로 진리를 반대하는 것은 악한 거짓이다. 법정에서 거짓 증거를 제출하고 위증하며 거짓 맹세하는 것은 진리이신 하나님의 본성과 반대되기에 죄악이다. 이것은 우리 이웃 권리를 박탈함으로 이웃을 사랑하는 것과 반대되는 것이기 때문이다. 또한, 이것은 하나님께서 정하신 공의의 규례를 제한하는 것이고 죄로 말미암아 타락한 인간의 도덕적 부패로부터 흘러나오는 것이기 때문에 악하다.

4. 위증을 시키는 것은 법정에서 거짓 증거를 제시함으로 죄가 있는 사람이 형벌을 면하게 하거나 무죄한 사람을 형벌하도록 하여 법정이 진정

한 사실과 다른 판결을 하게 만드는 것이다.

오늘날 돈을 벌기 위해 거짓 증거를 제공하는 일 가운데 하나가 바로 현장부재증명, 즉 알리바이다. 많은 사람이 돈을 받고 법정에서 재판 중에 특정한 사람이 그 범죄가 행해진 시간에 다른 도시에 있었다고 거짓말하는 것이다.

5. 고의로 나와서 악한 소송을 변호하는 것은 악인을 무죄하다고 변호하는 것이나 그릇된 것을 옳다고 말하는 것이 죄악이기 때문이다. 변호사는 죄인을 무죄한 자로 변호해서는 안 된다. 다만 그가 법이 요구하는 형량 이상의 형벌을 받는 것을 막아야 할 책임이 있다.

6. 진실을 외면하고 억압하는 것은 그의 마음과 양심이 알고 있는 진리를 거스르고 반대하는 고집스럽고 완고하며 악한 노력이다. 진실에 대한 고집스러운 반대는 진실 편에 서 있는 사람이나 기관에 대한 깊은 선입견으로부터 출발한다.

엄격하며 신실한 교회를 떠나 좀 더 자유분방한 교회로 옮긴 자들이 종종 이전에 회원으로 있었던 교파의 교리와 원리를 고집스럽게 반대하고 비판하는 자들은 진실에 대한 열정이 없었다는 것을 드러냄이다. 이런 행위는 모두 사악하고 하나님을 불쾌하게 하는 것이다.

7. 문서 위조는 그릇된 것을 말하는 글로 쓴 문서뿐만 아니라 법정 소송이나 계약 등에 사용된 모든 거짓을 포함한다. 따라서 진실을 은폐하는 것은 거짓말을 하는 것과 본질에서 같다. 이것은 어떤 이들을 속이려는 의도로 수행되기에 거짓말에 상응하는 거짓 행동이다.

8. 진실 은폐가 항상 죄인 것은 아니다. 어떤 때는 그것을 알 권리나 필요가 없는 자들에게 그 일을 숨겨야 하는 것이 우리의 의무인 경우가 있

다. 예를 들어, 치명적인 군사 정보를 적들의 손에 넘기지 않는 것은 그릇된 일이 아니라, 그것은 오히려 의무다.

9. 공의의 소송에도 불구하고 침묵을 지키는 것은 진리와 공의를 위해 말하는 것이 우리 의무가 될 상황에서 개인적인 이익을 이유로 침묵하는 것이다. 소송 사건이나 법정에서 증인이 되어 증언하는 것은 우리의 의무다. 그렇게 하는 것을 거절하고 미적거린다면 그것으로 말미암아 진실은 왜곡되고 무죄한 자는 고통을 당하며, 죄인은 그 죄를 면하게 될 것이다.

10. 불순한 의도로 진실을 말하는 것은 지혜나 일반 상식이 더 적절한 시기까지 기다리라고 함에도 그릇된 시기에 진실을 말하는 것이다. 만일 어떤 이가 기차를 잡으려고 서두른다면 우리는 그에게 그 시간에 구원의 복음을 말하려고 하지 않아야 한다. 그 사람이 이 주제에 대해 주의를 기울일 수 있는 더 적당한 시간을 찾을 때까지 기다리는 것이 적절하고 현명하다.

11. 중상은 어떤 사람에 대한 거짓된 사실을 사악하게 말하는 것이다. 험담이란 비밀스럽게 그 사람 모르게 뒤에서 그릇된 보고를 하는 중상의 더 심한 표현이다. 중상과 험담은 진실이 아니므로 죄악일 뿐만 아니라 그것이 우리 이웃을 적절하게 사랑하는 것과 배치되고 그의 선한 평판을 해하는 것이기에 죄악이다.

12. 훼방하는 것은 비방하는 것이다. 이것은 사람의 영향이나 선한 평판과 명성을 흩뜨리기 위해 사람을 평가절하하거나 그 사람에 대해 나쁘게 말하는 것이다. 고자질하고 수군수군하는 것은 다른 사람의 죄와 실수에 대한 악의적인 전파다. 수군수군하는 것은 고자질의 가장 경멸적인 형태다. 이것은 다른 사람의 이야기나 소문을 몰래 돌리는 것이다.

13. 다른 사람의 비행을 말하는 것이 항상 그릇된 일은 아니다. 만일 한 아이가 도적질하거나 물건을 파괴하고 있다면, 그 아이의 부모에게 그 사실을 알리는 것이 우리의 의무일 것이다. 만일 국내법을 위반했고 중요한 문제라면 정부의 권위 있는 합법적 기관에 신고하는 것이 우리의 의무다. 이것은 그 동기가 한담이나 다른 사람의 범죄를 알림으로 죄악 된 기쁨을 누리는 것과 관련되어 있지 않고 오히려 비행이 반드시 멈추고 공의가 시행되어야 한다는 적절한 욕구와 관계되어 있다.

14. 냉소적이고 욕설하는 것은 남을 해하고 불행하게 만들려는 목적으로 조롱하고 비웃는 것이다. 욕설하는 것은 일반적으로 중상하고 매도하는 것이다. 이것은 진실과 정의와 반대되고 우리 이웃을 사랑하라는 계명과는 반대로 악하게 말함으로 반대하고 상처를 입히는 것이다.

그리스도인이 그들의 믿음 고백으로 조롱당한다면 그것이 바로 냉소적이다. 그들이 위선자라고 놀림을 당한다면 그것이 바로 욕설하는 것이 된다. 냉소적이며 욕설하는 것은 그것이 진실과 우리 이웃을 사랑하는 것과 배치되기에 항상 그릇된 것이다.

15. 우리 자신이나 다른 사람을 과대평가하거나 과소평가하는 것은 진실에 입각한 것이 아니므로 그릇된 것이다. 우리는 다른 사람과 자기 자신을 향한 의무를 지니고 있다. 이 두 가지 경우 모두 과대평가하거나 과소평가하는 것은 그릇된 것이다. 어떤 그리스도인은 그릇된 겸손으로 언제나 자기 자신을 무가치하게 말한다. 이것은 그에게 주신 하나님의 은혜와 은사를 비방하는 것이기 때문에 그릇된 것이다.

16. 하나님의 은혜와 은사를 부인하는 것은 우리에게 주어졌든지 다른 이들에게 주어졌든지 고집스럽게 하나님의 참된 은혜와 은사를 기꺼이 인식하기를 거부하는 것이다. 때때로 어떤 사람이 기독교 신앙을 고백했

다는 말을 들으면 다른 사람은 그 사람이 그렇게 신실하고 정말로 회심했다는 것을 마지못해 믿는다.

하나님께서 모세를 부르셨을 때, 모세는 그 명령을 좇는 일에 동의하지 않았고, 출애굽 사명에 필요한 자격 조건을 갖추지 못했다고 부인했다. 이것은 바로 하나님께서 그에게 주신 은혜와 은사를 부인하는 결과를 낳았다(출 4:10-13).

17. 적은 과실을 더욱 악화시키는 것은 다른 사람의 적은 과실이나 실수를 좀 더 심각하고 중요한 것으로 만드는 것이다. 우리는 검정을 흰색으로 흰색을 검정으로 불러서는 안 된다. 우리는 사람의 과실을 그들의 미덕으로 간주하거나 전혀 과실이 아닌 것으로 여겨서는 안 된다.

그러나 사람의 적은 과실을 엄청나게 심각한 것으로 제시해서도 안 된다. 마태복음 7:3-5에 있는 우리 주님의 말씀은 우리가 다른 사람의 적은 과실을 수정하려 하기 이전에 우리 자신이 심각한 과실의 소유자임을 상기시켜 준다.

18. 우리는 그릇된 소문이 사실인지 그렇지 않은지 모를 수 있다. 따라서 우리는 그 소문을 옮기기 전에 그것이 정말 정확한 사실인지 그렇지 않은지를 확인하는 수고를 아끼지 않아야 한다. 그리고 설마 그것이 사실이라 할지라도 그것을 쓸데없이 옮기는 일은 하지 않아야 한다. 다른 사람의 불명예에 대한 소문을 듣는 것마다 쉽게 믿고 옮기는 어리석은 사람들의 호의로 인해 엄청난 해악과 피해가 발생했다. 이러한 경솔한 습관은 공의에 반대될 뿐 아니라 우리 이웃을 향한 사랑과도 배치된다.

19. 공정한 변호에 귀를 막는 일은 맹목적이고 극단적인 선입견이 이러한 종류를 일으킨다. 이것은 스데반이 자신을 변호했을 때 나타낸 유대인 관원의 태도에서 잘 예증 된다(행 7:57). 이와 마찬가지로 빌라도 법정

에서의 유대인 군중은 예수님에 대한 공정한 변호 듣기를 거절했고, 그를 십자가에 못 박을 것을 종용했다(마 27:22-24).

사도 바울 역시 예루살렘성 의 계단에서 자신을 변호하려 했지만 군중들은 그의 말 듣기를 거절했고 그의 연설을 폭력적으로 멈추게 했다(행 22:22-23), 이 모든 경우는 극단적인 선입견에 따른 행동을 잘 보여 주는 실례이다. 이러한 폭력적인 선입견은 무지와 오해의 결과일 뿐만 아니라 깊이 스며든 인간의 타락한 마음과 악의 결과다.

20. 악한 의심이란 온당한 증거를 통해 확인되는 합법적인 의심을 금하지 않는다. 그것은 오히려 증거에 의해서가 아니라 그렇게 되기를 부적절한 생각에 근거하고 혹은 다른 이들에 관한 나쁜 소식을 믿는 믿음에 근거한 의심을 의미한다. 우리의 죄악 된 마음으로 사람들의 행동에 대해 실제적인 사실을 좀 더 자비롭고 관대하게 설명할 수 있음에도 불구하고 너무 쉽게 나쁜 해석을 하는 것이 악한 의심이다.

21. 정당한 약속과 맹세를 위반하는 것은 우리가 하나님을 향하여 우리 행동에 대한 도덕적 책임을 지닌 자이기에 그릇된 일이다. 성경이 말하는 경건한 자는 그의 합법적 맹세를 재정적인 이유로 변경하지 않는다.

 81

십계명의 요구와 금지

문 146: 제10계명은 무엇인가?

답 146: 제10계명은 "네 이웃의 집을 탐내지 말지니라, 네 이웃의 아내나 그의 남종이나 그의 여종이나 그의 소나 그의 나귀나 무릇 네 이웃의 소유를 탐내지 말지니라" 이다(출 20:17).

Q 146: Which is the tenth commandment?

A 146: The tenth commandment is, Thou shalt not covet thy neighbor's house, thou shalt not covet thy neighbor's wife, nor his manservant, nor his maidservant, nor his ox, nor his ass, nor any thing that is thy neighbor's.

문 147: 제10계명에서 요구된 의무는 무엇인가?

답 147: 제10계명에서 요구된 의무는 우리 자신이 가진 그대로 온전히 만족하고 우리의 이웃에 대하여 온 영혼의 인자한 태도를 보임으로써 그에게 대한 우리의 모든 내부적 동기와 애정이 그의 소유 전체에 주의하고 조장함이다(히 13:5; 딤전 6:6; 욥 31:29; 롬 12:15 등).

Q 147: What are the duties required in the tenth commandment?

A 147: The duties required in the tenth commandment are, such a full contentment with our own condition, and such a charitable frame of the whole soul toward our neighbor, as that all our inward motions and affections touching him, tend unto, and further all that good which is his.

1. 만족은 우리를 향한 하나님의 섭리에 따른 상황과 상태를 불평하거나 다른 이들의 축복이나 소유물을 시기함 없이 기꺼이 인정하는 태도다. 기독교에 의하면 만족과 자족이 미덕이지만 공산주의에 의하면 그것은 죄악이다.

2. 공산주의는 '종교는 인민의 아편'이라는 슬로건을 내세우며 제10계명을 특별히 반대한다. 기독교는 사람들이 처한 삶의 상황에 만족하고 인내하는 것이 의무라고 가르치지만, 공산주의는 가난한 자가 부자의 재물을 탈취하는 폭력적인 혁명을 통해 삶을 개선할 수 있다고 가르친다.

3. 하나님의 섭리에 의한 우리의 상태에 만족하는 것은 우리의 의무다. 그러나 이런 의무가 합법적인 수단과 방법을 사용하여 우리의 상태를 개선하는 것은 잘못이 아니다. 그래서 만족의 의무가 게으름의 핑계나 향상심의 결핍 또는 노력의 소홀함 이유가 될 수 없다.

우리는 우리의 상태를 개선하기 위해 모든 합법적인 수단과 방법을 통해 부를 증진할 수 있다. 이것은 우리 삶에서 최우선의 관심사를 부의 증진에 두는 것을 배제한다. 우리의 상황을 개선하는 동안에도 우리는 언제나 반드시 하나님과 하나님의 나라를 우리의 참된 부요함으로 여기며 살아야 한다.

4. 기독교가 인민의 아편이라는 말은 진실이 아니다. 기독교가 사람들의 삶의 상태를 엄청나게 개선한 사례들이 있다.

첫째, 바닷물의 침투에 따른 잠식으로부터 땅을 보호해야 했던 아주 작은 나라인 네덜란드다.

둘째, 대부분 바위 언덕으로 구성되어 농업을 할 수 없었고 많은 인구를 수용할 수 없었던 스코틀랜드다.

셋째, 돌이 가득하고 많은 언덕과 혹독하게 추운 겨울로 유명한 뉴잉글랜드다.

이 세 지역에서 기독교가 수용되었고 부흥되었다. 그 결과 자연적인 불리함에도 이 세 지역은 세상에서 가장 유명한 발전과 번영의 나라가 되었다.

5. 제10계명은 우리 이웃을 향해 마음을 다한 인자한 태도를 요구한다. 제10계명은 우리가 우리 이웃의 참된 복지와 번영을 마치 우리의 것인 양 감사하고 기뻐하는 방식으로 우리 이웃을 사랑할 것을 요구한다. 그러나 우리의 죄악 된 마음은 다른 사람의 복지와 번영에 대해 극단적으로 이기적이고 시기와 탐욕을 나타낸다. 오직 우리 마음에 성령 하나님의 능력으로 역사하시는 은혜로만 우리는 우리 이웃을 내 몸과 같이 사랑할 수 있게 된다.

6. 우리 이웃을 향한 내면적 동기와 애정은 우리 인격으로부터 흘러나와 우리의 외면적 삶과 행동을 결정하는 마음의 생각과 욕구와 동기다. 따라서 제10계명은 우리 이웃과 이웃의 모든 소유물에 대한 올바른 생각과 욕구와 동기를 요구한다.

7. 우리의 삶이 우리 아웃의 복지를 위해 그들을 잘 돌보아 주어야 하는 것은 하나님께서 우리를 인간 사회의 한 구성원으로 두셨기 때문이다. 인류가 그들의 복지를 위해 서로에게 의존적이라는 것은 하나님의 계획과 목적이다. 우리에게는 우리 형제를 지키는 자라는 의식과 의무가 있기에 우리 삶은 우리 자신의 것뿐 아니라 그들의 번영과 복지까지도 잘 돌보아야 한다.

8. 제10계명은 사유 재산권에 대해 말하고 있다. 공산주의에는 사유재산이 있을 수 없다. 모든 것은 국가 아니면 일반적 의미에서 집합적으로 소유한다. 사람들은 빌려 쓸 뿐이다. 물론, 이러한 극단적인 공산주의는 인류가 몇 가지 소유물에 대한 사적인 소유권을 요구하기에 한 번도 실행되지 않았다. 네 이웃의 소유물을 탐내지 말라고 요구하는 제10계명은 사적인 재산권이 신적으로 재가 된 인간의 권리임을 암시한다. 이것은 또한 인간이 하나님의 형상으로 창조된 존재임을 암시한다.

> 문 148: 제10계명에서 금지된 죄는 무엇인가?
> 답 148: 제10계명에서 금지된 죄는 우리 자신이 소유한 재산을 불만하여, 이웃의 소유를 질투하고 마음 아파하는 동시에 이웃의 소유에 대한 난폭한 동향과 애착심을 가짐이다(왕상 21:4; 에 5:13; 고전 10:10 등).
>
> Q 148: What are the sins forbidden in the tenth commandment?
> A 148: The sins forbidden in the tenth commandment are, discontentment with our own estate; envying and grieving at the good of our neighbor, together with all inordinate motions and affections to anything that is his.

1. 불만은 하나님의 섭리에 대한 불만족과 연관되어 있기에 죄다. 불만은 하나님이 자신을 바르게 대우하지 않는다는 느낌이다. 따라서 불만은 하나님의 과실을 찾는다. 그러므로 불만은 불경스러운 태도이고 하나님의 선하심과 사랑을 불신하는 태도다.

2. 시기하는 것은 다른 이들이 소유하거나 즐기는 것에 대한 이기적이고 적대적 앙심의 감정이다. 그것은 자신이 축복을 누리지 못한다면 남들도 누리지 못해야 한다는 감정이다. 만일 우리 이웃이 하나님께서 우리에게 주시지 않은 축복을 받는다면 우리는 그들이 그러한 좋은 것을 받지

못할 것을 악하게 소원하는 것이다. 따라서 시기하는 것은 죄악 된 이기주의에서 흘러나오는 것이기 때문에 그릇된 것이다. 이기적이지 않은 사람은 질투하지 않는다.

3. 이웃의 행복에 마음 아파하는 원인은 인간의 타락한 마음 때문이다. 우리는 물질적이든 영적이든 다른 사람이 누리는 모든 축복에 대해 기뻐해야 한다. 그러나 우리의 타락한 마음으로 인해 우리는 때때로 하나님께서 그들에게 베풀어 주신 축복을 감사하지 못하고 우리 이웃의 범죄 사실과 그들의 상실에 대해 더 큰 만족을 느낀다.

4. 마음의 그릇된 태도가 우리 이웃의 소유물에 대한 과도한 애착심으로 인해 제10계명을 위반한다. 잘못된 행동뿐만 아니라 마음의 그릇된 태도까지 이 계명과 배치된다. 이 계명은 특별히 외면적인 행동만이 죄가 아니라 생각과 욕구와 동기와 마음의 태도까지 죄가 될 수 있음을 강조한다.

5. 성경의 어떤 인물 중 나봇의 포도원을 탐냈던 아합과 세상 명예를 탐내서 모르드개를 제거하려던 하만이 제10계명을 악한 방법으로 위반했다. 각각의 경우 탐욕의 죄는 또 다른 형태의 죄로 이끌었다.

6. 탐심은 우상 숭배다(골 3:5). 그러면 제10계명은 제2계명과 연관된다. 이스라엘이 바알을 숭배한 것은 물질에 대한 탐심 때문이었다. 그 결과는 이스라엘 왕국과 유다 왕국의 비참한 멸망이었다. 한 사람이 두 주인을 섬길 수 없다(마 6:24). 마태가 물질을 섬기다가 예수님의 제자가 된 것은 하나님의 은혜였다.

7. 우리는 지금까지 대요리문답 문 98부터 십계명을 살펴 보았다. 십계명은 율법의 요약이고 하나님의 뜻이며 그 핵심은 사랑이다. 율법은 처음

부터 구원의 수단이 아니었다. 출애굽이 구원이라면 율법은 구원 이후에 주어졌다. 율법은 구원받은 백성의 삶의 지침으로 주어진 것이다. 이렇게 분명한 사실을 간과하면 율법을 구원의 수단으로 오해하여 신학적 혼란이 야기된다.

82
율법준수의 불가능성

문 149: 어떤 사람이든지 하나님의 계명을 완전하게 지킬 수 있는가?

답 149: 아무도 자기 스스로나 현세에서 받는 어떠한 은혜로나 하나님의 계명을 완전하게 지킬 수 없고, 언행 심사 간에 매일 계명을 범할 뿐이다 (약 3:2; 요 15:15; 롬 8:3 등).

Q 149: Is any man able perfectly to keep the commandments of God?

A 149: No man is able, either of himself, or by any grace received in this life, perfectly to keep the commandments of God; but doth daily break them in thought, word, and deed.

1. 이미 거론한 십계명 곧 하나님의 계명에 대해서 어떤 인간도 완전하게 지킬 수 없다는 것은 모든 인류가 끊임없이 여러 죄를 범하는 죄악 된 마음과 본성을 가지고 태어나기에 진실이다. 모든 사람은 원죄로 말미암아 타락하고 부패한 본성을 가지고 이 세상에 태어난다. 이 원죄는 필연적으로 사람의 삶과 행동의 도덕적 성질을 결정한다. 성령으로 말미암아 거듭난 사람일지라도 현세에서 이 원죄의 부패는 완전히 없어지지 않고 다만 억제될 뿐이다.

2. 원죄는 오늘날 일반적으로 수용되지 않고 있다. 하나님의 말씀이 원죄와 전적 타락의 교리를 명백하게 교훈하고 있지만, 이 진리들은 오늘날 인기 없는 교리다. 많은 사람은 이 진리가 전파되는 것을 싫어한다. 오늘날의 대중적인 취향은 모든 사람에게는 선함이 다분히 있고 악을 극복할

만한 충분한 선이 있다는 것이다. 이런 낙관적인 견해는 성경에서가 아니라 오늘날 유행하는 인간의 발전과 개량이라는 진화론적 철학에 근거한다. 그러나 성경은 인간의 본성에 대한 낙관적 견해 대신에 인간의 도덕적인 상태에 대해서 명백하게 비판적이다.

3. 하나님의 은혜와 성령님의 능력으로 하나님의 계명을 현세에서 완전하게 지킬 수 있다고 믿는 신념은 완전주의라 불린다. 이러한 사상은 하나님 요구의 참된 본질과 범위에 대한 인식의 실패에 기인한다. 하나님의 도덕법에 대한 영적 본질과 포괄적인 성격을 진정으로 이해한다면 결코 완전주의자가 될 수 없다.

4. 성경에서 절대적인 도덕적 완전을 현세에서 성취했다고 주장하는 사람은 아무도 없다. 가장 뛰어나고 거룩한 자들도 모두 범죄한 죄인이었음을 스스로 고백하였다. 예를 들면, 다윗의 많은 시편은 죄의 고백을 담고 있다. 사도 바울은 회심한 이후 죄와의 계속적 전투를 경험했다. 베드로는 성령으로 충만함을 받은 이후 일관성 없는 행동을 공적으로 책망받았다(갈 2:11-14). 이 세상에서 우리 주 예수 그리스도를 제외한다면 성경을 통해 현세에서 완전한 인간을 찾는 것은 헛된 일이다.

문 150: 하나님 율법의 위법은 그 자체가 하나님 보시기에 동등하게 흉악한가?

답 150: 하나님의 율법의 위법은 동등하게 흉악한 것이 아니지만 어떤 죄만은 더욱 악화하는 까닭에 하나님 보시기에 다른 죄보다 더 흉악하다(요 5:16 ; 19:11; 겔 8:6 등).

Q 150: Are all transgressions of the law of God equally heinous in themselves, and in the sight of God?

A 150: All transgressions of the law of God are not equally heinous; but some

> sins in themselves, and by reason of several aggravations, are more heinous in the sight of God than others.

　1. 율법은 하나님의 뜻이고 그 핵심은 사랑이다. 율법은 구원의 수단이 아니고 사람들의 생활 지침이다. 이러한 율법의 어김은 죄가 된다. 하나님 보시기에 율법을 위반한 모든 죄가 다 흉악하다. 아무런 문제가 되지 않는 죄는 없다. 아무리 가장 작은 죄라 할지라도 영원히 죄악이 된다. 아무 문제가 되지 않을 정도로 무시될 만한 죄는 없다.

　2. 모든 죄가 하나님 보시기에 동일한 것은 아니다. 가장 사소한 죄라도 거룩하신 하나님을 대적하는 죄이고 따라서 절대적으로 악한 것이지만 어떤 죄는 그 자체로 다른 죄보다 악하고 어떤 죄는 여러 가지 악화 요인 때문에 하나님 앞에 더 악하다.

　3. 어떤 죄가 본질에서 다른 죄보다 하나님 보시기에 더 흉악하다는 진술은 어떤 특정한 상황을 제외하고 어떤 죄가 다른 죄보다 더 흉악하다는 것을 의미한다. 예를 들면, 살인의 죄는 도적질의 죄보다 더 흉악하고, 도적질의 죄는 게으름이나 나태의 죄보다 흉악하다.

　4. 로마가톨릭은 치명적인 죄와 경미한 죄를 구분한다. 치명적인 죄는 영원한 사망과 영혼의 정죄를 가져오는 하나님의 계명을 위반하는 죄이고, 경미한 죄는 치명적인 죄에 대해서는 거절하고 우리 마음에 하나님의 사랑을 약간 감소시키고 하나님의 도움을 받기에는 무가치할 정도로 하나님의 계명에 대한 사소한 위반이라는 것이다.

　5. 이러한 가르침은 모든 죄가 하나님의 영원한 형벌을 받기에 충분한 죄라는 성경의 교훈 때문에 그릇된 것이다. 성경에 의하면 죄의 삯은 사

망이다(롬 6:23). 여기 죄의 삯이라고 할 때의 죄란 모든 종류의 죄를 포함한다. 그래서 로마가톨릭이 어떤 죄가 하나님 계명의 사소한 위반이라고 가르치는 것은 잘못이다.

6. 일반적으로 존경받는 사람들이 범하는 사소한 죄들은 중요하지 않고 회개할 필요가 없는 죄라고 생각하는 경향은 상투적인 부실이고, 순백의 거짓말이며, 간헐적인 신성 모독이다. 많은 사람은 사소한 죄들이 살인이나 도적질과 같은 공개적 죄가 아니므로 진정한 의미에서의 죄가 아니라고 생각한다.

어떤 이들은 그들이 이웃의 평균적인 상태를 넘어서는 특정한 죄를 저지르지 않았기 때문에 자기를 선한 그리스도인이라고 간주한다. 그들은 자기에게 사소한 과실과 결점이 있기는 하지만 실제적인 죄를 짓지는 않았다고 주장한다. 그러나 우리는 의와 죄에 대한 세상의 판단과 하나님의 기준이 매우 다르다는 사실을 깨달아야 한다.

7. 요한일서 5:16에서 사망에 이르는 죄는 회개의 가능성이 없기에 영원한 사망을 낳는 죄의 형태다. 즉, 그리스도의 복음을 고의로 오랫동안 거절하는 죄다. 참되게 거듭난 그리스도인은 결코 이러한 죄를 범하지 않는다. 사망에 이르지 않는 죄는 그리스도를 고의적이고 영구적으로 거절하지 않는 죄다. 이런 죄는 참된 그리스도인들도 범할 수 있다.

우리가 사망에 이르지 않는 죄를 범하는 그리스도인 형제들을 위해 예수님의 이름으로 기도하면 하나님께서 우리 기도에 응답하셔서 그들이 영적 회복의 상태로 돌아올 수 있을 것이다.

83
죄의 악화

문 151: 다른 죄들보다 더 흉악하게 악화시키는 것들은 무엇인가?
답 151: 죄는 다음과 같은 데서 더 악화하게 된다.

첫째, 범죄하는 사람.
범죄자의 나이가 많거나 더욱더 많은 경험이나 은혜를 가졌거나, 직업, 재능, 지위, 직임에서 탁월하고 다른 사람의 지도자, 다른 사람이 따를 만한 모범이 될 수 있는 경우에 그렇다.

둘째, 피해당한 당사자.
하나님과 그의 속성, 그의 예배에 대항하거나 그리스도와 그의 은혜, 성령과 그의 증거 및 역사, 윗사람, 탁월한 사람, 우리가 특별히 관계되고 약속된 사람, 어떤 성도들 특별히 연약한 성도와 그들 혹은 다른 사람의 영혼, 모든 사람 혹은 많은 사람의 공통적 복리에 대항하여 범죄한 때에 그렇다.

셋째, 범죄의 성격과 특질.
율법의 명시된 문자를 그대로 범했거나, 많은 계명을 범했으므로 거기에 많은 죄가 포함되어 있거나 마음에 품었을 뿐 아니라, 말과 행동으로 쏟아져 나오고, 다른 사람들을 중상하고 배상할 의지가 없거나 긍휼을 베푸는 일, 심판, 본성의 빛, 양심, 판결, 공적 혹은 사적 훈계, 교회의 권징, 세속적 징벌이나 하나님 혹 사람들에 향한 우리의 기도, 목적, 약속, 서약, 언약, 용무에 대항하여 고의로, 일부러, 뻔뻔스럽게, 으스대면서, 악의로, 자주, 완강히, 기쁨으로, 계속, 혹은 회개한 후에 다시 타락함으로 범죄하는 경우에 그렇다.

넷째, 때와 장소의 상황.

즉 주일이나 다른 예배 시 또는 예배 직전이나 직후에 실수를 미리 막거나, 고치는 데 도움이 있거나, 공석이나 또는 다른 사람들이 있어서 이로써 그들이 선동되거나 불결해지기 쉬운 경우에 범죄하면 그렇다(렘 2:8; 욥 32:7, 9; 전 4:13 등).

Q 151: What are those aggravations that make some sins more heinous than others?

A 151: Sins receive their aggravations,

1st. From the persons offending: if they be of riper age, greater experience or grace, eminent for profession, gifts, place, office, guides to others, and whose example is likely to be followed by others

2nd. From the parties offended: if immediately against God, his attributes, and worship; against Christ, and his grace; the Holy Spirit, his witness, and workings; against superiors, men of eminency, and such as we stand especially related and engaged unto; against any of the saints, particularly weak brethren, the souls of them, or any other, and the common good of all or many.

3rd. From the nature and quality of the offense: if it be against the express letter of the law, break many commandments, contain in it many sins: if not only conceived in the heart, but breaks forth in words and actions, scandalize others, and admit of no reparation: if against means, mercies, judgments, light of nature, conviction of conscience, public or private admonition, censures of the church, civil punishments; and our prayers, purposes, promises, vows, covenants, and engagements to God or men: if done deliberately, wilfully, presumptuously, impudently, boastingly, maliciously, frequently, obstinately, with delight, continuance, or relapsing after repentance.

4st. From circumstances of time and place: if on the Lord's day, or other times

> of divine worship; or immediately before or after these, or other helps to prevent or remedy such miscarriages: if in public, or in the presence of others, who are thereby likely to be provoked or defiled.

1. 성숙한 자가 범하는 죄에 더 가중되는 것은 하나님의 뜻과 그의 은혜와 구원을 배우고 경험했기 때문이다. 그리스도인이라고 알려진 자가 죄와 추문에 관계된다면 그들의 믿음의 고백은 오히려 그들의 죄를 가중하는 요인이 된다. 교회나 국가의 공적인 지위에 있는 자들이 의로운 행실에 실패한다면 그들의 죄는 자기의 공적인 지위로 인해 더욱 가중될 것이다.

2. 하나님을 직접 대적하는 범죄가 특별히 흉악한 죄가 되는 것은 영원하신 하나님의 위엄과 거룩 그리고 우리 주 여호와 하나님을 우리 혼과 영과 마음과 뜻과 목숨과 힘을 다하여 사랑해야 할 우리 최고의 의무 때문이다. 특별히 극악무도한 죄는 무신론과 우상 숭배와 하나님의 이름을 망령되이 일컫는 것과 안식일을 범하는 것과 같은 죄다. 이 모든 죄는 하나님을 직접 대적하는 죄다.

3. 예수 그리스도와 그의 은혜를 대적하는 죄가 특별히 하나님 앞에서 흉악한 죄가 되는 것은 그리스도 자신이 하나님이시기에 그리스도를 대적하는 죄가 곧 하나님을 대적하는 죄이기 때문이다. 그리스도의 은혜를 대적하는 죄는 하나님의 사랑과 자비를 대적하는 죄가 배가 되기에 반드시 회개해야 한다.

4. 성령의 증거와 사역을 대적하는 죄가 하나님 앞에서 흉악한 죄가 되는 것은 성령님이 하나님의 사랑과 은혜로 그의 백성의 심령에 좌정하여 역사하시는 분이시기 때문이다. 성령 하나님의 내적 증거와 역사하심을

대적하는 것은 하나님의 은혜로운 선물을 모욕하는 것이다. 성령의 내적 사역을 거부하고 경멸하는 모든 자는 가중된 죄를 짓는 자다.

5. 우리와 특별한 관계에 있는 자들을 해치는 죄가 흉악한 죄가 되는 것은 우리와 특별히 가까운 관계에 있는 자들일수록 그들을 정의와 사랑으로 대하는 것이 큰 의무이기 때문이다. 이것은 혈연관계이든지 사회적 관계이든지 관계없이 중요하고 참된 것이다. 이 진리는 종종 망각 되고 무시된다. 사람은 자기 가족을 반드시 먼저 고려해야 한다. 이런 것에 실수하는 것은 하나님 앞에서 가중되는 죄를 범하는 것이다.

6. 동료 그리스도인을 대적하는 범죄는 하나님 앞에서 특별히 악하다. 그리스도 안에 있는 모든 그리스도인은 형제이고 고려의 우선 대상이다. 그들 중에 누구라도 대적하면 그리스도 몸의 한 지체를 대적하는 것이 된다. 하나님의 목적을 훼방하는 사탄의 가장 효율적인 방법 가운데 하나가 바로 그리스도인 사이에 불화와 다툼을 일으키는 것이다(잠 6:19).

7. 누가 살인자인지 누가 도적인지 상관없이 그 범죄가 언제 어느 장소에서 벌어졌든지 상관없이 살인은 도적질보다 더 흉악한 죄다. 누가 그 일을 하든지 언제 왜 그 일을 하든지 관계없이 살인은 그 자체로 도적질보다 사악하다.

8. 모든 죄는 사람의 마음 또는 가장 깊은 곳에서 시작된다(막 7:21-23). 죄는 마음으로부터 나오고 말과 행동이라는 외면적인 행동을 통해 표현된다. 하나님 앞에서 죄를 마음에 품는 것만으로도 죄악이지만 죄를 실제적인 행동으로 옮긴 것은 더 악하다(약 1:14-15).

9. 타인을 중상한 죄가 하나님 앞에서 더 특별히 심각한 죄가 되는 것

은 단순히 두 편이 아니라 세 편, 즉 자신과 이웃과 그리고 하나님과 관계된 죄이기 때문이다. 다른 이에게 영향을 끼치지 않는 죄와 오직 죄인 자신과 하나님만 아는 죄보다 다른 사람을 중상하고 죄를 짓게 유혹하는 죄가 더 심각한 범죄다.

10. 공적 혹은 사적 권면, 교회의 권징, 정부의 징벌에 대항하여 짓는 죄가 하나님 앞에서 가중되는 것은 권면과 권징과 징벌이 죄를 향해 하나님께서 보이시는 불쾌의 방식이고 그것으로부터 떠나서 의를 행하라고 경고하시는 것이기 때문이다. 이러한 경고를 의도적으로 의지적으로 주제넘게 무시하면 무시할수록 그의 죄과는 더욱 가중된다.

11. 주의 날이나 다른 지정된 예배 시간 또는 그 시간 직전이나 직후에 죄를 범하면 그 죄가 더욱 가중되는 것은 그 자체의 죄뿐만 아니라 여호와의 날을 더럽힌 죄까지 연관된 죄가 되기 때문이다. 바리새인들이 예수님을 죽일 목적으로 안식일 날 회의를 열었다. 이것은 더욱 가중된 죄다. 살인의 음모를 목적으로 한 회의는 시간과 장소를 불문하고 그 자체로 불법이다. 더구나 안식일 날 벌어졌기에 바리새인들의 죄는 더욱 가중된다(마 12:9-14).

12. 공적으로 저질러진 범죄나 다른 이들에게 나쁜 영향을 끼치는 범죄가 하나님 앞에서 더욱 악한 것은 많은 사람을 오염시키기 때문이다. 하나님의 성전에서 성전의 금잔과 은잔으로 술을 마시는 자는 가장 은밀하게 했다고 할지라도 죄악이다. 벨사살왕이 수천 명의 백성과 신하들과 왕후들과 빈궁들 앞에서 공개적으로 그렇게 했을 때 그 죄는 더욱 가중된다(단 5:1-4, 23). 이 모든 죄는 인간 스스로 해결할 수 없다.

문 152: 모든 죄는 하나님의 손에 무엇을 받아야 합당한가?
답 152: 모든 죄는 심지어 지극히 작은 것이라도 하나님의 주권과 선과 거룩에 또는 그의 외로운 율법에 대항하는 것이므로 현세와 내세에서 하나님의 진노와 저주를 받아 마땅한 것이니 그리스도의 피가 아니고서는 속죄될 수 없다(약 2:10-11; 출 20:1-2; 히 1:13; 레 10:3 등).

Q 152: What doth every sin deserve at the hands of God?
A 152: Every sin, even the least, being against the sovereignty, goodness, and holiness of God, and against his righteous law, deserveth his wrath and curse, both in this life, and that which is to come; and cannot be expiated but by the blood of Christ.

1. 성경은 죄가 절대적으로 악한 것임을 증언한다. 죄는 절대적 속성을 가지며 가장 작은 죄라 할지라도 하나님의 권위 거절이라는 절대적 속성을 공유한다. 어떤 죄는 다른 죄보다 더 흉악하지만 가장 사소한 죄라도 하나님의 권위에 대한 완전한 거절이다. 이 원리는 아담과 하와가 금지된 나무의 열매를 먹으므로 범한 죄와 마찬가지로 사람이 가장 최초로 저지르는 죄에서 잘 드러난다.

외견상 아담과 하와의 죄 자체는 사소하고 중요하지 않은 행동처럼 보인다. 그러나 이 죄는 인류를 향한 하나님의 권위에 대한 완전한 거절과 관계된 죄다. 이것은 하나님의 진리보다는 사탄의 거짓말을 선호한 죄이고 하나님 계시의 말씀보다는 인간의 이성을 더 신뢰한 죄다. 따라서 모든 죄는 전적으로 악이며 금세와 내세에서 하나님의 진노와 저주를 받기에 합당한 것이다.

2. 사람과 같은 유한한 존재가 죄를 범하는데 그 죄가 절대적이며 무한한 악이 되는 것은 영원히 완전하신 하나님을 대적하는 것이기 때문이다. 우리는 항상 죄를 인간관계에서 발생하는 결과라고 생각하는 경향이 있는 현대의 인문주의적 견해를 경계해야 한다.

죄에 대해서 중요한 것은 그것이 하나님을 대적하는 것이라는 사실이다. 하나님께서 그 주권과 선하심과 거룩하심에서 영구하고 영원하며 불변하시기 때문에 모든 죄는 유한한 피조물에 의해 저질러졌어도 영원한 악이다.

3. 하나님 계명의 성격은 완전하기에 인간에게 완전한 의를 요구하신다. 하나님의 도덕법은 우리에게 단순한 선을 요구하지 않고 절대적인 도덕적 완전을 요구하신다. 아주 사소한 일탈도 절대적인 도덕적 완전으로부터 일탈 자체가 죄다. 이것이 진실이기 때문에 절대적인 도덕적 완전으로부터의 사소한 일탈이라도 계명을 어긴 형벌을 받기에 충분한 죄가 된다. 그래서 죄의 값은 사망으로서 넓은 의미에서 육체적이며 영적이며 영원하다.

4. 하나님의 진노와 저주는 죄와 죄인을 향하신 하나님의 의로우신 분노와 불쾌의 표현이다. 그것은 사랑과 은혜의 반대이고 그들의 죄를 없이 할 속죄가 제공되지 않는 한 하나님께서 죄인들에게 은총과 사랑으로 받으실 수 없는 것을 의미한다. 하나님의 저주는 형벌의 형태로 나타나는 진노의 표현이다. 하나님의 진노는 죄인을 향한 하나님의 태도다. 하나님의 저주는 그들을 향한 그 태도의 실행이다. 따라서 모든 죄는 이 세상과 오는 세상에서 하나님의 거룩한 진노를 받기에 마땅한 것이다 (롬 1:18; 엡 2:3).

제2장

은혜의 수단 사용(문 153-185)

84

죄의 심각과 해결

문 153: 범법으로 인하여 우리가 마땅히 받아야 할 하나님의 진노와 저주를 피하게 하시기 위해 하나님께서 우리에게 요구하시는 바는 무엇인가?

답 153: 범법으로 인하여 우리가 마땅히 받아야 할 하나님의 진노와 저주를 피하게 하시기 위해 하나님께서는 하나님을 향한 회개와 우리 주 예수 그리스도를 향한 믿음과 그리스도께서 자기 중보의 혜택을 우리에게 전달하시는 외적 방편을 부지런히 사용하는 것을 우리에게 요구 하신다(행 20:21; 마 3:7-8; 눅 13:3, 5; 행 16:30-31 등).

Q 153: What doth God require of us, that we may escape his wrath and curse due to us by reason of the transgression of the law?

A 153: That we may escape the wrath and curse of God due to us by reason of the transgression of the law, he requireth of us repentance toward God, and faith toward our Lord Jesus Christ, and the diligent use of the outward means whereby Christ communicates to us the benefits of his mediation.

1. 하나님께서 인류가 자기 죄로 말미암은 하나님의 진노와 저주를 피할 길을 제공하신 것은 영원 전부터 그의 백성을 구속하시고 죄로부터 구원하시겠다는 계획을 세우신 하나님의 위대한 사랑 때문이다(창 3:15).

2. 죄는 신적으로 임명된 중보자로서 죄인들을 위해 십자가에 돌아가신 예수 그리스도의 피가 아니고서는 결코 속죄될 수 없다. 모든 인류는 죄인으로서 하나님의 영원하신 진노와 저주를 받기에 마땅하다. 하나님의

진노와 저주를 받지 않는 모든 자는 예수 그리스도의 구속 사역을 통해 하나님의 값없이 주시는 은혜와 자비의 결과 때문이다. 이것은 죄를 다루는 인간의 모든 시도가 잘못되었고 무익하다는 것을 암시한다.

도덕적 개선과 선한 결심과 새로운 삶을 살고자 하는 마음과 선행과 자선과 종교적 준수와 형식과 의식의 준수와 교회의 회원권과 기도와 수도원 규례와 같은 그 어떤 방법을 통해서 자기 죄를 없이 하려는 모든 시도는 비참하게 자기 기만적이고 영원한 지옥의 형벌로 빠져들게 하는 것일 뿐이다. 오직 하나님의 어린 양이신 그리스도의 보혈로써만 인간의 죄와 그 죄과를 속할 수 있다. 다른 길은 전혀 없다.

3. 우리는 하나님께서 지정하신 외부적인 은혜의 수단을 통해 구원받을 수 있다. 우리는 우리 자신이 지은 죄의 사악함을 인식하고 그것을 전심으로 혐오하며 그 죄과뿐만 아니라 그 권세로부터도 벗어나기를 간절히 원하지 않고서는 죄로부터 구원받을 수 없다. 하나님의 진노와 저주로부터 피하기를 원한다면 우리는 반드시 먼저 죄를 돌이키고 하나님을 향해야만 한다.

4. 우리 주 예수 그리스도에 대한 신앙은 단순히 우리 믿음의 모범이 아니라 믿음의 대상이어야 한다. 우리의 믿음은 성경에 기록된 믿음이어야 한다. 우리는 우리 구원과 영생을 위한 믿음과 신뢰를 우리 자신이나 우리가 할 수 있는 어떤 것이 아니라 전적으로 그리고 오직 그리스도 안에만 두어야 한다.

5. 하나님께서는 예수 그리스도의 구속 사역의 유익을 우리에게 전달하시기 위해 말씀과 성례와 기도와 같은 외부적인 은혜의 방편을 지정하셨다. 이러한 수단 그 자체는 우리를 구원할 수 없다. 우리를 구원하시는 분은 오직 예수 그리스도이시다. 그러나 하나님께서는 이러한 은혜의 방

편을 매우 효과 있게 사용하신다. 물론 하나님께서는 이러한 은혜의 방편 없이 죄인을 구원하시려는 계획을 세우실 수도 있었다. 그러나 하나님은 그렇게 하시지 않으셨기 때문에 우리는 하나님께서 제공하신 은혜의 방편을 항상 부지런히 사용해야 한다.

> 문 154: 그리스도께서 자기 중보의 혜택을 그 몸된 교회에 전달하시는 외적 방편은 무엇인가?
>
> 답 154: 그리스도께서 자기 중보의 혜택을 그 몸된 교회에 전달하시는 외적 또는 통상한 방편은 그의 모든 규례인데, 특별히 말씀과 성례 및 기도이다. 이 모든 것은 택함을 입은 자들의 구원에 유효하게 되는 것이다(마 28:19-20; 행 2:42, 46-47).
>
> Q 154: What are the outward means whereby Christ communicates to us the benefits of his mediation?
>
> A 154: The outward and ordinary means whereby Christ communicates to his church the benefits of his mediation, are all his ordinances; especially the word, sacraments, and prayer; all which are made effectual to the elect for their salvation.

1. 말씀과 성례와 기도와 같은 방편은 우리를 거듭나게 하고 거룩하게 하시는 성령의 내적 사역과 구분하기 위해 외적인 방편이라 한다. 유아 때 죽은 자나 정신적으로 외적인 방편을 사용할 수 없는 자를 위해 성령께서 그의 내적인 말씀으로만 구원을 가져오는 경우를 제외하고 성령께서 보통 이 외적인 수단을 효과 있게 하시기 때문에 일반적인 또는 통상적인 방편이라 한다.

2. 말씀과 성례와 기도와 같은 은혜의 방편은 우리가 구원을 확신하기

위해 이 방편들을 진실과 믿음으로 사용할 때 은혜를 받는다. 그러나 하나님의 구원 은혜가 마치 성령께서 이러한 방편 없이는 역사하실 수 없는 것처럼 항상 이러한 외면적 방편에 좌우되는 것은 아니다. 우리는 한편으로는 구원이 성례에 전적으로 좌우된다고 교훈하는 로마가톨릭의 오류를 피해야 하고 다른 한편으로는 성례와 다른 외적인 방편들을 전혀 가치 없는 것으로 간주하는 신비주의의 오류를 피해야 한다.

3. 우리는 말씀과 성례와 기도의 사용을 통해 그리스도의 중보 유익을 얻는다. 그리스도의 중보 사역은 그의 완전한 삶과 고난 그리고 십자가에서 돌아가심을 통해 그의 백성을 위해 성취하신 모든 유익과 축복들이다. 이 유익들은 영원토록 선하고 좋은 모든 것을 포함한다. 우리는 하나님의 후사요 그리스도와 함께 후사가 되었다(롬 8:16-17).

4. 말씀은 66권 성경이다. 성경 말씀은 설교를 통해 하나님과 사람과 구원에 관한 진리의 소식이 제시된다. 책으로서의 성경 그 자체의 중요성은 아무리 강조해도 지나치지 않다. 구원의 길에 대한 모든 참된 지식은 모두 다 기록된 하나님의 말씀인 성경 66권을 통해 얻을 수 있기 때문이다.

5. 성례는 세례와 성찬을 의미한다. 이는 예수 그리스도에 의해 지정된 것으로 세례와 성찬만이 참된 성례다. 따라서 로마 교회가 추가한 다섯 가지는 성례가 아니다. 오직 세례와 성찬만이 진정한 성례다.

6. 기도는 그리스도인이 예수님의 이름으로 하나님께 드리는 기도를 말한다. 따라서 기도가 그리스도인의 기도가 되기 위해서는 다음과 같이 두 가지가 필요하다.

첫째, 성경에 기록된 참되신 하나님께 올려 드리는 기도여야 한다.

둘째, 반드시 하나님의 보좌로 갈 수 있는 유일한 길이신 예수 그리스도의 이름으로 올려져야 한다.

그러므로 이방신이나 마리아, 성자, 천사를 향한 기도는 무익하고 그릇된 기도이며, 중보자이신 그리스도를 믿는 믿음 없이 하나님 앞에 드리는 것은 그리스도인의 기도가 아니다.

7. 구원을 위한 은혜의 방편은 하나님의 택자에 효과적이다(행 2:47). 그러나 이것은 택자의 나태를 뜻하지 않는다. 성경은 택자가 부지런하게 은혜의 방편을 사용할 것을 명령한다. 우리는 어떤 특별한 충격이 아니라 지정된 은혜의 방편을 즉시 계속해서 사용해야 한다.

곡식의 추수는 오직 하나님께서만 섭리하시는 비와 햇빛에 의해 좌우된다. 그렇다고 해서 그것이 하나님께서 사람에게 기대하시는 씨를 뿌리는 일을 하지 않을 핑계가 될 수는 없다. 성령 하나님과 그의 사역에 대한 믿음은 영적 나태나 지정된 은혜의 방편을 사용하는 일을 소홀히 하는 핑계가 될 수 없다.

85

성경의 유익

문 155: 말씀이 어떻게 구원에 유효하게 되는가?

답 155: 하나님의 영이 말씀을 읽는 것, 특별히 말씀을 전하는 것을 방편으로 하여 죄인을 계몽시키고 확신시키고 낮아지게 하시며, 그들을 자기 자신으로부터 몰아내어 그리스도께로 가까이 이끄시고, 그들이 그의 형상을 본받게 하시며, 그의 뜻에 복종케 하시며, 그들을 강건케 하셔서 시험과 부패에 빠지지 않게 하시고, 그들은 은혜로 쌓아 올리시어 구원에 이르는 믿음을 통해 그들의 마음을 거룩함과 위로로 굳게 세우시는 것이다(느 8:8; 행 26:18; 시 19:8; 고전 14:24-25 등).

Q 155: How is the word made effectual to salvation?

A 155: The Spirit of God makes the reading, but especially the preaching of the word, an effectual means of enlightening, convincing, and humbling sinners; of driving them out of themselves, and drawing them unto Christ; of conforming them to his image, and subduing them to his will; of strengthening them against temptations and corruptions; of building them up in grace, and establishing their hearts in holiness and comfort through faith unto salvation.

1. 여기서 말씀은 성경 66권이다. 성경은 하나님의 말씀이다. 성경은 죄인의 구원에 절대적으로 필요한 은혜의 수단이다. 그래서 성경은 복음이다. 그러나 성령의 내적 구원 사역이 없는 말씀 그 자체로는 사람의 구원을 위한 한 걸음도 내디딜 수 없다. 성령께서는 말씀의 도움 없이도 존재하지만, 말씀은 성령 없이는 구원을 가져올 수 없다. 사도행전 8:27-29

에서 이디오피아 내시는 성경을 읽고 있었고 어느 정도 지식을 가지고 있었다. 그러나 빌립이 예수 그리스도에 대해 해설했을 때 그의 혼란은 사라지고 그리스도인이 되었다.

2. 하나님의 말씀이 사람의 구원을 이끌기 위해서 성령의 특별하신 사역이 절대적으로 필요한 것은 사람이 본질상 죄와 허물로 인해 하나님으로부터 분리되었고 죽은 자가 되었기 때문이다(엡 2:1). 사람의 자연적 오염과 완전한 영적 타락과 무능력으로 인해 구원을 가져오기 위해서는 생명을 주시고 그 생명을 유지하시는 성령의 능력이 말씀과 함께 반드시 동반되어야 한다.

3. 성령께서는 구원의 모든 단계에 성경 말씀을 은혜의 방편으로 사용하신다. 그러나 죽음의 순간에 신자의 영혼이 거룩 안에 완전하게 되는 것은 전적인 성령 하나님의 전능하신 사역에 기인한다. 구원의 최종적 단계인 마지막 날 몸의 부활도 성령 하나님의 직접적인 사역으로 성취된다(롬 8:11). 세례 요한은 출생하기 이전 복중에서부터 성령으로 충만했다(눅 1:15).

문 156: 하나님의 말씀은 모든 사람이 읽어야 하는가?
답 156: 비록 모든 사람이 공적으로 회중에게 말씀을 봉독하게 허락되어 있지 않으나, 모든 부류의 사람이 각각 홀로 그리고 가족과 함께 읽어야 할 의무가 있다. 이 목적을 위해 성경 원어는 모든 언어로 번역되어야 한다(신 31:9; 느 8:2-3; 요 5:39; 계 1:3 등).

Q 156: Is the word of God to be read by all?
A 156: Although all are not to be permitted to read the word publicly to the congregation, yet all sorts of people are bound to read it apart by themselves, and with their families: to which end, the holy scriptures are to be translated

out of the original into vulgar languages.

1. 모든 그리스도인이 회중에 공적으로 성경을 읽도록 허락되지 않은 것은 그것이 하나님을 향한 공적인 예배 일부분이기 때문이다. 따라서 이 일은 교회에서 이 일을 행하기에 합당한 자로 부르심을 받은 자들이 수행해야 한다. 물론, 교회에서 목회자나 유자격자 또는 장로의 부재 시에 교회의 다른 회원이 성경을 읽고 기도회를 인도하게 할 수 있다.

2. 성경을 개인적으로 읽어야 할 책임이 있는 자는 세상에 있는 모든 부류의 사람이다. 성경을 읽는 것은 그리스도인이나 교회 회원의 의무일 뿐만 아니라 읽을 수 있을 만큼의 나이가 된 사람이라면 누구라도 읽어야 할 의무가 있다. 읽는 것을 전혀 배운 적이 없는 사람도 성경을 읽어야 할 의무가 있으며, 하나님의 말씀을 연구하기 위해 읽는 법을 배워야 한다. 하나님께서 우리에게 말씀을 기록된 형태로 주셨다는 사실은 읽는 것이 모든 사람의 의무임을 암시한다.

3. 가정에서 하나님의 말씀을 읽어야 하는 이유는 가족이 인간 사회의 기초 단위이고 가정이 하나님의 은혜 언약의 기본 단위이기 때문이다. 하나님의 언약 백성이 세대와 세대로부터 이어지는 것은 바로 기독교 가정을 통해서다. 부모와 자녀 모두가 바로 은혜 언약의 참여자다.

따라서 기독교 가정은 언약의 기관이고 언약의 축복과 언약의 의무도 소유하고 있다. 이 의무 중에 가정 예배를 드려야 할 의무도 있다. 성경 말씀은 모든 인쇄의 형태로 보급되었기에 인쇄된 성경 읽기를 통해 가정 예배를 더욱 효과적으로 드릴 수 있게 되었다.

4. 성경이 오늘날의 언어로 번역되어야 할 이유는 성경이 모든 인류를 위한 메시지이고 성경의 복음이 모든 나라에 선포되어야 할 말씀이기 때

문이다. 따라서 지상 명령은 세상의 여러 언어로 번역되어야 한다. 성경 번역 사역은 초창기부터 시작되었지만 지난 100여 년 동안 더욱 엄청난 발전이 있었다. 오늘날 하나님의 말씀은 전체적으로나 부분적으로 천 개가 넘는 언어와 방언을 통해 선포되고 있다. 이 위대한 업적은 세상의 많은 성경공회와 협력한 수많은 선교사의 노력과 수고를 통해 성취되었다.

문 157: 하나님의 말씀을 어떻게 읽어야 하는가?
답 157: 성경은 높이 또는 경외하여 평가함으로 읽어야 할 것이다. 곧 성경은 하나님의 참된 말씀이며 하나님께서만 우리로 성경을 깨달을 수 있게 하실 수 있다는 굳은 신념으로 그 가운데 계시되어 있는 하나님의 뜻을 알고, 믿고, 순종하고 싶어하는 욕망으로, 부지런함과 성경의 내용 및 범위에 주의함으로, 묵상함과 적용함과 자기를 부인함과 기도함으로 성경을 읽어야 한다(시 19:10; 느 8:3-10; 벧후 1:19-21; 눅 24:25 등).

Q 157: How is the word of God to be read?
A 157: The holy scriptures are to be read with an high and reverent esteem of them; with a firm persuasion that they are the very word of God, and that he only can enable us to understand them; with desire to know, believe, and obey the will of God revealed in them; with diligence, and attention to the matter and scope of them; with meditation, application, self-denial, and prayer.

1. 성경을 경외하는 마음으로 읽는다는 것은 성경을 읽음에 있어서 우리가 다른 책을 읽는 태도나 자세와는 달라야 할 것을 의미한다. 오직 성경만이 구원 진리의 유일한 근원이기 때문이다. 성경은 다른 모든 책을 판단할 표준이다. 우리는 성경 이외에 다른 책을 무조건 맹종하는 일을 삼가야 한다. 우리는 성경 66권을 진리로 수용해야 하고 성경을 표준으로 모든 다른 책의 교훈과 인간 이성의 견해와 판단을 평가해야 한다.

우리는 물론 성경의 어떤 부분을 확실히 이해하기 위해 의심을 지닐 수도 있다. 그러나 그 본문이 무엇이든지 진리의 말씀인 성경에 대해 전적인 경외심을 나타내야만 한다. 그것은 말하자면 성경을 향한 우리의 태도가 주저하거나 비판적인 태도가 아니라 언제나 전적으로 수용적이어야 함을 의미한다.

2. 성경의 모든 단어는 사람들에 의해 기록되었다. 그러나 동시에 성경의 진정한 저자는 성령 하나님이시다. 결과적으로 우리는 성경이 진정한 하나님의 말씀이라는 확신으로 읽어야 한다. 성경의 특정한 부분이 모세와 이사야와 바울에 의해 기록되었다는 것은 부수적이고 부차적인 문제다. 중요한 것은 하나님이 성경의 진정한 저자이시고 성경은 진정한 하나님의 말씀이라는 점이다.

3. 오늘날의 자유주의는 성경이 진정 하나님의 말씀이라는 사람들의 믿음을 훼손시키고 있다. 오늘날의 종교적 자유주의는 성경 전체가 그 내용과 교훈에 있어서 하나님의 말씀이라는 사실을 믿지 않고 인간의 책이라고 주장한다. 성경의 어떤 부분이 하나님의 말씀이고, 어떤 부분이 인간의 말인지를 인간이 결정한다면 믿음과 생명의 참된 권위로서 인간의 이성이 가장 높은 권위가 된다.

그러나 인간 이성의 권위는 하나님의 권위를 능가하지 못한다. 성경의 권위는 교황의 권위보다 높다. 성경 66권은 모두 하나님의 계시로서 하나님의 말씀이기 때문이다.

4. 오직 하나님께서만 우리가 성경을 올바르게 이해하게 하실 수 있는 분인 것은 인간이 죄로 말미암아 어두워짐으로 진리와 오류를 구분하는 일에 적합하지 않게 되었기 때문이다. 죄로 말미암은 인류의 타락은 의보다 죄를 사랑하고 진리보다 거짓을 더 사랑하는 마음과 지성의 어두움까

지 낳았다. 인류는 하나님의 진리에 대한 편견을 가지게 되었고 죄악 된 오류를 더 좋아한다(롬 1:21, 28).

오직 성령 하나님의 중생과 조명의 사역만이 죄의 어두움을 몰아낼 수 있다. 따라서 우리는 성경을 이해하기 위해 더욱 성령 하나님의 조명을 구해야 할 것이다.

5. 성경을 읽고 연구하는 우리의 동기는 반드시 하나님의 뜻을 알고 믿고 순종하고 싶어하는 실제적인 동기를 가져야 한다. 많은 사람이 잘못되고 부적절한 동기로 성경을 연구한다. 어떤 이들은 단순히 역사적인 책으로만 성경을 연구한다. 심지어 어떤 이는 성경의 교훈에 대한 모순을 증명하거나 기독교를 대적하기 위해 성경을 연구하기도 한다. 또 어떤 이들은 헛된 호기심이나 광신적이거나 오락을 목적으로 성경을 공부한다.

이러한 성경 연구 방법은 부적절하고 그릇된 것이다. 우리는 성경을 문학적으로 또는 역사적으로 연구할 수 있다. 그러나 그것은 타락하고 정죄받은 죄인을 위한 구원의 길을 계시해 주는 하나님의 말씀으로 받아들이고 난 후에 할 일이다. 정죄당하고 형벌을 선고받은 죄인에게 무조건적인 사면이 제공되는 복음에 귀를 기울이지 않고 성경의 문학적인 양태나 형식만 따진다면 하나님 앞에서 어리석고 건방진 일이다.

6. 우리가 매우 부지런히 성경을 읽고 연구해야 하는 이유는 성경이 대단히 방대하고 많은 것을 담고 있어 이해하기 쉽지 않기 때문이다. 성경에는 어린아이를 위한 젖뿐만 아니라 성숙한 그리스도인을 위한 단단한 식물도 포함하고 있다. 그래서 우리는 의식적으로 성경 이해를 위해 노력하고 애써야 한다. 만일 우리가 하나님의 말씀을 읽는 일에 소홀히 하고 무관심하다면 성경 안에 있는 놀라운 복음을 제대로 이해하지 못할 것이다.

7. 성경을 연구할 때 우리는 반드시 하나님께서 우리에게 주신 지성을 동원해야 한다. 경건은 지성의 정당한 사용과 모순되지 않는다. 성경의 어떤 본문이나 어떤 부분을 연구할 때 우리는 항상 본문 말씀이 무엇이고, 말의 주체가 누구며, 상황과 전후 문맥과 장과 책과 전체 사이의 관계성에 주의를 기울여야 한다. 예를 들면, 우리는 "가죽으로 가죽을 바꾸오니 사람이 그 모든 소유물로 자기의 생명을 바꾸올지라"(욥 2:4)라는 말씀을 읽는다. 문맥의 정황과 상관없이 이 말씀만 인용하면 이 구절은 오해하기 쉬운 말씀이 된다. 우리는 오직 거짓의 아비인 사탄이 이 진술을 한 주체자라는 사실을 발견할 때만 이 구절의 참된 의미를 깨달을 수 있다.

8. 성경을 읽는 일에 있어서 묵상이 중요한 이유는 묵상이 어떤 것의 의미에 관해서 어느 정도의 시간을 들여 사려 깊고 진지하게 생각하기 때문이다. 묵상이란 많은 사람이 그릇되게 가정하는 것과 같이 게으른 생각의 방황이나 희미한 공상이 아니다. 묵상이란 성경을 표면적으로 훑어보는 것으로는 그 진리의 풍성함을 얻을 수 없기 때문이다.

우리는 과거 그 어느 때보다도 성경을 연구함에 엄청난 도움을 제공받고 있다. 그러나 현대인의 바쁘고 복잡한 생활 양식으로 인해 많은 그리스도인이 매우 초보적이고 피상적인 성경의 지식만을 소유하고, 해가 바뀌어도 성경 진리에 대한 이해도는 더 성장하거나 증가하지 않는다. 하지만, 성경 연구에는 묵상이 꼭 필요하고 시간이 소요된다.

9. 우리가 적용과 함께 성경을 연구해야 하는 것은 성경이 단순히 이론적이거나 추상적인 메시지가 아니라 읽는 자의 필요를 채워 주는 인격적인 메시지이기 때문이다. 우리가 개인적으로 성경의 교훈을 우리 자신에게 적용하지 않는 한 우리가 연구하는 성경은 아무 유익이 없을 뿐만 아니라 심판의 날에 우리에게 죄과를 더욱 가중할 뿐이다.

10. 성경 연구는 자기 부인과 관련된다. 우리는 우리 보기에 이치에 맞고 추구할 만하고 도움이 되는 것뿐만 아니라 성경 전체의 모든 교훈을 다 수용해야 한다. 우리는 우리 자신의 이성을 진리의 궁극적인 표준으로 간주하는 것을 포기해야 하고 어린아이와 같이 하나님의 말씀을 믿어야 한다.

11. 성경 연구와 관련해서 기도는 매우 중요한 역할을 한다. 만일 성경의 참된 이해가 성령 하나님의 조명하시는 사역에 좌우된다면 우리 마음과 지성에 조명하시는 성령의 사역이 더욱 증가하기를 기도하는 것은 매우 당연한 일이다. 그러나 어떤 성경 본문의 참된 해석을 연구의 시간 없이 기도의 응답이라는 방법으로 우리에게 계시해 주신다는 것을 기대하지 않아야 한다. 기도는 사전이나 주석인 다른 참고 문헌의 대체물이 아니다. 우리는 가능한 좋은 도서들을 부지런히 사용하면서 참된 진리 가운데로 인도하시기를 기도해야 할 것이다.

설교의 방법

> 문 158: 하나님의 말씀은 누가 강도(講道)할 수 있는가?
>
> 답 158: 하나님의 말씀은 충분한 은사를 받았을 뿐만 아니라 정식으로 공인되어 이 직분에 부름을 받은 자만이 강도할 수 있다(딤전 3:2, 6; 엡 4:8-11; 호 4:6; 말 2:7 등).
>
> Q 158: By whom is the word of God to be preached?
>
> A 158: The word of God is to be preached only by such as are sufficiently gifted, and also duly approved and called to that office.

1. 공적으로 임직받은 목사가 아니거나 자격이 없는 자는 사적으로 또는 공적인 기회가 주어졌을 때 그리스도의 증인이 될 수 있지만, 교회 안에서의 공적 말씀 선포인 설교는 그 사역을 위해 마땅히 구별된 자들에 의해 수행되어야 한다.

2. 하나님 말씀의 공적 설교는 공적 인정을 받은 자에 의해 수행되어야 한다. 교회가 충분한 목회 사역을 원한다면 영적 자격과 지적, 교육적 자격을 요구할 수 있다. 중생 받지 않았거나 일관성 없는 사역자는 하나님의 말씀을 설교함에 알맞지 않다. 적절하고 충분한 신학적 교육이 결핍된 자는 의로운 일을 행할 수 없고 하나님의 말씀 선포 사역을 감당할 수 없으며 오히려 균형을 잃고 한쪽으로 치우친 메시지를 전할 위험이 있다.

3. 목회 사역을 위해서 신학대학원 교육이 요구되는 것은 그 사역을 감

당할 자의 적절한 훈련이 중대하기 때문이다. 목회 사역을 준비하기 위해 대학이나 신학교에서 7년이나 공부하는 것은 시간 낭비라고 생각하는 사람들이 있다. 어떤 이들은 대학의 과목인 철학이나 유럽 역사나 문학 등은 사역에 무가치한 것이고 대중 연설과 목회학과 같은 실제적인 주제로 충분하고 히브리어나 헬라어나 교회사와 조직신학 같은 과목을 공부하는 것이 시간 낭비라고 생각하는 사람도 있다.

그러나 지름길로 외과 의사 훈련을 받고 외과수술을 할 수 있는 자는 없다. 국가와 정부가 다른 사람의 생명과 죽음과 관련된 의료행위를 하는 자들에게 엄격하고 철저한 훈련을 시키는 것은 당연하다. 그렇다면 사람의 영원한 운명을 결정짓는 복음 사역은 훨씬 더 중요하고, 더 철저한 훈련이 필요하다. 4년 대학 과정과 3년 신학대학원 과정은 목회적 사역에 결코 긴 기간이 아니다.

물론, 단 하나의 예외도 없다는 것은 아니다. 우리 주님의 제자 가운데 정식 교육을 많이 받지 못한 자들이 있었어도 효과적인 말씀의 사역자가 되었다. 그러나 그들은 주님으로부터 3년 동안 교육을 받는 특권을 누렸다. 하나님께서 때때로 아주 적은 교육 받은 자들을 목회 사역으로 부르시는 경우 그들의 소명과 사명이 확실하다면 교회는 그들을 목회사역자로 임직할 수 있다. 그러나 교육받을 정상적인 기회가 많은 오늘날 드문 경우다. 예외가 규칙이 될 수는 없다.

4. 목회 사역에는 신적인 부르심과 교회의 소명이 있다. 목회 사역은 직업이 아니라 직무다. 사람은 변호사나 사업가가 되기로 하듯이 목회자가 될 결심을 할 수는 없다. 그는 자신이 목회 사역을 위해 하나님으로부터 부르심을 받았다는 특정한 이유가 있어야 한다. 교회의 부르심은 무엇보다도 먼저 후보자 자신의 마땅한 증명과 그의 신앙적 확신, 일반적 능력, 학문적 신학적인 준비를 통해 하나님의 부르심을 인증하는 것이다. 교회의 공식적인 부르심은 회중으로부터 그들의 목사가 되어 달라는 청빙이

나 선교부나 다른 유형 교회의 기관으로부터 국내외의 선교 사역에 관계해 달라는 요청이나 다른 목회 사역에 헌신해 달라는 요청으로 구성된다. 따라서 목사로 임직받기 전 교회나 다른 기관의 청빙이 선행되어야 한다.

5. 목회자가 하나님과 교회로부터 공인되어야 하는 것은 주 예수 그리스도께서도 자기 스스로 대제사장의 영광을 취하지 않으시고 아론처럼 하나님으로부터 부르심을 받았기 때문이다(히 5:4-5). 오늘날 소위 프리랜서라고 불리는 많은 독립 설교자와 선교사가 있지만, 이는 그릇된 경향이다. 이러한 많은 독립 설교자와 선교사 가운데는 실제로 하나님의 부르심을 받은 자들이 있을 수 있고 예수 그리스도의 복음 설교 사역을 감당할 수도 있다.

그러나 바로 그것 때문에 유형 교회를 모욕하는 자들도 있다. 이런 행위는 결코 승인될 수 없다. 하나님의 부르심과 교회의 부르심은 서로 상충 되지 않는다. 더 우월한 경건을 주장하는 자들은 하나님의 부르심만으로 충분하기에 교회의 부르심이나 안수식이 필요 없다고 주장한다. 이렇게 유형 교회를 무시하는 것은 성경적이지 않기에 물리쳐야 한다.

문 159: 강도하기로 부름을 받은 사람들은 하나님의 말씀을 어떻게 강도해야 할 것인가?

답 159: 말씀의 사역에 부름을 받은 자들은 바른 교리를 강도하되 부지런히 때를 얻든지 못 얻든지 할 것이며, 명백히 사람의 지혜의 권하는 말로 하지 아니하고 오로지 성령의 나타나심과 능력으로 할 것이며, 충성스럽게 하나님의 모든 도모를 알게 할 것이며, 지혜롭게 자기 청중의 수요들과 재량들에 기울일 것이며, 열렬히 하나님과 그의 백성이 영혼들에 대한 뜨거운 사랑으로 할 것이며, 성실히 하나님의 영광과 그들의 회심, 건덕, 구원을 목표로 삼고 할 것이다(딛 2:1, 8; 행 18:25; 딤후 4:2; 고전 14:19 등).

> Q 159: How is the word of God to be preached by those that are called thereunto?
>
> A 159: They that are called to labor in the ministry of the word, are to preach sound doctrine, diligently, in season and out of season; plainly, not in the enticing words of man's wisdom, but in demonstration of the Spirit, and of power; faithfully, making known the whole counsel of God; wisely, applying themselves to the necessities and capacities of the hearers; zealously, with fervent love to God and the souls of his people; sincerely, aiming at his glory, and their conversion, edification, and salvation.

1. 바른 교리는 성경 66권에 계시된 진리를 표현하여 공교회가 수용한 것이다. 바른 교리 설교의 중요성은 예수 그리스도의 구원과 교제가 성경에 계시된 진리를 통해서만 가능하기 때문이다. 청결한 음식과 의약이 우리의 신체적 건강을 위해 필수적인 것처럼, 순전한 영적 양식은 우리 생명 구원과 영혼의 영양분과 치유를 위해 훨씬 더 필요하다.

2. 목회자가 바른 교리를 확실히 설교하는 유일한 길은 기록된 거룩하신 하나님의 말씀에 지속적인 충성을 보이는 것이고 그 참된 의미를 파악하기 위해 쉬지 않고 노력하는 것이다. 오직 계속적이고 사려 깊은 성경 연구만이 바른 복음과 참된 교리를 유지하는 유일한 길이다.

3. 하나님의 말씀을 가르치는 것은 하나님께서 명령하셨기에 반드시 부지런하게 수행해야 한다. 말씀을 설교하는 것은 하나님께서 명령하신 일이고 영혼 구원과 그의 나라 확장을 위해 하나님께서 지정해 놓으신 방편이다. 너무나 중대한 이 사역은 부지런함과 계속적 진지한 노력을 통해 수행해야 한다.

4. 하나님의 말씀에 관하여 때를 얻든지 못 얻든지 가르치는 것은 복음

설교가 교회의 공적 예배와 같은 공식적인 경우로만 제한해서는 안 되고 비공식적으로도 기회가 된다면 언제나 전하는 것이다. 목회자는 교회의 정규적인 예배뿐만 아니라 언제나 복음 진리의 증인이어야 한다.

5. 하나님의 말씀을 분명하게 가르치는 것은 청중에게 성경 본문의 의미를 명백하게 설명하는 것이다. 설교자는 듣기 어려운 것을 목표로 삼지 않고 청중이 이해할 수 있게 설교해야 한다. 청중이 마음 상할까 염려하여 듣기에 거북한 진리나 의무를 느슨하게 말하는 것은 그릇된 일이다. 그리스도의 사역자는 반드시 청중이 듣든지 듣지 않든지 복음을 명쾌하고 분명하게 전해야 한다. 그의 목표는 회중이 아니라 하나님을 기쁘시게 하는 것이다.

6. 메시지의 효력을 위해 목회자는 사람의 지혜나 권하는 말이 아니라 성령의 나타남과 능력을 의지해야 한다. 목회자는 웅변가나 대중 연설가로서 그의 능력을 믿거나 메시지를 전파하는 방식의 심리학적 영향을 신뢰할 것이 아니라 성령께서 그 메시지에 복을 주셔서 듣는 청중의 마음에 적용하여 주실 것을 의지하고 간구해야 한다. 그렇다고 해서 메시지를 흥미롭고 매력적인 방식으로 선포해서는 안 된다는 것을 뜻하지는 않는다. 단지 그 메시지의 의존은 인간적 요소만이 아니라 신적 요소이어야 한다.

7. 설교자가 하나님의 말씀을 신실하고 정직하며 충분히 설교해야 하는 것은 그들의 취급하는 메시지가 그들 자신이 아니라 하나님의 메시지이기 때문이다. 목회자는 대사와도 같다. 따라서 그들은 자신에게 맡겨진 메시지를 각색할 권리가 없다. 그것은 정확하고도 충분히 전달되어야 한다. 목회자는 성경의 전체 진리를 설교해야 한다. 그들에게는 말씀을 제한하거나 변형할 권리가 없다.

물론, 하나님의 모든 경륜을 한 번에 다 설교하는 것은 불가능한 일이다. 목회자들은 오직 한 설교에 하나님의 경륜의 적은 부분만을 선포할 수 있을 뿐이다. 한 번에 너무 많은 진리를 가르치려는 것은 청중에게 혼란과 영적 소화불량을 낳을 뿐이다. 그러나 목회자는 언제나 신적으로 계시된 진리 체계 중 하나라도 누락시키지 않고 하나님의 말씀으로 계시하신 모든 교훈을 선포하려고 목표해야 한다.

8. 성경의 모든 진리가 동일하게 중요한 것은 아니다. 모든 성경은 다 동일한 진리이지만 똑같이 중요한 것은 아니다. 성경에서 중요한 것은 예수 그리스도의 복음이다. 목회자는 하나님의 모든 뜻을 다 설교하려고 목표해야 한다. 오늘날 소홀히 여기고 부인되는 구속의 진리를 강조하기 위해 힘쓰고 애써야 한다. 목회자는 오락이나 취미 따위로 어떤 특정한 진리의 전문가가 되고 나머지 모든 진리를 소홀히 하는 우를 범해서는 안 된다.

9. 목회자가 하나님의 뜻으로부터 일탈하게 만드는 유혹은 사람들이 인기 없는 것으로 간주하는 성경 진리에 대해서 아주 적게 말하거나 침묵하는 것 또는 사람들이 좋아하는 성경 진리에 대해서 강조하는 것이다. 이로 인해 목회자가 하나님을 사랑하고 이웃을 사랑하라는 예수님의 가르침에 대해서는 많이 설교하면서 죄나 사망이나 영원한 형벌에 대해서 적게 말하거나 아예 말하지 않는 죄의 유혹에 빠진다.

목회자는 말씀이 청중의 기분을 상하게 할까 두려워해서도 안되며 하나님의 메시지를 생략해서도 안 된다. 그는 인간적 편견에 맞게 말씀을 과장과 축소하지 않고 오직 성경의 전체 진리를 설교해야 한다.

10. 목회자가 설교할 때 청중의 필요와 이해 능력을 고려해야 하는 것은 만일 그들이 이 일에 실패한다면 설교의 많은 부분이 무익해지기 때문이다. 하나님의 진리는 언제나 동일하지만 각각 다른 부류의 사람에게는 어느 정도 각각 다른 방식으로 전해야 한다. 해외선교 지역에 있는 불신

자들을 향한 설교의 방식은 국내에 있는 교회의 성도를 향한 설교와는 달라야 한다. 목회자는 하나님의 진리로부터 일탈하지 않으면서 누구든지 설교의 의미를 이해할 수 있는 방식으로 선포하려고 노력해야 한다.

11. 하나님의 말씀을 열렬히 설교하는 것은 감정의 흥분 높이가 아니라 하나님과 그의 백성의 영혼에 대한 뜨거운 사랑이라는 영적인 태도를 의미한다. 그리스도의 사역자는 복음이 사소하거나 무관심한 문제가 아니라 인생에서 가장 중요한 사안으로 여기고 전심으로 설교해야 한다. 목회자의 동기는 대중적인 인기나 박수가 아니라 하나님을 향한 헌신과 그의 백성의 영적 복지를 위한 열망이어야 한다.

12. 하나님의 말씀을 신실하게 설교하는 것은 외식이나 위선 없이 설교하는 진정과 정직이다. 하나님의 말씀 설교의 가장 중요한 목표가 하나님의 영광과 복음 선포로 말미암는 영혼 구원과 양육이기 때문이다.

> 문 160: 설교 말씀을 듣는 자에게 요구되는 바는 무엇인가?
> 답 160: 설교 말씀을 듣는 자에게 요구되는 바는 부지런함과 준비와 기도로 설교 말씀을 청종하며, 들은 바를 성경으로 살피며, 믿음과 사랑과 온유함과 준비된 마음으로 진리를 하나님의 말씀으로 받아들이는 것이다. 그래서 그것을 묵상하고 참고하며 마음속에 간직하여 그들의 생활에 그 말씀의 열매가 맺혀야 한다(잠 8:34; 벧전 2:1-2; 눅 8:18; 시 119:18 등).
>
> Q 160: What is required of those that hear the word preached?
> A 160: It is required of those that hear the word preached, that they attend upon it with diligence, preparation, and prayer; examine: What they hear by the scriptures; receive the truth with faith, love, meekness, and readiness of mind,

> as the word of God; meditate, and confer of it; hide it in their hearts, and bring forth the fruit of it in their lives.

1. 복음 설교와 관련해서 우리의 첫째 의무는 그것을 듣는 것이다. 이것은 신적 규례의 예배에 정규적으로 참석하는 것을 암시한다. 악이 횡행하고 많은 사람의 사랑이 식어가는 시대에는 많은 교인이 교회의 예배 참석을 소홀히 한다. 어떤 이들은 자신이 다니는 교회의 예배에 절반만 참석해도 매우 잘한다고 생각한다. 우리는 어떻게 할 수 없는 특수한 상황을 제외하고 언제나 교회의 모든 정기적인 예배에 의식적으로 참석하기 위해 노력해야 한다(히 10:25).

2. 정규적인 예배 참석이 복음 설교와 관련한 우리의 의무를 다 충족시키지는 않는다. 정규적인 예배 참석은 가장 초보적인 단계다. 복음 설교를 듣는 태도도 중요하다. 우리는 단지 안식일의 의무를 다하기 위해 하나님의 예배의 집인 교회당에 자리를 차지하고 앉아 있어 주는 자세로 임해서는 안 된다. 교회의 정규적인 예배에 참석하면서도 예배에 집중하지 않고 설교를 진지하게 새기지 않으면 예배를 통해 아무 유익도 얻지 못할 수 있다.

3. 교회의 예배 시간에 우리가 특별히 피해야 할 모습은 예배 시간에 늦거나 졸거나 수다를 떨거나 불필요하게 속삭이거나 예배와 전혀 상관없는 책이나 신문을 읽거나 세속적인 일을 생각하거나 다가오는 사업을 구상하거나 예배를 방해하는 모든 행동 등이다.

4. 예배 시간에 교인들이 졸거나 자는 것은 가끔 설교자의 책임이라고 주장되었다. 그러나 한 사람이나 두 사람만 졸고 나머지 모든 회중은 깨어 있다면 그것은 설교자의 책임이 아닐 것이다. 교회 예배 시간에 잠을

자는 것은 건물의 빈약한 통풍체계 때문일 수도 있다. 신선한 공기가 정신을 맑게 유지한다. 며칠 동안 닫혀있던 예배당은 예배를 진행하기 전에 반드시 공기를 환기해야 한다. 교회에서 졸거나 자는 다른 경우는 토요일 늦은 밤까지 잠자리에 들지 않기 때문이다. 그리스도인은 이런 일을 피해야 한다. 목회자는 자기의 설교가 회중의 관심을 집중하도록 효과적인 방식으로 전달해야 한다.

5. 설교 말씀을 듣기 위해서 안식일 날 우리 마음이 하나님의 말씀에 전적으로 집중할 수 있도록 토요일에 모든 일상 업무를 정돈하고 마무리해야 한다. 우리는 하나님의 말씀을 받기 위해서 모든 세속적 업무를 처리하고 마음으로부터 쾌락을 몰아내야 한다.

만일 교인들의 마음이 안식일 오후나 저녁에 떠날 소풍이나 자동차 여행이나 다른 유흥으로 가득 차 있다면 결코 설교 말씀에 주의를 기울일 수 없을 것이다. 우리가 진정으로 하나님을 기쁘시게 하고 그의 말씀으로부터 복 받기 원한다면 여호와의 날을 전적으로 하나님의 영광을 위해 신성하게 구별하여 지켜야 한다.

6. 말씀 설교와 관련해서 우리는 목회자가 성경을 진실하고 효과적으로 전달할 수 있도록 성령께서 목회자에게 영적 은사를 내려 주시기를 기도해야 한다. 또한, 죄인들이 그리스도께 돌아오고 성도들이 믿음과 경험 안에서 자랄 수 있도록 우리 자신과 다른 이들이 그 말씀을 받을 수 있는 성령의 은혜를 달라고 기도해야 한다.

7. 목회자들이 무엇을 말하건 간에 다 믿고 수용하는 것은 그리스도인의 의무가 아니다. 그들은 듣는 것을 성경으로 상고해야 한다. 그들은 메시지의 내용을 믿음과 행위의 정확 무오한 하나님의 말씀인 성경 66권으로 생각해야 한다. 진정한 설교자라면 단지 자신이 진실을 말하고 있기에 회중

들이 그의 말을 다 수용해야 한다고 말하지는 않을 것이다. 설교자는 하나님께서 그것이 진리라고 말씀하시기 때문에 그리고 그것을 하나님의 말씀 안에서 발견되기 때문에 그것을 수용하라고 말한다. 회중은 목회자의 권위가 아니라 말씀으로 역사하시는 하나님의 권위 때문에 진리를 믿는다.

8. 하나님의 진리에 대해 우리는 믿음과 사랑과 온유함과 준비된 마음으로 그것을 마음에 받아들여야 한다. 우리는 반드시 진리를 향하여 저항하는 태도가 아니라 수용적인 태도를 견지해야 한다. 이러한 수용적인 태도는 사람의 마음과 지성에 역사하시는 성령 하나님의 특별한 사역을 통해서 발생한다. 우리는 본성상 모두 진리에 대한 편견을 지니고 있고 진리를 거부하고 대적하는 경향이 있다. 그러나 우리는 하나님의 권위 때문에 하나님의 말씀을 즉시 마음으로 받아들여야 한다.

9. 우리가 설교 말씀을 묵상하고 논의해야 하는 것은 오랜 시간 동안 진지한 생각을 통해 우리의 삶과 문제와 관련된 진리를 파악할 수 있기 때문이다. 오늘날 신적 진리에 대한 그리스도인 사이의 대화는 소홀히 되고 있다. 우리는 대중의 관심사와 활동으로 인해 너무 분주한 나머지 다른 그리스도인과의 영적 교제와 대화는 거의 나누지 못하고 있다. 물론, 항상 종교에 대해서만 말해야 한다고 느끼고 다른 모든 말은 아무런 의미가 없다고 생각하는 사람들은 성경의 질책을 받을 것이다(전 3:1).

10. 우리가 하나님의 말씀을 우리 마음 안에 간직해야 하는 것은 성경을 단순히 암송하는 것 그 이상을 의미한다. 그것은 성경 진리를 우리 마음 안에 보존시키고 계속 생각하고 그것을 우리 모든 삶에 관계해서 숙고하는 것이다. 이는 하나님의 진리 말씀을 한 귀로 듣고 한 귀로 흘려버리는 것과 반대된다. 만일 우리가 진정으로 진리를 믿고 받아들인다면 그것은 우리 마음에 오래 남을 것이고 그것으로부터 유익을 얻게 될 것이다.

11. 우리가 삶을 통해 하나님 말씀의 열매를 맺어야 하는 것은 하나님의 말씀이 매우 실제적인 메시지이기 때문이다. 우리는 성경과 기독교 교리를 가지고 모든 종교적 주제에 대해 능수 능란하게 변증했으나 그의 경건의 능력에 대해서 완전한 이방인이었던 『천로역정』의 한 인물인 '수다'를 기억해야 한다(마 7:20).

하나님의 말씀은 구원의 메시지이고 경건한 삶과 그리스도인의 자기 부인 또는 그리스도와 함께 못 박힌 자에 관한 메시지다. 만일 어떤 이가 이런 진리에 대한 이방인이라면 오직 심판 날에 자신을 향한 정죄만 더 가중할 것이다.

87
성례의 유익

문 161: 성례는 어떻게 구원의 유효한 방편이 되는가?

답 161: 성례가 구원의 유효한 방편이 되는 것은 그것들 자체 안에 있는 어떤 능력이라든지 혹은 그것을 거행하는 자의 경건이나 의도에서 나오는 어떤 효능으로 말미암는 것이 아니고 다만 성령의 역사와 그것을 제정하신 그리스도의 복 주심으로 말미암는 것이다(벧전 3:21; 행 8:13, 23; 고전 3:6-7, 12:13).

Q 161: How do the sacraments become effectual means of salvation?

A 161: The sacraments become effectual means of salvation, not by any power in themselves, or any virtue derived from the piety or intention of him by whom they are administered, but only by the working of the Holy Ghost, and the blessing of Christ, by whom they are instituted.

1. 성례는 성경과 더불어 은혜의 방편이다. 그 은혜는 구원을 포함한다. 그렇다고 성례는 그 자체로 어떤 능력이 있지 않다. 마술사 시몬이 세례를 받았지만, 베드로는 그에게 "너는 악독이 가득하며 불의에 매인 바 되었도다"라고 말했다.

만일 세례 그 자체가 자동으로 중생을 준다면 시몬은 그의 세례를 통해 중생을 받았을 것이다. 그는 그리스도 예수 안에서 새로운 피조물이 되었을 것이다. 그러나 실상 그는 여전히 불의에 매인 인생이었을 뿐이다. 세례가 마술사 시몬에게 그 어떤 은혜도 수여하지 않았음은 자명하다. 성례 그 자체가 은혜를 베푼다는 로마가톨릭의 교리가 잘못되었음을 교훈한다.

2. 성례의 효용성이 목회자의 경건과 도덕적 인격에 좌우되지 않는다. 성례의 효용성의 타당성은 그것을 집례하는 자의 경건과 도덕적 인격에 좌우되지 않는다. 물론, 모든 목회자는 경건해야 하고 도덕적으로 책망할 것이 없어야 한다. 그러나 목회자의 영적 상태가 성례의 효용성을 전복시키지는 못한다. 혹시 경건하지 않은 목회자에게 세례를 받은 것이 무효가 되지 않는다. 회개하지 않은 목사에 의해서 베풀어진 성례의 효용성이 제한되지는 않는다.

3. 목회자의 의도가 성례의 효과를 결정하지 않는다. 성례가 그리스도의 제정 의도에 알맞게 베풀어지면 목회자의 개인적 의도는 그 효용성에 아무런 영향을 끼치지 못한다. 목회를 단순히 직업이나 생계의 수단으로 간주하는 그릇된 의도로 목회 사역에 뛰어들어서 교회의 규칙 때문에 성찬을 베푼다고 하더라도 성례의 효용성과 타당성에 영향을 끼치지는 못한다. 참된 회개와 그리스도를 믿는 믿음으로 성찬 예식에 참여한 자는 목회자의 그릇된 동기에도 불구하고 성찬의 축복과 유익을 얻을 것이다.

4. 성례의 효용성은 전적으로 성령 하나님의 역사와 성례를 친히 제정하신 그리스도의 축복으로 좌우된다. 사람이 성례를 제정한 것이 아니라 주 예수 그리스도께서 은혜의 방편으로 제정하셨기에 그리스도께서 지정하신 성례에 참된 믿음으로 참여하는 모든 사람에게 그 성례와 더불어 성령 하나님의 은혜로우신 역사를 동반해 주신다. 그리스도께서 보내신 성령은 그리스도의 것을 그의 백성에게 주신다. 성령은 성례를 통해 성례와 함께 역사하신다. 따라서 성례는 그 자체로 내적인 능력이 없지만, 성령의 역사하심을 통해 하나님의 자녀들에게 참된 은혜의 방편이 된다.

5. 성례의 중요성을 경시하는 것은 올바르지 않다. 많은 사람이 세례를 단순히 아이와 성인을 하나님께 헌신하는 교회의 의식으로 보았고 성찬

을 구속의 진리를 상징하고 그리스도를 기억하게 하는 기념 의식으로만 생각해 왔다. 성례에 대한 이러한 견해는 우리 교회의 신앙적 표준을 제시해 주는 개혁교회의 신앙과는 모순된다. 세례는 단순히 헌신적 의식만을 의미하지 않는다. 성찬은 상징적인 초상이나 기념 예배가 아니다. 성례는 하나님께서 은혜의 방편으로 제정하셨기 때문이다.

> **문 162**: 성례란 무엇인가?
>
> **답 162**: 성례는 그리스도께서 자기 교회 안에 제정하신 거룩한 규례이니 이 규례는 은혜의 언약 안에 있는 자들에게 주의 중보의 혜택을 표시하시고, 인치시고, 나타내시기 위한 것이며, 그들의 신앙과 다른 모든 은혜를 강화하고, 더하게 하기 위한 것이며, 그들이 순종케 하기 위한 것이며, 그들의 상호 간에 사랑과 교통을 증거하고 소중히 기르며 그들을 은혜의 언약밖에 있는 자들과 구별하기 위한 것이다(창 17:7, 10; 출 12:1-51; 마 28:19 등).
>
> **Q 162**: What is a sacrament?
>
> **A 162**: A sacrament is a holy ordinance instituted by Christ in his church, to signify, seal, and exhibit unto those that are within the covenant of grace, the benefits of his mediation; to strengthen and increase their faith, and all other graces; to oblige them to obedience; to testify and cherish their love and communion one with another; and to distinguish them from those that are without.

1. 성례는 가시적인 표식과 그리스도와 새 언약의 혜택이 제시된 것으로서 그리스도에 의해 제정되어 신자에게 인치고 적용하는 거룩한 규례다. 성례는 그리스도께서 지상 생애를 사실 동안 그리스도에 의해 제정되었다. 성례는 가시적인 표식의 사용과 관계되어 있다. 즉, 물과 떡과 포도주와 같은 물질적 요소와 관계된 행위로 구성되어 있다. 성례는 가시적인 표식과 함께 그리스도와 그의 구속을 제시하고 인치며 적용하는 목적을

지닌다. 성례는 세상이 아니라 신자를 위한 것이다.

2. 성례라는 단어는 성경에 나타나지 않는다고 할 수 없다. 이 단어는 보증이나 서약 또는 동맹을 의미하는 '사크라멘툼'(sacramentum)이라는 라틴어에서 연원 되었다. 사크라멘툼은 신비를 의미하는 '미스테리온'(mysterion)이라는 헬라어의 번역이다(엡 1:9; 3:3, 9; 5:32; 골 1:27; 딤전 3:16; 계 1:20; 17:7). 헬라어 미스테리온은 계시되기 전까지는 알려지지 않은 어떤 것을 의미한다.

3. 성례는 하나님의 백성을 위해서 제정되었다. 성례가 외면적 요소와 행위를 사용하는 것과 관계되어 있기에 보이는 교회에 맡겨졌다. 그래서 세례와 성찬은 교회의 규례다. 따라서 성례는 매우 특수한 상황을 제외하고서는 그리스도의 교회 밖에서 집례 되어서는 안 된다. 세례와 성찬을 사적으로 베푸는 것은 비정상이고 피해야 한다. 교회 밖에서 일련의 사람이 성찬을 하는 것은 그릇된 일이다. 성례는 가견적 교회에 속한 규례다.

4. 성례는 언약 안에 있는 자들을 향한 그리스도의 중보의 혜택을 표시한다. 성찬에서 떡은 그리스도의 몸을 표시하고 포도주는 그의 피를 표시한다. 주의 만찬은 그리스도의 구속 혜택에 신자의 참여를 표시한다. 성례에는 물질적 요소와 외적인 행위 안에 영적 실재가 표시되어 있다.

5. 성례는 언약 안에 있는 자들에게 그리스도께서 그의 중보 사역의 혜택을 인치려고 제정되었다. 이것은 성례가 참된 그리스도의 믿음 안에서 정당하게 시행된다면 인치는 기능 또는 그리스도의 구속을 신적으로 보장함을 의미한다. 참된 믿음으로 성례를 올바르게 사용하는 자는 그것을 모든 언약의 성취에 대한 하나님의 보증으로 간주한다.

6. 성례는 그리스도의 혜택을 예수 안에 있는 신자와 그들의 자녀에게

표시하고 인치며 나타내고 적용한다. 예수 그리스도께서 이루신 중보의 혜택은 그의 백성을 위해 성취하신 모든 것과 앞으로 행하실 모든 일이다. 그것은 선지자, 제사장, 왕으로서의 직무 안에서 구속자 그리스도께서 행하신 모든 사역이다. 즉, 창세 전에 이루어진 구원의 모든 계획과 (엡 1:4) 그의 택하신 백성을 구속하시는 하나님의 섭리와 그 백성의 궁극적 영화와 영광의 나라에서 누릴 영생이다(롬 8:30).

7. 신자의 생애에 있어서 성례가 수행하는 실제적 목적은 신자의 신앙과 다른 모든 은혜를 더하게 하며 강화하고 순종하게 한다. 성례는 올바로 시행하면 신자의 모든 삶의 국면을 강화하고 세워 준다. 성례는 그들을 더 훌륭하고 일관성 있는 신자로 만든다. 또한, 성례는 하나님 언약의 요구 사항을 기꺼이 순종하게 한다.

8. 인간 사회에 수행하는 성례의 기능은 하나님의 백성을 언약 밖에 있는 자들과 구별하는 기능을 한다. 성례는 하나님의 언약 백성이라는 표지와 증거다. 성례는 언약 안에 있는 자들을 일반적으로 세상에 있는 모든 자와 구별한다. 세례는 교회 회원권의 표시다. 세례받은 자는 악독한 죄로 출교당하기까지는 그리스도 교회의 구성원으로 간주 된다. 세례는 교회 회원권의 표시고 주의 만찬은 교회원의 상호 교통의 표지다.

> 문 163: 성례의 요소는 무엇인가?
> 답 163: 성례의 요소는 두 가지이니 하나는 그리스도 자신의 명령에 따라 사용되는 외부적이고 감각할 수 있는 표요, 다른 하나는 이로써 표시되는 내적, 영적 은혜다(마 3:11; 벧전 3:21; 롬 2:28-29).
>
> Q 163: What are the parts of a sacrament?
>
> A 163: The parts of a sacrament are two; the one an outward and sensible sign,

> used according to Christ's own appointment; the other an inward and spiritual grace thereby signified.

  1. 성례의 두 요소는 성례가 예수 그리스도 안에 있는 참된 믿음과 함께 올바르게 시행되기만 하면 그것은 외적이며 감지할 수 있는 표와 내적 영적 은혜를 의미한다. 성례를 예수 그리스도를 믿는 믿음과 상관없이 그릇되게 사용하는 자는 전혀 성례에 참여하는 자가 아니다. 그들은 외적인 형식 또는 성례의 의식에 참여할 뿐 영적 실재에 참여한 자는 아니다.

  2. 외부적이고 감지할 수 있는 표는 외적이고 물질적 세계에 존재하는 표지다. 그것은 신체적이며 화학적인 성질을 가지고 시간과 공간에 존재한다. 물과 떡과 포도주라는 성례의 요소와 그것에 동반되는 행위는 이러한 의미에 있어서 외부적이다. 감지할 수 있는 표는 시각과 미각과 감각으로 느낄 수 있다. 성례의 요소는 볼 수 있고, 만질 수 있으며 맛볼 수 있다. 성례 행위는 시야로 인식할 수 있는 행위다. 그러므로 성례는 감지할 수 있는 표다.

  3. 성례는 외부적 요소로 물과 떡과 포도주와 같이 실제 필요한 재료적 요소 이외에 그리스도께서 성경에 지정한 방식으로 적절한 행동과 말을 통해 실행해야 한다. 따라서 세례에 있어서 물은 세례 받는 자에게 적용되어야 한다. 그러나 이것만으로는 충분치 않다. 그것은 특별히 성부와 성자와 성령의 이름으로, 즉 삼위 하나님의 이름으로 적용되어야 한다.

  성찬의 경우 떡과 포도주를 성찬에 참여한 자들에게 돌리는 것만으로 충분하지 않다. 성찬의 요소로 진행하고 그것에 축사하며 떡을 떼고 떡을 나누어 주며 잔을 나눔에 있어서 그리스도께서 지정하신 말씀을 선포해야 한다.

4. 내적 영적 은혜는 표라는 단어와 대조된다. 은혜는 신자를 위해 신자 안에 역사하시는 하나님의 구속 사역을 의미한다. 이것은 신자를 향한 하나님의 선물이다. 이 은혜는 외부적인 표와 대조된다. 은혜는 표가 의미하는 바다. 은혜는 실체이고 표가 존재하는 이유다. 외부적인 표는 은혜를 지시해 주는 게시판과 같다.

이 은혜는 물리적이고 물질적인 세계에서는 보이지 않고 마음과 영과 인격의 세계에서 보이기 때문에 내적이라고 불린다. 이것은 영혼에 존재한다. 이 은혜는 시각이나 미각이나 감각이나 청각과 같은 신체적 감각에 영향을 끼치지 않고 인간의 영혼에 영향을 끼치기 때문에 영적이라고 불린다. 이런 것은 육체적 감각이 아니라 영적으로라야 분변할 수 있다 (고전 2:9-16).

5. 외부적이고 감지할 수 있는 표와 내적 영적 은혜는 영적인 관계로서 성례전적인 상징적 연합이 있다. 떡과 포도주는 그리스도의 살과 피를 대표한다. 외부적이고 감지할 수 있는 표와 내적이고 영적인 은혜 사이의 성례적 연합은 상징적이다. 이러한 상징적 관계성 이외에 표와 은혜 사이에 관계성이 있다. 그리스도의 지정하심에 따라 외부적인 표가 참된 믿음과 함께 정당하게 시행되었을 때 그것이 의미하는 영적 은혜가 성례 참여자에게 전달된다.

하나님께서는 이 외부적인 표를 정당하게 사용하는 자에게 성령을 통해 은혜를 주신다. 이런 의미에서 외부적인 표와 은혜 사이에 관계성이 있다. 은혜는 성례 그 자체가 아니라 성령 하나님께서 주신다. 성례는 신적으로 지정된 은혜의 방편인 만큼 성령께서는 성례가 정당하게 사용하는 곳마다 은혜를 베푸신다.

> 문 164: 신약에서 그리스도께서 몇 가지 성례를 제정하셨는가?
>
> 답 164: 신약에서 그리스도께서 그의 교회 안에 두 가지 성례만을 제정하셨으니 곧 세례와 성찬이다(마 28:19; 고전 11:20, 23, 26:26-38).
>
> Q 164: How many sacraments hath Christ instituted in his church under the New Testament?
>
> A 164: Under the New Testament Christ hath instituted in his church only two sacraments, Baptism and the Lord's supper.

1. 신약에는 오직 두 가지 성례가 있다. 즉, 세례와 성찬이다. 세례와 성찬이라는 이 두 가지의 신적 규례는 그 자체로 다른 규례가 소유하지 못한 특별한 성질을 가지고 있다. 따라서 이것은 다른 규례들과는 구별되는 성례다. 성례라는 단어는 이 두 규례에만 한정된다.

2. 로마가톨릭이 7성례(세례성사, 견진성사, 성체성사, 고백성사, 주유성사, 영세성사, 종부성사)를 집행하는 것은 성경적으로 합당하지 않다. 7성례 가운데 다섯 가지를 제외한 세례와 성찬만 성경적이다.

88

세례의 의미

문 165: 세례란 무엇인가?

답 165: 세례는 그리스도께서 성부와 성자와 성령의 이름으로 물로 씻음을 정하신 신약의 한 성례다. 이것은 그리스도 자신에게 접붙이고, 그의 피로 죄 사함을 받고, 그의 영으로 거듭나고, 양자가 되어 영생에 이르는 부활의 표와 인침이다. 이로써 세례받은 당사자들은 엄숙히 유형적 교회에 가입하게 되어 전적으로 오직 주께만 속한다는 약속을 공개적으로 고백함으로 맺게 되는 것이다(창 17:7, 9; 행 8:36-37; 2:38; 갈 3:9, 14; 마 28:19 등).

Q 165: What is Baptism?

A 165: Baptism is a sacrament of the New Testament, wherein Christ hath ordained the washing with water in the name of the Father, and of the Son, and of the Holy Ghost, to be a sign and seal of ingrafting into himself, of remission of sins by his blood, and regeneration by his Spirit; of adoption, and resurrection unto everlasting life; and whereby the parties baptized are solemnly admitted into the visible church, and enter into an open and professed engagement to be wholly and only the Lord's.

1. 세례는 그리스도의 사역자가 물을 가지고 성부와 성자와 성령의 이름으로 씻는 신약의 성례다. 세례의 방법은 부차적인 문제다. 세례 시에 사용되는 물의 양이나 그것을 적용하는 방식은 성경에 지정되어 있지 않다. 교회 역사에 있어서 세례의 방식은 물 부음, 물 뿌림, 침수 등으로 구분되었다. 이러한 세 가지 방식 중에 어느 한 가지만이 확실한 세례의 시

행 법칙은 아니다.

2. 신약에서 '세례를 주다'라는 헬라어가 문자적으로 '침수'를 의미한다는 것을 부정할 수 없다. 그러나 헬라어 밥티조(*baptizo*)는 문자적으로 '씻다'를 훨씬 더 많이 의미한다(막 7:4; 눅 11:38). 헬라어 명사 밥티스모스도(*baptismos*) 문자적으로 씻음을 의미하는 경우가 훨씬 많다(막 7:4; 히 9:10). 그래서 밥티조와 밥티스모스가 오로지 '침수하다'와 '침수'를 의미한다는 침례교의 주장은 유효하지 않다.

3. 세례의 본질적 의미는 그리스도와의 연합이다. 그리스도의 죽음, 장사, 부활과의 연합이 세례의 뜻이다(롬 6:1-11). 이 연합으로 예수 그리스도께서 그의 백성에게 특별 은혜를 주신다. 거기에 우리 죄를 씻음과 성령 하나님의 능력으로 말미암는 거듭남이 포함된다.

침례교는 그리스도와의 연합을 강조하기 위해 침수를 강조하는 듯하다. 그러나 그 연합을 위해서는 죄 씻음이 선행되어야 한다. 죄 용서가 있어야 그리스도와의 연합이 가능하다. 죄 용서는 그리스도의 구속 사역의 결과다. 죄 용서와 죄 씻음은 예수 그리스도의 구속 사역으로만 가능하다.

4. 그리스도께 '접붙임'은 그리스도와 생명의 연합 상태에 진입함을 의미한다. 이런 접붙임을 통해 사람이 그리스도께서 머리가 되시는 영적 몸의 구성원이 되고 참 포도나무의 가지가 된다. 신자가 그리스도께 접붙이면 그와 함께 연합하여 살고 그리스도로부터 그의 영적 영양분과 힘을 공급받는다.

5. 세례 예식은 신자에게 예수 그리스도의 보혈로 말미암아 그의 죄를 사면한다는 표와 인침이다. 일상생활에서 물로 더러운 것을 씻어내듯이

구원의 계획에서도 그리스도의 피로 그의 백성의 죄를 씻는다. 이것은 비유적인 표현이다. 그리스도의 피는 그의 사망을 의미한다. 성경이 그리스도의 피가 우리 죄를 씻는다고 말할 때 언제나 하나님께서 그리스도의 속죄 사역을 근거로 우리 죄를 용서하시고 우리를 거룩하게 하심을 의미한다. 세례 예식은 바로 이것의 외부적인 표다.

6. 세례 자체가 중생을 수여하지 않는다. 세례와 중생은 실질적으로 같지 않다. 세례와 중생은 표와 그 표식이 의미하는 내용이다. 디도서 3:5은 이 점에 있어서 적절하다. '씻음의 중생'이 아니라 '중생의 씻음'이라고 기록하였다. 이 둘은 차이가 있다. 우리는 세례를 통해 중생 되지 않고 중생을 통해 영적으로 정화된다.

7. 세례는 하나님의 가족으로 입양되는 표와 인침이다(갈 3:26-27). 세례를 받는 것은 참된 의미에서 그리스도를 믿는 믿음과 그리스도와의 연합에 관계된다. 그리스도를 믿는 믿음으로 신자는 하나님의 가족으로 입양된다. 그래서 세례는 양자의 표요 인침이다.

8. 세례는 영생으로의 부활의 표와 인침이다(고전 15:29; 롬 6:3-5). 고린도전서 15:29은 죽은 자에게 세례를 베풀었던 고린도 교회의 독단적 관습을 인가하거나 찬성하지 않고 단순히 그것이 당시 존재하고 있었음을 지시한다. 부활이 없다면 그러한 세례 역시 전혀 의미가 없다. 세례를 통해 그리스도와 연합된 신자는 그의 부활 때에도 그리스도와의 연합이 지속된다.

9. 세례받은 자는 유형적 교회에 엄숙히 가입된다. 세례는 표다. 이미 예수 그리스도를 믿고 순종하는 개인적 믿음의 고백으로 인해 하나님 앞에서 유형적 교회에 출석하는 자는 세례를 통해 공개적으로 교회 회원으

로 인식되고 엄숙히 유형적 교회에 가입하게 된다. 일반적인 의미에서 세례받은 자가 공개적으로 유형적 교회의 회원이 된다.

10. 세례는 전적으로 오직 주께만 속한다는 약속을 공개적으로 고백하는 것과 관계한다. 성인 세례의 경우 이러한 맹세는 개인적으로 이루어진다. 유아의 경우 유아의 대표자로서의 부모에 의해 이루어진다. 세례가 하나님의 은혜뿐만 아니라 우리의 의무와도 관계된다. 언제나 세례는 하나님의 축복과 우리의 엄숙한 맹세와 관계한다.

문 166: 누구에게 세례를 베풀게 되는가?
답 166: 그리스도를 믿는 믿음과 그에게 대한 순종을 고백하기까지는 유형적 교회 밖에 있어 약속의 언약에 외인인 자에게는 세례를 베풀 수 없으나 그리스도를 믿는 신앙과 그를 향한 순종을 고백하는 양친 또는 그중 한 사람만 믿는 부모에게서 난 어린 아기들은 그 점에서 언약 안에 있으므로 세례를 베풀 수 있다(창 17:7, 9; 행 8:36-37; 2:38; 갈 3:9, 14 등).

Q 166: Unto whom is Baptism to be administered?

A 166: Baptism is not to be administered to any that are out of the visible church, and so strangers from the covenant of promise, till they profess their faith in Christ, and obedience to him, but infants descending from parents, either both, or but one of them, professing faith in Christ, and obedience to him, are in that respect within the covenant, and to be baptized.

1. 정당하게 세례를 받을 수 있는 사람은 유형 교회의 회원이다. 유형 교회를 구성하는 두 부류의 회원은 그리스도를 향한 개인적 믿음의 고백과 순종을 보이는 자들과 그들의 자녀 된 유아들, 즉 아직 개인적인 믿음의 고백을 하지 못한 자다. 성인의 나이에 있는 자 또는 책임질 나이에 있

는 자는 예수 그리스도를 믿고 그에게 순종하겠다는 공개적인 믿음을 고백함으로 교회의 회원이 될 수 있다. 공개적으로 믿음 고백을 한 자는 교회의 회원으로 간주된다. 따라서 세례는 교회 회원의 공식적 승인의 표이고 회원으로서 특권이다.

2. 부모중 한 사람이라도 그리스도인 부모를 둔 유아가 출생하면 미국에서 출생한 아이가 그 즉시 미국 시민이 되는 것처럼 날 때부터 교회의 회원이 된다. 그들은 세례를 받음으로 회원이 되는 것이 아니다. 오히려 그들은 이미 태어날 때부터 이미 교회의 회원이 되었기 때문에 세례를 받는다.

3. 그리스도인 부모를 둔 자녀들이 출생 시부터 교회의 회원이 되는 것은 아브라함과 맺은 언약의 연속성에 있어서 그들의 부모와 맺으신 하나님의 언약으로 인해 태어날 때부터 교회의 회원이 된다. 그러나 그리스도인 부모를 둔 자녀는 성장해서 공적으로 그리스도를 향한 개인적인 믿음을 고백하고 그에게 순종하며 성찬에 참여하기 전까지는 교회원으로서의 특권을 다 누리지 못한다.

4. 유아 때 세례를 받은 청년 그리스도인이 스스로 믿음을 고백하고 성찬에 참여할 때 교회의 회원 가입은 옳지 않다. 그리스도인 부모를 둔 자녀는 이미 태어날 때부터 교회의 회원이다. 그들이 받은 세례가 그 증거이다.

교회에 가입하는 것은 과거에 교회의 회원이 아니었다는 것을 암시한다. 그들은 입교 예식을 통해 교회 회원의 특권과 의무를 지닌다. 그러면 그들은 예배와 봉사와 헌금의 의무와 더불어 선거권과 피선거권과 성찬에 참여할 수 있는 특권을 가진다.

제2장 은혜의 수단 사용(문 153-185) 475

5. 모든 교회가 그리스도인 부모를 둔 유아들은 반드시 세례받아야 한다고 가르치지 않는다. 침례교회와 유사한 믿음을 고백하는 교회는 개인적인 믿음의 고백을 할 수 있는 자에게만 세례를 받을 수 있다고 가르친다. 이런 믿음은 지상에 있는 소수의 교회만이 견지해 왔다. 그러나 그리스도인은 대부분 유아 세례를 믿고 있다.

6. 유아 세례는 일반적으로 침례교회에 의해 반대되었다. 그들이 반대하는 이유는 신약성경에 유아에게 세례를 주라는 명령이 없고, 성경에 유아에게 세례를 베푼 실례가 없으며, 유아들은 세례의 의미를 이해하지 못하기 때문이다. 그뿐만 아니라 유아 때 세례를 받은 아이 대부분이 자라면서 불경해지고 명목적 그리스도인이 될 뿐이며, 유아 세례는 로마가톨릭의 미신일 뿐이라는 것이다.

7. 유아 세례는 아브라함과 맺은 하나님의 언약에 근거한다. 구약 시대에 유아는 언약의 표로 할례를 받았다. 신약 시대에서도 언약의 표로서 세례를 받는다. 만일 침례교의 입장이 옳은 것이라면 성경에 유아에게 세례를 주지 말라는 단정적인 명령이 있어야 한다. 그러나 그런 명령은 없고, 있다면 오히려 구약의 관습을 변경하는 것이 될 것이다.

8. 신약성경에는 유아가 세례를 받았다는 증명도 세례받지 않았다는 증거도 없다. 그러나 유아가 세례를 받았다고 추정케 하는 적지 않은 신약의 구절이 있다.
예를 들면, 빌립보 간수는 자신이 "자기와 그 온 가족이 다 세례를 받은 후"(행 16:33), 바울은 "내가 또한 스데바나 집 사람에게 세례를 베풀었고"(고전 1:16), 고넬료 일가와 가까운 친구들이 세례를 받았다(행 10:24, 48)는 말씀이 있다. 이 모든 가정에 유아들과 어린아이들은 없고 성인만 있었다고 단정할 수 없다.

9. 예수님께서 부모의 요청에 따라 어린아이들을 품에 안으시고 축복하셨다. 이것이 세례는 아니지만 유아 세례의 문제와 관련되어 있다. 이 어린아이들은 예수님이 누구시고 그가 무엇을 하시는지를 몰랐다. 그러나 예수님께서 그들을 품에 안고 축복하셨다.

누가 이것이 무익한 일이고 아이들에게 어떤 혜택도 가져오지 못한다고 말할 수 있는가?

부모의 믿음은 아이들을 대표한 믿음으로 인정된다(막 9:24-27).

10. 유아 때 세례를 받은 대부분의 아이가 자라면서 불경해지고 단지 명목적 그리스도인이 되는 것은 아니다. 그러한 주장을 입증할만한 그 어떤 정확한 통계도 없다. 어린 나이에 세례를 받은 많은 사람과 성인 때 세례를 받은 많은 사람이 불경하게 되고 명목적 그리스도인이 되는 경우가 있다.

그렇다고 해서 유아 세례를 반대하는 교회가 그것을 실행하는 교회보다 더욱 순수하다고 증명된 적은 없다. 더욱이 성인 때 세례를 받은 자가 유아 때 세례를 받은 자보다 더 신실하고 견고한 신앙을 유지한다는 증명도 없다.

문 167: 우리의 세례를 어떻게 잘 사용할 수 있는가?

답 167: 필요하지만 많이 소홀히 되어 온 바 세례를 잘 사용하는 의무는 우리가 평생 이행해야 할 것이니 특별히 시험을 당할 때와 다른 사람들이 세례받고 있는 자리에 참석했을 때, 세례의 성질과 그리스도께서 그것을 제정하신 목적, 그것에 의해 우리에게 주어지고, 보증된 특권과 혜택이다.

그것에서 행한 엄숙한 서약 등을 심각히 또는 감사히 고찰함으로써, 우리의 죄악한 더러움과 세례의 은혜 및 우리의 약속에 미급 또는 역행하는 것 때문에 겸손해짐으로써, 그 성례 안에서 우리에게 보증된 죄 사함과 다른 모든 행복에 대한 확신에 이르기까지 성숙함으로써 우리가 향하여 세례받는 그리스도의 죽음과 부활로부터 힘을 얻어 죄를 억제하며 은혜를 소생시킴으로써 신앙으로 살기를, 세례를 받음으로 그리스도께 자기의 이름을 바친 자로서 거룩함과 의로운 생활을 살기를 같은 성령으로 세례받아 한 몸을 이룬 자들로서 형제의 사랑으로 행하기를 노력해야 한다(골 2:11-12; 롬 6:4-11; 고전 1:11-13 등).

Q 167: How is our Baptism to be improved by us?
A 167: The needful but much neglected duty of improving our Baptism, is to be performed by us all our life long, especially in the time of temptation, and when we are present at the administration of it to others; by serious and thankful consideration of the nature of it, and of the ends for which Christ instituted it, the privileges and benefits conferred and sealed thereby, and our solemn vow made therein; by being humbled for our sinful defilement, our falling short of, and walking contrary to, the grace of baptism, and our engagements; by growing up to assurance of pardon of sin, and of all other blessings sealed to us in that sacrament; by drawing strength from the death and resurrection of Christ, into whom we are baptized, for the mortifying of sin, and quickening of grace; and by endeavoring to live by faith, to have our conversation in holiness and righteousness, as those that have therein given up their names to Christ; and to walk in brotherly love, as being baptized by the same Spirit into one body.

1. 세례를 사용함은 매일의 생활에 선한 목적으로 사용하는 것이다. 따라서 이것은 일상생활에서 그 의미를 경험하는 것이고 그 목적을 성취하는 것이다. 세례는 성례요 교리요 그리스도인의 경험과 봉사를 증진해야 할 의무다. 기독교 교리를 믿고 이해해야 한다. 즉, 성장하는 그리스도인답게 세례의 본질과 의미를 이해하고 그 목적을 위해 살아야 한다.

2. 세례의 효용성이 세례를 베풀 때만 국한되어 있다는 잘못된 개념은 유아 세례를 반대하는 이들의 주장이다. 세례의 효용성은 세례받은 이후부

터 전 인생을 보호한다. 유아 때 세례를 받은 자는 이러한 기독교의 경험을 심리적으로 느낄 수 있는 나이에 진입할 때 회개하고, 믿고, 구원의 확신을 얻으며 성화를 추구한다. 우리는 이 세상에 한 번 출생하지만 전 인생을 통해 해마다 생일을 축하하는 파티를 한다. 세례도 역시 단 한 번 받는다. 그러나 우리는 평생 세례를 기억하고 그 의미를 경험할 수 있다.

3. 우리는 특별히 세례를 사용해야 하는 때는 우리가 유혹에 직면해 있을 때다. 유혹의 때에 세례를 사용하면 우리가 하나님의 언약 백성임을 생각나게 하고 불경한 자와 세속적인 자들처럼 죄와 타협하지 않으며 하나님의 언약 백성답게 살 것을 상기한다. 또한, 우리가 다른 이들이 세례 받는 자리에 참석하면 세례의 의미와 그것과 관계된 맹세가 특별히 우리 마음과 지성에 움직이는 실재가 된다.

4. 세례를 사용할 때 우리는 그 의무를 완전히 성취할 수 없다. 가장 신실한 그리스도인이라 할지라도 생각에서 말과 행동으로 매일 하나님의 계명을 어기고 산다. 그러므로 세례를 생각하고 그것이 우리 삶에 어떤 의미가 있는지를 생각할 때 우리는 항상 그 엄숙한 맹세대로 살지 못했던 지난 과거의 불신앙과 실패로 인해 겸손해야 한다.

5. 세례는 우리를 겸손케 하고 구원의 확신을 증가시키며 죄를 억제하고 은혜를 소생케 한다. 세례를 사용하는 것은 실생활에서 죄로부터의 탈출을 추구해야 한다. 이것은 세례의 실재와 그 목적 그리고 효과적 소명과 칭의와 양자와 성화와 이생에서 그것으로부터 흘러나오는 많은 혜택과 관계된다.

6. 세례를 사용하는 것은 그리스도인의 연합을 암시한다. 성령세례를 통해 모든 그리스도인은 유형적 교회 안에서 세례를 받고 공개적으로 그

리스도의 유형적 교회의 회원으로 인정된다. 이것은 같은 세례와 같은 몸의 지체에 참여하는 자의 연합과 형제 사랑을 촉진한다.

89

성찬의 참여자

문 168: 성찬이란 무엇인가?

답 168: 성찬이란 예수 그리스도의 정명(定命)하신 바를 따라 떡과 포도즙을 주고받음으로써 그의 죽음을 보여 주는 신약의 성례다. 성찬에 합당히 참여하는 자는 주의 살과 피를 먹고 마심으로 영적 영양이 되고 은혜로 자라는 것이며, 주님과의 연합과 교통이 확고해지고, 하나님께 대한 감사와 약속 같은 신비한 몸의 지체로서 서로 사랑하고 사귐을 증거하고 새롭게 하는 것이다 (눅 22:20; 마 26:26-28; 고전 11:23-26 등).

Q 168: What is the Lord's supper?

A 168: The Lord's supper is a sacrament of the New Testament, wherein, by giving and receiving bread and wine according to the appointment of Jesus Christ, his death is showed forth; and they that worthily communicate feed upon his body and blood, to their spiritual nourishment and growth in grace; have their union and communion with him confirmed; testify and renew their thankfulness, and engagement to God, and their mutual love and fellowship each with other, as members of the same mystical body.

1. 신약의 성례인 성찬은 새 언약의 성례다. 성찬은 떡과 포도주를 예수 그리스도께서 명하신 대로 나누어 줌으로 구성된다. 그리스도께서 명하신 바와 같이 성찬의 본질적 요소는 변경되거나 생략되어서는 안 된다. 로마가톨릭의 미사는 참여자가 떡만 받고 포도주는 신부들에게만 전용되기 때문에 진정한 의미에서 성찬이 아니다. 이것은 그리스도께서 명하신

것으로부터 중대한 이탈이다.

 2. 성찬의 본질적인 의미는 그리스도께서 그의 백성을 대신하여 돌아가신 속죄의 교리다. "이것은 너희를 위한 내 몸이다", "이것은 많은 사람의 죄 용서를 위해 흘리는 나의 피"라고 말씀하신 예수님의 말씀이 속죄 교리가 성찬의 기본 의미임을 드러낸다. 따라서 대속적 속죄 교리의 지식이 없는 자는 정당하게 성찬에 참여할 수 없다. 그리스도의 대속적 속죄 교리를 교묘히 부정하는 현대신학의 영향 아래 있는 자들은 정당하게 성찬에 참여할 수 없고, 그렇게 하는 것은 의미 없는 위선이다.

 3. 성찬의 목적은 주의 백성의 영적 훈육에 있다. 이것은 성찬에 정당하게 참여하면 기독교적 믿음과 생활과 사역에 그리스도인을 격려하고 영적으로 세워 줄 것이다. 성찬에 정당하게 참여하는 자는 그들의 구주이신 그리스도와의 영적관계를 더욱 확증해 준다. 또 하나님께 감사하고 순종하며 살겠다는 그들의 결심을 새롭게 하고 강화하고, 동료 신자들을 향한 그들의 사랑과 교제를 증거하고 새롭게 한다.

 4. 성찬과 그리스도의 재림은 밀접하다(고전 11:26). 주의 성찬은 그리스도의 초림과 그의 재림과 심판 날의 간격을 연결해 주는 다리다.
 성경에 의하면 역사의 세 가지 중요한 국면이 있다.

 첫째, 우주의 창조
 둘째, 그리스도의 십자가
 셋째, 그리스도의 재림

 죄와 구속이 발생하기 전에 제정된 안식일은 첫 번째와 세 번째 국면과 관계한다. 이것은 창조와 영원한 종결이라는 역사의 시간을 채운다. 그러나 인간의 타락 이후에 제정된 성찬은 십자가로부터 위대한 백보좌까지 기독교 역사의 시간을 채운다.

> **문 169**: 성찬식에서 그리스도께서 떡과 포도즙을 어떻게 주고 받으라고 명하셨는가?
>
> **답 169**: 그리스도께서 성찬의 성례를 거행함에서 자기 말씀의 사역자들을 정명하여 식사의 말씀과 감사와 기도로 떡과 포도즙을 보통 사용으로부터 구별하고 떡을 떼어 떡과 포도즙을 성찬 참여하는 자들에게 나누어 주면 그들은 같은 정명에 의해서 그들을 위해 그리스도의 몸을 떼어 주시고 그 피를 흘려 주신 것을 감사히 기억하면서 떡을 떼어 먹고 포도즙을 마시게 하신 것이다(고전 11:23-24; 마 26:26-28; 마 14:22-24; 눅 22:19-20).
>
> **Q 169**: How hath Christ appointed bread and wine to be given and received in the sacrament of the Lord's supper?
>
> **A 169**: Christ hath appointed the ministers of his word, in the administration of this sacrament of the Lord's Supper, to set apart the bread and wine from common use, by the word of institution, thanksgiving, and prayer; to take and break the bread, and to give both the bread and the wine to the communicants: who are, by the same appointment, to take and eat the bread, and to drink the wine, in thankful remembrance that the body of Christ was broken and given, and his blood shed, for them.

1. 그리스도께서 제정하신 성만찬은 마태, 마가, 누가복음과 바울 사도가 기록한 고린도전서 11장에서 발견된다. 후자에는 성찬의 가장 상세한 설명이 기록되어 있다.

2. 성찬을 시행할 때 그리스도의 명을 따르는 것은 교회의 머리이신 그

리스도의 요구다. 교회는 그리스도의 것이고 모든 일에서 그의 뜻을 추구해야 한다(엡 5:23-24). 주의 만찬은 주의 성찬이다. 따라서 교회는 그것을 수정할 권리가 없다. 성찬은 관습이나 전통에 의해 제정된 것이 아니라 주 예수 그리스도의 특별한 명령이다.

3. 그리스도께서는 성찬의 시행을 그의 말씀 사역자에게 맡기셨다. 성경에 기록된 성찬 예식에 이런 설명이 진술되어 있지 않지만, 다른 성경의 본문은 유형적 교회의 사역과 예배를 임직받은 감독관이 해야 한다는 것을 증거하고 있다. 그리스도의 사역자는 그리스도의 일군이요 하나님의 비밀을 맡은 자다(고전 4:1-2; 딛 1:7). 성례가 하나님의 비밀에 속한 일 가운데 하나이기 때문에 그리스도의 일꾼에게 맡겨졌다.

4. 성찬에 사용된 요소는 두 가지, 즉 떡과 포도주다. 이 요소는 상징적 목적을 가진다. 떡은 그리스도의 몸을, 포도주는 그리스도의 피를 표명한다. 따라서 떡과 포도주는 그리스도께서 베들레헴에서 아이로 태어나심으로 육신이 되어 우리 가운데 거하셨을 때 취하신 그리스도의 인성을 나타낸다(요 1:14).

5. 성찬에 관계된 행위는 여섯 가지다. 그것 중 네 가지는(떡과 포도주잔을 취하심, 축사하심, 떡을 떼심, 떡과 잔을 제자들에게 나누어 주심) 예수님에 의해서 수행되었고, 두 가지는(떡과 잔을 받음, 떡을 먹고 포도주를 마심) 제자들에 의해 수행되었다. 이 여섯 가지 성례적 행위는 그리스도의 속죄와 죄인이 그것을 믿음으로 받는 것을 묘사한다.

6. 예수님에 의해서 수행된 네 가지 성례적 행위는 다음과 같다.

첫째, 유월절 만찬 석상에서 떡과 잔을 취하셨다.

둘째, 일반적인 식사가 아닌 특별한 종교적 목적으로 진열된 떡과 포도주를 축사하거나 감사기도를 올리셨다.
셋째, 떡을 떼셨다. 이 행위는 그의 몸이 십자가에 못 박히시고 로마 군병의 창에 의해 찢기실 것을 상징한다.
넷째, 떡과 잔을 제자들에게 주셨다. 이런 행위는 죄인을 향한 하나님의 한이 없으신 은혜로 말미암는 그리스도의 선물과 구세주의 이러한 신적 선물이 죄인들에게 공급되는 복음을 상징한다.

7. 제자들에 의해 수행된 두 가지 성례적 행위는 다음과 같다.

첫째, 떡을 받았고 잔을 받았다.
둘째, 떡을 먹고 포도주를 마셨다.

이는 영적 생명이 철저하게 그리스도께 의존적임을 상징한다. 우리의 신체적 생명을 유지하기 위해서는 음식과 음료가 필수적이듯이 우리 영적 생명에 있어서도 그리스도가 필수적이다. 그리스도 밖에서 우리는 영적 생명을 소유하거나 영적 건강을 유지할 수 없다.

문 170: 성찬에 합당하게 참여하는 사람들은 어떻게 그리스도의 살과 피를 먹는가?

답 170: 그리스도의 몸과 피가 성찬 떡과 포도즙 안에, 함께 혹은 밑에 육체적으로 임재하지 않지만, 그 떡과 포도즙 자체는 수찬 자의 외적 감각 못지 않게 믿음에도 진실로 임재한다. 그러므로 주님의 성찬에 합당이 참여하는 자들은 육체적이 아니라 영적으로 그리스도의 몸과 피를 먹고 마신다. 그러나 진실로 그들은 믿음으로 십자가에 달려 죽으신 그리스도와 그의 죽음에서 오는 모든 혜택을 받아 자기에게 적용하는 것이다(행 3:21; 마 26:26, 28; 고전

11:24-29; 10:16).

Q 170: How do they that worthily communicate in the Lord's supper feed upon the body and blood of Christ therein?

A 170: As the body and blood of Christ are not corporally or carnally present in, with, or under the bread and wine in the Lord's supper, and yet are spiritually present to the faith of the receiver, no less truly and really than the elements themselves are to their outward senses; so they that worthily communicate in the sacrament of the Lord's supper, do therein feed upon the body and blood of Christ, not after a corporal and carnal, but in a spiritual manner; yet truly and really, while by faith they receive and apply unto themselves Christ crucified, and all the benefits of his death.

1. 성찬에 나타난 살과 피의 임재에 대해서 다음과 같은 세 가지 주요 견해가 있다.

첫째, 로마가톨릭 교리
둘째, 루터파 교리
셋째, 개혁파 교리

이 세 가지는 신자가 성찬에서 그리스도의 살과 피를 받고 먹는다는 의미에서는 동일하다. 그러나 성례에 나타나는 그리스도의 임재와 신자가 그의 살과 피를 먹고 마시는 방식에 있어서 각기 다르다.

2. 성찬에 나타난 살과 피의 임재에 대한 로마가톨릭교회의 교리는 '화체설'이라고 불린다. 1215년 제4차 후기 공의회 때 공적으로 채택되었고 1545-63년도에 열린 트리엔트 공의회 때 해설되었다. 주 예수 그리스도의 몸이 전체적인 실체로 변화되고 포도주의 전체적인 실체는 그의 피로

변화된다. 이러한 로마가톨릭의 화체 교리는 그릇된 교리다. 예수님의 첫 성찬에서 주님께서 주신 떡과 포도주가 변하지 않았다.

3. 성찬에 나타난 그리스도의 살과 피의 임재에 관한 역사적 루터파의 견해는 성례 밑에 그리스도의 참된 살과 피가 신체적으로 그리고 장소로 임한다고 믿는다. 이것은 영화롭게 된 그리스도 몸의 편재성과 관련해 있다. 이러한 역사적 루터파 교리는 잘못되었다. 로마가톨릭의 성찬 교리와 별로 다를 바가 없다.

4. 성찬에 나타난 그리스도의 살과 피의 임재에 관한 개혁교회의 견해는 그리스도의 살과 피가 신체적이고 육적인 의미에서가 아니라 영적 방식으로 먹는 것임을 확증한다. 성찬에서 그리스도의 살과 피가 그 안에 또는 그 아래 신체적이며 육적으로 임재해 있다는 것을 부정함으로 로마가톨릭과 루터파의 견해를 배격한다. 그런데도 그리스도의 살과 피는 성찬 요소의 외면적인 감각만큼이나 성찬을 받는 참여자의 믿음 안에 참되게 영적으로 임재한다.

5. 신자가 아님에도 성찬에 참여한다면 그는 그리스도의 살과 피를 먹고 마시는 것이 아니다. 그러한 자는 그리스도와 그의 혜택을 받을 수 있는 믿음이 결핍된 자이다. 그러한 참여자는 그냥 떡과 포도주만 받을 뿐이다. 주의 성찬에 합당하지 않은 방식으로 성찬에 참여하는 것은 유익이 없다. 그리스도를 믿는 참된 믿음 없이 또는 마음속에 회개하지 않은 죄를 품고서 또는 성찬에 대한 적절한 이해나 지식 없이 성찬에 참여하는 것도 아무 유익이 없다.

90
성찬 참여의 준비

문 171: 성찬의 세례를 받고자 하는 사람은 성찬에 참여하기 전에 어떠한 준비를 해야 하는가?

답 171: 성찬의 세례를 받는 사람은 성찬에 참여하기 전에 이에 대한 준비를 해야 한다. 곧 자기가 그리스도 안에 있는지, 자기의 죄와 부족함, 자기의 지식, 믿음, 회개, 하나님과 형제에 대한 사랑, 모든 사람에 대한 자선, 자기에게 해를 준 사람에게 용서, 그들의 그리스도를 추구하는 욕망, 그들의 새로운 순종을 검토함으로써, 이 은혜의 운용을 새롭게 함으로써, 심각하게 묵상하고 열렬히 기도함으로써 성찬 준비를 해야 한다(고전 11:28; 고후 13:5; 5:7; 출 12:15 등).

Q 171: How are they that receive the sacrament of the Lord's Supper to prepare themselves before they come unto it?

A 171: They that receive the sacrament of the Lord's Supper are, before they come, to prepare themselves thereunto: by examining themselves, of their being in Christ, of their sins and wants; of the truth and measure of their knowledge, faith, repentance, love to God and the brethren, charity to all men, forgiving those that have done them wrong; of their desires after Christ, and of their new obedience; and by renewing the exercise of these graces, by serious meditation, and fervent prayer.

1. 성찬의 참여에 준비가 필요한 것은 성찬의 중요성 때문이다. 성례의 엄숙한 성격과 그것을 합당하지 않은 방식으로 취했을 경우 발생할 하나

님 심판의 위험 때문이다. 적절한 준비는 이러한 이유와 하나님의 명령 때문이다(고전 11:28). 따라서 적절한 준비 없이 성찬에 참여하는 것은 확실히 그릇된 죄악이다.

 2. 성찬을 위한 준비의 목적은 우리가 성찬에 합당하게 참여하고 우리 믿음의 강화와 위로와 은혜 안에서 자라감과 여호와 하나님의 징계를 받지 않게 하기 위함이다. 자기 자신을 살피는 것은 우리 자신을 낙담시키거나 놀라게 해서 성찬을 떠나게 함이 아니다. 그것은 성찬에 올바르게 나아가게 하기 위함이고 그로 말미암아 복을 받게 하기 위함이다(고전 11:28).

 3. 성찬 예식 전에 거행되는 예배는 고린도전서 11:28, 31에 기록된 하나님의 명령에 대한 순종이다. 모든 그리스도인은 자신을 살펴서 스스로 준비해야 한다. 그러나 가장 크고 중요한 준비는 교회가 성찬이 시행되기 전에 예배를 드리는 것이다. 이러한 예배는 우리가 성찬을 합당하지 않게 참여함으로써 죄에 죄를 더하는 우를 범하지 않도록 우리 죄의 사악함과 하나님 은혜의 필요성 그리고 진심 어린 회개의 긴박성을 깨닫게 한다.

 4. 어떤 사람이 성찬을 받을만하지 못하다고 말하는 것은 명목적 그리스도인의 핑계다. 우리는 그런 상태에 있는 자가 성찬을 받게 해서는 안 된다. 그러한 자가 성찬에 참여하면 하나님께 심판받을 위험에 처할 것이기 때문이다. 그러한 자에게 필요한 것은 성령 하나님으로 말미암는 거듭남과 죄를 회개함과 그리스도를 자기의 유일한 구세주로 믿는 믿음이다. 그런 후 성찬에 참여해야 한다.

 5. 성찬의 준비에 가장 중요한 요소는 죄의 회개와 동반되는 우리의 유일한 구세주로서 예수께서 십자가에 못 박혀 돌아가셨다는 것에 대한 우리의 개인적 믿음이다.

제2장 은혜의 수단 사용(문 153-185) 489

문 172: 자기가 그리스도 안에 있는지 혹은 성찬에 합당한 준비가 되어 있는지 의심하는 자도 성찬식에 참여할 수 있을까?

답 172: 자기가 그리스도 안에 있는지 혹은 성찬의 성례에 합당한 준비가 되어 있는지 의심하는 사람도 확실치 않은 사람도 그리스도께 대한 진정한 관심을 가질 수 있다. 그렇게 믿음의 부족함에도 죄악을 떠나 거짓없이 하나님 앞에 나아가길 원한다면 그렇게 약하고 의심하는 신자라도 구출하기 위해 약속이 되어 있다고 이 성례가 정명된 것이기 때문에 그는 불신앙을 애통하고 의심을 해결하기 위해 노력해야 한다. 그렇게 함으로써 앞으로 더욱더 힘을 얻기 위해 성찬에 참여해도 좋을 뿐 아니라 참여할 의무가 있다(사 1:10; 요일 5:13; 시 88:1-18 등).

Q 172: May one who doubteth of his being in Christ, or of his due preparation, come to the Lord's supper?

A 172: One who doubteth of his being in Christ, or of his due preparation to the sacrament of the Lord's supper, may have true interest in Christ, though he be not yet assured thereof; and in God's account hath it, if he be duly affected with the apprehension of the want of it, and unfeignedly desires to be found in Christ, and to depart from iniquity: in which case(because promises are made, and this sacrament is appointed, for the relief even of weak and doubting Christians) he is to bewail his unbelief, and labor to have his doubts resolved; and, so doing, he may and ought to come to the Lord's supper, that he may be further strengthened.

1. 이 질문은 그리스도를 믿지 않는 자나 외적으로 고백은 하지만, 죄와 쉽게 타협하고 부주의하게 살아가는 사람을 대상으로 하지 않는다. 이 질문은 오직 그리스도를 믿고 자기의 영혼 구원에 대해 확신하지만, 자신의 영적 상태에 대해 의심이 있는 자의 영적 문제를 다룬다.

2. 구원과 구원의 확신에 관하여 구원은 하나님과 자기와의 관계에 관

한 것이고, 구원의 확신은 자기와 하나님과의 관계에 대한 자기 감정이다. 만일 사람이 구원받는다면 그는 그것을 알 것이고, 구원의 확신이 결핍되어 있다면 하나님의 말씀을 믿지 않은 것이라고 말하는 것은 이 두 가지를 혼동하는 것이다. 구원 자체와 구원의 확신 사이에는 구분이 있다. 사람이 한번 구원을 소유하면 그것은 영구하며 상실되지 않는다. 그러나 그것에 대한 확신은 유동적이다.

3. 구원의 확신이 결핍된 자에게 성찬 참여를 금하지 않아야 하는 것은 확신보다 그리스도를 믿는 믿음으로 구원받기 때문이다. 우리는 막연한 믿음이 아니라 예수 그리스도를 믿음으로 구원받는다. 따라서 구원이나 성례를 위한 그의 적절한 준비에 대해 어느 정도의 의심이 있다고 하더라도 그는 성찬에 참여해야 한다. 이스라엘 백성이 애굽에서 처음 유월절을 지켰을 때, 양의 피를 문설주에 바른 모든 가정은 그들의 확신 여부와 상관없이 재앙으로부터 보호받았다.

4. 영적으로 의심하는 그리스도인은 자기를 살피는 일 이외에 자기의 불신앙을 슬퍼하고 의심을 해결하기 위해 노력해야 한다. 그런 연후에 축복을 기대하면서 성찬에 참여해야 한다. 의심은 잠시 피할 수 없는 것일 수 있다. 그러나 우리는 그것이 우리 마음에 합법적으로 거주하는 것으로 간주해서는 안 된다. 성찬은 그리스도인의 영적 도움을 위해 의도되었다.

문 173: 신앙을 고백하고 성찬을 받고 싶어하는 자에게 성찬을 못 받게 할 수 있을까?

답 173: 신앙고백과 성찬 받고 싶어하는 욕망이 있을지라도 무식하거나 의혹이 있으면 그들이 가르침을 받아 사상 개혁이 나타나기까지는 그리스도께서 자기 교회에 맡기신 권세로 그들로 하여금 성찬을 못 받게 할 수 있다(고전 11:27-34; 마 7:6; 고전 5:1-13, 22-23; 2:7).

Q 173: May any who profess the faith, and desire to come to the Lord's supper, be kept from it?

A 173: Such as are found to be ignorant or scandalous, notwithstanding their profession of the faith, and desire to come to the Lord's supper, may and ought to be kept from that sacrament, by the power which Christ hath left in his church, until they receive instruction, and manifest their reformation.

1. 주의 성찬은 회심하지 않은 자를 위한 것이 아니다. 회심하지 않은 자는 그리스도 안에 있는 구원에 대한 믿음이 없는 자요 구원에 대한 믿음이 없으면 성례의 유익을 얻을 수 없다. 의심하는 그리스도인은 적절한 준비 이후 성찬에 참여해야 한다. 그러나 전혀 그리스도인이 아닌 자와 위선자는 주의 성찬으로부터 아무런 유익도 얻을 수 없으므로 성찬에 참여할 수 없다.

2. 어떤 사람이 그리스도를 믿는 구원의 믿음을 소유한 자인지를 교회가 결정할 수 없다. 오직 하나님께서만이 사람의 영적 상태를 파악하실 수 있다. 교회의 감독과 치리회는 사람의 마음을 볼 수 없고 그들이 진정으로 구원받은 그리스도인인지 아닌지 선언하고 심판할 권리가 없다. 여러 시대에 존재했던 여러 교파와 종교 단체가 중생하지 않은 자로 간주되는 자를 제외하여 완전하게 순결한 교회를 이루고자 했다. 이러한 시도는 언제나 실패로 돌아갔다.

3. 교회의 권징은 사람들의 회심 여부가 아니라 그들의 신앙고백과 행실의 평가에 기초한다. 교회는 사람들의 마음을 조사해서 그들과 하나님과의 관계에 대한 심판을 선언할 권리가 없다. 교회원 후보의 신앙고백은 성경과 모순되지 않는 한 그의 고백이 진실임을 입증하는 것이 된다. 그

러나 교회는 그 직무를 통해 사람들의 신앙고백과 그들의 삶의 방식을 평가할 수 있다. 교회의 감독은 교회원 후보자들의 신앙고백과 그의 삶의 방식에 대해 질의하고 난 후 그의 믿음의 고백과 삶의 방식이 교회의 회원권과 양립할 수 있는지를 결정할 수 있다.

4. 적절한 믿음의 고백을 하지 않은 자는 교회 회원 인정과 성찬 참여에 적절하지 않다. 이 부적합성은 지식의 결핍일 수 있고 그 후보자의 거짓된 교리일 수 있다. 따라서 그리스도께서 죄인을 구원하시기 위해 십자가에 달려 돌아가셨다는 것을 모르는 자나 그릇된 신앙의 고백자는 성찬에 참여함과 교회의 회원 가입에서 제외된다(딛 3:10).

5. 성경의 교훈에 의하면 유형 교회의 특권에 참여할 자는 무형적 교회의 회원이 아니라 유형 교회의 회원, 즉 적절한 믿음과 행위를 나타내고 질서를 따라 살아가는 자이다. 각 교회는 성경에 합당하게 성찬을 시행해야 한다.

수찬 자의 의무

문 174: 성찬식 거행 당시에 성찬의 성례를 받는 자에게 요구되는 바는 무엇인가?

답 174: 성찬의 성례를 받는 자에게 요구되는 바는 성찬식 거행 당시에 모든 거룩한 경외심과 주의로 그 규례에서 하나님을 앙망할 것이며, 성례의 요품 및 행동 등을 정려(精勵)하여 관찰해야 한다. 또한, 주님의 몸을 주의 깊게 분별하고 그의 죽음과 고난을 애정을 다해 묵상함으로써 자기를 분기시켜 자기의 은혜를 강하게 운용해야 한다. 자기를 판단하여 죄를 슬퍼하게 되고 그리스도를 열심히 추구하여 주리고 목말라하게 되어 믿음으로 그를 먹게 되며 그의 충만을 받게 되고, 그의 공로를 의지하고 그의 사랑을 기뻐하며 그의 은혜에 감사하고 하나님과의 언약과 모든 성도에 대한 사랑을 새롭게 해야 한다 (레 10:3; 히 12:28; 시 5:7; 고전 11:17, 26-27 등).

Q 174: What is required of them that receive the sacrament of the Lord's supper in the time of the administration of it?

A 174: It is required of them that receive the sacrament of the Lord's supper, that, during the time of the administration of it, with all holy reverence and attention they wait upon God in that ordinance, diligently observe the sacramental elements and actions, heedfully discern the Lord's body, and affectionately meditate on his death and sufferings, and thereby stir up themselves to a vigorous exercise of their graces; in judging themselves, and sorrowing for sin; in earnest hungering and thirsting after Christ, feeding on him by faith, receiving of his fulness, trusting in his merits, rejoicing in his love, giving thanks for his grace; in renewing of their covenant with God, and love to all the saints.

1. 성찬 거행 시에 성찬 참여자의 가장 명백한 의무는 모든 거룩한 경외심과 조심스러움으로 성례의 규례를 앙망하는 것이다. 경외와 조심스러움은 우리 주님의 고난과 죽음을 기념하기 때문이다. 성찬에서 모든 불경과 부주의한 행동은 하나님을 불쾌하게 한다. 불필요한 잡담이나 속삭임, 예배와 관계없는 책이나 잡지를 읽거나, 졸거나, 세속 업무에 대한 공상은 모두 거룩한 경외와는 배치되기에 피해야 한다.

2. 성찬 참여자는 성례의 요소 및 행동을 부지런히 지켜야 한다. 성찬은 그 상징적 요소와 행위를 통해 볼 수 있고 만질 수 있다. 성례가 우리 마음과 지성에 전달하고자 하는 완전한 의미를 받기 위해서는 그 규례의 모든 세부 사항을 세심하게 살펴야 한다. 성찬은 그 성례 자체가 역사하지 않는다. 오히려 성례 자체가 표현하는 진리를 믿음으로 이해하고 성령의 적용하심으로 우리 마음과 생활에 나타난다.

3. 주님의 몸을 주의 깊게 분별하는 것은 주님의 몸 외에 다른 것과 구별하고 분리하는 것이다. 따라서 분별이란 성찬이 그리스도의 인성을 표시하고 있다는 것을 깨닫고 그리스도의 살과 피의 상징으로 이해하는 것이다. 성례에서 그리스도와 그의 구속을 보지 못하고 떡과 포도주만 보는 자는 주의 몸을 분별하지 못하는 것이다. 주의 몸을 진정으로 분별하기 위해서는 무엇보다도 먼저 그리스도를 자기의 구주로 믿고 고백해야 한다.

4. 성찬 참여자는 그리스도의 죽음과 고난을 묵상해야 한다. 그리스도의 죽음과 고난은 성찬의 의미를 구성하기에 우리 생각의 주요 주제가 되어야 한다. 우리 주님께서 그의 사랑에 대한 충심 어린 반응을 요구하시

기 때문에 사랑을 다해 그것을 묵상해야 한다. 우리 구주께서 우리를 구속하시기 위해 치르신 수치와 고난을 많이 깨달을수록 더욱 그를 사랑하게 될 것이다.

5. 성찬 참여자가 자기를 살펴 죄를 슬퍼해야 하는 것은 예수님께서 자기 백성의 죄 때문에 고난을 받으시고 십자가에서 죽으셨기 때문이다. 사람이 자기를 살피고 자기 죄를 슬퍼하지 않고서는 그리스도의 고난과 십자가를 올바르고 적절하게 이해할 수 없다. 성찬에서 우리의 생각과 사고는 그리스도의 고난과 죽음에 집중되어야 하고 동시에 그리스도께서 고난을 받으시고 십자가에 돌아가신 것은 바로 우리 죄를 속하기 위한 것임을 인식해야 한다.

6. 성찬 참여자가 성찬 석상에서 취해야 할 특별한 영적 태도는 그리스도와의 교통으로 그리스도를 자신의 구속자로 믿고 그리스도의 사랑을 기뻐하고 그의 은혜에 감사하며, 그의 백성을 사랑하시는 하나님과의 언약에 따라 살아가는 태도다.

> 문 175: 성찬의 세례를 받은 후 그리스도인의 의무는 어떠한 것인가?
> 답 175: 성찬의 세례를 받은 후 그리스도인의 의무는 성찬식에서 어떻게 행동했으며 또한 어떠한 열매를 거두었는가를 심각하게 생각해야 한다. 만일 그들이 소생함과 위로를 받았다면 하나님을 찬송하며, 이 은혜의 계속을 빌며, 뒷걸음 하지 않도록 주의하며, 맹세한 것을 실행하며, 이 규례에 자주 참여하도록 힘써야 한다.
> 그러나 현재 아무런 혜택이 없으면 이 성례를 위한 준비와 이것에서 가진 자세를 더 정확히 검토해야 한다. 만일 그들이 두 가지에서 다 하나님 앞과 자기의 양심에 비추어 자기를 가납할 수 있으면 때가 이르면 열매가 나타날 것

을 믿고 기다려야 한다. 그러나 만일 그들이 어느 편으로 보나 실패했음을 깨달으면 그들은 스스로 낮아져서 후에 더 많은 용심과 정려(精勵)로 성찬식에 임해야 한다(시 28:7; 85:8; 고전 11:17, 30-31; 대하 30:21-23; 25:26 등).

Q 175: What is the duty of Christians, after they have received the sacrament of the Lord's supper?

A 175: The duty of Christians, after they have received the sacrament of the Lord's supper, is seriously to consider how they have behaved themselves therein, and with what success; if they find quickening and comfort, to bless God for it, beg the continuance of it, watch against relapses, fulfill their vows, and encourage themselves to a frequent attendance on that ordinance: but if they find no present benefit, more exactly to review their preparation to, and carriage at, the sacrament; in both which, if they can approve themselves to God and their own consciences, they are to wait for the fruit of it in due time:[8] but, if they see they have failed in either, they are to be humbled, and to attend upon it afterwards with more care and diligence.

1. 성찬과 관계된 그리스도인의 의무는 성찬의 시행과 함께 종료되지 않는다. 성찬이 그리스도인에게 참된 영적 혜택을 가져오기 때문에 그들이 성찬에 임하기 전에 어떻게 행동했고 어떤 혜택을 받았는지를 숙고해야 한다. 성찬 예식의 종료와 함께 성찬에 대한 우리의 생각도 한편 구석으로 치워 버리면 우리가 성례를 통해 받아야 할 영적 유익을 상실하게 된다.

2. 성찬의 영적 혜택은 성찬이 시행될 그 당시에만 경험되지 않는다. 모든 진지한 그리스도인이 성찬에서 영적 혜택을 받는다는 것은 사실이지만 항상 그런 것만은 아니다. 때로 하나님께서는 그의 선하신 지혜 가운데 축복을 지체하실 때도 있다. 세례와 마찬가지로 성찬의 혜택은 그것

의 시행에 완전히 정비례하지는 않는다.

   3. 성찬의 혜택을 경험할 때 성찬 참여자의 태도는 하나님께 감사하고 축복이 계속되기를 소원하며 죄의 상태로 되돌아가게 만드는 교만과 과신을 피하며 하나님께 대한 맹세를 실천하며 성찬에 자주 참여하고자 하는 태도다. 영적 축복과 혜택을 경험한 자는 언제나 그리스도 대신 자기 자신을 과신할 위험을 경계하지 않으면 타락과 수치에 빠질 수 있다.

   4. 성찬으로부터 즉각적인 혜택을 경험하지 못할 때 그리스도인은 영적 혜택을 받지 못한 것이 그의 과실 때문은 아닌지 숙고해야 하고 성찬을 위한 자신의 준비와 행위를 점검해야 한다. 그는 스스로 낮아져서 후에 더 많은 마음의 준비로 성찬식에 임해야 한다. 성찬을 위한 적절한 준비의 결핍과 부적절한 성례의 참석은 죄이고 다른 모든 죄와 같이 회개해야 한다.

   5. 성찬으로부터 아무런 혜택을 받지 못한 것이 그의 과실로 인함이 아님을 확신할 때 그리스도인은 반드시 때가 이르러 열매가 나타날 것을 믿고 기다려야 한다. 말하자면 이 문제에 관한 한 하나님을 향한 그의 태도는 믿음이어야 하고 축복을 확신하고 인내하며 그 축복이 하나님의 거룩한 뜻에 따라 늦추어질 수 있음을 알아야 한다. 성경에는 믿음의 연단이나 하나님의 신비한 목적을 위해 축복이 더디 임한 인물들이 있다. 따라서 조급함은 믿음과 반대이다.

92

세례와 성찬의 차이

문 176: 세례와 성찬의 성례는 어떠한 점에서 동의하는가?

답 176: 세례와 성찬의 성례가 동의하는 것은 양자 모두 창시자가 하나님이시라는 점과 양자의 영적 부분이 그리스도와 그의 혜택이라는 점, 양자가 다 같은 언약의 표시라는 점, 양자가 다 복음의 사역자 곧 목사에 의해서 시행되고, 그 밖의 아무에 의해서도 시행될 수 없다는 점과 주님께서 재림하실 때까지 그리스도의 교회에서 계속 시행되어야 한다는 점에서다(마 28:19; 고전 11:23; 롬 6:3-4 등).

Q 176: Wherein do the sacraments of baptism and the Lord's supper agree?

A 176: The sacraments of baptism and the Lord's supper agree, in that the author of both is God; the spiritual part of both is Christ and his benefits; both are seals of the same covenant, are to be dispensed by ministers of the gospel, and by none other; and to be continued in the church of Christ until his second coming.

1. 왜 우리가 여기서 세례와 성찬을 언급하는가?

우리가 세례와 성찬을 언급하는 이유는 죄인이 죄에서 벗어나서 구원 얻는 하나님의 놀라운 은혜를 받는 수단이기 때문이다.

2. 세례와 성찬의 일치점은 다음과 같이 다섯 가지다.

첫째, 양자 모두 그 창시자가 하나님이시다. 양자의 성례 주인은 지상 생애 동안 사역하셨던 주 예수 그리스도이시다.

둘째, 양자의 영적 부분이 세례와 성찬에 제시되고 인치며 적용된 그리스도와 그의 구속이다.

셋째, 양자의 성례 모두 하나님 택자들의 영원한 구원의 인침이다.

넷째, 유형 교회의 규례로서 양자의 성례 모두 하나님의 비밀을 맡은 청지기로서의 복음의 사역자에 의해서만 시행되어야 한다.

다섯째, 양자의 성례 모두 그 본질에 있어서 영구적이다. 마지막 날 그리스도께서 재림하실 때까지 교회에서 시행되어야 한다. 이 점에서 세례와 성찬은 일치한다.

문 177: 세례와 성찬의 성례는 어떠한 점에서 다른가?

답 177: 세례와 성찬의 성례가 다른 것은 세례는 우리의 거듭남과 그리스도께 접붙임 됨의 표와 보증으로써 물로 시행되며 심지어 어린아이에게까지 단 한 번만 시행되는 반면에 성찬례는 떡과 포도즙으로 자주 시행되며 영혼의 신령한 양식이 되시는 그리스도를 표시하고 나타내며 우리가 그 안에 계속하여 거하고 자라남을 확인하기 위함인데 자신을 검토할 수 있는 연령과 능력에 이른 사람에게 시행되는 점에서 다른 것이다(마 3:11; 딛 3:5; 갈 3:27 등).

Q 177: Wherein do the sacraments of baptism and the Lord's supper differ?

A 177: The sacraments of baptism and the Lord's supper differ, in that baptism is to be administered but once, with water, to be a sign and seal of our regeneration and ingrafting into Christ, and that even to infants; whereas the Lord's supper is to be administered often, in the elements of bread and wine, to represent and exhibit Christ as spiritual nourishment to the soul, and to confirm our continuance and growth in him, and that only to such as are of years and ability to examine themselves.

1. 두 성례의 외적 물질적인 부분의 차이는 세례의 물질적 요소가 물이고, 성찬의 물질적 요소가 떡과 포도주라는 점이다.

2. 두 성례의 영적 실재가 기본적으로 동일한 반면에, 세례와 성찬에는 차이점도 있다. 세례는 성령의 거듭나게 하심, 그리스도의 보혈을 통한 죄의 사면 그리고 그리스도와의 연합과 같은 그리스도인의 삶의 시작 표와 인침이다. 반면에 성찬은 영적 자양분으로 그리스도를 먹음과 은혜 안에서의 성장과 같은 그리스도인의 삶의 지속이라는 표와 인침이다.

3. 두 성례 모두 그리스도의 구속에 기초해 있지만, 전자는 영적 출생의 표요 인침이고, 후자는 영적 성장의 표요 인침이다.

4. 성찬이 모든 그리스도인에게 반복적으로 시행되고 세례가 모든 사람에게 단 한 번 시행되는 것은 양자의 영적 실재가 다르기 때문이다. 세례는 영적 출생의 표요 인침이다. 사람이 이 세상에서 단 한 번만 육신적 생명을 받는 것처럼 성령에 의해서도 단 한 번 출생한다. 반면에 성찬은 그리스도 안에 있는 믿음으로 말미암는 영적 성장이기에 반복적이다. 출생은 사건이지만 성장은 믿음으로 연습이 가능한 지속적 과정이다.

5. 유아들이 의식적인 믿음과 순종 이전에 그 원천이 되는 영적 출생의 표요 인침으로 세례를 받는 것은 너무나도 합당하다. 반면에 의식적인 믿음의 행사에 좌우되는 그리스도를 먹는 영적 성장의 표요 인침으로 성찬을 유아가 받는 것은 부적절하다.

기도의 정의

> **문 178**: 기도란 무엇인가?
>
> **답 178**: 기도는 그리스도의 이름으로, 성령의 도우심으로 말미암아 우리의 소원을 하나님께 바쳐 올리는 것인바, 우리 죄를 자백함과 그의 긍휼을 감사히 인정하면서 하는 것이다(시 62:8; 요 16:23; 롬 8:26; 시 32:5-6; 단 9:4; 빌 4:6).
>
> **Q 178**: What is prayer?
>
> **A 178**: Prayer is an offering up of our desires unto God, in the name of Christ, by the help of his Spirit; with confession of our sins, and thankful acknowledgment of his mercies.

1. 왜 기도가 필요한가?

죄인이 하나님의 특별하신 구원의 은혜를 받기 때문이다. 진정한 기도는 그리스도의 구속 사역으로 하나님과 화목한 자가 하나님께 드리는 간구다.

기도는 사실상 인간에게 보편적인 현상이다. 무신론자도 위급한 일이나 예기치 못한 재난을 당하면 신을 찾는다. 모든 종교에는 일종의 기도 행위가 있다. 그러나 기독교가 아닌 다른 종교의 기도는 참 하나님이 아닌 거짓 신에게 하는 기도이거나 하나님으로 오인하여 드리는 기도다.

유일하신 참 하나님은 성경이 말하는 삼위(성부, 성자, 성령) 하나님뿐이시다. 그 외에 어떤 신도 거짓이며 존재하지 않는다. 이와 같은 불신자의 기도는 하나님께 상달될 수 없다(요 14:6).

2. 하나님의 피조물인 우리는 마땅히 육체적, 정신적, 사회적, 영적 필요를 공급받기 위해 기도해야 한다. 인류가 죄를 범하기 전에도 사람은 하나님을 의지하고 기도했었다. 그러나 인류의 타락으로 우리는 더욱 그를 의지하고 더 많은 것을 필요로 하게 되었다. 스스로 살아갈 수 있는 사람은 아무도 없기에 우리가 진정 하나님을 영화롭게 하고 그를 기뻐하기 위해서는 기도가 필요하다.

3. 우리는 기도를 통해 하나님께 합당한 소원을 올려야 한다. 즉, 하나님의 도덕법에 합당하고 그의 뜻을 이루는 소원이어야 한다. 우리는 아무런 내용이나 기도해서는 안 되고, 하나님의 말씀에 합당하고 그의 뜻을 이루는 기도를 해야 한다.

4. 우리는 예수 그리스도의 이름으로만 기도해야 한다. 우리가 모두 죄인이고, 오직 예수 그리스도를 통해서만 하나님과 화목하고 그 앞에 나아갈 수 있기 때문이다. 그리스도인이라 할지라도 날마다 생각과 말과 행동으로 하나님께 죄를 범하고 기도조차도 죄의 요소로 오염되어 있다. 그러므로 오직 그리스도의 중보를 통해 그의 피와 의를 힘입어 우리의 기도가 하나님께 열납될 수 있다.

5. 우리는 성령의 도우심으로 기도해야 한다(롬 8:26). 우리는 너무 무지해서 성령의 도우심이 없이는 기도할 수 없다. 우리는 어떻게 기도해야 하고 무엇을 기도해야 할지도 모른다. 또한, 우리는 한계가 있다. 우리는 영적 능력이 약하고 부족하여 바르게 기도하지 못한다.

우리는 종종 하나님께 기도할 때 온 마음을 다해 열중하기보다 냉담하고 미지근하며 온갖 잡다한 생각에 사로잡히곤 한다. 우리는 기도를 하나의 특권이 아니라 오히려 부담스러운 짐으로 여기는 경우가 많다. 그래서 성령의 도우심이 없이는 진정한 기도를 할 수 없다.

6. 우리는 기도할 때 죄를 고백해야 한다. 우리가 죄를 고백해야만 하나님께 나아갈 수 있기 때문이다.

> 내가 내 마음에 죄악을 품으면 주께서 듣지 아니하시리라 (시 66:18).

하나님은 거룩하시고 어떤 죄도 용납하지 않으시기 때문에 우리가 진심으로 죄와 단절하려는 마음이 없이는 결코 하나님과 친밀한 교제를 할 수 없다. 죄를 깨닫고 그것을 자백하지 않는 기도는 진정한 그리스도인의 자세가 아니다.

7. 우리는 기도할 때 하나님의 긍휼하심에 감사해야 한다. 죄를 제외한 우리의 모든 삶은 하나님의 은혜를 입고 있다. 우리의 생명은 물론, 삶을 유지하고 즐거움을 주는 모든 것이 하나님의 긍휼과 사랑의 선물이다. 우리는 비와 햇빛, 음식과 의복, 평화와 풍성함과 같은 일반적인 삶의 축복 외에도 우리를 죄와 사망으로부터 건져 주신 놀라우신 구원의 축복으로 인하여 하나님에게 감사해야 한다.

그리스도인은 모든 슬픔과 죄와 영원한 죽음으로부터 영혼의 구원을 받았다. 우리는 마귀의 나라에서 구속받아 천국 백성과 만유의 후사가 되었다. 그리스도인은 하나님께 감사해야 할 조건이 많다(살전 5:17-18).

문 179: 우리는 하나님께만 기도할 것인가?

답 179: 하나님만이 마음을 감찰하시고 우리의 요청을 들으시며, 죄를 용서하시고 모든 사람의 소원을 들어주실 수 있으며, 하나님만이 신앙 되시고 종교적 예배로 경배 받으셔야 한다. 따라서 예배의 특별한 부분인 기도는 모든 사람이 그에게만 올려야 되고 그 밖의 아무에게도 올려서는 안 된다 (왕상 8:39; 행 1:24; 롬 8:27; 10:14 등).

> **Q 179**: Are we to pray unto God only?
>
> **A 179**: God only being able to search the hearts, hear the requests, pardon the sins, and fulfil the desires of all; and only to be believed in, and worshiped with religious worship; prayer, which is a special part thereof, is to be made by all to him alone, and to none other.

1. 하나님 외에 다른 것에도 기도할 수 있다고 가르치는 종교 단체는 로마가톨릭이다. 그들은 하나님과 마찬가지로 마리아와 소위 성인(聖人)과 천사들에게 기도한다.

2. 로마가톨릭이 마리아나 성인 또는 천사들에게 기도할 수 있다고 가르치는 것은 중보자의 필요성에 대한 바른 인식이 부족하여 예수 그리스도만이 하나님과 인간 사이의 유일한 중보자이심을 깨닫지 못하기 때문이다. 로마가톨릭이 그리스도를 하나님과 인간 사이의 중보자로 여기지만, 그들은 마리아와 성인과 천사들을 우리와 그리스도 사이의 중보자로 여긴다. 이것은 성경의 가르침과 다르다. 이것은 우상 숭배에 해당한다.

3. 하나님만이 우리의 기도를 들으실 수 있다. 하나님만이 전능하시고, 사람의 마음을 감찰하시고 아시기 때문이다. 하나님만이 전능하시기에 오직 그분만이 어느 곳에서나 피조물의 기도를 들으실 수 있다. 오직 하나님만이 우리의 기도를 들으시고 마음의 소원을 아시며 우리의 진정한 필요가 무엇인지 꿰뚫어 보시는 확실하고 분명한 능력이 있다.

4. 하나님만이 사람의 죄를 용서하실 수 있다. 사람의 도덕적 책임은 어디까지나 창조주요 심판자이신 하나님에 대한 것이다. 우리는 오직 하나님께 범죄하였기 때문에 하나님만이 우리의 죄를 용서하실 수 있다. 따라서 죄 사함을 위한 회개나 기도는 하나님께 직접 해야 하고 제삼자에게

할 수 없다. 우리는 죄란 오직 인간 사회에만 영향을 준다고 생각하는 시대에 살고 있다. 그러나 인간 사회에 대한 영향은 죄의 부산물이다. 더 실제적이고 중대한 것은 하나님께 대한 범죄이고 그 죄를 용서하실 수 있는 분은 오직 하나님뿐이시다.

5. 하나님만이 우리의 소원을 이루어 주실 수 있다. 그것은 하나님만이 전능하시기 때문이다. 즉, 오직 하나님만이 절대적이고 궁극적인 능력을 갖추고 계신다. 하나님께는 능치 못할 일이 없으시다. 하나님께는 불가능한 것이 없다. 따라서 우리는 우리의 기도를 이루어 주실 수 있는 능력을 실제로 가지신 그분에게 기도해야 한다.

6. 하나님만이 신앙의 대상이 되실 수 있다. 우리는 해나 달이나 별을 믿고 천사와 마귀를 종교적 신앙의 대상으로 섬기지는 않는다. 단지 일반적 지식의 대상으로, 때로는 비종교적 신앙의 대상으로 인식할 뿐이다. 우리가 우체국에서 편지를 보내는 것은 우편 서비스를 믿기 때문이다. 우리는 그들을 신뢰하기 때문에 정한 기일에 편지를 수신인에게 배달해 줄 것이라고 믿는다. 그러나 이것은 일반적인 믿음이고, 종교적인 믿음은 아니다.

7. 하나님만이 예배의 대상이다. 이것은 하나님만이 참 신이라는 위대한 진리다. 예배는 신앙의 대상인 하나님께 드려야 한다. 참 하나님은 한 분뿐이시기에 오직 그분만이 예배와 섬김을 받으셔야 한다. 성경에서 하나님만이 받으실 수 있는 종교적 예배의 특권을 가로채려 했던 왕은 다리오왕이다(단 6:6-9).

8. 하나님께 기도하는 것은 모든 사람의 의무다. 물론, 그리스도인만이 성령의 도우심을 받기 때문에 그들만이 합당한 기도를 할 수 있다. 그러

나 기도는 모든 사람의 의무다. 불신자의 기도는 중보자이신 예수 그리스도를 통하지 아니하기 때문에 하나님을 기쁘시게 할 수 없지만, 기도하지 않는 것은 더 큰 죄가 되고 하나님을 노엽게 하는 것이다.

94

예수 이름으로 기도

> **문 180**: 그리스도의 이름으로 기도함은 무엇인가?
>
> **답 180**: 그리스도 이름으로 기도함은 그의 명령에 순종하고 그의 약속들을 신뢰하여 그의 이름 때문에 긍휼을 간구하는 것이니, 그의 이름을 단순히 언급함으로 되는 것이 아니고, 우리가 기도할 용기와 기도에서 우리의 담력과 힘 그리고 기도가 수납되리라는 소망을 그리스도와 그의 중재로부터 인출함으로 할 것이다(요 14:13-14, 16:24; 단 9:17; 마 7:21; 히 4:14-18; 요일 5:13-15).
>
> **Q 180**: What is it to pray in the name of Christ?
>
> **A 180**: To pray in the name of Christ is, in obedience to his command, and in confidence on his promises, to ask mercy for his sake; not by bare mentioning of his name, but by drawing our encouragement to pray, and our boldness, strength, and hope of acceptance in prayer, from Christ and his mediation.

1. 그리스도인의 기도와 비그리스도인의 기도는 차이점이 있다. 그리스도인의 기도는 성육신하신 예수 그리스도를 중보자로 하여 성경에 계시된 참 하나님께 기도한다는 점에서 다른 모든 기도와 구별된다. 불신자의 기도는 모두 존재하지 않는 거짓 신에게 기도하거나 중보자 예수 그리스도 없이 하나님께 직접 하거나 다른 중보자를 통해 나아가려는 것이어서 하나님께 도달하지 않는다.

2. 구약 시대 하나님의 백성도 그리스도의 이름으로 기도했다. 적어도

약속하신 구원자가 오실 것이라는 믿음을 가지고 그리스도께 초점을 맞춘 예표적 제사를 드렸다면 그렇다.

구약 시대에도 경건한 이스라엘 백성은 오늘날과 마찬가지로 은혜 언약에 기초하여 하나님께 기도하였다. 그들의 기도는 장차 오실 메시아의 구속 사역에 근거하여 하나님께 드려졌다. 이것은 모든 구약의 성도가 이러한 진리를 분명히 알고 있었다는 말은 아니지만, 어느 정도는 알고 있었음을 의미한다. 그들의 기도는 장차 있을 예수 그리스도의 중보 사역으로 인해 하나님께 상달될 수 있었다.

3. 그리스도의 공로를 힘입어 그에게 긍휼을 구한다는 것은 우리가 엄청난 죄를 지었음에도 예수 그리스도께서 우리를 위해 이루신 공로를 힘입어 우리를 사랑과 은혜로 대하여 주실 것을 하나님께 간구한다는 뜻이다. 우리를 대신한 그리스도의 완전한 의와 우리의 죄를 씻어 주신 그의 보혈로 하나님께서 우리를 그의 자녀로 받으시고 진노와 심판 대신 사랑과 자비로 대하신다. 따라서 예수 그리스도의 공로를 힘입어 긍휼을 구한다는 것은 우리의 구주 예수 그리스도의 사역을 근거로 하나님의 긍휼을 구한다는 의미다.

4. 예수 그리스도의 이름으로 기도하는 것을 막는 잘못된 생각과 마음의 태도는 자신감이나 자기 의를 내세우는 자기 자신이나 자기의 의, 자기의 선한 삶이나 행위 및 성품을 신뢰하여 그리스도보다 자신을 더 믿고 의지하게 한다. 이런 사람은 기도할 때 그리스도의 이름을 언급할지라도 실상은 그리스도의 이름이 아니라 자기의 이름으로 기도하는 것이다. 왜냐하면, 실제로 그는 스스로 힘으로 하나님 앞에 설 수 있다고 생각하며 그리스도의 구속 필요성을 인식하지 못하기 때문이다.

5. 기도에 대한 예수님의 비유에서 자기 의로 기도한 사람은 바리새인

이다. 바리새인과 세리의 기도에 관한 비유에서 바리새인은 자신이 다른 사람보다 의로우며 언제나 종교적 의무를 잘 준수하는 것에 대해 공개적으로 감사했다(눅 18:9-14).

6. 우리에게 기도하라는 권면이 필요한 것은 타락한 우리의 마음이 우리를 낙심과 영적 태만에 빠뜨리려는 경향이 있기 때문이다. 예수 그리스도와 그의 구원 사역에 대한 우리의 지식이나 경험은 기도하기 싫어하는 우리의 본성에도 불구하고 기도하도록 격려한다.

7. 기도할 때 그리스도와 그의 중보를 통해 담대함과 능력과 기도의 응답에 대한 소망을 얻는다는 것은 우리를 구원하신 그리스도에 대한 믿음이 없이 하나님께 다가갈 수 있는 어떤 담대함이나 확신도 가질 수 없기 때문이다. 그리스도의 중보를 믿지 않는 것은 의심과 불확실성의 구름만 드리우게 할 뿐이고 자기의 기도가 응답받을 수 있을 것이라는 확신을 전혀 가질 수 없게 한다. 우리가 참으로 마음을 쏟아 하나님께 기도할 수 있는 것은 오직 예수 그리스도를 통해 하나님께서 우리의 기도를 받으신다는 확신을 가질 때뿐이다.

8. 예수 그리스도의 중보가 특별히 중요한 것은 그가 훌륭한 선생이나 위대한 지도자 또는 인류의 이상으로 생각하고 접근하는 사람이 많기 때문이다. 이런 사람들은 진정한 그리스도인이 아니고, 그들이 그리스도의 이름을 언급할지라도 진정한 그리스도인의 기도가 아니다.

우리는 그리스도의 가르침으로 구원을 받은 것이 아니라 그의 피와 의로 말미암아 구원받았다. 그리스도의 중보 사역에 대한 믿음이 없이는 결코 진정한 구원이 없다. 예수님을 인간으로만 생각하여 감성적으로 숭배하는 것으로는 충분하지 않고 기독교적 신앙을 형성할 수 없다.

> 문 181: 우리는 왜 그리스도의 이름으로 기도해야 하는가?
>
> 답 181: 사람의 죄악성과 이로 인하여 하나님과 사람 사이에 생긴 거리가 심히 크므로 중보자 없이는 하나님 목전에 접근할 수 없으며, 그리스도 한 분밖에는 그 영광스러운 사역에 임명받았거나, 그것에 적합한 자가 하늘이나 땅에 없으므로 우리는 다른 이름으로 할 수 없고, 오로지 그의 이름으로만 기도할 수 있다(요 14:6; 사 59:2; 엡 3:12; 요 6:27 등).
>
> Q 181: Why are we to pray in the name of Christ?
>
> A 181: The sinfulness of man, and his distance from God by reason thereof, being so great, as that we can have no access into his presence without a mediator; and there being none in heaven or earth appointed to, or fit for, that glorious work but Christ alone, we are to pray in no other name but his only.

1. 하나님과 사람 사이에 괴리가 생긴 것은 하나님이 무한한 창조자이시지만 사람은 유한한 피조물이고, 하나님은 절대적으로 거룩하시고 사람은 타락하였기 때문이다.

2. 사람과 하나님 사이에 괴리의 폭이 더욱 넓어지게 된 이유는 사람의 타락 때문이다. 인류가 창조될 때 사람은 피조물이라는 점에서 하나님과 구별된 존재였다. 그러나 아담의 불순종으로 하나님과 사람 사이의 괴리는 죄로 말미암아 더욱 멀어지게 되었다. 그러므로 그때부터 인간은 중보자 없이는 하나님과의 교제를 누릴 수 없게 되었다.

3. 범죄한 인간이 하나님 앞에 나아가기 위해 중보자가 필요한 이유는 하나님의 속성 가운데 하나인 절대적 거룩하심 때문이다. 이것은 하나님께서 어떤 죄로부터도 무한히 떨어져 계심을 의미한다. 하나님께서는 자신을 부인하실 수 없으시다. 만일 인간이 중보자 없이 하나님 앞에 나아간다면 죄에 대한 하나님의 진노로 말미암아 즉시 심판과 정죄가 따를 것이다.

4. 오직 그리스도만이 하나님과 사람 사이의 중보자가 되시기에 합당한 이유는 중보자가 하나님인 동시에 사람이어야 하고, 한 인격 속에 하나님과 사람으로 계셔야만 하기 때문이다. 이러한 자격을 갖춘 분은 오직 예수 그리스도밖에는 없다.

천사는 하나님도 사람도 아니므로 중보자가 될 수 없다. 성부 하나님도 사람은 아니시므로 중보 사역을 맡으실 수 없다. 예수 그리스도를 제외한 어떤 사람도 하나님은 아니므로 이 사역을 수행할 수 없다. 더구나 예수 그리스도를 제외한 모든 사람은 죄인이기 때문에 자신을 위한 중보자를 필요로 하고 다른 사람을 위한 중보자가 될 수 없다.

5. 마리아나 소위 성인들의 이름으로 기도할 수 없는 것은 그들이 하나님과 우리 사이의 중보 사역에 합당하지 않기 때문이다. 그들 역시 주 예수 그리스도의 중보 사역을 통해 구원받고 하나님과 화목하게 된 자들이다. 우리는 그들의 신실한 헌신과 증거 및 그리스도를 위한 고난에 대해 귀하게 생각하지만, 오직 그리스도께 돌려야 할 존귀와 영광을 그들에게 돌릴 수는 없다. 그들은 함께 구원받은 동역자일 뿐이고 그리스도와 같은 구원자는 아니기 때문이다.

6. 하나님과 사람 사이의 중보 사역은 영광스러운 사역이다. 왜냐하면, 예수 그리스도의 중보 사역은 인간 구원을 통해 하나님의 영광을 드러내고 구속받은 자의 영원한 영광이 이 사역의 절정이기 때문이다.

7. 구원 사역은 예수 그리스도의 절대적 유일성을 제시한다. 누구도 그와 나란히 할 수 없다. 그러나 오늘날 예수 그리스도에 대한 자유주의 신학의 관점은 그를 인간으로 보고 다른 사람과 본질에서 같고 정도의 차이가 날 뿐이라고 주장한다. 이러한 관점을 지닌 근대주의자들은 예수님을 지금까지 생존한 인물 가운데 가장 훌륭한 인간으로만 여긴다. 그들의 생

각대로라면 인류는 진화론적 진보로 언젠가는 예수 그리스도보다 더 완전한 인간이 나타나야 한다. 이것은 성경의 교훈이 아니라 하나님의 사역을 거절하고 반대하는 인간의 교만이다.

8. 하나님께서는 예수 그리스도의 이름으로 기도하라고 명령하셨다. 그러나 예수 그리스도의 중보 없이도 하나님께 직접 다가갈 수 있다고 잘못 생각하여 이 명령을 위반한다. 이것은 기독교 신앙의 진리를 제대로 알지 못하는 사람 사이에서 흔히 있는 일이다. 이들은 자기의 죄나 중보자의 필요성에 대해 제대로 인식하지 못한다. 그들은 예수 그리스도에 대한 믿음이 없기에 예수 그리스도의 이름 대신 그저 아멘이라고 기도를 마친다. 이것은 자기의 이름으로 기도하는 것과 다를 바 없다.

 **95**

성령의 기도 도움

문 182: 성령께서는 어떻게 우리의 기도를 도우시는가?

답 182: 우리가 무엇을 위해 마땅히 기도해야 할지 모르기 때문에 성령께서 우리의 연약을 도우셔서 누구를 위해 무엇을 어떻게 기도할 것을 우리가 깨달을 수 있게 하심으로써, 또는 그 의무를 옳게 이행하는 데 필수적인 이해, 애착, 은혜를 우리 마음 가운데 갖게 하시고 소생시킴으로써(비록 모든 사람에게나 어느 때에든지 다 같은 분량으로 하는 것은 아니지만) 우리를 도우신다(롬 8:26-27; 시 10:17; 스 12:10).

Q 182: How doth the Spirit help us to pray?

A 182: We not knowing: What to pray for as we ought, the Spirit helps our infirmities, by enabling us to understand both for whom, and: What, and: How prayer is to be made; and by working and quickening in our hearts (although not in all persons, nor at all times, in the same measure) those apprehensions, affections, and graces which are requisite for the right performance of that duty.

1. 우리가 기도할 때 성령의 도우심이 필요한 이유는 영적 무지로 무엇을 어떻게 기도해야 할지 모르고, 영적 태만과 연약으로 기도하기 싫어하며 신령과 진정으로 기도하기보다 형식적이고 위선적으로 기도하려는 경향이 있기 때문이다.

2. 성령께서는 성경을 통하지 않거나 그것에 덧붙여서 다른 어떤 진리를 계시하시는 것이 아니라, 우리의 영안을 뜨게 하여 이미 성경에 계시

된 진리를 깨닫게 하심으로 기도에 관한 하나님의 뜻을 알게 하신다.

3. 우리는 성령께서 특정인의 구원을 위해 기도하도록 알려 주셨기 때문에 그가 하나님께서 영생을 주시기로 작정한 자라고 단정적으로 말해서는 안 된다. 우리는 그가 결국 회개하고 그리스도께로 돌아올 수도 있다는 소망을 가질 수는 있다.

그러나 이것은 결코 그 사람의 실제적 구원을 단정적으로 말할 수 있는 근거가 될 수는 없다. 어거스틴의 어머니 모니카는 아들의 구원을 위해 수년 동안 기도했는데 결국 어거스틴은 32세에 그리스도께로 돌아왔다.

4. 성령께서 우리의 마음을 각성케 하시고 역사하심이 필요한 이유는 중생한 자도 영적으로 미지근하고 나태하기 때문이다. 성도는 성령님의 특별하신 사역으로 악한 나태함이나 무관심을 어느 정도 극복하고 바른 기도를 할 수 있다.

5. 성령께서는 언제나 똑같이 그리스도인의 기도를 도우시지는 않는다. 어떤 사람은 더 많은 도움을 받으며, 같은 사람이라도 때에 따라 더 많은 도움을 받기도 한다. 성령님의 사역이 사람마다 때마다 다른 것은 하나님의 비밀하신 계획 때문이다. 성령께서는 우리를 겸손케 하여 나 자신의 연약함을 알고 오직 그에게만 의지하도록 하신다.

6. 기도문을 읽거나 따라 하는 것은 성경적이지 않으며 성령의 감동이나 은혜로 기도하는 것으로 볼 수도 없다. 이는 다양한 교회나 성도의 상황에 적용할 수도 없으며, 은혜의 보좌로 담대히 나아가게 하지도 못한다. 우리는 앞서간 훌륭한 그리스도인들의 기도를 읽고 연구함으로써 유익을 얻을 수도 있지만, 우리 스스로 은혜의 보좌로 나아감에 있어서 그러한 것에 의존하지 않아야 한다. 우리는 언제나 종교적 형식주의에 빠지지 않아야 한다.

누구를 위해 기도할까

문 183: 우리는 누구를 위해 기도할 것인가?

답 183: 우리는 지상에 있는 그리스도의 모든 교회를 위해, 정사자들과 교역자들을 위해, 우리 자신과 우리 형제뿐만 아니라 원수를 위해서, 살아 있는 혹은 장차 살아 있을 모든 종류의 사람을 위해 기도해야 한다. 그러나 죽은 자나 죽음에 이르는 죄를 범한 것으로 알려져 있는 사람들을 위해 기도해서는 안 된다(엡 6:18; 시 28:9; 딤전 2:1-2; 골 4:3 등).

Q 183: For whom are we to pray?

A 183: We are to pray for the whole church of Christ upon earth; for magistrates, and ministers; for ourselves, our brethren, yea, our enemies; and for all sorts of men living, or that shall live hereafter; but not for the dead, nor for those that are known to have sinned the sin unto death.

1. 우리는 그리스도를 머리로 하는 한 몸으로서 영적 교회의 하나 됨을 위해 기도해야 한다. 우리는 자신이 속한 교회를 위해서만 기도할 것이 아니라 예수 그리스도의 교회 전체를 위해 기도해야 한다.

2. 우리가 위정자들을 위해 기도해야 하는 이유는 교회와 더불어 국가가 하나님의 목적을 성취하기 위해 세워진 신적 기관이기 때문이다. 교회와 국가가 하나님의 목적을 수행하기 위해서는 하나님의 특별 은총과 일반 은총과 더불어 하나님의 도우심과 축복이 필요하기에 목회자와 위정자를 위해 기도해야 한다.

3. 자신을 위한 기도는 이기적인 기도와 다르다. 자신을 위해 기도하면서도 이기적이지 않은 기도를 할 수 있다. 우리 자신의 건강과 치유와 음식과 번성과 사업 성공이 하나님의 영광을 드러내면 이기적인 기도가 아니다. 더구나 자신의 영적 축복을 위한 기도는 하나님의 영광을 드러내니까 이기적이지 않다.

   4. 원수를 위해 기도하는 것은 그들에게 저항하지 않는 것이 아니다. 강도에 대한 정당방위는 필요하다. 원수를 위한 기도는 그리스도의 구속 적용과 그들의 영적 유익을 위함이다. 원수라고 해서 예수 그리스도의 구속이 필요 없는 자들이 아니다. 우리는 그들을 위해 기도하되 그들이 하는 반그리스도적인 일들을 위함이 아니라 진정한 영적 유익과 행복을 위해 기도해야 한다.

   5. 이 땅의 모든 사람과 앞으로 오는 사람들을 위해 기도해야 하는 이유는 그들이 하나님에 의하여 창조되었고 하나님의 형상으로서 하나님의 영광을 나타내야 하기 때문이다. 또한, 우리는 하나님의 택한 백성이 세상 끝날까지 예수 그리스도 안에서 하나로 모이게 될 것을 위해 기도해야 한다.

   6. 기도는 죄인이 구원의 은혜를 받는 수단 중의 하나다. 이것은 죄인들에게 복음이 아닐 수 없다. 구원의 은혜만큼 귀한 것은 있을 수 없을 것인데 죄인이 구원을 받아 하나님의 나라를 위해 기도한다는 것은 놀라운 특권이 아닐 수 없다. 기도에는 예수 그리스도의 구속 사역이 함축되어 있다. 그래서 예수님의 이름으로 기도해야만 은혜를 받을 수 있다.

   7. 죽은 자를 위해 기도하는 것은 잘못이다. 왜냐하면, 구원받은 자는 그리스도와 함께 하늘에 있기에 더 이상 기도가 필요치 않고, 불신자는 지옥에 있기에 우리의 기도가 아무런 효력이 없기 때문이다. 신자들의 영

혼은 죽을 때 온전히 거룩하게 되어(히 12:23) 몸의 부활과 심판을 기다리고(계 6:11; 14:13) 천국에서 그리스도와 함께 완전한 안식과 평안을 누리게 된다. 따라서 우리가 이미 천국에 있는 그들을 위해 기도할 필요가 없다.

8. 로마가톨릭교회가 죽은 자를 위한 기도를 인정하는 이유는 연옥에 대한 비성경적 신앙 때문이다. 그들은 연옥에 대해서 가벼운 죄를 범한 자나 자신의 죄에 대한 형벌을 다 치르지 못한 자가 죽은 후에 잠시 고통 받는 곳이라고 생각한다. 가톨릭교회는 살아 있는 신자의 기도가 연옥에 있는 영혼을 도울 수 있다고 가르친다. 우리가 믿고 있는 대로 만일 연옥에 대한 모든 개념이 비성경적이라면 연옥에 있는 영혼을 위한 기도는 당연히 사라져야 한다.

9. 개신교 신자 가운데서도 죽은 자를 위한 기도를 믿는 사람이 있다. 이것은 그들이 연옥을 믿기 때문이 아니라 죽음으로 모든 구원의 가능성이 끝난다는 성경적 가르침에 대해 모르기 때문이다. 천국과 지옥은 완전히 분리되었다고 믿지 않고, 단순히 또 하나의 세상일 뿐이라고 믿는 사람은 죽은 자를 위해 기도할 수 없다는 사실을 이해하지 못한다.

또한, 사후에 구원을 얻을 수 있는 두 번째 기회가 있다고 믿는 사람도 죽은 자를 위해 기도하는 것이 옳다고 생각하는 경향이 있다. 우리는 이러한 가르침이 모두 성경에 어긋나기 때문에 어떤 형태로든 죽은 자를 위해 기도하는 것을 반대한다. 성경에는 죽은 자를 위해 기도한 사례가 전혀 없다.

10. 사망에 이르는 죄는 요한일서 5:16에 등장하고 마태복음 12:31-32 및 마가복음 3:29에서 '사함받지 못하는 죄'나 '성령을 훼방하는 죄'와 같은 뜻으로 이해된다. 이 죄는 너무 큰 죄여서 용서받지 못하는 것이 아니라, 예수 그리스도를 믿지 않고 회개와 구원하는 믿음을 거절하기에 용서받지 못하는 것이다.

97

무엇을 위해 기도할까?

> 문 184: 우리는 무엇을 위해 기도할 것인가?
> 답 184: 우리는 하나님의 영광, 교회의 안녕, 우리 자신과 다른 사람의 선을 위해 기도할 것이나 무엇이든지 불법적인 것을 위해 기도해서는 안 된다 (마 6:9; 시 51:18; 마 7:11 등).
>
> Q 184: For what things are we to pray?
> A 184: We are to pray for all things tending to the glory of God, the welfare of the church, our own or others good; but not for anything that is unlawful.

1. 기도할 내용을 결정할 때 가장 먼저 고려할 것은 하나님의 영광이다. 이 사실은 주기도문의 서두를 비롯하여 성경 여러 곳에 언급되어 있다. 사람의 제일 되는 목적은 하나님을 영화롭게 하고 그를 기뻐하는 것이다. 우리는 자신의 문제나 필요나 소원보다 하나님의 존귀와 영광을 먼저 생각해야 한다.

2. 우리가 하나님의 영광을 위한 것이 무엇인지 아는 방법은 한 가지밖에 없는데, 그것은 하나님 뜻이 계시된 성경의 가르침대로 믿고 행동하는 것이다. 입다는 자기 딸을 하나님께 번제로 드리는 것이 하나님을 영화롭게 하는 것으로 생각하였다(삿 11:31-40). 그러나 그것은 성경에 대한 무지에서 비롯되었다. 이처럼 우리가 성경을 바로 알지 못하면 결코 바르게 기도할 수 없다.

3. 우리가 교회의 안녕을 위해 기도해야 하는 것은 교회가 단순한 인간적 조직이 아니라 신적 기관으로서 그리스도를 머리로 하는 몸이고, 하나님이 계신 집이기 때문이다. 사실 하나님 백성의 진정한 평강과 지구상에 거하는 모든 민족의 평화와 번영은 교회의 영적 안녕에 달려 있다. 하나님은 아브라함에게 말씀하셨다.

> 너를 축복하는 자에게는 내가 복을 내리고 너를 저주하는 자에게는 내가 저주하리니 땅의 모든 족속이 너를 인하여 복을 얻을 것이니라(창 12:3).

4. 다른 사람의 선을 위해 기도한다는 것은 그들의 구원을 위해 기도하고 하나님께 영광이 되는 경우 그들에게 세상의 복을 내려 주시기를 기도하는 것이다.

5. 불법적이거나 악한 것을 위해 기도하는 것은 하나님의 본질과 반대되고 하나님께서 언제나 악을 미워하시기에 잘못이다. 교회 헌금이나 선교 사업을 위해 복권에 당첨되기를 기도하는 것은 잘못이다. 우리는 정직하지 못하거나 도덕적으로 잘못된 일이 성공하거나 번성하게 해 달라고 기도해서는 안 된다. 우리는 악한 일을 위해 하나님의 복을 구할 수 없다(시 66:18).

어떻게 기도할까?

> 문 185: 우리는 어떻게 기도해야 하는가?
> 답 185: 우리는 하나님의 위엄에 대한 엄숙한 이해와 우리 자신의 무가치함과 필요성에 대해 깊이 인식하며 회개와 감사로 죄를 고백하고 이해와 믿음, 성실, 열심, 사랑, 인내의 넓은 마음으로 하나님의 응답을 기다리며 겸손함으로 기도해야 한다(전 5:1; 창 18:27; 32:10; 눅 15:17-19; 빌 4:6 등).
>
> Q 185: How are we to pray?
> A 185: We are to pray with an awful apprehension of the majesty of God, and deep sense of our own unworthiness, necessities, and sins; with penitent, thankful, and enlarged hearts; with understanding, faith, sincerity, fervency, love, and perseverance, waiting upon him, with humble submission to his will.

1. 하나님의 위엄에 대한 엄숙한 이해는 피조 세계와 구분된 하나님의 영원한 위대하심에 대한 인식이다. 하나님과 사람은 같지 않다. 만일 하나님께서 특별계시의 길을 열어 주지 않으셨다면 우리는 결코 하나님께 다가갈 수 없었을 것이다.

2. 오늘날 하나님의 사랑만 강조하고 그의 위엄과 거룩하심에 대해서는 잊어버리는 이유는 인본주의이고 신본주의가 아니다. 하나님의 위엄에 대해 많은 관심을 가지지 않고 결과적으로 하나님에 대한 경외심이 사라지는 경향이 있다.

3. 자신의 무가치함에 대한 깊은 인식은 하나님께서 우리에게 아무런 의무도 없다는 자각이다. 우리는 하나님의 선하심과 긍휼하심을 요구할 만한 자격이 없다. 더구나 우리는 죄로 말미암아 하나님의 복을 받을 자격이 더더욱 없다. 우리는 기도를 통해 하나님 앞에 나아갈 때 이러한 사실을 잊지 않아야 한다.

4. 자신의 필요와 부족에 대한 깊은 인식은 개인적 필요에 대한 인식이다. 우리에게 무엇이 부족한지를 인식하지 못한다면 바른 기도를 할 수 없을 것이다. 바리새인의 기도는 필요에 대한 인식 부족의 전형적인 모습이다. 그는 하나님께 아무것도 구하지 아니한 채 오직 자기의 공로에 대해 찬사만 늘어놓았다(눅 18:11-12).

5. 우리 자신의 죄는 죄로 오염된 우리의 실제 상황이다. 우리가 자신의 무능력한 영적 실상에 관해 깨닫지 못하면 결코 기도를 통해 하나님께 제대로 나아갈 수 없을 것이다. 개인적 죄에 대한 깊은 인식 없이 기도하는 것은 자기 자신을 기만하는 것이다.

6. 우리가 회개하는 심정으로 기도해야 하는 이유는 자기의 죄를 고백하고 간절히 용서를 구하는 자에게 하나님의 긍휼히 임하기 때문이다. 우리는 하나님으로부터 많은 축복을 받았기 때문에 감사하는 마음으로 기도해야 한다. 또한, 우리는 열린 마음으로 하나님의 복에 대한 소원이 없는 것처럼 기도할 것이 아니라 하나님의 복을 받으려는 강하고 열정적인 소원으로 기도해야 한다.

7. 깨달음으로 기도해야 하는 것은 하나님 말씀에 나타난 지적 통찰력과 자신과 다른 사람의 필요에 대한 통찰이다. 기도가 계시된 하나님의 뜻에 순종하지 않으려는 도구로 사용된다면 결코 하나님께 열납될 수 없

을 것이다. 하나님이 아브라함에게 독자 이삭을 번제로 바치라고 했을 때 아브라함은 이미 계시된 하나님의 뜻에 즉각 순종했다. 따라서 우리가 십계명을 지켜야 할 것인지 말아야 할 것인지에 대해 인도하심을 받기 위해 기도하는 것은 잘못이다.

8. 바른 기도를 위해서 믿음이 필요한 이유는 믿음이 없이 하나님을 기쁘시게 할 수 없기 때문이다(히 11:6). 하나님께서는 우리가 믿음이라는 수단을 통해 구원과 축복을 받게 하셨다. 오늘날 믿음이 종종 낙천주의, 자신감, 동료에 대한 믿음과 같은 인간적 태도를 뜻하는 말로 사용되는 것은 성경적 믿음이 아니다. 오직 삼위일체 하나님만이 믿음의 대상이다.

9. 우리가 신실함과 열정과 하나님에 대한 사랑으로 기도해야 하는 것은 우리가 그렇게 기도하지 않으면 진정한 기도가 될 수 없기 때문이다. 바른 기도가 되기 위해서는 전심으로 기도해야 한다.

10. 하나님께서 우리의 기도에 응답하시는 시기와 방법에 대한 태도는 하나님의 거룩하신 뜻에 따라 적절한 시기에 적절한 방식으로 응답하실 것이라고 믿는 것이다. 우리는 감히 하나님께 언제, 어떻게, 우리의 기도를 응답하실 것인지에 대해 따지는 태도를 보이지 않아야 한다. 우리는 하나님께서 자기의 주권적 뜻에 따라 기도에 대한 응답을 늦추실지라도 낙심하거나 포기하지 않아야 한다(눅 18:1-8).

바울은 자기의 '가시'를 제거해 달라고 세 번이나 기도하였으나 응답받지 못했다. 그러나 바울은 "내 은혜가 네게 족하도다 이는 내 능력이 약한 데서 온전하여짐"이라는 주님의 말씀에 순종했다(고후 12:9).

제3장

주기도문(문 186-196)

99

기도의 법칙

> 문 186: 하나님께서 기도의 의무에 관한 지시로 어떠한 법칙을 주셨는가?
>
> 답 186: 하나님의 말씀 전체가 기도의 의무에 관한 지시로 사용되지만 특별한 지도 법칙은 보통 주기도라고 하는 우리 구주 그리스도께서 자기 제자들에게 가르친 기도의 양식이 있다(요일 5:14; 마 6:9-13; 눅 11:24).
>
> Q 186: What rule hath God given for our direction in the duty of prayer?
>
> A 186: The whole word of God is of use to direct us in the duty of prayer; but the special rule of direction is that form of prayer which our Savior Christ taught his disciples, commonly called The Lord's prayer.

1. 우리에게 기도의 법칙이 필요한 이유는 인간은 하나님께서 주시는 지침 없이는 제대로 기도할 수 없을 만큼 죄로 말미암아 심히 타락했기 때문이다. 바른 기도를 하기 위해서는 하나님에 대해, 우리 자신에 대해 그리고 우리가 어떻게 하나님과 화목하게 되었는지를 알아야 하고 기도와 관련된 특별한 지식도 있어야 한다. 그렇지 않으면 우리 기도는 잘못될 수밖에 없다.

2. 바른 기도에 필요한 지식의 원천은 성경이다. 하나님의 말씀인 성경은 이러한 지식을 얻을 수 있는 유일한 원천이다. 하나님의 자연 계시는 기도에 관한 지침으로는 충분하지 않고, 그것만으로 타락한 인간의 필요를 모두 채워 줄 수 없다. 따라서 오직 타락한 본성으로 사는 이방인은 무지하고 잘못된 기도를 할 수밖에 없기에 성경의 조명을 받아야 한다.

3. 기도의 지침이 되는 성경의 준거는 다음과 같이 세 가지다.

첫째, 성경의 일반적인 가르침이다. 즉, 하나님, 사람, 구원, 인간의 본분 등에 관해 성경에서 가르치는 모든 것이다.
둘째, 기도의 특정 주제에 관한 가르침이다. 구약과 신약에는 기도의 특정 주제에 관해 직접 다루고 있는 부분이 많다.
셋째, 예수 그리스도께서 제자들에게 가르치신 '주기도문'이다. 이것은 기도에 대한 성경의 가르침을 구체화한 것이다.

4. 소위 '주기도문'은 주 예수 그리스도의 기도가 아니라 주님이 제자들에게 가르치신 기도다. 예수 그리스도는 개인적으로 기도하실 때 이런 내용으로 기도하지 않으셨다. 왜냐하면, 예수님은 무죄하시기에 주기도문에는 있는 죄를 사해 달라는 간구가 필요 없다. 예수님의 기도 중 가장 긴 요한복음 17장에도 죄의식이나 죄 사함을 간구하는 내용이 없다.

5. 주기도문은 마태복음 6:9-13과 누가복음 11:2-4에 나온다. 마태복음에 나오는 주기도문과 누가복음에 나오는 주기도문이 약간 다른 이유는 예수께서 이 기도를 여러 번 가르치셨기 때문이다. 따라서 두 형식 모두 맞다. 마태복음의 주기도문 끝부분에 나오는 내용, 즉 "나라와 권세와 영광이 아버지께 영원히 있사옵나이다. 아멘"이 누가복음의 주기도문에 생략되어 있다.

100
주기도문의 사용

문 187: 주기도문을 어떻게 사용해야 할 것인가?
답 187: 주기도문은 우리가 다른 기도를 드리는데 지침이나 본보기를 위한 것만이 아니라 기도의 의무를 올바르게 이행하는 데 필요한 이해, 믿음, 경외심 등 다른 은혜 등을 갖게 하는데 사용할 수 있다(마 6:9; 눅 11:2).
Q 187: How is the Lord's prayer to be used?
A 187: The Lord's prayer is not only for direction, as a pattern, according to which we are to make other prayers; but may also be used as a prayer, so that it be done with understanding, faith, reverence, and other graces necessary to the right performance of the duty of prayer.

1. 주기도문은 다음과 같은 특성이 있다.

첫째, 주기도문은 하나님을 우리의 '아버지'라고 부르지만, '하늘에 계신 아버지'라고 함으로 하나님의 크고 위대하심을 강조하므로 하나님에 대한 무례함은 있을 수 없다.
둘째, 주기도문은 간결성과 단순성과 직접성을 나타낸다. 주기도문에는 수식어나 미사여구도 없고 웅변적 장황함도 없다.
셋째, 주기도문은 하나님 중심이라는 특징을 나타낸다. 주기도문은 하나님과 그의 이름, 그의 나라 및 그의 뜻에 관한 내용으로 시작한 후에 비로소 자신의 필요에 대해 언급한다.
넷째, 주기도문은 우리의 영적 필요와 함께 물질적 필요에 대해서도 구하고 있다.

2. 주기도문은 그 자체로 다른 기도와 연결하여 사용할 수 있다. 이때 우리는 이해, 믿음, 경외 그리고 기도의 의무를 바로 이행하는 은혜가 필요하다.

3. 주기도문은 종종 기계적이고 형식적으로 외우는 방식으로 남용되고 있다. 주기도문을 오십 번이고 백 번이고 계속 반복함으로 유익이 있다고 생각하는 것은 그 진정한 본질과 바른 사용을 모르기 때문이다. 이것은 극단적인 잘못이 아니라 그 의미나 중요성을 음미하지 않고 급히 외우기만 하는 주기도문의 남용이다.

4. 주기도문을 자기의 기도로 사용하는 것에 대해 기계적이고 형식적으로 남용이 되기 쉽다는 반대가 있었다. 그들은 주기도문이 기도의 모범이고 그 자체가 하나의 기도가 될 수는 없다고 주장한다. 그러나 예수님께서는 기도할 때 이렇게 하라고 분명히 말씀하셨다. 세대주의자 스코필드는 주기도문이 십자가 이전 율법 시대에 속한 것이기에 신약의 성도에게는 적용되지 않는다고 주장한다.

또한, 주기도문이 그리스도의 이름으로 하는 기도가 아니고, 용서의 조건으로 다른 사람에 대한 용서를 제시하고 있는 것은 은혜가 아닌 율법이라고 주장한다. 이러한 주장은 주기도문에 대한 오해다.

5. 스코필드의 오해에 대한 답변은 다음과 같다.

첫째, 모세 시대의 율법도 사실은 은혜로 주어진 것이다. 출애굽이라는 은혜 후에 주어졌기 때문이다.

둘째, 주기도문에 그리스도의 이름이 없더라도 하나님을 "우리 아버지"

라고 부르는 것은 예수 그리스도의 구속이 아니면 부를 수 없다.

셋째, 우리의 용서가 하나님의 용서 조건은 아니다. 우리의 용서는 기본적으로 예수 그리스도의 구속 사역을 믿음에 따른 결과다.

101
주기도문의 서언

문 188: 주기도문은 몇 부분으로 구성되어 있는가?

답 188: 주기도문은 세 부분으로 구성되어 있으니, 서언과 간구와 결론이다.

Q 188: Of how many parts doth the Lord's prayer consist?

A 188: The Lord's prayer consists of three parts; a preface, petitions, and a conclusion.

문 189: 주기도문의 서언은 무엇을 가르치고 있는가?

답 189: '하늘에 계신 우리 아버지여'라고 한 주기도문의 서언은 우리가 기도할 때 아버지의 선하심에 대한 신뢰감과 관심을 가지고 하나님의 주권적 능력, 위엄 및 은혜로운 비하에 대한 경외심, 아이 같은 모든 성향, 지고의 애정을 가지고 하나님께 가까이 나아가야 하는 것을 가르친다(마 6:19; 눅 11:13; 롬 8:15 등).

Q 189: What doth the preface of the Lord's prayer teach us?

A 189: The preface of the Lord's prayer(contained in these words, Our Father which art in heaven,) teacheth us, when we pray, to draw near to God with confidence of his fatherly goodness, and our interest therein; with reverence, and all other childlike dispositions, heavenly affections, and due apprehensions of his sovereign power, majesty, and gracious condescension: as also, to pray with and for others.

1. 주기도문은 서언(하늘에 계신 우리 아버지여)과 여섯 개의 간구와 마지막 결론(나라와 권세와 영광이 영원히 있사옵나이다. 아멘)으로 구성되어 있다. 우리의 기도는 이와 유사한 방식으로 다음과 같이 구성되어야 한다.

첫째, 우리의 기도에도 질서와 진전이 있어야 한다.
둘째, 간구의 내용은 하나님과 그의 존귀함과 영광, 그의 나라에 관한 내용을 먼저 언급한 후 신상에 관한 것과 요구 사항 및 소원에 대해 말해야 한다.
셋째, 적절한 결론으로 끝맺어야 한다.

2. 주기도문의 서언에는 다음과 같이 두 가지 핵심이 담겨 있다.

첫째, 하나님은 자기 백성, 즉 우리의 아버지다.
둘째, 하나님은 자기 백성보다 훨씬 높은 하늘의 위엄과 영광 가운데 계셔서 우리와 구별된다.

3. 하나님을 "아버지"라고 부를 수 있는 자들은 주 예수 그리스도의 공로로 하나님과 화목한 성도들뿐이다.

> 나로 말미암지 않고는 아버지께로 올 자가 없느니라(요 14:6).

불신자는 주기도문을 사용할 권리가 없다. 예수 그리스도를 자기 구주로 믿지 않는 자들에게 주기도문을 권하는 것은 하나님의 자녀가 아닌데도 하나님의 자녀라고 착각하게 하는 잘못이다.

4. 모든 사람이 하나님의 자녀는 아니다. 물론, 하나님은 창조자이시고 인간은 그의 피조물이라는 의미에서 모든 인간이 하나님의 자녀라고 할

수 있다. 그러나 성경에서 하나님을 자기 백성의 아버지로 언급한 구절은 하나님과 그의 백성 사이에 특별한 관계가 형성되어 있음을 말한다. 요한복음 8:42-44과 요한일서 3:10 및 5:18-19은 하나님의 자녀가 있는가 하면 마귀의 자녀도 있음을 보여 준다.

5. 그리스도인은 하늘에 계신 아버지의 선하심과 그의 자녀로서 권리에 대해 확신한다. 이 권리는 하나님 아버지의 선하심의 혜택을 누릴 수 있는 분깃이다. 우리는 그리스도인으로서 하늘에 계신 아버지께서 우리를 사랑하시며 돌보신다는 사실과 기도를 통해 그의 보좌에 나아가는 것이 결코 헛되거나 무익한 것이 아님을 안다. 우리가 하나님을 아버지로 확신하는 태도는 성령께서 우리의 마음속에서 행하시는 특별한 사역의 결과이다(롬 8:15).

6. 우리가 경외심을 가지고 하나님께 나아가야 하는 것은 하나님과 우리가 같다는 뜻이 아니다. 오늘날 조심성 없고 경박한 일부 현대인의 기도는 극히 불손하고 무례하다. 하나님의 부성과 사랑은 이같이 불손한 기도의 변명이 될 수 없다.

7. 천국을 향한 열정은 하나님의 빛과 영광을 향한 경건한 열망이다. 이것은 우리가 기도를 통해 잠시 세상의 모든 잡념으로부터 떠나 오직 천국과 하나님의 위대하심과 영광과 능력과 지혜를 생각하고 우리의 모든 생각과 소원을 하나님과 천국에 맞추는 것이다.

8. 그의 주권적 능력과 위엄과 스스로 낮아지신 은혜에 대한 바른 이해는 우리가 마땅히 깨닫고 느껴야 한다. 하나님을 허물없이 대할 수 있는 친구로만 생각하는 사람은 하나님의 위엄과 능력과 스스로 낮아지신 은혜에 대한 바른 이해가 부족한 사람이다.

9. 주기도문의 '우리'는 다른 그리스도인들과 함께 그들을 위해 기도해야 한다는 것을 의미한다. 기도는 개인적으로도 해야 하지만, 도고와 대신 드리는 기도가 있고 연합하여 드리는 기도가 있다. 모든 그리스도인은 무형 교회라고 하는 거대한 조직의 한 부분이고 그리스도의 몸에 속한 지체이다. 따라서 그리스도인은 누구나 이러한 영적 조직의 다른 구성원들과 서로 관심을 가져야 한다. 하나님께서 아버지로서 우리를 대하듯 우리도 다른 지체들과 교제를 나누고 그들을 위해 기도해야 한다.

102
하나님의 이름 간구

문 190: 첫 간구에서 우리는 무엇을 위해 기도하는가?

답 190: 첫 간구 "이름을 거룩하게 하옵시며"에서 우리 자신과 모든 사람에게 하나님을 옳게 공경할 수 없는 전적 무능과 부적당함을 인정하며, 우리는 하나님께서 그의 은혜로 우리와 다른 사람들에게 그분의 칭호, 속성, 규례, 말씀, 행사 그리고 그분이 자신을 알리시기를 기뻐하시는 모든 것을 인정하고, 높이 존경하고, 생각과 말과 행위로 하나님께 영광을 돌리고, 무신론과 무지와 우상 숭배와 더러운 것과 그에게 불명예를 끼치는 모든 것을 막으시고, 없애고, 그분의 인도하시는 섭리로 모든 것을 그분의 영광을 위해 지도하고 처리하실 것을 기도한다(마 6:9; 고후 3:5; 시 51:15; 살후 3:1 등).

Q 190: What do we pray for in the first petition?

A 190: In the first petition(which is, Hallowed be thy name,) acknowledging the utter inability and indisposition that is in ourselves and all men to honor God aright, pray, that God would by his grace enable and incline us and others to know, to acknowledge, and highly to esteem him, his titles, attributes, ordinances, word, works, and whatsoever he is pleased to make himself known by; and to glorify him in thought, word, and deed: that he would prevent and remove atheism, ignorance, idolatry, profaneness, and: whatsoever is dishonorable to him; and, by his overruling providence, direct and dispose of all things to his own glory.

1. 주기도문에서 '거룩히 여김을 받다'의 뜻은 "거룩하게 여기고 그렇

게 대하다"이다. 하나님의 이름은 주님, 여호와의 단순한 호칭이 아니라, 하나님의 자기 계시의 전부를 포함한다. 그의 이름은 호칭, 명칭, 속성, 규례, 말씀, 사역 등을 포함한다. 하나님의 이름은 하나님의 자기 계시에 속하기에 거룩하게 여기고 대하여야 한다.

2. 하나님의 이름을 거룩하게 여겨야 하는 것은 모든 이성적 피조물, 즉 모든 천사와 사람들의 의무이며 특히 죄와 사망으로부터 구속함을 받은 성도의 의무다. 모든 이성적 피조물은 하나님이 자신의 창조주이므로 그의 이름을 거룩히 여겨야 하고, 구속받은 자들은 하나님이 그들의 창조주만 아니라 구속주도 되시기 때문에 더욱 그의 이름을 거룩히 여겨야 할 의무가 있다.

3. 하나님의 이성적 피조물 가운데 타락하지 않은 천사와 영광의 나라에 들어간 성도들만 그의 이름을 제대로 거룩히 여길 수 있다. 그들은 죄의 성품을 가지고 있지 않기 때문이다. 타락한 천사는 하나님의 이름을 거룩히 여길 수 없고, 그렇게 하려는 생각조차 없다. 오직 성령으로 중생한 성도가 하나님의 이름을 거룩히 여길 수 있다. 그러나 이 세상에서는 아직 그들에게 남아 있는 타락한 본성이 그들을 여러 가지 유혹과 죄에 빠뜨리기 때문에 불완전하다.

4. 하나님께서 그의 은혜로 말미암아 우리에게 능력과 자원하는 마음을 주신다. 하나님의 은혜는 우리의 마음에 대한 성령님의 특별하고 능력 있는 사역으로 우리의 전적 무능과 의지박약한 본성을 극복한다. 이것은 성령의 거듭나게 하심과 성화의 과정을 통해 점차 거룩한 마음과 삶을 살아감으로 가능하다(빌 2:13).

5. 하나님의 이름을 거룩히 여기는 것은 주일의 한두 시간 예배를 드리는 것으로 끝나는 것이 아니다. 그것은 참으로 우리의 삶 전체를 통해 생

각하고 말하고 행동해야 한다. 우리는 우리의 모든 행위와 생각으로 하나님의 이름을 거룩하게 하거나 아니면 그렇게 하지 못하고 있다.

6. 하나님의 이름을 거룩히 여기지 못하게 방해하는 것이 있다. 여러 형태의 무신론은 성경에 계시된 참 하나님을 부인하고, 그를 믿고 예배하는 것을 방해한다. 영적 무지는 참 하나님과 그의 뜻에 대한 지식이 부족하여 그의 이름을 거룩히 여기지 못하게 한다.

우상 숭배는 마땅히 하나님만이 받으셔야 할 영광을 다른 것에 돌리는 것이다. 신성 모독은 거룩한 것을 세속적이고 평범한 것으로 취급한다. 그러므로 우리는 "이름이 거룩히 여김을 받으시오며"라고 기도하여 이같이 다양한 형태의 죄를 범하지 아니하고 또한 그것을 제거해 주도록 기도해야 한다.

7. 하나님의 이름을 거룩히 여기지 않는 세상에 대한 그리스도인의 태도는 세상의 잘못에 동조하거나 무관심하지 않아야 한다. 그리스도인은 평생 모든 영역, 모든 국면, 모든 경험, 모든 삶의 세세한 부분에서 하나님께 초점을 맞추어야 한다. 그리스도인의 삶에는 하나님께서 관계하지 않으시는 일이 없고 하나님의 이름이 거룩히 여김을 받지 않아도 되는 것이 없다. 그리스도인은 모든 생각과 언행에서 하나님을 영화롭게 하고 그의 이름을 거룩히 여겨야 한다.

8. 하나님은 세상만사를 주관하시는 섭리로 자기의 이름을 거룩하게 하신다. 하나님의 섭리는 참새 한 마리가 떨어지는 것으로부터 한 나라의 흥망성쇠에 이르기까지 우주 만물의 모든 일을 포함한다.

하나님은 자기의 영광을 위해 만물을 주관하시고 명령하시면서 자기의 이름을 온전히 거룩하게 하신다. 그는 이러한 섭리로 자기의 속성과 완전하심을 드러내신다. 우리는 "이름이 거룩히 여김을 받으시오며"라는 기도를 통해 하나님의 섭리로 모든 일에서 그의 영광을 드러내는 일에 쓰임을 받을 수 있다.

103
하나님의 나라 간구

문 191: 두 번째 간구에서 우리는 무엇을 위해 기도하는 것인가?

답 191: 두 번째 간구 "나라가 임하옵시며"에서 우리 자신과 모든 인류가 본질상 죄와 사탄의 주관 아래 있음을 인정하면서 우리는 죄와 사탄의 나라는 파멸되고 복음이 세계를 통해 보급되고, 유대인이 부르심을 받고, 이방 사람이 충만히 하나님의 나라에 들어오기를 기도한다.

또한, 교회가 모든 복음의 직분과 규례를 갖추고 부패로부터 정화되고 세속 위정자의 호의와 지지를 받기를 기도하고 그리스도의 규례가 순수하게 시행되고 아직 죄 중에 있는 자의 회심과 또는 이미 회심 된 자의 확립, 위안, 증강에 유효하게 되기를 기도한다.

그리고 그리스도께서 현세에서 우리의 마음을 주관하시고 그의 재림의 때와 우리가 그로 더불어 왕 노릇 할 것을 재촉하시기를, 그가 그의 권세의 나라를 이 목적에 최선으로 이바지하도록 기도한다(마 6:10; 엡 2:2-3; 시 68:1; 계 12:9 등).

Q 191: What do we pray for in the second petition.?

A 191: In the second petition(which is, Thy kingdom come,) acknowledging ourselves and all mankind to be by nature under the dominion of sin and Satan, we pray, that the kingdom of sin and Satan may be destroyed, the gospel propagated throughout the world, the Jews called, the fulness of the Gentiles brought in; the church furnished with all gospel officers and ordinances, purged from corruption, countenanced and maintained by the civil magistrate: that the ordinances of Christ may be purely dispensed, and made effectual to the converting of those that are yet in their sins, and the confirming, comforting, and building up of those that are already converted: that Christ would rule in our hearts here, and hasten the time of his second coming, and our reigning with him forever: and that he would be pleased so to exercise the kingdom of his power in all the world, as may best conduce to these ends.

1. 주기도문의 두 번째 간구에서 나라는 하나님의 나라다. 하나님의 나라는 하나님의 단순한 통치가 아니다. 하나님의 나라는 예수 그리스도의 구속 사역에 근거한 통치다. 하나님의 단순한 통치에 의하면 죄인은 즉사할 것이다. 하나님의 의와 죄는 공존할 수 없기 때문이다. 그래서 하나님의 아들 예수 그리스도의 구속 사역은 죄인에게 필수적으로 필요하다.

2. 하나님의 나라는 영원하다. 하나님의 나라는 과거, 현재, 미래를 포함한다. 세상의 모든 나라는 없어질 것이고 하나님의 나라만이 영원할 것이다. 하나님의 나라는 아무나 들어가는 것이 아니고 예수 그리스도를 믿고 성령으로 거듭난 자만이 들어간다. 그래서 하나님의 나라는 예수 그리스도의 나라다. 우리가 본질상 죄의 노예인 것은 우리의 죄악이 단순히 나쁜 습성이나 환경 탓이 아니라, 우리 본성의 일부라는 것을 보여 주기 위함이다(엡 2:3).

3. 하나님의 나라는 사탄의 나라와 반대된다. 타락한 천사의 수장인 사탄은 원래의 거룩함으로부터 떨어져 나와 죄의 나라의 왕이 되었다. 죄는 중력이나 전기와 같은 자연의 힘이 아니라, 사탄의 조종으로 악한 영과 인류에 의해 수행된다. 그러므로 마귀의 객관적 실체나 인격성에 대해 얼버무리는 모든 시도는 성경에 배치된다.

4. 사탄의 모든 활동은 하나님에 의해 통제받는다. 이 사실은 욥기서

처음 두 장에서 제시되어 있다. 이 사실은 복음서에 기록된 것처럼 귀신을 쫓아내시는 예수님의 능력을 통해서도 볼 수 있다. 사탄의 나라는 일시적이고 결국 완전히 망하게 될 것이다(계 12:12).

5. 사탄의 나라는 하나님의 아들 예수 그리스도의 사역을 통해 멸망한다(요일 3:8). 사탄의 나라는 성령께서 하나님의 말씀을 통해 죄인을 회개시키고 신자의 성화를 돕는 사역을 통해 부분적으로 멸망한다. 많은 사람은 인류 문명의 총체적 진보와 함께 교육, 문화, 과학, 발명 및 경제 사회적 진보와 조직이 사탄의 나라를 위축시키거나 멸하리라고 생각한다. 그러나 오직 그리스도의 복음만이 성령의 능력을 통해 사탄의 나라를 멸할 수 있다.

6. 우리는 사탄의 나라 멸망에 대해 참된 신앙을 가지고 간절하게 기도해야 한다. 우리는 기회 있는 대로 사탄의 나라 멸망을 위해 우리가 할 수 있는 것을 해야 한다. 이것은 우리의 믿음이 진실하다면 예수 그리스도의 구속 사역에 의한 우리의 삶과 행위로 성취될 것이다.

7. 우리가 복음이 온 세계에 전파되도록 기도해야 하는 것은 복음 전파를 통해 하나님의 선민이 구원받기 때문이다(롬 10:13-15). 오늘날 어떤 나라들은 복음에 대해 문을 닫았으나 우리는 하나님께서 닫힌 문을 열어 주셔서 그리스도의 복음이 들어가 그 민족을 구원하게 해 달라고 기도해야 한다. 그리스도께서는 복음의 문을 여시는 능력이 있다(계 3:7-8).

8. 바울은 언젠가 많은 유대인이 그리스도께로 돌아올 것이라고 말한다(롬 11:13-27). 이것은 모든 유대인이 그리스도께로 돌아온다는 의미가 아니라, 예수 그리스도를 믿는 유대인의 수가 많아질 것이라는 의미다. 지금까지도 유대인의 개종이 간헐적으로 있었지만, 많은 유대인이 예수 그

리스도를 믿는 날이 속히 오게 해 달라고 기도하는 것은 당연하다.

9. 이방인의 충만한 수는 유대인을 제외한 많은 사람이다. 이방인의 충만한 수가 빨리 차면 찰수록 유대인이 영적 소경 됨을 벗고 그리스도께로 돌아오는 시기가 더욱 빨라질 것이다. 유대인과 이방인을 포함한 모든 하나님의 백성이 구원받는 시기가 빠를수록 그리스도께서 자기 백성을 죄와 고난으로부터 구원하고 영원한 영광을 주시는 시기가 앞당겨질 것이다.

10. 하나님의 나라는 교회와 분리할 수 없다. 우리는 교회가 모든 복음 사역자와 규례를 구비할 수 있도록 기도해야 한다. 복음 사역자와 규례가 형식적이거나 위선적이지 않고 참되고 영적이며 은혜로운 것인 한, 그것은 하나님의 선물이며 또한 오직 성령님의 특별한 사역에 의한 것이다.

복음 전파자를 부르시는 이는 성령님이시고 교회에 목사와 장로와 집사를 주시는 분도 성령님이시다. 말씀 전파나 성례의 집행 및 권징의 시행과 같은 규례를 제공하고 수행하시는 분도 성령님이시다.

우리는 기도만 할 것이 아니라 젊은이들이 복음 사역에 헌신하도록 권면해야 한다. 우리는 교회 교육이나 사역을 위해 물심양면으로 지원해야 한다. 또한, 우리는 목회 사역과 교회 행정에 수고하는 사역자들을 격려하고 지원해야 한다.

11. 지상의 교회가 죄로부터 완전히 성별 될 수는 없다. 그러나 교회는 부패로부터 정화되어야 한다. 이것은 어쩌다 하는 것이 아니라 항상 그래야만 한다. 교리나 예배나 감독이나 교회 권징은 언제나 그것을 역행하여 부패하게 하려는 경향이 있다. 이러한 역행적 경향은 항상 존재하기에 언제나 조심하고 강력하게 대적해야 한다.

12. 교회는 위정자로부터 지원과 지지를 받을 수 있다. 우리는 국가와 종교가 전혀 무관하다는 소위 자유 방임주의와 같은 극단적인 관점을 배제한다. 우리의 표준은 교회와 국가 사이에 사법권의 절대적 분리를 가르친다. 그러나 상호 이해관계가 걸려 있는 경우 우호적 협력관계를 유지할 수 있다. 국가는 모든 예수 그리스도의 교회 재산에 대한 면세 등의 지원과 지지를 하는 것이 마땅하다.

13. 교회에서 그리스도의 규례는 주로 하나님의 말씀 전파와 성례의 집행, 교회의 감독 및 권장 시행 등이다. 이러한 규례는 예수 그리스도께서 성경을 통해 지시하신 말씀에 따라 어떠한 인간적 요소도 배제하고 가감 없이 정당하게 시행되어야 한다. 우리는 성령님께서 사람의 마음에 역사하셔서 그들이 그리스도의 규례가 대중의 요구에 따라 변경되지 않고 정당하게 시행될 수 있도록 간절히 기도해야 한다.

14. 그리스도 나라의 세 가지 영역은 은혜와 영광과 능력이다. 우리는 이 나라가 완전히 실현될 예수 그리스도의 재림이 속히 임하게 해 달라고 기도하는 것이 적절하다. 우리는 주의 재림을 간절히 바랄 뿐 아니라, 그것이 속히 임하도록 기도해야 한다.

104

하나님의 뜻 간구

문 192: 세 번째 간구에서 우리는 무엇을 위해 기도하는 것인가?

답 192: 세 번째 간구 "주의 뜻이 하늘에서 이루어진 것같이 땅에서도 이루어지이다"에서 우리와 모든 사람이 본성상 하나님의 뜻을 알고 행하기를 전혀 할 수 없고 의지가 없을 뿐만 아니라 그분의 말씀을 거역하고 그분의 섭리에 대해 불평하고 불평하며 육신의 뜻과 마귀의 뜻을 행하는 데 전적으로 기울어져 있다는 것을 인정하고 우리는 하나님이 성령으로 우리 자신과 다른 사람들에게서 모든 우매함, 연약함, 무질서를 제거하여 주시기를 기도해야 한다. 그리고 그의 은혜로 우리가 하늘에서 천사들이 하는 것과 같은 겸손, 유쾌, 충성, 근면, 열심, 성실, 항구성으로 범사에 하나님의 뜻을 알고 행하고 복종하고 즐겨할 수 있게 하여 주시기를 기도한다(마 6:10; 롬 7:18; 욥 21:14; 고전 2:14 등).

Q 192: What do we pray for in the third petition?

A 192: In the third petition(which is, Thy will be done in earth, as it is in heaven,) acknowledging, that by nature we and all men are not only utterly unable and unwilling to know and do the will of God, but prone to rebel against his word, to repine and murmur against his providence, and wholly inclined to do the will of the flesh, and of the devil: we pray, that God would by his Spirit take away from ourselves and others all blindness, weakness, indisposedness, and perverseness of heart; and by his grace make us able and willing to know, do, and submit to his will in all things, with the like humility, cheerfulness, faithfulness, diligence, zeal, sincerity, and constancy, as the angels do in heaven.

1. 주기도문에 언급된 하나님의 뜻은 두 가지다. 그 두 가지는 하나님의 계시된 뜻과 하나님의 비밀한 뜻이다. 하나님의 계시된 뜻은 교훈적 뜻이면서 인간의 도덕적 의무의 표준이다. 하나님의 비밀한 뜻은 그의 작정과 섭리로서 인간의 의무에 관한 규범이 아니라, 하나님의 섭리적 사건을 통해 드러난다. 그 가운데 일부는 성경의 예언으로 계시되었다.

2. 우리는 하나님의 계시된 뜻을 알고 행하여야 한다. 또한, 우리는 하나님의 비밀한 섭리의 뜻에 기꺼이 순종해야 한다. 하나님의 계시된 뜻은 예수 그리스도의 복음을 믿고 십계명에 순종하여 하나님과 이웃을 사랑하는 것이다. 하나님의 비밀한 뜻에 순종하는 것은 고난과 낙심과 고통과 사별과 같은 것에 대해 불평하거나 하나님을 원망하지 아니하고 인내하며 견디는 것이다.

3. 사람들은 본질상 하나님의 뜻을 알고 행하기에 무능하다. 죄로 타락한 인간은 그 마음이 어두워졌기 때문에 성령으로 거듭나지 아니하면 진리를 깨닫거나 알 수 없고 악을 행하며 의를 대적하려 한다(롬 1:28-32; 엡 2:2-3). 따라서 우리가 "뜻이 하늘에서 이룬 것같이 땅에서도 이루어지이다"라고 기도하는 것은 무엇보다 우리의 생각과 마음에 성령님께서 역사하시도록 간구함이다.

4. 사람들이 하나님의 섭리에 불평하고 반역하는 것은 그리스도인에게서도 찾아볼 수 있다. 가장 흔한 예는 날씨에 대한 불평이다. 좋은 날씨를 주신 하나님께 한 번도 감사치 않는 사람이 폭풍우가 몰아치면 하나님을 원망한다. 일이 성공하거나 잘 풀리면 기회나 행운 또는 자기 자신의 신중함이나 근면성을 들먹이는 사람들은 막상 일이 잘못되거나 꼬이면 하나님을 탓하고 불평하고 반역한다.

5. 하나님의 뜻이 하늘에서 온전하게 이루어질 수 있는 것은 하나님의 뜻을 방해하는 어떤 죄나 시험도 없기 때문이다. 장차 우리가 신체적, 정신적, 도덕적 및 영적으로 온전해질 것이라는 생각은 그리스도인으로서 이 땅의 악과 싸울 때 큰 힘과 격려가 된다.

6. 우리는 이 땅에서 하늘의 천사들처럼 하나님의 뜻을 온전히 행할 수 없다. 아담의 불순종은 인류를 죄와 고통에 빠지게 하였고, 하나님의 뜻을 온전히 이루는 것을 불가능하게 했다. 성령으로 중생한 그리스도인일지라도 사탄이 역사하는 이 땅에서는 하나님의 뜻을 부분적으로 행할 수밖에 없다. 그러나 우리는 항상 하나님의 뜻을 온전히 이루기 위해 최선을 다하고 기도해야 한다. 그것은 장차 올 세상에서 이루어질 것이기도 하지만 이 땅에서 우리가 행할 의무다(빌 3:13-14).

105

일용할 양식 간구

문 193: 네 번째 간구에서 우리는 무엇을 위해 기도하는 것인가?

답 193: 네 번째 간구 "오늘날 우리에게 일용할 양식을 주옵시며"에서, 아담 안에서 또는 우리 자신들의 죄로 우리는 현세의 모든 외면적 행복을 받을 권리를 상실하였으므로 하나님께 그것들을 전적으로 박탈 당하는 것이 마땅하고 우리가 이를 사용할 때 유리에게 저주가 되어도 마땅하다는 것, 그것들 자체가 우리를 유지할 수 없고 우리가 그것들을 받을 공로도 없고 우리 자신의 근면으로 얻을 수도 없다.

다만 불법적으로 그것들을 욕망하고 취하며 사용하려는 경향이 있다는 것을 인정하면서 우리는 우리 자신들과 다른 사람들을 위하여 기도하기를 그들과 우리가 다 합법적인 방편들을 사용하는 데 매일 하나님의 섭리를 앙망하면서 거저 주시는 선물로 하나님 아버지로 보시기에 가장 좋게 그것들의 상당 부분을 누리며 그것들을 거룩하게 안락하게 사용하며 그것들로 만족을 누릴 때 그것들을 계속하여 우리에게 주시고 현세적 유지와 안락에 배치하는 모든 일에서 우리를 억제해주소서 라고 기도한다(마 6:2; 창 2:17; 롬 8:20-22; 신 28:15-68 등).

Q 193: What do we pray for in the fourth petition?

A 193: In the fourth petition(which is, Give us this day our daily bread,) acknowl-edging, that in Adam, and by our own sin, we have forfeited our right to all the outward blessings of this life, and deserve to be wholly deprived of them by God, and to have them cursed to us in the use of them; and that neither they of themselves are able to sustain us, nor we to merit, or by our own industry to procure them; but prone to desire, get, and use them unlawfully: we pray for ourselves and others, that both they and we, waiting upon the providence of God from day to day in the use of lawful means, may, of his free gift, and as to his fatherly wisdom shall seem best, enjoy a competent portion of them; and have the same continued and blessed unto us in our holy and comfortable use of them, and contentment in them; and be kept from all things that are contrary to our temporal support and comfort.

1. 주기도문의 일용할 양식은 단지 하루 세 끼니만이 아니다. 하루를 사는 데 필요한 것이라 할 수 있다. 사람은 누구나 생명과 자유와 행복을 추구할 권리를 가지고 있다. 그러나 생명과 자유에 대한 권리는 범죄행위에 대한 사법적 형벌을 통해 빼앗길 수 있다.

하나님과의 관계에서 인간의 권리는 죄로 말미암아 상실했다. 먼저는 아담의 죄 때문이고, 다음은 각 사람이 범한 죄 때문이다. 하나님은 그들에 대해 어떤 의무도 지고 있지 않다.

2. 만일 하나님께서 엄격한 공의로 인류를 대하셨다면 인간의 삶은 불가능했을 것이다. 햇빛과 비, 음식과 의복, 가정과 평안 등 모든 축복은 사라지고 건강은 질병으로, 생명은 죽음으로 변했을 것이다. 그리하여 범죄한 인간이 외면적 축복을 계속 누리는 것은 오직 하나님의 은혜와 긍휼 때문이다.

3. 하나님은 모든 사람에게 행복과 번영을 주셔야만 하는 의무가 없다. 죄로 타락한 인생에 대한 하나님의 공의는 진노와 저주와 형벌이다. 우리는 하나님께서 우리를 공의와 함께 은혜로 대하신다는 사실에 감사해야 한다.

4. 하나님의 특별하신 섭리가 없다면 음식은 굶주린 자에게 생명을 주

지 못하고 의약은 환자에게 건강을 주지 못한다. 우리는 순간순간 하나님의 섭리에 의존하고 있다는 사실을 잊고 우리에게 물질을 주시는 하나님을 의지하기보다 물질 자체를 더 의지한다. 이것은 우상 숭배의 한 형태가 되었고 그리스도인조차 종종 그러한 잘못을 범한다.

5. 우리가 우리 자신의 노력으로 살 수 있다고 생각하는 것은 타락한 인간의 헛된 망상이다. 우리가 우리 자신의 노력으로 필요한 것을 얻을 수 없는 이유는, 무엇보다도 우리의 노력이 언제나 하나님의 섭리에 달려 있기 때문이다. 우리의 호흡이나 심장 박동, 신경조직과 근육의 기능 및 사고력이나 의사결정 능력은 모두 하나님의 섭리에 절대적으로 의존한다.

6. 우리가 외면적 물질의 축복을 불법적으로 취하여 사용하는 것은 부패한 마음 때문이다. 그것은 날마다 삶 가운데 생각과 말과 행동으로 죄를 범하게 한다. 중생한 신자도 이 땅에서는 완전히 성화 될 수 없다. 우리는 마음에서 우러나오는 죄의 정욕이나 유혹과 날마다 싸워야 하고, 이에 대하여 주의하지 않으면 더 큰 죄에 빠지게 된다.

7. 우리는 하나님을 신뢰하는 동안 게으르거나 아무런 행동도 하지 않는 것이 아니라 모든 합법적 방법과 수단을 이용해야 한다. 아플 때는 하나님을 믿는 한편 최상의 의학적 조치를 이용해야 한다. 만일 우리가 풍성한 추수를 앙망한다면 땅을 경작하고 씨를 뿌리는 수고를 해야 한다.
우리는 하나님의 도덕법을 어기면서 사건을 수습하려 해서는 안 된다. 우리는 총명과 정직으로 이윤을 추구해야 하고, 부정직이나 거짓이나 속임수로 이윤을 추구해서는 안 된다.

8. 외면적 축복은 하나님의 선물이다. 사람은 스스로 그것을 얻을 수 없고 그럴 자격도 없다. 모든 것은 그리스도의 것이기에 우리에게 선물로

주신다. 하나님의 자녀들에게도 외면적 축복은 하나님의 선물이다.

9. 우리는 우리와 타인을 위해 재정적 번영과 같은 축복을 구할 수 있다. 그것은 정당하고 우리가 마땅히 그렇게 해야 한다. 하지만, 하나님의 뜻에 복종하는 자세로 구해야 한다. 우리는 물질적 번영이나 그와 유사한 축복을 위해 기도할 때, 그것을 하나님의 뜻에 따라 기도해야 한다.

10. 외면적 축복의 적절한 분량은 우리의 행복과 영적인 유익을 위해 필요한 만큼이다. 하나님께서 자기 백성을 모두 백만장자로 만들어야 하신다면 우리 모두에게 진정한 복이 되지 못한다. 한편으로는 끔찍한 가난도 우리에게 진정한 복이 되지 못한다. 대부분 하나님은 자기 백성에게 적절한 분량의 복을 주시고, 우리는 그것이 우리를 위한 최선의 것이라는 결론을 내릴 수 있다. 부에 대한 그리스도인의 이상은 검소하고 적절한 분량이어야 한다.

11. 우리가 하나님이 주신 것에 만족하는 것은 만일 우리가 만족하지 못한다면 하나님의 축복을 누리거나 감사할 수 없을 것이기 때문이다.

> 있는 바를 족한 줄로 알라(히 13:5).

> 어떠한 형편에든지 내가 자족하기를 배웠다(빌 4:11).

> 그러나 자족하는 마음이 있으면 경건이 큰 이익이 되느니라(딤전 6:6).

죄용서 간구

문 194: 다섯 번째 간구에서 우리는 무엇을 위해 기도하는가?

답 194: 다섯 번째 간구 "우리가 우리에게 죄지은 자를 사하여 준 것같이 우리 죄를 사하여 주옵시고"에서, 우리와 다른 모든 사람이 원죄와 본죄의 죄책을 지니어 하나님의 공의에 빚진 자가 되었다는 것, 우리나 다른 아무 피조물이라도 그 빚을 조금도 갚을 수 없다는 것을 인정하면서, 우리는 자신과 다른 사람을 위해 기도하기를 하나님께서 거저 주시는 은혜로 말미암아, 믿음에 의하여 이해되고 적용된 그리스도의 순종과 만족을 통해 우리를 죄의 형벌에서 방면하시고 그의 사랑하시는 자 안에서 우리를 받으시고, 그의 은총과 은혜를 우리에게 주시며, 우리의 매일 범하는 실수를 용서하시고, 사죄의 확신을 매일 더욱더 주심으로써 우리를 화평과 기쁨으로 채우소서 하는 것이니, 그것은 우리가 다른 사람의 죄를 마음속에서 용서한다는 증거가 우리에게 있을 때 우리가 담대히 구하게 되고, 기대할 용기가 생기기 때문이다(마 6:12; 롬 3:9-22; 마 18:24-25 등).

Q 194: What do we pray for in the fifth petition?

A 194: In the fifth petition(which is, Forgive us our debts, as we forgive our debtors,) acknowledging, that we and all others are guilty both of original and actual sin, and thereby become debtors to the justice of God; and that neither we, nor any other creature, can make the least satisfaction for that debt: we pray for ourselves and others, that God of his free grace would, through the obedience and satisfaction of Christ, apprehended and applied by faith, acquit us both from the guilt and punishment of sin, accept us in his Beloved; continue his favor

> and grace to us, pardon our daily failings, and fill us with peace and joy, in giving us daily more and more assurance of forgiveness; which we are the rather emboldened to ask, and encouraged to expect, when we have this testimony in ourselves, that we from the heart forgive others their offenses.

1. 주기도문에서 말하는 빚은(마 6:12) 죄를 의미한다(눅 11:4). 상업적인 빚이 아니라, 하나님의 법을 범한 대가로 하나님의 공의에 따른 형벌을 감당할 빚이다. 이것은 우리가 하나님의 공의에 빚졌다는 사실을 나타낸다.

2. 주기도문의 빚은 죄책과 관련된다. 죄책은 죄에 대한 책임이다. 성경에서 죄책은 죄의 가장 기본적인 특징이다. 죄는 죄책과 함께 오염과 더러움, 속박과 무능, 비참함과 불행을 가져온다. 죄는 죄책을 통해 죄인을 정죄하고 하나님의 심판과 형벌로 데려온다.

3. 오늘날 죄책에 대한 강조가 사라진 이유는 죄의 결과로 나타난 개인적, 사회적 고통과 재앙 등에 대해서만 강조하는 현상 때문이다. 최근 수십 년간 인간 중심의 종교는 이러한 개념을 회피하거나 교묘히 둘러대고 있다. 죄는 마땅히 처벌받아야 할 것이 아니라 불행과 재앙으로 간주된다. 그 결과 많은 사람은 스스로 의롭게 여기거나, 죄에 대한 심판과 정죄보다 긍휼과 위로를 받아야 한다고 생각한다.

4. 오늘날 많은 사람은 정신 의학적 사고의 영향으로 죄책에 대한 느낌 외에는 아무것도 없고, 그러한 골치 아픈 느낌만 벗어난다면 아무것도 두려워할 필요가 없다고 생각한다. 그러나 하나님 앞에서의 죄책은 정신 의학으로 무마될 수 없다. 죄책은 우리가 의식하든지 못하든지 언제나 남아 있다.

5. 모든 사람은 원죄와 자범죄에 대한 책임이 있다. 유아의 경우 원죄에 대한 책임이 있다. 많은 사람은 원죄에 대한 책임을 부정하지만, 성경에 의하면 모든 불의가 죄이고(요일 5:17), 죄의 삯은 사망이다(롬 6:23). 다윗은 자신이 죄 중에 출생하였다고 고백했다(시 51:5). 사실 다윗만 아니라 인류는 날 때부터 사망의 형벌을 지니고 태어났다.

6. 하나님 앞에서 죄책을 없애기 위해 우리가 할 방법은 없다. 우리가 아침부터 완전한 삶을 산다고 할지라도 그것은 우리의 의무일 뿐 지나간 죄를 무효로 할 수 없다. 우리는 도덕적으로 부패하여 전적으로 하나님의 공의에 대한 빚을 지고 있다. 우리 스스로는 결코 그 빚을 갚을 수 없다. 죄책은 예수 그리스도의 보혈이 아니고는 제거될 수 없다.

7. 하나님께서 거저 주시는 은혜는 하나님께서 그의 기쁘신 뜻대로 죄인에게 베푸시는 무조건적 사랑과 은총이다. 하나님의 은혜는 구원의 원천이다. 또한, 이것은 사죄의 기초다. 따라서 우리는 하나님 앞에 나아와 기도할 때 자신의 인격이나 선행이나 업적이나 자신의 믿음에 근거하지 아니하고 오직 하나님의 은혜에 근거하여 죄 용서를 구한다.

8. 하나님의 은혜는 그리스도의 속죄 사역이다. 예수 그리스도께서 성취하신 구속 사역은 오직 믿음으로 깨닫고 적용될 수 있다. 즉, 성령께서 죄인의 마음에 역사하셔서 예수 그리스도를 믿게 하신다. 그리하여 죄인은 성령님의 사역을 통해 그리스도께서 성취하신 사역을 깨닫고 이해하며 그것을 통해 유익을 얻고 자기 죄의 용서를 간구한다.

9. 우리가 날마다 죄 용서를 구해야 하는 이유는 칭의를 받은 자도 매일 생각과 말과 행동으로 죄를 범하기 때문이다. 잘못 때문에 의인의 지위가 상실되지는 않는다. 하지만, 그러한 것으로 하나님과의 교제가 방해

되고 약화된다. 그러므로 신자는 날마다 자기 죄를 자백하고 잘못에 대해 하나님의 용서를 간구한다.

10. 죄 사함은 사람의 의식에 평안과 기쁨을 주고 구원에 대한 확신을 증가시킨다. 이러한 평안과 기쁨과 구원의 확신은 성령님을 통해 마음속에 역사한다. 이러한 확신은 모든 사람에게 똑같이 주어지지 않고, 같은 사람에게도 언제나 같은 정도로 주어지지 않는다. 그러므로 우리는 이러한 축복을 더욱 풍성히 받을 수 있도록 기도해야 한다.

11. "우리가 우리에게 죄지은 자를 사하여 준 것같이"의 뜻은 우리가 하나님의 용서를 담대히 구하고 기대할 수 있다는 의미다. 다른 사람을 용서하려는 마음은 성령께서 우리의 마음에 은혜로 역사하시는 증거다. 이런 확신으로 우리는 하나님의 자녀로서 아버지의 용서를 기대하고 날마다 죄 용서를 위해 기도한다.

107
마귀 극복 간구

문 195: 여섯 번째 간구에서 우리는 무엇을 위해 기도하는 것인가?
답 195: 여섯 번째 간구 "우리를 시험에 들지 말게 하옵시고 다만 악에서 구하옵소서"는 다음과 같은 기도를 담고 있다.

- 가장 지혜로우시고, 의로우시며 은혜로우신 하나님께서 여러 가지 거룩하고 의로운 목적을 위해
- 우리로 하여금 공격을 받고, 좌절을 당하고, 한동안 유혹에 사로잡히도록 사탄과 세상과 육신은 우리를 올무에 빠뜨리려고 강력하게 준비하고
- 우리가 죄를 용서받은 후에도 우리의 부패함과 연약함, 깨어 있음의 부족으로 인해 유혹을 받고, 유혹에 노출될 뿐만 아니라
- 저항할 수도 없고, 저항할 의지도 없기에 그것들을 회복하고 개선하기 위해
- 우리가 하나님께서 세상과 그 안에 있는 모든 것을 다스리시고, 육신을 정복하고, 사탄을 제지하고, 모든 것을 질서 있게 하시고, 모든 은혜의 수단을 주시고 축복하시며, 우리를 살리시기를 기도해야 하고
- 우리와 그의 모든 백성이 그의 섭리로 죄의 유혹에 빠지지 않도록 보호하시기 위하여 그것을 사용하는데 주의를 기울여야 하고
- 유혹을 받을 경우, 그분의 성령으로 우리가 유혹의 시간에 강력하게 지원받고 설 수 있도록 그래서 넘어졌을 때 다시 일어나 그것으로부터 회복되어 그것을 거룩하게 사용하고 개선하여 우리의 성화와 구원이 완전해지고
- 사탄이 우리 발 아래 짓밟히고 우리가 죄와 유혹과 모든 악에서 영원히 완전히 해방될 수 있도록 기도하는 것이다(마 6:13; 대하 32:31; 대상 21:1;

눅 21:34 등).

Q 195: What do we pray for in the sixth petition?

A 195: In the sixth petition(which is, And lead us not into temptation, but deliver us from evil,) acknowledging, that the most wise, righteous, and gracious God, for divers holy and just ends, may so order things, that we may be assaulted, foiled, and for a time led captive by temptations; that Satan, the world, and the flesh, are ready powerfully to draw us aside, and ensnare us; and that we, even after the pardon of our sins, by reason of our corruption, weakness, and want of watchfulness, are not only subject to be tempted, and forward to expose ourselves unto temptations, but also of ourselves unable and unwilling to resist them, to recover out of them, and to improve them; and worthy to be left under the power of them: we pray, that God would so overrule the world and all in it, subdue the flesh, and restrain Satan, order all things, bestow and bless all means of grace, and quicken us to watchfulness in the use of them, that we and all his people may by his providence be kept from being tempted to sin; or, if tempted, that by his Spirit we may be powerfully supported and enabled to stand in the hour of temptation; or when fallen, raised again and recovered out of it, and have a sanctified use and improvement thereof: that our sanctification and salvation may be perfected, Satan trodden under our feet, and we fully freed from sin, temptation, and all evil, forever.

1. 성경은 악의 기원 문제에 대해 다음과 같이 몇 가지 진리를 제시한다.

첫째, 모든 피조물은 하나님 창조될 때 전적으로 선하였다. 따라서 악은 세상이 창조된 후에 시작되었다(벧후 2:4).

둘째, 타락한 천사의 우두머리인 사탄은 하와에게 죄를 범하도록 유혹하여 인류에게 악을 심었다(창 3:1-6).

셋째, 아담의 죄로 죄와 사망이 모든 인류에게 보편화하였다(롬 5:12).
넷째, 악의 기원과 책임은 전적으로 타락한 천사와 인류에게 있고 하나님께 있지 않다(요일 1:5).

2. 시험받을 때 하나님을 탓하는 것은 옳지 않다(약 1:13-14). 하나님은 누구를 시험하시지 않는다. 그러나 우리는 모든 것이 하나님의 섭리와 관계없이 발생한다는 무신론적 개념에 빠져서는 안 된다. 우리가 시험을 당할 때 나를 유혹하는 것은 하나님이 아니라, 사탄이나 나의 악한 마음이다.

3. 주기도문의 악은 사탄이다. 사탄은 타락한 천사의 우두머리다. 사탄은 대적자이고 반대자. 성경에서 사탄은 '공중의 권세 잡은 자' 또는 '불순종의 아들 가운데서 역사하는 영'(엡 2:2) 그리고 '온 천하를 꾀는 자'(계 12:9)라고 말한다. 사탄은 매우 간교하고 지능적이며 힘이 있지만, 하나님의 엄격한 통제를 받는다(욥 1:12; 2:6; 마 4:10-11).

4. 오늘날 사탄에 대해 보편적으로 생각하는 잘못은 실제적이거나 인격적 존재가 아니라, 단순히 세상과 사람의 마음에 있는 악한 영향력이라는 관념이다. 그러나 성경은 사탄과 악한 영의 실제성을 언급한다. 기독교는 인격적 하나님에 대한 믿음을 말하고 인격적 귀신의 존재도 인정한다. 예수님도 사탄의 실제적이며 인격적인 존재를 인정하셨다.

5. 사탄은 타락한 천사의 무리와 악한 영을 통해 활동하고 역사한다. 사탄은 유한한 존재이기에 무소 부재하지 않으나 귀신들의 도움으로 여러 곳에서 활동할 수 있다. 사탄은 하나님께서 허용하신 범위 내에서 자기의 여러 가지 목적을 이룬다.

6. 세상은 어떤 의미에서 사탄과 한패다. 세상의 과학이나 예술, 문학, 스포츠, 사교는 그 자체로는 정당하고 악하지 않지만, 그것에 집착하거나 하나님보다 더 사랑하면 사탄과 한패가 된다. 악한 교만과 정욕과 쾌락의 세계도 사탄과 한패다. 사탄이 어떤 사람에게는 독한 술이나 도박이나 나이트클럽에 빠지게 하고, 어떤 사람에게는 음악이나 미술과 같은 예술에 광신적으로 탐닉하게 하며, 어떤 사람에게는 과학을 절대시하여 하나님을 섬기지 못하게 한다.

7. 문항에서 육체는 육신이다. 육신은 인간의 몸이 아니라 악한 본성이다. 사탄은 그리스도인에게 남아 있는 악하고 부패한 본성에 호소하여 죄를 범하도록 유혹한다. 악한 본성인 육신이 신자들에게 타락한 삶에 빠지게 한다. 그리스도인의 위안은 자기의 성품이나 의지력으로부터 오는 것이 아니라, 오직 하나님의 무한하신 능력에 대한 깨달음으로부터 온다(롬 8:31).

8. 그리스도인은 종종 유혹과 맞서 처절하게 싸운다. 그리스도인은 거듭남을 통해서 하나님으로부터 새로운 영적 생명을 받았다. 이 새 생명은 이전의 악한 본성과는 상반된다. 그러므로 이 둘은 서로 대적할 수밖에 없기에 그리스도인의 마음은 전쟁터가 된다(갈 5:17).

9. 그리스도인이 시험에 들기 쉬운 이유는 악함과 연약함과 주의 부족 때문이다. 그리스도인에게 남아 있는 악한 본성인 육신은 중생한 후에도 계속 남아 있다. 그리스도인이 영적으로 연약한 것은 이 부패한 본성 때문이고, 그리스도인이 깨어 조심하기보다 부주의하기 쉬운 것도 이러한 본성 때문이다. 사탄은 이런 것을 교묘히 이용하여 우리를 유혹한다.

10. 유혹을 선용한다는 것은 우리가 유혹을 통해 교훈을 얻고 겸손해질

뿐 아니라 앞으로 더욱 주의하고 하나님께 마귀를 대적할 수 있는 더 큰 힘을 달라고 기도하게 되어 어떤 식으로든 유익을 얻는다는 의미다. 하나님의 자녀들에게 찾아오는 모든 유혹은 하나님의 지혜와 사랑 안에서 그의 선한 목적을 위해 허용된다.

11. 우리가 스스로 유혹에 맞서 저항하거나 그것을 극복하거나 선용할 수 없는 것은 우리에게 남아 있는 악과 부패한 본성 때문이다. 이 때문에 우리는 여전히 부분적으로 마음은 어둡고 선한 의지는 마비되어 있다. 그래서 우리는 구원의 모든 단계와 요소에 있어서 절대적으로 하나님의 은혜에 의존한다.

12. 우리는 유혹 앞에 무력하게 넘어질 수 있는 존재다. 그리스도인의 삶에서 모든 진보는 전적으로 은혜다. 하나님은 종종 악인을 죄의 상태에 버려두심으로 벌하시기도 한다. 그리스도인의 경우 그렇게 하시지 않는 이유는 그들이 성령님의 특별하고 능력 있는 사역을 마음에 받을 자격이 있어 그런 것이 아니라, 전적으로 하나님의 무한하신 사랑과 긍휼 때문이다.

13. 하나님께서는 사탄이나 악인의 행동까지 포함한 만사를 자신의 영광과 자기 백성의 궁극적 유익을 위해 주관하신다. 오직 하나님만이 모든 피조 세계를 주권적으로 다스리시고 만물을 그가 작정하신 목적대로 주관하신다. 우리가 하나님께서 자신의 영광과 우리의 영적 유익을 위해 세상 만물을 주관하시도록 기도하는 것은 결코 헛되거나 어리석은 일이 아니다.

14. 하나님은 그리스도인이 죽어서 온전히 거룩하게 되어 영광으로 들어가기까지는 육신을 전적으로 제거하지 않으신다. 그러나 하나님은 성

령님의 중생 및 성화 사역을 통해 육신의 활동을 제한하고 억제하신다. 육신이라는 부패성은 아직 완전히 꺼진 것은 아니지만 이미 진압된 불과 같다. 새로운 본성이 궁극적으로 우위를 점할 것이기 때문이다.

15. 하나님은 지혜로우신 계획에 따라 전능하신 능력으로 사탄을 제어하시기에 사탄은 복종할 수밖에 없다. 사탄은 유한하고, 피조물에 불과하기에 전적으로 하나님의 지배에 복종한다.

16. 하나님은 자기 백성이 유혹에 넘어가지 않도록 말씀과 성례와 기도라는 은혜의 방편을 사용하신다. 하나님의 백성은 복음을 전파하고 성례를 시행하는 유형 교회와 접하게 된다. 성령님은 이러한 은혜의 방편을 이용하고 바르게 사용할 마음을 주신다. 성령님은 전능하고 초자연적인 사역으로 은혜의 방편을 바로 사용하도록 도우신다.

17. 하나님께서 우리가 시험에 들거나 시험을 받을 때 넘어지지 않도록 항상 지키시지 않는 이유는 우리가 죄와 맞서 처절하게 싸우지 않고 너무 교만하거나 자만심을 갖지 않도록 하기 위함이다. 하나님은 자기 자녀의 겸손을 위해 시험을 허락하시고 때로는 시험에 넘어가게도 하신다.

18. 성경에서 시험을 이겨내고 극복한 사람은 요셉(창 39:9), 미가야(대하 18:12-13), 다니엘(단 6:10) 등을 들 수 있고, 시험에 넘어졌으나 나중에 하나님의 은혜로 회복한 사람은 다윗(삼하 12:13), 요나(욘 2:1-10), 베드로(막 14:66-72) 등을 들 수 있다.

19. 그리스도인이 시험에 넘어가 죄에 빠지면 영적 기쁨과 평안을 상실하고 괴롭고 불편한 마음을 갖게 된다. 또 한동안 구원의 확신도 약해지거나 사라지게 된다. 또한, 은혜의 방편들을 사용할 때 매우 형식적이

고 태만하게 된다. 이러한 상태로부터 회복되기 위해서는 죄를 고백하고 진심으로 회개하며 하나님의 얼굴빛을 회복시켜 달라고 기도하는 것이다(히 4:16).

20. 우리는 그리스도인의 삶을 통해 이상적인 완전을 향한 점진적인 진보를 경험해야 한다. 시험을 당할 때 유혹에 저항하고 그것을 성화의 목적으로 선용하는 것은 확실히 우리의 영적 삶의 질을 더욱 높이고 거룩한 삶으로 인도한다. 비록 이 땅에서 그것을 완전히 이룩하지 못할지라도 우리는 끊임없이 목표를 향해 전진해야 한다.

21. 사탄이 발아래서 상한다. 로마서 16:20은 하나님의 은혜로 성도들에게 주신 특별하고 중요한 승리를 언급한다. 사탄은 완전히 패배하고 그의 악한 의도는 좌절된다. 사도행전 16장은 사탄이 어떻게 이전에 자신의 독무대였던 빌립보 성도들의 발아래서 상하는지를 잘 보여 준다.

22. 우리가 죄와 유혹과 마귀로부터 영원히 벗어나도록 기도해야 하는 이유는 하나님께서 언약을 지키시는 분이시고, 그리스도 안에서 시작하신 선한 일을 완성하시기 때문이다(빌 1:6).

마귀 극복 간구는 주기도문의 마지막 간구다. 그만큼 마귀 극복은 큰 과업이다. 그러나 우리가 걱정할 것이 없는 것은 예수 그리스도께서 마귀의 머리를 상하게 하셨기 때문에 우리가 그의 사역을 믿기만 하면 우리는 마귀를 극복한다.

108
주기도문의 결론

문 196: 주기도문의 결론은 우리에게 무엇을 가르치는가?

답 196: 주기도문의 결론 "대개 나라와 권세와 영광이 영원히 주께 있사옵나이다. 아멘"은 우리에게 가르치기를 우리는 우리의 진정을 강화하되 우리의 자선이나 어떤 다른 피조물 안에 있는 무슨 가치로부터 취해지지 않고 오직 하나님께로부터 취해진 변론으로 하며, 오로지 하나님께만 영원한 주권, 전능, 영화로운 우월성을 돌리는 찬송과 연합하는 기도로 할 것이니, 그것에 관하여 하나님께서 우리를 도우실 수 있고, 또 도우시고자 하는 만큼 우리의 요청을 이루어 주실 것을 믿음으로 담대히 변소하며 고요히 신뢰하는 것이다. 그뿐 아니라 이것이 우리의 소원이며 확신임을 증언하기 위해 우리는 아멘 한다(마 6:13; 롬 15:30; 단 9:4-19 등).

Q 196: What doth the conclusion of the Lord's prayer teach us?

A 196: The conclusion of the Lord's Prayer(which is, For thine is the kingdom, and the power, and the glory, forever. Amen.), teaches us to enforce our petitions with arguments, which are to be taken, not from any worthiness in ourselves, or in any other creature, but from God; and with our prayers to join praises, ascribing to God alone eternal sovereignty, omnipotency, and glorious excellency; in regard whereof, as he is able and willing to help us, so we by faith are emboldened to plead with him that he would, and quietly to rely upon him, that he will fulfil our requests. And, to testify this our desire and assurance, we say, Amen.

1. 주기도문의 결론이 원래 성경의 한 부분이었는지에 대한 의문이 제기될 수 있다. 주기도문의 결론이 마태복음 6:9-13에는 있지만, 누가복음 11:2-4에 없기 때문이다. 마태복음에도 유력한 사본에는 빠져 있다. 하지만 주기도문의 결론에 나타난 사상은 참되고 성경적이다. 결론의 모든 내용은 성경 다른 곳에서 찾을 수 있는 가르침이다.

2. 우리는 기도할 때 강력한 주장을 할 수 있다. 모세와 다윗과 다니엘 등이 그러했다. 우리의 주장은 자신이나 우리의 성품, 열심, 믿음, 선행, 선한 의도 또는 우리나 다른 피조물에서 나오는 것이 아닌 오직 하나님과 그의 사랑과 긍휼, 그의 언약과 약속, 과거 그의 백성을 위해 행하신 전능하신 일 및 이 땅에서 그의 이름을 영화롭게 하기 위한 것에서 나와야 한다.

3. 찬양은 기도의 핵심 요소다. 그래서 우리가 하나님께 영광을 돌리는 찬양과 함께 기도함이 마땅하다. 인간에게 하나님을 찬양하는 것보다 더 숭고하고 귀한 목적은 없다. 어거스틴은 『참회록』 서두에서 "우리는 당신의 영광을 위해 창조되었으며, 우리의 마음은 오직 당신에게서만 평안을 누릴 수 있사오니, 당신을 찬양하는 기쁨을 깨우쳐 주소서"라고 말했다.

4. 우리는 하나님께서 우리의 기도를 들으시고 응답하시리라는 바람과 확신으로 주기도문을 마친다. 하나님은 우리를 도우시는 분이시고 영원한 주권(나라)과 전능하심(권세)과 영화로우신 존귀(영광) 가운데 거하시기 때문에, 우리의 기도를 이루어 주실 것을 잠잠히 기다릴 수 있다.

5. 하나님의 나라는 예수 그리스도의 나라이다. 예수 그리스도의 구속 사역이 아니면 아무도 그 나라에 들어가지 못하기 때문이다. 하나님의 권세는 또한 예수 그리스도의 권세다. 하나님 보좌 우편에 앉으신 그리스

도의 권세가 곧 하나님의 권세이기 때문이다. 보좌 우편의 첫 통치가 성령 파송이었다. 하나님의 영광은 또한 예수 그리스도의 영광이다. 창조물로부터의 영광은 그리스도에 의한 창조이고 그리스도인의 믿음과 행위에 따른 영광은 예수 그리스도에 의해 가능했고 가능하고 가능할 것이기 때문이다.

6. "아멘"이라는 말은 '확실한, 신실한, 진실한'이라는 히브리어로부터 왔다. 헬라어 신약성경에는 이 단어가 150회 등장한다. 흠정역(KJV)에서 50회는 '아멘'으로, 100회는 '진실로'라고 번역되었다. 복음서에 기록된 예수님의 말씀에는 '진실로'나 '진실로 진실로'라는 표현이 자주 등장한다. 이 표현에 사용된 단어는 모두 '아멘'이다. 기도 끝에 '아멘'은 편지 끝의 서명과 같다. 동시에 '아멘'은 우리의 기도가 적절하고 합당하며 엄숙히 끝났음과 공손한 태도를 나타낸다.

『웨스트민스터 대요리문답 강해』를 마치며

　어느덧 『웨스트민스터 대요리문답 강해』를 마치게 되었다. 이것은 하나님의 은혜요 주 예수 그리스도의 은총이다. 처음 시작할 때는 거의 완벽하게 잘 강해하려 했으나 "구관이 명관이다"라는 말도 있듯이 요하네스 보스의 『웨스트민스터 대요리문답 강해』는 참으로 탁월했다. 그래서 보스의 견해를 많이 반영하였다.

　그동안 대요리문답을 강해하면서 저자도 성경의 전반적인 가르침에 대해 많이 배웠다. 성경의 가르침을 전체적으로 개괄한다는 것은 전문적 안목과 지식 없이는 어려운 일인데 나 같은 둔재가 이렇게라도 마무리했다는 것은 가슴 뿌듯한 일이다. 왜냐하면, 웨스트민스터 대요리문답이 성경 전체의 가르침을 역사상 가장 탁월하게 정리한 것으로 보이기 때문이다.

　성경의 내용이 얼마나 풍부하고 얼마나 광대하고 얼마나 심오하며 얼마나 우리 인류에 유익한가!

　성경의 내용은 다양하고 풍성하고 심오하면서도 죄로 타락한 인류에게 엄청난 복음이다. 하나님의 스케일은 우주보다 커서 가늠할 수가 없고 그의 백성에 대한 사랑도 말로 다 형용할 수 없다. 창세기부터 요한계시록에 이르기까지 성경의 페이지마다 나타난 주 예수 그리스도를 통한 하나님 사랑의 표현은 측량 다 못할 복음이다.

　이 강해의 특징 하나를 꼽는다면 복음을 드러내려 했다는 점이다. 이미 제시한 대로 성경의 복음을 요약한다면 예수 그리스도의 성육신 인격과 구속 사역이다. 대요리문답은 성경을 크게 믿어야 할 것과 행해야 할 것으로 나누었다. 이에 따라 이 강해는 믿음과 행위에 대한 성경의 가르침이 왜 복음인지를 밝혔다. 믿어야 할 것은 성경, 하나님, 인간, 예수 그리스도, 구원, 교회 그리고 종말로서 복음의 구체적인 주제다. 이것은 사도신경으로 요약되어서 교회마다 주일예배에서 공식적으로 고백한다. 행해야 할 것은 십계명과 주기도문이다.

십계명은 하나님 사랑과 이웃 사랑으로 요약되는 하나님 백성의 삶의 지침이다. 하나님의 백성이 된 것은 예수 그리스도의 은총이다. 그러나 아무도 그렇게 살지 못한다. 그래서 주기도문의 기도로 죄 용서를 받는다. 죄 용서도 예수 그리스도의 은혜다. 이렇게 성경은 복음의 웅대한 파노라마다.

성경을 정리한 대요리문답에서 행해야 할 것에 대한 문답(문 91-196)이 믿어야 할 것에 대한 문답(문 1-90)보다 많다. 성경과 대요리문답은 믿음에 따른 행위를 그만큼 강조한다. 이는 교리보다 삶이라고 강조할 수 있는 계기일 수 있다.

그러나 누가 행위에서 완전할 수 있는가?

믿음은 무시하고 행위만 강조하는 것은 성경의 가르침이 아니다. 행해야 할 것에 대한 문답도 성경의 가르침이고 교리다. 교리가 성경의 가르침이란 측면에서 그렇다.

저자는 행위 언약과 창세기 2:17에 대해 요하네스 보스와 다르게 해설했다. 성경에 대해서는 신이호고(信而好古, 옛 것을 믿고 좋아함)지만, 성경의 해석에 대해서는 술이부작(述而不作, 서술하고 지어내지 않음)을 넘어설 수 있다고 본다. 행위 언약은 창세기 2:17에 근거했다고 할 수 있다. 창세기 2:17은 아무리 보아도 선악과(善惡果) 계명을 잘 지키면 생명을 주겠다는 의미가 없다. 생명은 하나님께서 이미 아담에게 주셨다. 아담은 범죄를 했어도 930년을 살았다.

따라서 생명을 줄 것이라는 의미는 없다고 할 것이다. 조건 이행으로 생명을 줄 것이라는 해설은 본문과 성경 전체에 없는 사변이고 청교도이지만 회중 교회의 견해로서 웨스트민스터 총회원의 구성상 피치 못할 일이었을 것이다. 그러나 선악과를 먹지 말라는 명령을 어기면 죽으리라는 경고는 분명하다.

매주 109번이나 이 강해 시리즈를 연재한 「리폼드뉴스」 대표 소재열 목사에게 감사한다. 현대 자유주의 신학이 창궐하는 추세에 교회사와 법학을 전공한 그가 칼빈주의 개혁신학을 방어하고 변증하는 일에 열심을 내는 것은 매우 고무적인 일이다.

후기: 어머님 장례를 마치고

　이 책의 출판 작업 중 어머님 조점례 권사께서 92세를 일기로 전주 요양병원에서 소천하셨다(2024. 10. 11). 주일을 피하여 나흘 장례를 정말 은혜롭게 마쳤다. 환절기라 많은 노약자가 세상을 떠나서 장례식장 잡기가 어려웠고 승화원도 전라북도에는 자리가 없어서 목포까지 운구하였다.
　어머님은 한 많은 일제 시대가 한참 진행 중인 1933년에 김제 월촌에서 태어나시고 꽃다운 23세에 아버님(정종엽 장로, 1929-2008)과 중매 혼인하셨다. 그 당시 어머님은 외할머니를 따라 기독교 신앙생활을 하셨고 아버님은 증조 할아버지까지 3대(정영필, 정태수, 정병민)가 계속 벼슬을 한 유교 양반의 전통을 따르셨다.
　어머님은 혼인 후 3년 동안 대문을 나가지 못하실 정도로 엄격한 시댁에서 신혼을 보내셨다. 그러나 당시로서는 개화되신 할아버지(정익성)의 허락으로 (할아버지께서는 그 시골에서 서울 '중동중학교'를 다니시고 염산면에 염산초등학교를 세우셨다) 어머님은 혼인 3년 만에야 교회에 가실 수 있었다. 그 교회는 6.25 직후 월북하지 못한 인민군에 의해 전교인 60여 명이 순교한 영광 야월교회였다. 나는 초등학교 6년 동안 그 교회에 출석했다. 당시 야월교회당은 초가집 마루 예배당에 강대상 뒤 담임 교역자 사택 방 한 칸과 부엌 한 칸으로 구성되어 있었다.
　교회 제직은 서리집사 5명 정도였고, 어머님이 그중 한 분이셨다. 염산면 야월리는 해변에 위치하여 더 이상 갈 곳 없는 농어촌이었다. 그 농어촌에서 어머님은 젊은 날 뙤약볕을 온몸으로 받으며 온종일 밭에서 풀 뽑는 일을 하셨다.

이러한 야월리 생활 중 어머님은 나를 비롯하여 3남 2녀를 낳으셨고 신앙으로 키우셨다. 아버님은 김제로 이사하여 신발 가게를 하면서 신앙생활을 하셨고 장로도 되셨다. 그래서 우리 집안 모두 신앙생활을 하였고 야월리의 큰 어머님과 사촌 형님들과 동생들도 예수님을 믿는 신앙생활을 하게 되었다.

어머님은 김제에서 기도를 많이 하셨다. 주일, 수요일, 금요일 저녁에는 거의 교회당에서 철야 기도하셨다. 자녀들에게 무슨 일이 있으면 주일, 수요일, 금요일 외에도 교회에서 철야 기도하셨다. 그러니 어머님의 가장 중요한 기도 제목에서 자녀들을 위한 기도가 빠지지 않았을 것이 분명하다. 자녀들을 위한 어머님의 기도는 세상 어느 누구의 기도보다 간절하고 진심이었을 것을 생각하니 너무도 감사하고 황공한 하나님의 은총이다.

아버님은 16년 전에 소천하셨고, 이번 어머님 소천 무렵 증손까지 27명의 자녀를 얻으셨다. 아직 태중에 있는 쌍둥이 증손을 포함하면 모두 29명이다. 이 모든 것이 하나님의 은혜이다. 장례 중 영정 사진 아래 국무총리가 보내온 조화와 장관 2명의 조기를 비롯하여 도지사, 도교육감, 시장 등 많은 조기와 조화를 볼 때 어머님의 장례는 참으로 복되고 영광스러웠다.

우리 자녀들이 이만큼 성장하기까지 어머님은 얼마나 많이 애간장을 태우며 눈물의 기도를 하셨을까!

그 덕분에 나는 총신대학교에서 신학으로 학부와 석박사를 마쳤고 두 남동생(웅철, 복철)은 법학과를, 두 여동생(영희, 경희)은 국립사범대학을 졸업했다.

어머님은 젊은 시절 키도 크고 보름달처럼 예쁘셨는데 인생 말년 가시고기 같은 육신의 모습에 우리 자녀들은 한없이 목 놓아 울고 싶었지만, 눈물을 삼킬 수 밖에 없었다. 그러다 보니 장례식 중 그 흔한 울음이 별로 없었다. 어머님께서 한참 젊으셨을 때 온종일 밭에서 풀을 매시던 야월리 가음산 자락의 쇠진 머리 밭이 보이는 입동 선산에 그 유골이 안장되었다.

나는 이런 어머님 앞에 한없이 부끄러울 뿐이다. 다만 나는 비록 여러 가지로 부족해도 그 부족한 대로 이 책의 출판을 포함하여 어떤 형태이든 주 예수 그리스도의 복음을 조금이라도 더 전하게 된다면 삼위일체 하나님과 어머님 앞에 감사할 일이고 나의 존재 목적을 조금이나마 이루는 일일 것이다.

문득 초등학교 때 배운 노래가 생각난다.

> 높고 높은 하늘이라 말들 하지만 나는 나는 높은 게 또 하나 있지
> 낳으시고 기르시는 어머님 은혜 푸른 하늘 그보다도 높은 것 같아
> 넓고 넓은 바다라고 말들 하지만 나는 나는 넓은 게 또 하나 있지
> 사람 되라 이르시는 어머님 은혜 푸른 바다 그보다도 넓은 것 같아

〈어머님 은혜〉 中

색인

인명별 색인

ㄱ

괴테 48
김길성 39
김의원 102, 144
김의환 16

ㄴ

나지안주스의 그레고리 51, 61
닛사의 그레고리 51

ㄷ

대 바실 51

ㄹ

리츨 99

ㅁ

메이첸 155

ㅂ

바울 43, 60, 78, 91, 94, 99, 100, 157, 207, 236, 279, 328, 340, 419, 427, 447, 475, 482, 522, 538
박윤선 73, 76
박형룡 39, 64, 65, 264

베드로 73, 100, 140, 181, 402, 427, 462, 557
불트만 26, 53
빅토르 위고 108

ㅅ

서철원 39, 40, 63, 73, 103
석가모니 48
소시너스 120
소크라테스 38
슐라이어마허 1, 75, 79, 99, 120
스피노자 48

ㅇ

아리스토텔리스 38
아인슈타인 48
안셀무스 22, 38, 155
어거스틴 21, 52, 77, 81, 119, 164, 514, 560
에머슨 48
우르시누스 34
유동식 13
이상근 73, 76

ㅈ

정현경 13

ㅋ

칼 마르크스 25, 83
칼 바르트 1, 26, 100

ㅌ

토마스 아퀴나스 22, 38
팀 켈러 61

ㅍ

팔머 로벗슨 102, 144
펠라기우스 119, 120, 123
플라톤 38, 77

ㅎ

헤겔 48

주제별 색인

ㄱ

가톨릭 22, 28, 41, 48, 149, 174, 181, 230, 232, 233, 241, 277, 329, 333, 336, 349, 428, 429, 441, 462, 469, 475, 480, 485, 486, 504, 517
갑바도기아 51
개신교 22, 46, 181, 237, 329, 336, 517
개혁교회 14, 293, 464, 486
거짓 교사 91
경계표 404, 406
경륜 59, 63, 64, 70, 71, 74, 326, 455, 456
고등교육 33
공산주의 83, 401, 402, 421, 423
교리 1, 2, 3, 14, 28, 29, 35, 50, 51, 52, 53, 62, 100, 119, 129, 130, 131, 150, 151, 155, 168, 191, 199, 213, 232, 236, 237, 244, 259, 277, 280, 282, 293, 347, 350, 383, 410, 415, 426, 453, 454, 461, 462, 477, 481, 485, 486, 492, 539, 563
교의신학 39, 63
교회교의학 100
교회사 2, 27, 452, 564
구속 사역 15, 21, 33, 50, 67, 68, 69, 75, 78, 84, 89, 90, 115, 140, 145, 164, 171, 184, 188, 190, 191, 195, 201, 203, 205, 206, 241, 258, 259, 280, 282, 283, 317, 320, 350, 356, 357, 369, 372, 439, 468, 471, 501, 508, 516, 528, 537, 538, 550, 560, 563
구약 13, 24, 26, 27, 28, 45, 46, 50, 52, 59, 101, 137, 139, 141, 142, 143, 144, 145, 146, 147, 163, 165, 166, 173, 181, 218, 236, 318, 331, 342, 343, 356, 357, 371, 394, 406, 475, 507, 508, 525
구원 2, 15, 16, 17, 22, 23, 24, 27, 30, 32, 36, 39, 47, 50, 52, 56, 60, 62, 63, 64, 67, 68, 69, 71, 74, 75, 89, 90, 99, 106, 107, 114, 115, 116, 120, 122, 123, 124, 126, 127, 129, 131, 132, 133, 134, 135, 137, 138, 139, 140, 141, 142, 143, 144, 145, 146, 147, 156, 157,

158, 160, 161, 162, 164, 165, 168, 169, 170, 171, 172, 175, 187, 191, 197, 200, 201, 202, 203, 204, 205, 206, 207, 208, 209, 210, 211, 213, 215, 216, 217, 218, 221, 222, 224, 225, 226, 228, 231, 232, 233, 235, 236, 237, 238, 239, 240, 241, 242, 243, 244, 245, 246, 247, 249, 250, 251, 252, 253, 254, 255, 256, 257, 258, 259, 260, 261, 262, 263, 264, 266, 273, 277, 282, 285, 286, 293, 298, 300, 302, 303, 304, 305, 306, 317, 318, 319, 320, 323, 328, 329, 349, 350, 351, 371, 372, 388, 416, 425, 428, 432, 438, 439, 440, 441, 442, 443, 444, 446, 448, 453, 454, 457, 461, 462, 466, 472, 478, 489, 490, 491, 492, 498, 499, 501, 503, 508, 509, 511, 514, 516, 517, 519, 522, 525, 538, 539, 550, 551, 552, 556, 557, 563

귀신 40, 46, 73, 75, 79, 277, 538, 554
그리스도의 중보 193, 195, 201, 231, 258, 441, 465, 502, 508, 509, 511, 512
근대신학 75, 79, 99
기도 2, 15, 16, 19, 26, 34, 36, 40, 48, 51, 53, 56, 59, 64, 66, 67, 68, 85, 86, 89, 102, 110, 117, 123, 131, 149, 163, 174, 191, 193, 195, 196, 201, 204, 213, 226, 227, 255, 258, 262, 264, 277, 281, 282, 286, 291, 299, 307, 313, 325, 333, 334, 344, 345, 360, 369, 377, 378, 380, 381, 382, 429, 430, 439, 440, 441, 442, 445, 446, 448, 450, 457, 459, 482, 484, 487, 501, 502, 503, 504, 505, 506, 507, 508, 509, 510, 511, 512, 513, 514, 515, 516, 517, 518, 519, 520, 521, 522, 523, 524, 525, 526, 527, 529, 530, 531, 532, 533, 535, 536, 537, 538, 539, 540, 541, 542, 543, 544, 545, 547, 548, 549, 550, 551, 552, 554, 556, 557, 558, 559, 560, 561, 563, 566
기독교 2, 6, 13, 15, 22, 29, 35, 36, 50, 51, 53, 75, 77, 79, 99, 100, 116, 151, 160, 168, 198, 199, 210, 213, 216, 217, 236, 253, 315, 334, 335, 341, 349, 350, 355, 357, 362, 394, 399, 402, 417, 421, 422, 445, 448, 461, 477, 478, 481, 482, 501, 509, 512, 554, 565
기독교 강요 22
기독교 신앙 2, 79, 99, 198, 402, 417, 512, 565

ㄴ

뉴에이지 48
니케아 신조 15, 16, 51, 58

ㄷ

다신론 47, 48, 49
대 바실 51
대속물 157, 201, 202
대표자 94, 95, 102, 113, 118, 167, 168, 175, 178, 184, 187, 473
데오스 59
도교 48, 566

도덕법 23, 232, 248, 295, 297, 298, 299, 300, 301, 302, 303, 304, 305, 306, 307, 308, 309, 313, 314, 336, 352, 355, 401, 427, 436, 502, 546
독일 83, 107, 125, 216
동일본질 15, 51, 52, 58

ㄹ

러시아 43, 83, 102
레미제라블 108
루터교회 15, 20
리츨 99

ㅁ

마귀 32, 46, 73, 78, 79, 89, 97, 123, 157, 181, 184, 194, 198, 218, 254, 261, 272, 284, 325, 329, 409, 410, 503, 505, 531, 537, 541, 552, 556, 558
마술사 385, 462
마지막 날 143, 183, 185, 196, 268, 272, 274, 276, 278, 279, 309, 444, 499
만신 40, 46
만인구원론 129, 209, 285, 286
메소포타미아 48
모놀로기온 38
목회 3, 4, 217, 445, 451, 452, 453, 454, 455, 456, 457, 459, 460, 463, 515, 539
목회 사역 451, 452, 453, 463, 539
목회자 3, 4, 217, 445, 451, 452, 453, 454, 455, 456, 457, 459, 460, 463, 515
몰몬교 43, 82
무교 13
무로부터의 창조 73
무류 15, 28
무속신앙 13, 21, 41, 48
무오 15, 27, 28, 260, 382, 459
무종교 22
무형적 교회 169, 170, 492
문화 25, 28, 82, 139, 346, 538
물활론 49
미스테리온 465
믿음 1, 2, 4, 15, 16, 19, 20, 21, 24, 27, 29, 35, 36, 69, 117, 128, 138, 139, 140, 143, 146, 154, 161, 195, 203, 209, 210, 212, 213, 218, 228, 231, 232, 233, 235, 237, 238, 239, 240, 241, 242, 257, 260, 262, 263, 293, 328, 329, 339, 345, 349, 353, 383, 392, 394,

410, 417, 419, 432, 438, 439, 441, 442, 443, 447, 457, 459, 460, 463, 465, 467, 468, 472, 473, 474, 475, 476, 481, 483, 484, 486, 487, 488, 489, 490, 491, 492, 493, 494, 497, 500, 505, 508, 509, 512, 517, 520, 522, 526, 527, 528, 538, 548, 550, 554, 559, 560, 561, 563

ㅂ

범신론 38, 48, 49, 294
범신론자 38, 48, 294
보수주의 16
복음 2, 13, 14, 15, 16, 21, 25, 27, 29, 36, 39, 46, 47, 52, 53, 55, 56, 60, 61, 63, 65, 68, 85, 100, 115, 116, 125, 129, 135, 139, 146, 147, 154, 155, 156, 160, 161, 163, 165, 166, 169, 170, 171, 174, 178, 179, 181, 184, 186, 187, 188, 189, 191, 193, 196, 197, 203, 204, 205, 206, 207, 208, 209, 212, 215, 217, 223, 224, 225, 226, 227, 228, 237, 238, 239, 243, 250, 251, 256, 257, 280, 281, 282, 285, 350, 351, 362, 369, 416, 418, 429, 443, 445, 448, 452, 453, 454, 455, 456, 457, 458, 482, 484, 498, 499, 516, 517, 525, 531, 536, 538, 539, 542, 557, 560, 561, 562, 563, 567
북유럽 48
불교 22, 41, 48, 99

ㅅ

사도신경 15, 16, 36, 117, 181, 242, 563
사도행전 160, 183, 188, 213, 235, 236, 402, 443, 558
사유 재산권 401, 402, 423
사크라멘툼 465
사탄 27, 46, 85, 89, 97, 98, 105, 112, 121, 122, 123, 131, 162, 171, 175, 176, 184, 188, 194, 202, 269, 277, 288, 319, 350, 368, 369, 410, 411, 433, 435, 449, 536, 537, 538, 543, 552, 553, 554, 555, 556, 557, 558, 574
삶 20, 21, 32, 35, 60, 83, 85, 99, 108, 115, 122, 129, 135, 140, 170, 176, 194, 206, 216, 220, 228, 236, 250, 252, 255, 259, 261, 262, 271, 307, 313, 314, 322, 324, 330, 331, 333, 334, 345, 356, 373, 390, 397, 399, 403, 410, 421, 422, 425, 426, 439, 441, 460, 461, 466, 478, 492, 500, 503, 508, 534, 535, 538, 545, 546, 550, 555, 556, 558, 563
삼위일체 15, 36, 39, 40, 47, 50, 51, 52, 53, 54, 56, 57, 58, 60, 61, 63, 100, 140, 149, 153, 160, 164, 173, 293, 297, 340, 522, 567
삼위일체론 60, 164
새 언약 95, 104, 134, 135, 144, 145, 464, 480
새 창조 75, 356
생명 15, 27, 29, 41, 47, 68, 92, 93, 94, 95, 100, 103, 107, 115, 118, 122, 130, 133, 138, 157,

177, 183, 201, 219, 228, 245, 247, 249, 250, 260, 271, 272, 280, 281, 282, 289, 295, 297, 298, 300, 372, 387, 388, 389, 390, 392, 393, 395, 399, 401, 444, 447, 449, 452, 454, 471, 484, 500, 503, 545, 555, 563, 564

서방교회 52
선교사 40, 217, 446, 453
선악과 계명 74, 82, 93, 95, 97, 98, 102, 103, 110, 271
선지자 19, 111, 143, 162, 163, 164, 165, 166, 167, 168, 169, 189, 286, 331, 342, 371, 385, 466
선택 64, 66, 67, 68, 69, 70, 81, 97, 98, 125, 133, 134, 137, 159, 222, 223, 225, 226, 227, 228, 229, 246, 286, 294, 304
설교자 453, 455, 458, 459, 460
섭리 59, 62, 64, 70, 71, 84, 85, 86, 87, 88, 92, 93, 170, 208, 216, 263, 268, 347, 349, 378, 379, 421, 423, 442, 466, 533, 535, 541, 542, 544, 545, 546, 552, 554
성공회 28, 174
성령 15, 22, 24, 28, 31, 32, 33, 39, 50, 51, 52, 53, 54, 55, 56, 58, 59, 60, 68, 69, 89, 102, 115, 118, 125, 131, 138, 139, 140, 143, 150, 152, 153, 154, 156, 160, 162, 163, 164, 165, 166, 170, 171, 172, 174, 190, 191, 201, 202, 203, 204, 205, 206, 222, 223, 224, 225, 226, 227, 228, 235, 236, 239, 242, 244, 245, 247, 249, 250, 255, 258, 259, 260, 261, 262, 263, 264, 267, 268, 280, 287, 304, 327, 328, 351, 371, 410, 411, 422, 426, 427, 430, 432, 433, 440, 441, 442, 443, 444, 447, 448, 450, 453, 455, 459, 460, 462, 463, 467, 468, 470, 471, 477, 478, 488, 494, 500, 501, 502, 505, 513, 514, 517, 531, 534, 537, 538, 539, 540, 541, 542, 543, 550, 551, 552, 556, 557, 561
성령 강림 140, 164, 190, 258
성령 훼방론자 51
성례 144, 264, 286, 333, 334, 344, 345, 369, 439, 440, 441, 462, 463, 464, 465, 466, 467, 468, 469, 470, 476, 477, 480, 482, 483, 484, 485, 486, 487, 489, 490, 491, 493, 494, 495, 496, 497, 498, 499, 500, 539, 540, 557
성부 15, 39, 50, 51, 52, 53, 54, 55, 56, 58, 59, 60, 68, 69, 89, 90, 149, 150, 152, 160, 164, 171, 173, 182, 187, 188, 189, 190, 193, 228, 234, 242, 247, 258, 327, 467, 470, 501, 511
성상 28, 43, 48, 123, 155, 195, 226, 227, 301, 302, 460, 541, 564
성육신 21, 47, 61, 89, 90, 95, 100, 115, 120, 137, 149, 151, 155, 167, 174, 282, 507, 563
성자 15, 39, 48, 50, 52, 53, 54, 55, 56, 58, 59, 60, 61, 65, 68, 69, 86, 87, 89, 90, 98, 134, 137, 150, 151, 152, 160, 164, 173, 188, 242, 247, 282, 287, 327, 442, 467, 470, 501
성찬 참여자 494, 495, 497
성화 15, 16, 28, 43, 48, 111, 202, 222, 230, 231, 236, 243, 245, 246, 247, 248, 249, 252, 253, 254, 256, 264, 411, 478, 534, 538, 546, 552, 557, 558
성화 숭배 28
세계교회협의회 41

세례 60, 132, 144, 145, 212, 213, 217, 250, 251, 334, 341, 394, 441, 444, 462, 463, 464, 465, 466, 467, 469, 470, 471, 472, 473, 474, 475, 476, 477, 478, 479, 487, 495, 496, 498, 499, 500

속죄 사역 45, 126, 168, 187, 232, 239, 241, 251, 277, 288, 472, 550

스코틀랜드 교회 34

스토아학파 48

승천 164, 166, 171, 182, 186, 187, 188, 189, 287, 288

신사도 운동 26

신성 15, 23, 38, 46, 50, 51, 54, 150, 151, 152, 153, 154, 156, 159, 160, 164, 173, 183, 325, 328, 338, 340, 346, 347, 349, 353, 393, 401, 409, 410, 429, 459, 535

신성모독 46, 328, 353

신앙 1, 2, 3, 13, 14, 15, 16, 19, 20, 21, 26, 27, 28, 29, 36, 41, 47, 48, 50, 75, 79, 83, 99, 133, 160, 198, 199, 210, 211, 212, 213, 222, 227, 233, 239, 240, 262, 263, 264, 279, 306, 310, 317, 322, 323, 325, 326, 327, 328, 329, 333, 336, 341, 345, 347, 351, 356, 360, 367, 377, 383, 394, 402, 410, 413, 417, 439, 452, 464, 466, 473, 476, 478, 489, 490, 491, 492, 503, 505, 509, 512, 517, 538, 565, 566

신앙교육서 19

신약 13, 24, 27, 28, 29, 45, 50, 101, 128, 129, 130, 137, 140, 141, 142, 143, 144, 145, 146, 147, 173, 201, 213, 223, 232, 236, 246, 247, 310, 343, 355, 356, 357, 394, 469, 470, 471, 475, 480, 525, 527, 561

신적 권위 16, 30, 353

신 존재 22, 25, 41, 323

신지식 40

신토 48

신학대전 38

신학대학원 451, 452

실용주의 410

심리학 455

십계명 13, 15, 16, 36, 41, 49, 58, 110, 111, 117, 291, 292, 295, 300, 308, 309, 310, 311, 313, 314, 315, 316, 317, 319, 320, 322, 352, 355, 364, 370, 382, 420, 424, 426, 522, 542, 563

ㅇ

아도나이 59, 318

아래 사람 361

아프리카 48

양자 15, 55, 139, 158, 202, 222, 231, 243, 244, 245, 246, 261, 264, 274, 281, 352, 470, 472, 478, 498, 499, 500

언약 45, 60, 64, 71, 74, 82, 92, 93, 94, 95, 98, 101, 102, 103, 104, 113, 117, 118, 132, 133,

134, 135, 137, 138, 139, 140, 141, 142, 144, 145, 146, 147, 149, 168, 175, 201, 202, 257, 258, 259, 271, 295, 305, 316, 343, 351, 352, 385, 430, 445, 464, 465, 466, 473, 474, 475, 478, 480, 493, 495, 498, 508, 558, 560, 563
엘로힘 59
여호와 49, 52, 59, 78, 95, 110, 133, 135, 136, 161, 173, 259, 316, 318, 319, 322, 332, 341, 344, 345, 351, 352, 354, 365, 372, 385, 409, 432, 434, 459, 488, 534
영감 27, 28, 32, 369
영생 2, 14, 21, 40, 56, 66, 68, 75, 95, 99, 121, 122, 127, 135, 138, 141, 143, 179, 208, 225, 247, 250, 279, 286, 306, 439, 466, 470, 472, 514
영원물질 16, 72
예정 59, 62, 63, 68, 70, 74, 86
예지 70
오류 15, 28, 31, 32, 70, 82, 83, 86, 106, 141, 168, 202, 241, 242, 248, 254, 286, 294, 300, 306, 327, 329, 350, 379, 394, 441, 447, 448
오순절 140, 164, 171, 190, 258
왕 44, 46, 65, 78, 104, 122, 142, 143, 144, 162, 163, 164, 165, 168, 169, 170, 171, 188, 191, 192, 199, 271, 282, 294, 319, 331, 338, 367, 369, 374, 379, 385, 386, 397, 410, 423, 424, 434, 466, 503, 505, 536, 537
외경 28, 230
요한계시록 28, 78, 151, 279, 280, 282, 342, 367, 394, 562
요한복음 15, 52, 53, 55, 60, 61, 160, 184, 193, 257, 280, 281, 525, 531
우크라이나 43, 102
웅변가 455
원죄 111, 113, 114, 117, 118, 119, 120, 154, 426, 548, 550
웨스트민스터 대요리문답 1, 3, 5, 6, 13, 14, 16, 19, 26, 29, 42, 62, 67, 69, 81, 156, 161, 199, 222, 290, 293, 562
웨스트민스터 소요리문답 13, 14, 199, 293
웨스트민스터 신앙고백서 13, 14, 133, 199
위정자 515, 536, 540
윗사람 361, 372, 373, 374, 375, 376, 377, 378, 379, 380, 381, 382, 383, 384, 385, 386, 430
유기 31, 32, 35, 64, 66, 67, 69, 78, 81, 88, 110, 288, 304, 397
유니테어리어니즘 53
유일신론 47, 49
유형 교회 170, 209, 210, 211, 212, 213, 215, 216, 217, 218, 219, 315, 453, 473, 492, 499, 557
유효적 소명 15
율법 19, 36, 89, 109, 110, 111, 114, 134, 135, 140, 144, 157, 158, 169, 175, 176, 184, 198, 206, 207, 232, 236, 248, 253, 261, 293, 294, 295, 300, 304, 305, 306, 307, 311, 313, 370, 371, 424, 425, 426, 427, 428, 430, 435, 527

색인 577

은혜 4, 15, 40, 42, 43, 44, 45, 60, 66, 67, 114, 116, 125, 132, 134, 135, 137, 138, 139, 140, 141, 142, 144, 146, 147, 149, 158, 168, 169, 170, 171, 183, 185, 189, 192, 193, 194, 195, 197, 201, 202, 206, 208, 209, 215, 217, 219, 220, 222, 224, 227, 228, 230, 231, 232, 233, 234, 236, 237, 238, 240, 241, 242, 243, 245, 246, 249, 250, 252, 256, 257, 258, 259, 260, 261, 262, 263, 264, 266, 286, 291, 298, 300, 306, 318, 328, 332, 341, 342, 343, 347, 350, 351, 371, 372, 391, 412, 417, 418, 422, 424, 426, 427, 430, 432, 433, 436, 437, 439, 440, 441, 442, 443, 444, 445, 459, 462, 463, 464, 466, 467, 468, 471, 473, 476, 478, 480, 484, 487, 488, 493, 495, 498, 500, 501, 503, 508, 513, 514, 516, 522, 526, 527, 529, 531, 533, 534, 539, 540, 541, 545, 548, 550, 551, 552, 556, 557, 558, 562, 563, 565, 566, 567
이방신 46, 343, 442
이스라엘 13, 41, 46, 135, 146, 316, 318, 319, 343, 355, 385, 424, 490, 508
이신칭의 16, 293
이집트 48, 174
인륜 관계 374, 382
인성 15, 151, 152, 153, 154, 155, 156, 158, 159, 160, 164, 167, 173, 187, 272, 276, 340, 483, 494
일반계시 23, 24, 25, 40, 297, 345

ㅈ

자유 의지 69, 74, 78, 82, 85, 86, 88, 89, 97, 103, 105, 107, 132, 203, 251
자유주의자 1, 123, 168, 242
장로 1, 3, 13, 14, 34, 211, 282, 373, 375, 382, 445, 539, 565, 566
장로교회 1, 13, 14
장자 48, 547
재림 128, 143, 186, 192, 193, 196, 197, 198, 199, 216, 268, 276, 278, 279, 282, 287, 288, 481, 498, 499, 536, 540
정교회 28, 43, 174
정당방위 387, 389, 392, 395, 516
정명 480, 482, 489
제사장 47, 134, 143, 151, 159, 162, 163, 164, 165, 166, 167, 168, 169, 193, 195, 453, 466
제우스 47, 112
조직신학 120
종교개혁 28, 34, 35, 120, 232, 263, 336, 339, 340, 349
종교다원주의 3, 13
종교혼합주의 13
죄 사함 14, 142, 470, 476, 504, 525, 551
죄책 65, 113, 114, 118, 254, 548, 549, 550

주기도문 15, 16, 36, 59, 117, 291, 345, 518, 523, 525, 526, 527, 529, 530, 532, 533, 537, 542, 545, 549, 554, 558, 559, 560, 563
주일 314, 355, 356, 359, 360, 361, 362, 363, 364, 365, 366, 367, 368, 369, 431, 534, 563, 565, 566
주일성수 359, 361, 362, 363, 365, 369
중간기 28
중국 22, 39, 46, 48, 49, 56, 57, 83, 112, 152, 217, 277
중보자 91, 135, 138, 139, 149, 156, 157, 158, 159, 160, 161, 162, 168, 190, 195, 196, 201, 207, 231, 329, 350, 438, 442, 504, 506, 507, 510, 511, 512
중세 22, 38, 120
진리 14, 16, 24, 27, 35, 43, 44, 45, 47, 53, 56, 58, 79, 98, 116, 125, 131, 143, 161, 164, 166, 179, 184, 198, 207, 212, 238, 260, 261, 271, 301, 323, 327, 342, 347, 350, 352, 356, 391, 409, 410, 411, 412, 414, 415, 416, 426, 433, 435, 441, 446, 447, 448, 449, 450, 454, 455, 456, 457, 460, 461, 464, 494, 505, 508, 512, 513, 514, 542, 553
진화 20, 49, 75, 80, 81, 83, 125, 296, 310, 427, 512
진화론 20, 49, 75, 80, 81, 83, 125, 296, 310, 427, 512

大

창세기 2, 15, 22, 28, 52, 72, 73, 75, 76, 77, 79, 82, 93, 99, 126, 133, 137, 142, 393, 394, 562, 563
창조 2, 15, 16, 20, 21, 22, 23, 25, 30, 41, 47, 59, 62, 64, 70, 71, 72, 73, 74, 75, 76, 77, 79, 80, 81, 82, 83, 84, 85, 86, 89, 92, 93, 94, 97, 99, 100, 103, 105, 106, 107, 113, 114, 117, 132, 133, 139, 177, 190, 201, 208, 236, 259, 272, 293, 294, 295, 296, 299, 301, 309, 319, 323, 327, 329, 331, 345, 355, 356, 357, 365, 366, 367, 368, 369, 401, 402, 414, 423, 481, 504, 510, 516, 530, 534, 553, 560, 561
창조 첫날 72, 73, 77, 80
천국 21, 40, 82, 95, 129, 151, 164, 176, 181, 187, 189, 190, 191, 218, 251, 255, 267, 274, 276, 277, 285, 288, 289, 357, 367, 503, 517, 531
천사 1, 3, 62, 63, 66, 67, 73, 76, 77, 78, 79, 88, 89, 90, 91, 110, 128, 158, 161, 167, 174, 181, 187, 196, 281, 282, 284, 287, 288, 325, 329, 342, 442, 504, 505, 511, 534, 537, 541, 543, 553, 554
천사 숭배 77, 89, 91
첫 언약 74, 82, 93, 94, 95, 98, 102, 103, 104, 113, 117, 118, 132, 133, 134, 137, 175, 271, 295
청중 453, 455, 456
체코 22
초대 교회 216, 385, 402
최후 심판 198, 268, 283

춤 13, 61, 397, 412
칭의 15, 16, 99, 183, 185, 202, 222, 230, 231, 232, 233, 234, 235, 236, 237, 240, 241, 242, 244, 246, 252, 253, 254, 264, 293, 478, 550

ㅋ

카테키즘 19
칼빈주의 14, 16, 564
칼케돈 신조 16, 160
콘스탄티노플 신조 15, 16, 51, 58

ㅌ

통일성 31, 47, 59, 141, 160, 352
특별계시 24, 295, 345, 520

ㅍ

판테온 40, 46
페리코레시스 60, 61
표준문서 13, 27, 95, 410
프랑스 22, 108
프로솔로기온 38
프리메이슨 86, 335

ㅎ

하나님의 계시 27, 30, 41, 285, 324, 350, 393, 447, 542
하나님의 말씀 21, 22, 26, 27, 28, 29, 30, 31, 32, 33, 42, 53, 79, 81, 83, 98, 130, 140, 154, 165, 166, 178, 212, 239, 250, 251, 261, 281, 289, 323, 328, 329, 335, 337, 341, 347, 350, 359, 360, 380, 382, 392, 393, 399, 402, 426, 441, 443, 444, 445, 446, 447, 448, 450, 451, 453, 454, 455, 456, 457, 459, 460, 461, 490, 502, 524, 538, 540
하나님의 백성 16, 60, 63, 67, 68, 71, 74, 78, 82, 89, 90, 98, 103, 104, 117, 132, 133, 135, 139, 140, 141, 143, 147, 157, 194, 201, 204, 205, 206, 255, 258, 266, 268, 271, 280, 288, 319, 320, 332, 352, 372, 465, 466, 507, 539, 557, 563
하나님의 작정 39, 40, 47, 62, 63, 64, 65, 66, 69, 70, 347, 349
하이델베르크 요리문답 15, 20, 107

한국교회 35, 52
합동측 14
합리주의 382
행위 언약 93, 95, 132, 133, 563
헌법 14, 16, 282
헬라 신화 43, 47, 112
헬라어 60, 102, 161, 163, 452, 465, 471, 561
헬라 철학 43
현대신학 1, 3, 13, 14, 41, 99, 481
현대 자유주의 신학 41, 53, 123, 564
화체 교리 486
황금률 371, 394, 395
회개 15, 44, 45, 68, 86, 115, 116, 134, 203, 222, 226, 228, 245, 249, 250, 251, 256, 264, 277, 282, 286, 328, 331, 351, 429, 430, 432, 438, 463, 478, 486, 487, 488, 497, 504, 514, 517, 520, 521, 538, 558
히브리서 55, 151, 160, 167, 187, 193, 234
힌두교 41, 48, 99

그리스도의 동정녀 탄생

존 그레샴 메이천 지음 | 정규철 옮김 | 신국판 | 568면

메이천은 예수 그리스도께서 동정녀 마리아를 통해 탄생하셨다는 사실을 현대의 다양한 학문적 입장을 피하는 대신 오히려 철저하게 논쟁하고 싸우므로 변증해낸다. 놀라운 것은 본서가 출판된 지 벌써 80년이 흘렀지만 학문적으로 전혀 뒤처지지 않는다는 점이다.